AF569405

Thorsten Polleit

Des Teufels Geld

Für
Ruth
Victoria H. A. E.
Patricia S. E. T.
Leopold A. K. F.

Thorsten Polleit

Des Teufels Geld

Der faustische Fiatgeld-Pakt – wie wir ihn kündigen und zu gutem Geld zurückkehren

FBV

Bibliografische Information der Deutschen Nationalbibliothek:
Die Deutsche Nationalbibliothek verzeichnet diese Publikation in der Deutschen Nationalbibliografie. Detaillierte bibliografische Daten sind im Internet über http://dnb.d-nb.de abrufbar.

Für Fragen und Anregungen:
info@finanzbuchverlag.de

Wichtiger Hinweis
Ausschließlich zum Zweck der besseren Lesbarkeit wurde auf eine genderspezifische Schreibweise sowie eine Mehrfachbezeichnung verzichtet. Alle personenbezogenen Bezeichnungen sind somit geschlechtsneutral zu verstehen.

Originalausgabe, 1. Auflage 2023

Türkenstraße 89
D-80799 München
Tel.: 089 651285-0
Fax: 089 652096

Redaktion: Anja Georgia Graw
Korrektorat: Anke Schenker
Umschlaggestaltung: Pamela Machleidt, München
Umschlagabbildung: World History Archive/Alamy Stock Foto
Satz: ZeroSoft, Timisoara
Druck: GGP Media GmbH, Pößneck
Printed in Germany

ISBN Print 978-3-95972-743-3
ISBN E-Book (PDF) 978-3-98609-442-3
ISBN E-Book (EPUB, Mobi) 978-3-98609-443-0

Weitere Informationen zum Verlag finden Sie unter

www.finanzbuchverlag.de

Beachten Sie auch unsere weiteren Verlage unter www.m-vg.de

Mephistopheles

Ich bin der Geist der stets verneint! 1338
Und das mit Recht; denn alles was entsteht
Ist wert dass es zugrunde geht;
Drum besser wär's dass nichts entstünde.
So ist denn alles was ihr Sünde nennt,
Mein eigentliches Element.
…

Mephistopheles

Wo fehlt's nicht irgendwo auf dieser Welt? 4890
Dem dies, dem das, hier aber fehlt das Geld.
Vom Estrich zwar ist es nicht aufzuraffen;
Doch Weisheit weiß das Tiefste herzuschaffen.
In Bergesadern, Mauergründen
Ist Gold gemünzt und ungemünzt zu finden,
Und fragt ihr mich, wer es zutage schafft:
Begabten Manns Natur- und Geisteskraft.
…

Kaiser

Ich habe satt das ewige Wie und Wenn. 4926
Es fehlt an Geld, nun gut, so schaff' es denn.
…

Mephistopheles

Ich schaffe, was ihr wollt, und schaffe mehr; 4927
…

Kanzler

So hört und schaut das schicksalsschwere Blatt, 6055
Das alles Weh in Wohl verwandelt hat.
Er liest. »Zu wissen sei es jedem, der's begehrt:
Der Zettel hier ist tausend Kronen wert.
Ihm liegt gesichert, als gewisses Pfand,
Unzahl vergrabnen Guts im Kaiserland.
Nun ist gesorgt, damit der reiche Schatz,
Sogleich gehoben, diene zum Ersatz.«
…

Kaiser

Und meinen Leuten gilt's für gutes Gold? 6083
Dem Heer, dem Hofe gnügt's zu vollem Sold?
…

Mephistopheles

Ein solch Papier, an Gold und Perlen Statt,
Ist so bequem, man weiß doch, was man hat;
Man braucht nicht erst zu markten, noch zu tauschen,
Kann sich nach Lust in Lieb' und Wein berauschen.
Will man Metall, ein Wechsler ist bereit,
Und fehlt es da, so gräbt man eine Zeit.
Pokal und Kette wird verauktioniert,
Und das Papier, sogleich amortisiert,
Beschämt den Zweifler, der uns frech verhöhnt.
Man will nichts anders, ist daran gewöhnt.
So bleibt von nun an allen Kaiserlanden
An Kleinod, Gold, Papier genug vorhanden.

...

Mephistopheles

Auf meinem Zuge blieb mir nicht verborgen: 10242
Der gute Kaiser schwebt in großen Sorgen.
Du kennst ihn ja. Als wir ihn unterhielten,
Ihm falschen Reichtum in die Hände spielten,
Da war die ganze Welt ihm feil.
Denn jung ward ihm der Thron zuteil,
Und ihm beliebt' es, falsch zu schließen,
Es könne wohl zusammengehn
Und sei recht wünschenswert und schön:
Regieren und zugleich genießen.
...
Indes zerfiel das Reich in Anarchie,
Wo groß und klein sich kreuz und quer befehdeten
Und Brüder sich vertrieben, töteten,
Burg gegen Burg, Stadt gegen Stadt,
Zunft gegen Adel Fehde hat,
Der Bischof mit Kapitel und Gemeinde;
Was sich nur ansah, waren Feinde.
In Kirchen Mord und Totschlag, vor den Toren
Ist jeder Kauf- und Wandersmann verloren.
Und allen wuchs die Kühnheit nicht gering;
Denn leben hieß sich wehren. – Nun, das ging.

Johann Wolfgang von Goethe, *Faust. Der Tragödie Erster Teil*, S. 39; und *Faust. Der Tragödie Zweiter Teil*, S. 10–11, S. 42–44, S. 164–165, Philipp Reclam jun., Stuttgart, 2001.

Inhalt

Einleitung

»Es war die Art zu allen Zeiten,
Durch Drei und Eins, und Eins und Drei
Irrtum statt Wahrheit zu verbreiten.«

Johann Wolfgang von Goethe

Die Dichtung *Faust. Eine Tragödie* ist nicht nur das Lebens- und Hauptwerk von Johann Wolfgang von Goethe (1749–1832). Es ist über Generationen hinweg gewissermaßen auch das Lieblingsbuch der Deutschen – dafür spricht etwa, dass der Verlag Philipp Reclam jun. am 9. November 1867 seine Universalbibliothek mit den Bändchen *Goethe. Faust. Erster Theil* und *Goethe. Faust. Zweiter Theil* eröffnet hat; und so konnte der Faust gewissermaßen volkstümlich als Schullektüre eingeführt werden.[1] Die Faszination von Goethes Faust war und ist groß. 1847 schrieb Heinrich Heine (1797–1856): »Vielleicht hat die Legende von Johannes Faustus deshalb einen so geheimnisvollen Reiz für unsere Zeitgenossen, weil sie hier so naiv und faßlich den Kampf dargestellt sehen, den sie selber jetzt kämpfen, den modernen Kampf zwischen Religion und Wissenschaft, zwischen Autorität und Vernunft, zwischen Glauben und Denken, zwischen demütigem Entsagen und frecher Genußsucht – ein Todeskampf, wo uns am Ende vielleicht ebenfalls der Teufel holt wie den armen Doktor… .«[2]

Im *Faust* werden das menschliche Irren und Streben zur Sprache gebracht, so wie es Goethes Menschenbild entspricht, sie bestimmen die innere Einheit des Handlungsablaufes der Tragödie. In geradezu bestechend kundiger Weise thematisiert Goethe dabei unter anderem auch in seinem *Faust. Der Tragödie zweiter Teil* die wirtschaftlichen und politischen Probleme des ungedeckten Geldes, oder: des Fiatgeldes. Und zwar, indem der teuflische Mephistopheles den nach Wahrheit strebenden Faust auch zum Hofe des Kaisers führt. Das Volk des Kaisers ist missmutig, der Kaiser ist knapp bei Kasse, ihm fehlt es schlichtweg an Geld. Mephistopheles empfiehlt ihm, sich durch die Ausgabe von offiziell gestempeltem Papier neues Geld zu beschaffen, Papiergeld, das durch die von Mephistopheles herbeigeredeten Goldschätze, die sich angeblich im Boden des Kaiserreiches befänden, gedeckt sei. Gesagt, getan, der Kaiser ist genusssüchtig. Die Ausgabe von diesem ungedeckten, neuen Geld finanziert einen Karneval. Doch der Trick geht nicht auf, am Ende versinkt des Kaisers Reich in Chaos, Mord und Totschlag.

Goethe hat damit in seinem *Faust* eine meisterhafte Anschauung gegeben für das Geld, das heute überall verwendet wird: ungedecktes Geld, Fiatgeld. Und weil Goethes dichterische Meisterleistung so treffend und (wissenschaftlich) wahr genau an dieser Stelle ist, lautet der Titel dieses Buches auch *Des Teufels Geld* – denn die Schaffung und Ausgabe eines ungedeckten Geldes ist im wahrsten Sinne des Wortes eine Idee des Teufels. Der Untertitel des Buches *Der faustische Fiatgeld-Pakt: wie wir ihn beenden und zu gutem Geld zurückkehren* erklärt sich folgendermaßen: Faust schließt einen Pakt mit Mephistopheles. Er schwört seiner Wissenschaft ab, will fortan sich nicht mehr der Erkenntnis, sondern der Erfahrung des sinnlichen Lebens widmen, und Mephistopheles will Faust, der »Vom Wissensdrang befreit« (1768), »der Erden Freuden« (1859) vermitteln – ein Pakt, in dem Mephisto versucht, Faust, den Menschen, in das Nichts zu führen, »diesen Geist von seinem Urquell« abzuziehen, wie es im Prolog heißt (324). Mephistopheles verliert jedoch am Ende die »Wette«, er ist der Verlierer des Paktes.

Heutzutage sind alle wichtigen Währungen der Welt – ob US-Dollar, Euro, Chinesischer Renminbi, Japanischer Yen, Britisches Pfund oder Schweizer Franken – Fiatgeld, sie entsprechen also dem ungedecktem Geld (dem »Papiergespenst der Gulden« (6195), das Mephistopheles im *Faust* dem Kaiser empfiehlt; das den Menschen zwar anfänglich trügerisch Erfreuliches, letztlich aber großes Unheil, den Zusammenbruch bringt und auch den Kaiser, den Herrscher, ruiniert. Dass Goethe in seinem Faust die Idee des ungedeckten Geldes, des Fiatgeldes, des mephistophelischen Geldes, keinesfalls fehlinterpretiert oder gar überdramatisiert, soll dieses Buch aufzeigen, und dass Goethe die schädlichen Folgen des Fiatgeldes im Zweifel noch unterschätzt hat. Denn das moderne Fiatgeld hat überaus weitreichende Konsequenzen, die über das, was in Goethes literarischem Meisterwerk sehr weitsichtig zur Sprache kommt, sogar hinausgehen.

Im Fiatgeld liegen, und Mephistopheles wusste das natürlich nur zu gut, *zivilisatorisch-zerstörerische Kräfte* verborgen. Das Fiatgeld sorgt nicht nur für wirtschaftliche Störungen, für Überkonsum und Fehlinvestitionen, Inflation, Boom und Bust sowie Finanz- und Wirtschaftskrisen, es erleichtert auch die Kriegsführung. Es schlägt zudem breite Teile der Bevölkerung in seinen Bann, macht sie geradezu abhängig, lässt sie zu unbeirrten Befürwortern einer Fortführung des Fiatgeldsystems werden. Doch das Fiatgeld ist nicht vereinbar mit einer freien Wirtschafts- und Gesellschaftsordnung. Es ist vielmehr ein sicheres Mittel, um Volkswirtschaften auf Abwege zu bringen, sie wegzuführen von Freiheit und Wohlstand, ihnen Unfreiheit und letztlich auch Verarmung zu bringen.

Dieses Buch soll nicht nur die Probleme eines faustischen Geldregimes zutage fördern. Es soll auch Auswege aus dem unheilvollen Fiatgeld-Pakt weisen. Dazu ist es jedoch erforderlich, das Wesen des Geldes zu (er-)kennen, die Entstehung des heutigen Fiatgeldsystems zu verstehen und seine wirtschaftlichen und politischen Konsequenzen abschätzen zu können. Eine Fort- und Weiterentwicklung meines Buches *Geldreform. Vom schlechten Staatsgeld zu gutem Marktgeld*[3], veröffentlicht im Jahr 2014, schien mir der geeignete Ansatz dafür zu sein. Der ungezügelte weltweite Verschuldungsaufbau und vor allem die Machtausweitung der Staaten im Zuge des Great Reset, der Coronavirus-Krise sowie der Pläne, digitales Zentralbankgeld einzuführen, haben es aus meiner Sicht notwendig gemacht, die besondere Rolle des Fiatgeld-Regimes in Verbindung mit der verstärkten Abkehr von der freien Wirtschafts- und Gesellschaftsordnung (beziehungsweise dem wenigen, was davon noch übrig ist) neu zu thematisieren und Lösungen zu präsentieren.

Es sei in dieser Einleitung herausgehoben, dass die in diesem Buch vorgestellten Erkenntnisse auf einem denkbar rigorosen erkenntnistheoretischen Fundament stehen beziehungsweise ihm entstammen: der

Logik des menschlichen Handelns. In diesem Buch wird die Volkswirtschaftslehre einschließlich der Geldtheorie nicht als Erfahrungswissenschaft, sondern als *logische* (genauer: *apriorische*) *Handlungswissenschaft* konzeptualisiert. Das heißt, die Theorien und Gedankengänge, die in den Kapiteln dieses Buches ausgebreitet werden, sind handlungslogisch abgeleitet und fortgeführt.[4] Dieser Hinweis erscheint mir wichtig: Denn wer die Volkswirtschaftslehre als handlungslogische Wissenschaft versteht, der gelangt zuweilen zu ganz anderen Erkenntnissen, als wenn die Volkswirtschaft als Erfahrungswissenschaft gesehen wird, wie heute oft üblich.

In den letzten Jahren des Nachdenkens bin ich mehr denn je zu der Ausfassung gekommen, dass der erfolgreiche Weg zu gutem Geld nicht allein die Verbreitung der richtigen ökonomischen Erkenntnisse ist, sondern dass es vielmehr einer tiefergehenden, umfassenden »neuen Aufklärung« bedarf: Wollen die Menschen ihr Leben und das ihrer Mitmenschen verbessern, dann müssen sie ihre Furcht besiegen und auch ihre Faulheit ablegen und selbst denken. Sie müssen, wie der Königsberger Philosoph der Aufklärung Immanuel Kant (1724–1804) sagte, ihre *selbst verschuldete Unmündigkeit* überwinden.

Dazu gehört zu erkennen, dass viele der heutzutage akzeptierten und hingenommenen und nicht selten auch lieb gewonnenen Glaubenssätze unbegründbar, ja falsch sind. Beispielsweise hat niemand – ob Feudalherr, König, Kaiser oder Menschenmehrheit – das Recht, über andere zu herrschen. Oder: Der Staat (wie wir ihn heute kennen) ist ganz und gar unvereinbar mit dem handlungslogisch unstrittig begründbaren Selbsteigentum des Individuums, seinem Selbstbestimmungsrecht. Es gibt des Weiteren keine überzeugende ökonomische oder ethische Begründung, warum der Staat das Geld, das allgemein akzeptierte Tauschmittel, monopolisieren sollte. Im Gegenteil: Monopolisiert der Staat das Geld, bleibt der wirtschaftliche und kulturelle Fortschritt der Menschheit unter Potenzial, ja die Volkswirtschaften steigen ökonomisch und kulturell ab.

Für wen ist dieses Buch geschrieben? Das Buch richtet sich an alle, die das Funktionieren des heute überall auf der Welt anzutreffenden

Fiatgeld-Systems verstehen wollen: Wie es entstanden ist, welche wirtschaftlichen, sozialen und politischen Konsequenzen es hat, wohin es uns führt und vor allem, welche Alternative(n) es dazu gibt. Es ist also geschrieben für alle, die sich für das Phänomen Geld interessieren und deren Erkenntnisdrang mit dem Studieren der gängigen Lehrbuchdarstellung nicht gestillt ist; für alle, die zeitlose Erkenntnisse über das Geld und seine wirtschaftlichen und gesellschaftlichen Wirkungen suchen. Dazu zählen interessierte Laien, fortgeschrittene Geldtheoretiker, Investoren, Lehrende und insbesondere auch ihre Studenten. Und damit möglichst viele Menschen dieses Buch mit Gewinn lesen können, habe ich mich bemüht, alles so einfach wie möglich darzulegen. Dass mir dies gelungen ist, hoffe ich.

Das Buch ist wie folgt gegliedert: Im ersten Teil geht es um alles, was man über das Geld unbedingt wissen sollte: seine Funktion(en), Unsicherheit und Geld, die Wertbestimmung des Geldes, die »optimale Geldmenge«, es geht um Geldarten, den Einsatz des Geldes in der Wirtschaftsrechnung, die friedensstiftende Wirkung des Geldes und die Geldentstehung.

Der zweite Teil dreht sich um die Kaufkraft des Geldes und die Inflation. Die Bestimmungsgründe und die Veränderung der Kaufkraft werden erklärt, und es wird aufgezeigt, dass stabile Güterpreise nicht per se einen stabilen Geldwert bedeuten. Die Inflationstheorien und die Schädlichkeit der Inflation werden erläutert, und die deutsche Hyperinflation ab 1922 bis 1923 wird nachgezeichnet.

Ein Blick in die jüngere Geldgeschichte, und was man aus ihr lernen kann, ist das Thema des dritten Teils. Beginnend mit der Zeit des klassischen Goldstandards (1816–1914) geht es zur Phase des Ersten Weltkrieges bis Mitte der 1920er-Jahre (1914–1926), zur Phase des Gold-Devisen-Standards (1926–1931), dann zur Phase schwankender Fiatwährungen (1931–1945), zum US-Dollar-Devisen-Standard (1945–1968), zum Ende des Systems von Bretton Woods im Jahr 1971 und abschließend zum gegenwärtigen globalen Fiatgeldsystem.

Die Zusammenhänge zwischen Geld und Staat (wie wir ihn heute kennen) sind Gegenstand des vierten Teils. Auf eine kurze theoretische Erklärung zur Entstehung des Staates folgend wird dargelegt, warum der Staat ungedecktes Geld wünscht und wie er es bekommt. Es wird darauf hingewiesen, dass Geld kein öffentliches Gut ist, wie die staatlichen Zentralbanken entstanden sind und welcher Zusammenhang zwischen Staat, Krieg und Geld besteht. In diesem Teil des Buches wird auch die Modern Monetary Theorie (MMT) kritisch betrachtet, und die dem Great Reset unterliegenden Ideen werden vorgestellt.

Der fünfte Teil ist dem Zins gewidmet. Um das Zinsphänomen vollumfänglich zu erklären, wird auf die Zeitpräferenztheorie des Zinses abgestellt. Der Zusammenhang zwischen Nominalzins, Realzins und Urzins wird herausgearbeitet, die Folgen, die die »Zinskontrollpolitik« und die »finanzielle Repression« der Zentralbanken haben, werden vorgestellt, und abschließend wird diskutiert, wie Zins und Werten und Handeln der Menschen zusammenhängen.

Warum Fiatgeld schlechtes Geld ist, wird im sechsten Teil erläutert. Er beginnt mit einigen Argumenten, die die »Cheerleader des Fiatgeldes« üblicherweise vorbringen. Erklärt wird, wie die Geldschöpfung aus dem Nichts funktioniert, wie es zu Boom und Bust kommt, dass Dauerschuldnerei und Überschuldung im Fiatgeldsystem an der Tagesordnung sind. Weitere Übel des Fiatgeldes werden genannt, etwa wie das Fiatgeld zu »kollektiver Korruption« führt. Es folgen kritische Bemerkungen zum Vorhaben, digitales Zentralbankgeld auszugeben, und die Dystopie eines Welt-Fiatgeldes wird thematisiert.

Dass gutes Geld möglich ist, wird im siebten Teil dargelegt. Die Notwendigkeit einer »neuen Aufklärung« wird betont, Anforderungen an gutes Geld werden aufgezeigt und ebenso die notwendigen Grundlagen einer Geldreform. Das Funktionieren eines freien Marktes für Geld wird erklärt sowie das der Bankfreiheit. Diskutiert werden die Idee der Parallelwährung, der Zukunft des Goldgeldes und des Bitcoin.

Der Weg zurück zu gutem Geld, wie er im achten Teil gewiesen wird, beginnt mit einer Skizzierung der Krisenszenarien, die das Fortführen des Fiatgeldes sehr wahrscheinlich herbeiführen werden. Wie die Rückkehr zu einem freien Markt für Geld gelingen kann, dazu werden fünf Empfehlungen aus der ökonomischen Literatur vorgestellt, nämlich Ludwig von Mises: *Rückkehr zum Goldstandard*; Friedrich August von Hayek: *Entnationalisierung des Geldes*; Murray N. Rothbard: *Golddeckung des US-Dollar*; George Reisman: *Sanfte Rückkehr zum Goldgeld*; Jesus Huerta de Soto: *Schrittweise zum freien Marktgeld*. Zudem wird hier ein eklektischer Vorschlag präsentiert, der die Kosten des Übergangs zum freien Marktgeld abmildern kann. Und zuletzt wird anhand der Hamburger »Mark Banco« ein währungshistorisches Beispiel aufgeführt, das höchst aufschlussreich ist, um sich ein Bild über das Funktionieren eines freien Marktes für Geld zu machen.

Im neunten Teil wird der Blick nach vorn gerichtet: dass gutes Geld möglich und erreichbar ist, dass es eine gute Welt in Aussicht stellt, eine produktive(re) und friedvolle(re) Welt, die aber durch ein Festhalten am Fiatgeld, am Fiatgeld-Pakt, nicht nur unerreichbar bleibt, sondern in immer weitere Ferne rückt. Zurück zu gutem Geld zu gelangen ist möglich, und dazu braucht es tatsächlich nicht viel, im Grunde »nur« eine »neue Aufklärung«.

Mein aufrichtiger Dank gilt allen, die direkt oder indirekt, die wissentlich oder unwissentlich zur Entstehung dieses Buches beigetragen haben. Insbesondere danke ich (in alphabetischer Ordnung): Professor Dr. Philipp Bagus (Universität Rey Juan Carlos, Madrid), Professor Dr. Ansgar Belke (Universität Duisburg-Essen [1965–2020]), Professor Dr. Paul F. Cwik (University of Mount Olive, North Carolina), Prof. Dr. Michael Esfeld (Universität Luzern, Schweiz), Malte Fischer (*Wirtschaftswoche*), Dr. David Gordon (Ludwig von Mises Institute, Auburn, Alabama), Professor Ph. D. David Howden (Saint Louis University, Madrid), Professor Dr. Jörg Guido Hülsmann (Universität Anger, Frankreich), Professor Dr. Hans-Hermann Hoppe (Property and Freedom Society, Bodrum, Türkei), Olivier Kessler (Liberales Institut Zürich), Dr. Markus Krall (Atlas Initiative), Professor Dr. Martin Leschke (Universität Bayreuth), Andreas Marquart (Ludwig von Mises Institut Deutschland), Professor Dr. Antony Müller (Federal University of Sergipe, Brasilien), Dr. Michael von Prollius (Forum Freie Gesellschaft), Professor Dr. Rolf W. Puster (Universität Hamburg), Dr. Andreas Tiedtke (Ludwig von Mises Institut Deutschland), Lew Rockwell, Jr. (Ludwig von

Mises Institute, Auburn, Alabama), Joseph T. Salerno (Pace University, New York), meinen Eltern Dr. Horst Polleit (1934–2018) und Anita Polleit (geb. Veltins). Ganz besonders danke ich meiner Frau Dr. Ruth Polleit Riechert für ihre unbedingte Unterstützung und unerschütterliche Liebe. Ohne sie wäre dieses Buch nicht entstanden. Dass dieses Buch im Handel verfügbar ist, dafür danke ich ausdrücklich Frau Isabella Steidl und Herrn Georg Hodolitsch vom FinanzBuch Verlag. Alle verbliebenen Unzulänglichkeiten, die diese Schrift haben mag, sind ausschließlich mir anzulasten.

Thorsten Polleit, Königstein i. T., Juli 2023.

Kapitel 1
Was man über das Geld wissen muss

»Es ist vielleicht kein Teil der volkswirtschaftlichen Disziplin so sehr mit der Gesamtheit der Volkswirtschaftslehre verwachsen, wie die Lehre vom Geld.«

Karl Helfferich (1872–1924)

Was Geld ist, und welche Funktion(en) es hat

Die moderne, entwickelte Volkswirtschaft zeichnet sich dadurch aus, dass Güter und Dienstleistungen durch Verwendung von Geld ge- und verkauft werden; man spricht daher hier auch von Geldwertwirtschaft.[1] Geld ist das allgemein akzeptierte Tauschmittel. Es ist kein Konsum- und auch kein Produktionsgut. Vielmehr ist es ein Gut eigener Art (*sui generis*), wie es der deutsche Ökonom Carl Gustav Adolf Knies (1821–1898) einordnete: Das Geld ist das *Tauschmittel*.[2]

Die Tauschmittelfunktion ist die einzige Funktion, die Geld ausübt. Das ist eine sehr wichtige Erkenntnis, vor allem deshalb, weil dem Geld üblicherweise noch weitere Funktionen zugeschrieben werden: vor allem die Recheneinheits- und die Wertaufbewahrungsfunktion. Doch bei genauer Überlegung zeigt sich, dass die Recheneinheits- und die Wertaufbewahrungsfunktion des Geldes nicht eigenständige Funktionen, sondern Unterfunktionen der Tauschmittelfunktion des Geldes sind.[3]

Die Tauschmittelfunktion ist die unmittelbar ersichtliche Funktion des Geldes: Eine Ware wird zunächst gegen Geld getauscht, und das erhaltene Geld wird sodann gegen die letztlich gewünschte Ware eingetauscht. Mit der Verwendung von Geld zum Tauschen erweitern sich die Tauschmöglichkeiten für die Menschen ganz erheblich gegenüber den Möglichkeiten, die eine Naturaltauschwirtschaft bietet, also eine Volkswirtschaft, in der nur (Nicht-Geld-)Güter gegen andere (Nicht-Geld-)Güter getauscht werden.

Die Recheneinheitsfunktion bedeutet, dass die Güterpreise in Form eines Gutes, nämlich des Geldes, ausgedrückt werden. Kostet beispielsweise ein Apfel 1 Euro und eine Birne 2 Euro, so bedeutet das, dass zwei Äpfel im Tausch gegen eine Birne aufzuwenden sind; dass sich also eine halbe Birne gegen einen Apfel eintauschen lässt. Das Rechnen in Geldpreisen macht das Tauschen einfacher: Es vermindert die Anzahl der Tauschrelationen zwischen den Gütern, die man kennen muss, um richtige Entscheidungen treffen zu können. Die Kosten des Handelns nehmen ab. Geld ist so gesehen ein wahrer produktiver Segen.

Produktive Wirkung des Geldes

Man nehme einmal an, es gäbe vier Güter in der Volkswirtschaft.[4] Wenn man also die vier Güter X1, X2, X3 und X4 hat, dann hat man es mit sechs Tauschrelationen zu tun:

$$X1 : X2 = 1 : 2$$
$$X1 : X3 = 1 : 3$$
$$X1 : X4 = 1 : 4$$
$$X2 : X3 = 2 : 3$$
$$X2 : X4 = 2 : 4$$
$$X3 : X4 = 3 : 4$$

Das lässt sich anhand der Formel $(n^2 - n) / 2$ ermitteln, wobei n = Anzahl der Güter ist. Verwendet man jedoch eine allgemeine Bezugs- oder Recheneinheit (*numéraire*), sinkt die Zahl der Tauschrelation auf $n - 1$:

$$X2 = 2X1$$
$$X3 = 3 / 2\ X2 = 3X1 \text{ und}$$
$$X4 = 4/3\ X3 = 4X1$$

Gibt es viele Güter in der Volkswirtschaft (sagen wir 100), müsste man 4950 Tauschrelationen kennen, um sinnvolle Kauf- und Verkaufsentscheidungen treffen zu können. Mit der Verwendung einer Recheneinheit sinkt die Zahl der Tauschrelationen, die man kennen muss, auf 99. Die Verwendung von Geld setzt also erhebliche Ressourcen frei, die man ansonsten aufwenden müsste, um sich über die Tauschrelationen zu informieren.

Mit der Wertaufbewahrungsfunktion ist gemeint, dass Geld über einen gewissen Zeitraum hinweg Kaufkraft speichern kann. Die Wertaufbewahrung erlaubt dem Geldhalter, seinen Wünschen entsprechend das Einkommen über die Zeit zu verteilen. Die Wertaufbewahrungsfunktion des Geldes steht damit gewissermaßen für die Tauschfreiheit im Zeitablauf. (Das gilt natürlich nur dann, wenn Geld seine Zahlungsmittelfunktion im Zeitablauf nicht [vollständig] einbüßt.)

Die Recheneinheits- und Wertaufbewahrungsfunktion des Geldes sind, wie gesagt, keine eigenständigen Funktionen des Geldes. Sie sind Ausdruck seiner Tauschmittelfunktion. Die Recheneinheitsfunktion steht unmittelbar für die Tauschmittelfunktion des Geldes, und die Wertaufbewahrungsfunktion bedeutet nichts anderes als die zeitliche Verlagerung des Tauschens von der Gegenwart in die Zukunft. Man kommt zum Ergebnis: Geld hat nur eine Funktion, und das ist die Tauschmittelfunktion. Diese Erkenntnis ist von großer Bedeutung für die Beantwortung der Frage, die häufig gestellt wird: Wie viel Geld braucht eine Volkswirtschaft? Zuvor sollen jedoch noch die Rolle der Unsicherheit für die Geldhaltung sowie die Wertfindung des Geldes erklärt werden.

Unsicherheit und Geld

Wenn die Zukunft sicher wäre, wenn mal also schon heute die Zukunft kennen würde, dann bräuchte man kein Geld zu halten. Gäbe es keine Unsicherheit, könnte man schon heute alles wissen, was künftig geschieht, und sich entsprechend heute schon darauf einrichten. Geld wäre verzichtbar. Dass jedoch die Zukunft für uns handelnde Menschen unsicher ist, ist vermutlich jedem von uns unmittelbar einsichtig. Das menschliche Handeln findet vielmehr unter Unsicherheit statt: Man weiß nicht, wie sich die Menschen künftig verhalten, welche Produkte sie nachfragen, welche neuen Angebote es geben wird, wie sich die eigenen Bedürfnisse entwickeln und anderes mehr. Das Halten von Geld ist ein Weg, um mit der Unsicherheit, die es im Bereich des menschlichen Handelns unbestreitbar gibt, umzugehen:

»Die Unsicherheit der zukünftigen Verhältnisse läßt es jedermann rätlich erscheinen, einen größeren oder geringeren Teil seines Besitzes in einer Form zu erhalten, die den Wechsel der Anlage, den Übergang vom Besitze eines Gutes zu dem eines anderen erleichtert, um sich so die Möglichkeit offen zu halten, künftig etwa auftretenden Bedarf an Gütern, die erst im Austausche gegen andere erworben werden müssen, ohne Schwierigkeiten zu befriedigen. Solange der Marktverkehr noch nicht eine derartige Ausbildung erfahren hat, daß alle oder wenigstens gewisse wirtschaftliche Güter jederzeit zu nicht allzu ungünstigen Bedingungen veräußert, das heißt zu Geld gemacht werden können, kann dieses Ziel nur durch Haltung eines entsprechend großen Geldvorrates erreicht werden.«[5]

Es sei hier angemerkt, dass es im Bereich des menschlichen Handelns zwar Unsicherheit gibt, dass das aber nicht heißt, dass alles im Bereich des menschlichen Handelns unsicher wäre; die Idee der »radikalen Unsicherheit« – dass alles unsicher ist –, wie sie Ludwig Lachmann (1906–1990) vorgebracht hat, ist nicht schlüssig.[6] Das lässt sich mit (handlungs-)logischen Mitteln recht einfach einsehen: Die Aussage »Der Mensch handelt« lässt sich nicht widerspruchsfrei verneinen:[7] Wer sagt »Der Mensch handelt nicht«, der handelt und widerspricht dem Gesagten. Wäre die Zukunft tatsächlich (perfekt) sicher, so würde das bedeuten, dass man nicht mehr handeln kann: Der Handelnde könnte den künftigen Gang der Dinge nicht mehr durch sein Handeln beeinflussen, er könnte nicht handeln. Das aber wäre ein (handlungs-)logischer Widerspruch und damit falsch. Unsicherheit ist folglich im Bereich des menschlichen Handelns sprichwörtlich nicht wegzudenken (wenn auch nicht alles unsicher ist), und die Unsicherheit ist auch der entscheidende Grund, warum Menschen Geld halten.

Über den Wert des Geldes

Wie erklärt sich der Wert des Geldes? Eine Antwort auf diese Frage zu finden wird uns einfacher fallen, wenn wir uns zunächst den Wert von einfachen (nicht-Geld-)Gütern vor Augen führen. Ein Gut ist nicht einfach so ein Gut. Vielmehr wird ein Ding, eine Sache, zu einem Gut, wenn der handelnde Mensch es als etwas erkennt, mit dessen Einsatz er seinem Ziel näherkommt, und er ihm daher einen Wert zuweist. Und der Wert eines Gutes liegt sprichwörtlich in den Augen des Betrachters – das macht den Kern der subjektiven Wertlehre aus. Nun lässt sich der Begriff »Wert« allerdings unterschiedlich fassen. Nicht-Geld-Güter haben einen *objektiven Gebrauchswert*. Er kommt darin zum Ausdruck, dass ein Gut aus technischer Sicht geeignet ist, um ein Ziel des Handelnden zu erreichen. Beispiel: Wasser stillt Durst, es hat einen objektiven Gebrauchswert.

Neben dem objektiven Gebrauchswert gibt es einen *subjektiven Gebrauchswert* eines Gutes. Er erklärt sich dadurch, dass der Handelnde einem Gut einen Wert beimisst, weil er meint – ob nun richtigerweise oder fälschlicherweise –, mit dem Einsatz des Gutes sein Ziel erreichen zu können. Neben dem objektiven und subjektiven Gebrauchswert gibt es auch einen *objektiven* und *subjektiven Tauschwert*. Der objektive Tauschwert eines Apfels kommt in der Menge anderer Güter zum Ausdruck, die man für die Hingabe des Apfels bekommt: Herr Müller kann zum Beispiel einen Apfel gegen zwei Birnen tauschen. Der objektive Tauschwert entspricht dem Marktpreis. Der subjektive Tauschwert des Apfels korrespondiert mit dem Nutzen, den die 2 Birnen Herrn Müller stiften.

Bei Konsumgütern zählen vor allem der objektive und subjektive Gebrauchswert, in der Regel jedoch weniger der objektive und subjektive Tauschwert. Beispiel: Für Herrn Müller hat der Apfel einen objektiven Gebrauchswert, weil der Apfel ein Lebensmittel ist und seinen Hunger stillen kann (und das sei hier sein Ziel); und der Apfel hat für ihn auch einen subjektiven Gebrauchswert, weil er die hungerstillende Eignung des Apfels auch tatsächlich erkennt. Ob der Apfel für Herrn Müller nun aber auch einen objektiven oder subjektiven Tauschwert hat, ist in der Regel nicht oder gar nicht bedeutend. Beim Wert des Geldes ist das allerdings anders.

Während bei Konsum- und Produktionsgütern der subjektive Gebrauchs- und subjektive Tauschwert unterschiedliche Dinge sind, fallen beim Geld subjektiver Gebrauchs- und subjektiver Tauschwert zusammen (in der nachstehenden Abb. 1 entspricht Feld (4) Feld (8) – und beide führen auf den objektiven Tauschwert des Geldes zurück.[8] Wie erklärt sich das? Der Nutzen des Geldgebrauchs ist untrennbar verbunden mit dem objektiven Tauschwert des Geldes; bei Nicht-Geld-Gütern ist es hingegen meist unerheblich, ob sie einen Tauschwert haben oder nicht. Der objektive Tauschwert des Geldes ist die Anzahl der Güter, die man gegen Hingabe einer Geldeinheit erhält. Der subjektive Tauschwert korrespondiert mit dem subjektiven Nutzen, den die Güter, die der Geldbesitzer für sein Geld eintauschen kann, ihm stiften; und er entspricht dem subjektiven Gebrauchswert des Geldes.

	Waren (Nicht-Geld-Gut)	**Geld**
Objektiver Gebrauchswert	(1) Technische Eignung des Gutes, ein Ziel erreichen zu können	(2) Geld- beziehungsweise Tauschmittelfunktion des Geldes
Subjektiver Gebrauchswert	(3) Subjektiv empfundene Eignung (Nutzen) des Gutes, ein Ziel erreichen zu können	(4) Nutzen, den das Gut stiftet, das man gegen Hingabe von Geld erwirbt
Objektiver Tauschwert	(5) Anzahl der Gütereinheiten, die man im Tausch gegen ein Gut erzielt	(6) Anzahl der Gütereinheiten, die man im Tausch gegen eine Geldeinheit erzielt
Subjektiver Tauschwert	(7) Subjektiv empfundener Nutzen des Gutes, das man gegen sein Gut eintauscht	(8) Nutzen, den das Gut stiftet, das man gegen Hingabe von Geld erwirbt

Abb. 1: Zur Wertbestimmung der (Nicht-Geld-)Güter und des Geldes

Quelle: Eigene Darstellung. Anmerkung: Der subjektive Tauschwert des Geldes korrespondiert mit dem subjektiven Nutzen, den die Güter, die der Geldbesitzer für sein Geld eintauscht, stiften; er entspricht dem subjektiven Gebrauchswert des Geldes.

Wie bereits gesagt: Damit Geld aber überhaupt einen subjektiven Tauschwert haben kann, muss es bereits einen objektiven Tauschwert besitzen. Ohne objektiven Tauschwert kann Geld folglich keinen subjektiven Tauschwert haben. Doch wie erklärt sich das? Die Beantwortung der Frage erfordert die Erklärung des objektiven Tauschwertes des Geldes. Er bestimmt sich durch das Zusammenspiel zwischen Angebot von und die Nachfrage nach Geld. Beispiel: Wenn sie in einen Obstladen gehen, bieten Sie zum Beispiel 1 Euro für eine Birne, und der Obsthändler verkauft ihnen die Birne für 1 Euro. Ihre Nachfrage nach Birnen entspricht dem Geldangebot, und das Angebot der Birne des Obsthändlers entspricht der Geldnachfrage. Der resultierende Preis der Birne – 1 Euro pro Birne – bestimmt die Kaufkraft des Euro.

Doch jetzt stellt sich uns ein ernstes Erklärungsproblem: Sie und ich halten Geld – man kann auch sagen: Sie und ich fragen Geld nach –, weil wir der Auffassung sind, dass Geld bereits Kaufkraft, also einen objektiven Tauschwert hat. Doch haben wird nicht soeben gesagt, dass die Kaufkraft des Geldes bestimmt wird durch das Zusammenspiel zwischen dem Angebot von und der Nachfrage nach Geld. Haben wir es da jetzt nicht mit einem »Huhn-Ei-Problem« zu tun oder, wie Karl T. Helfferich (1872–1924) es beschreibt, einem »Zirkelschluss«? Denn wir sagen nun, man fragt Geld nach, weil es bereits Kaufkraft hat. Aber die Kaufkraft des Geldes wird ja erst dadurch bestimmt, dass es jemand nachfragt (und jemand es anbietet).

Ludwig von Mises löst diesen (vermeintlichen) »Zirkelschluss« auf. Er erklärt, dass wir Geld *heute* nachfragen, weil es *gestern* Kaufkraft gehabt hat: Wir haben erfahren, dass kurz zuvor mit Geld gekauft werden konnte. Und gestern haben wir Geld nachgefragt, weil das Geld vorgestern Kaufkraft hatte. Und so weiter. Doch führt diese Erklärung des Wertes des Geldes nicht zu einem ewigen Rückwärtsschreiten, zu einem »infiniten Regress«? Die Antwort ist Nein. Denn wenn wir uns die Erklärung der Kaufkraft des Geldes rückwärtsdenkend erschließen, dann gelangen wir zu einem definitiven »Endpunkt«. Dieser Endpunkt ist der Moment, in dem ein Gut erstmalig als Geld eingesetzt wurde. Es ist der Moment, in dem das Gut erstmalig für monetäre Zwecke eingesetzt wurde. Zuvor wurde das Gut nur für nicht-monetäre Zwecke verwandt, und sein Marktwert erklärte sich allein aufgrund seiner nichtmonetären Dienste.

Mit diesem sogenannten »Regressionstheorem« löst Mises also den »Zirkelschluss« auf, indem er uns erklärt, dass der Tauschwert des Geldes (sein objektiver Tauschwert) eine Zeitdimension hat. Mises informiert uns mit seinem Regressionstheorem darüber, dass Geld aus einem Gut entstanden sein muss, das, bevor es zu monetären Zwecken verwandt wurde, einen Marktwert gehabt haben muss, der nur auf seine nicht-monetären Dienste zurückzuführen ist – und stützt damit die Geldentstehungstheorie von Carl Menger. Daraus folgt weiterhin, dass sich Geld nicht »von oben«, also »ex machina«, einführen lässt. Es muss vielmehr aus dem freien Markt hervorgebracht werden. Es braucht einen Marktwert, der sich allein aufgrund seiner nicht-monetären Dienste erklärt.

Das ist übrigens auch der Grund, warum das heutige Fiat-Geld, ein ungedecktes Geld, nicht natürlich ist: Es konnte nur in die Welt kommen, weil man irgendwann die Eintauschbarkeit von Banknoten und Bankguthaben in das Grundgeld (das Gold) beendet hat – und zwar durch einen höchst unlauteren Akt, nämlich die Enteignung derjenigen, die ihr physisches Gold bei Banken gehalten haben, beziehungsweise diejenigen, die Banknoten und Giroguthaben gehalten haben in der Erwartung, dass man diese – wie versprochen – jederzeit bei den Banken in physisches Gold eintauschen kann.

Der subjektive Tauschwert des Geldes unterliegt – wie der Wert eines jeden anderen Gutes auch – dem Gesetz des abnehmenden Grenznutzens. Das Gesetz des abnehmenden Grenznutzens wurde gegen Ende des 19. Jahrhunderts nahezu zeitgleich, aber unabhängig voneinander von drei Ökonomen erarbeitet: Carl Menger (1840–1921), William Stanley Jevon (1835–1882) und Leon Walras (1834–1910). In der Volkswirtschaftslehre ist es zum allgemein anerkannten Gesetz zur Wert- beziehungsweise Preisbestimmung eines jeden Gutes geworden. Es gilt damit auch für die Wertbestimmung des Gutes Geld. Schließlich ist Geld ein Gut wie jedes andere Gut auch (es zeichnet sich allerdings dadurch aus, dass es das Gut mit der größten Marktfähigkeit ist). Deshalb fällt seine Wertbestimmung ebenfalls unter das Gesetz des abnehmenden Grenznutzens.

Dieses Gesetz besagt: (1.) Ein großer Gütervorrat hat einen höheren (Grenz-)Nutzen als ein kleiner Gütervorrat; und (2.) der Nutzen der zusätzlich erhaltenen Gütereinheit (also der Grenznutzen) nimmt mit steigendem Gütervorrat ab. Ein hoher Geldvorrat, über den ein Handelnder verfügt, wird höher wertgeschätzt als ein kleiner. Geld ist nämlich für den Handelnden ein Mittel, um Ziele zu erreichen. Und je mehr Ziele er erreichen kann, desto höher fällt auch sein Nutzen aus. Die erste Geldeinheit wird dazu verwendet, das drängendste Bedürfnis zu stillen, die zweite Geldeinheit dazu, das nächstdringliche Bedürfnis zu erfüllen – das aber weniger dringlich ist als das zuvor gestillte Bedürfnis. Die dritte Geldeinheit, über die der Handelnde verfügt, stiftet einen geringeren Nutzen als die zweite (und die erste) verfügbare Geldeinheit. Und so weiter. Der Grenznutzen des Geldes nimmt folglich – und (handlungs-)logischerweise – mit einer zunehmenden Zahl von verfügbaren Geldeinheiten ab.

Der subjektive Tauschwert des Geldes bestimmt sich durch den Grenznutzen des Gutes, das gegen Geld getauscht wird. Steigt zum Beispiel die Anzahl der Geldeinheiten auf dem Konto von Herrn Schulze, so nimmt der Grenznutzen des Geldes (das ist der Nutzen, den ihm eine zusätzliche Geldeinheit stiftet) notwendigerweise ab. Das heißt nichts anderes, als dass andere Güter aus Sicht von Herrn Schulze wertvoller werden im Vergleich zu den zusätzlich erhaltenen Geldeinheiten. Das muss das Verhalten von Herrn Schulze beeinflussen. Er wird bereit sein, sein Geld anzubieten (dessen Grenznutzen ja gesunken ist) im Tausch gegen andere Güter (deren Grenznutzen nunmehr gestiegen ist). Das wiederum wird die Preise der Güter ansteigen lassen und die Kaufkraft des Geldes schmälern. Die Kaufkraft des Geldes schwindet hier als Folge einer Geldmengenerhöhung.

Geld misst keine Werte

Der handelnde Mensch bewertet die vorherrschenden und möglichen Zustände. Er schätzt den einen Zustand als besser oder schlechter ein als den anderen, er zieht den einen Zustand vor, den anderen stellt er zurück.[9] Das menschliche Handeln reiht und ordnet. Es bedient sich der Ordinalzahlen, nicht der Kardinalzahlen. Ordinalzahlen sind beispielsweise *erstes, zweites, drittes.* Kardinalzahlen sind *eins, zwei, drei* etc. Nur die Ordinalzahlen, nicht die Kardinalzahlen stehen für den Ausdruck von Werturteilen im Bereich des menschlichen Handelns zur Verfügung. Durch Werturteile werden die in Betracht kommenden Gegenstände gereiht und geordnet – als besser oder schlechter, als mehr oder weniger –, und zwar nach ihrer Fähigkeit, ein subjektiv empfundenes Unbefriedigtsein des Handelnden abzustellen.

Häufig ist jedoch zu hören, dass der Preis – also das in Geld ausgedrückte Tauschverhältnis zwischen Geldeinheiten und Gut – den *Wert* des Gutes *misst* – sich also als Kardinalzahl (beziehungsweise kardinale Nutzenzahl) ausdrücken lässt. Doch das ist ein Irrtum, wie folgendes Beispiel zeigt. Herr Meier kauft beim Obsthändler einen Apfel, für den er 1 Euro bezahlen muss. Ist der Apfel Herrn Meier 1 Euro wert? Nein, der Apfel ist Herrn Meier mehr wert als 1 Euro. Denn Herr Meier tauscht 1 Euro nur dann gegen einen Apfel ein, wenn aus seiner Sicht der Apfel *mehr wert* ist als 1 Euro. Für den Obsthändler gilt genau das Umgekehrte. Aus seiner Sicht ist 1 Euro mehr wert als der Apfel. Man kann auch nicht sagen, wie viel mehr wert der Apfel ist, den Herr Meier kauft, im Vergleich zum 1 Euro, den er dafür hingibt.

Der Marktpreis eines Gutes – also die Anzahl der Geldeinheiten, die für ein Gut hingegeben werden müssen – bildet also *nicht* etwa den Wert eines Gutes ab, er misst keine Werte, sondern er zeigt lediglich an, dass zu diesem Preis eine Tauschtransaktion stattgefunden hat; und dass derjenige, der das Geld bezahlt hat, dem dafür erhaltenen Gut einen höheren Wert beigemessen hat als dem dafür hingegebenen Geldbetrag; und dass es sich bei seinem Handelspartner genau umgekehrt verhalten hat, denn dieser schätzte den erhaltenen Geldbetrag höher ein als das Gut, das er dafür hingegeben hat. Es wird zudem mit diesem Beispiel deutlich: Ein freiwilliger Tauschakt ist für alle daran Beteiligten nutzenstiftend!

Die optimale Geldmenge

Die Vertreter der vorherrschenden Volkswirtschaftslehre – die Mainstream-Ökonomen – sind sich darin einig, dass eine wachsende Wirtschaft eine wachsende Geldmenge benötigt. So fordern beispielsweise die Monetaristen als Anhänger der Quantitätstheorie – ihr bekanntester Vertreter ist Milton Friedman (1912–2006), Wirtschaftsnobelpreisträger des Jahres 1976 –, die Geldmenge solle (vereinfachend gesprochen) in Übereinstimmung mit der gesamtwirtschaftlichen Güterproduktion anwachsen. Wächst die Volkswirtschaft zum Beispiel um 3 Prozent pro Jahr (und bliebe die Umlaufgeschwindigkeit des Geldes unverändert, und sollte das Preisniveau unverändert bleiben), so wäre es aus monetaristischer Sicht angemessen, wenn das Geldmengenwachstum ebenfalls 3 Prozent pro Jahr beträgt. Wie ist diese Idee zu beurteilen?

Eine Kritik der Quantitätstheorie

Viele Ökonomen verwenden die Quantitätsgleichung, um den Zusammenhang zwischen den Preisen aufzuzeigen – und darauf aufbauend die richtige Geldmenge abzuleiten. Die Quantitätsgleichung lautet wie folgt:

$$M \times V = Y \times P$$

Dabei steht M für die Geldmenge, V für die Umlaufgeschwindigkeit (die Häufigkeit, mit der eine Geldeinheit [zum Beispiel in einem Monat] für Käufe verwendet wird), Y steht für die Gütermenge und P für die Preise der Güter. Wenn man annimmt, dass die Volkswirtschaft voll ausgelastet ist und dass zugleich die Umlaufgeschwindigkeit konstant ist, so folgt daraus, dass ein Anstieg der Geldmenge zu einem Anstieg der Preise in gleicher Höhe führt: dass also die Güterpreise um 10 Prozent steigen, wenn die Geldmenge um 10 Prozent erhöht wird. Zu diesem Schluss kommt die sogenannte *Quantitätstheorie*, die genau diese Annahmen macht. Doch das ist eine sehr vereinfachende Theorie. Sie verdeckt wichtige Konsequenzen der Geldmengenvermehrung. Vor allem erweckt sie den Eindruck, die Ausweitung der Geldmenge erhöhe die Güterpreise, treffe also alle Marktakteure in quasi gleicher Weise. Aber das ist nicht der Fall! Dazu die (er-)klärenden Worte von Ludwig von Mises:

»Die Vermehrung des Geldvorrates der Volkswirtschaft bedeutet also stets eine Vermehrung des Geldbesitzes, des Vermögens einer Anzahl von Wirtschaftssubjekten (...). Überdies wird bei diesen Personen das Verhältnis zwischen Geldbedarf und Geldvorrat verschoben; sie haben verhältnismäßig Überfluß an Geld, verhältnismäßig Mangel an anderen wirtschaftlichen Gütern. Die nächste Folge beider Umstände ist die, daß der Grenznutzen der Geldeinheit für die betreffenden Wirtschaftssubjekte sinkt. Das muß ihr Verhalten auf dem Markte beeinflussen. Sie sind »tauschfähiger«, »kaufkräftiger« geworden. Sie müssen nun auf dem Markte ihre Nachfrage nach den Gegenständen ihres Bedarfes stärker zum Ausdruck bringen als bisher; sie können mehr Geld für die Waren bieten welche sie zu erwerben wünschen. Es wird die selbstverständliche Folge davon sein, daß die betreffenden Güter im Preise steigen werden, daß der objektive Tauschwert des Geldes ihnen gegenüber sinkt. Die Preissteigerung auf dem Markte bleibt aber keineswegs auf jene Güter beschränkt, nach denen sich der Begehr der ersten Besitzer des neuen Geldes richtet. Auch diejenigen, die diese Güter zu Markte gebracht haben, sehen ja ihr Einkommen und ihren verhältnismäßigen Geldvorrat vergrößert und sind ihrerseits wieder in der Lage, nach den Gütern ihres Bedarfes eine stärkere Nachfrage zu entfalten, so daß auch diese Güter im Preise steigen. So setzt sich die Preissteigerung, sich dabei verflachend, solange fort, bis alle Waren, die einen in stärkerem, die anderen in schwächerem Maße, von ihr erfasst sind.«[10]

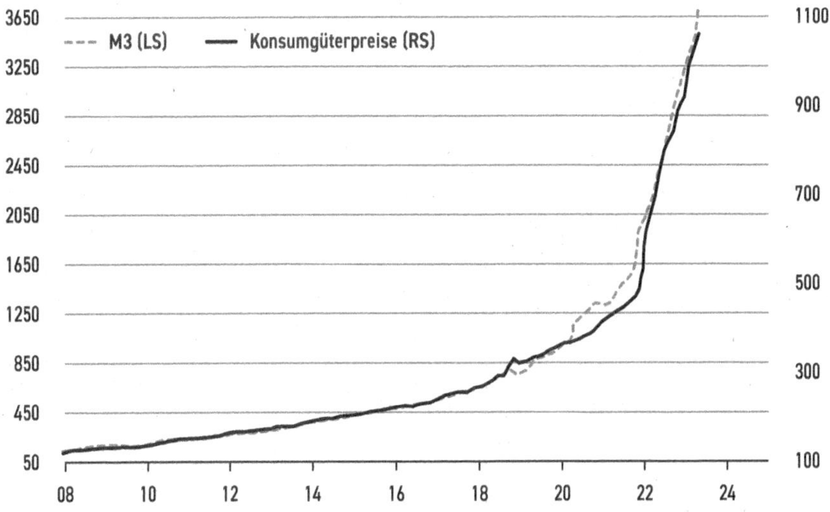

Abb. 2: Geldmenge und Güterpreise in der Türkei, 2008–2023

Quelle: Refinitiv; eigene Berechnungen. Serien sind indexiert (Januar 2006 = 100).

Ein illustratives Beispiel für den Zusammenhang zwischen Geldmengenvermehrung und Güterpreisanstieg bieten die letzten etwa 15 Jahre in der Türkei. Wie in Abb. 2 erkennbar, war zwischen der Geldmenge und den Preisen der Konsumgüter ein recht enger und positiver Zusammenhang beobachtbar. Von Januar 2008 bis April 2023 stieg die Geldmenge M3 stark an: Sie wuchs im Jahresdurchschnitt um 23,6 Prozent pro Jahr. Gleichzeitig gingen die Preise der Konsumgüter in die Höhe: Sie legten um 15,4 Prozent pro Jahr im Durchschnitt zu. Dass die Geldmenge stärker stieg, als die Konsumgüterpreise sich verteuerten, kann mehrere Ursachen haben. So werden zum Beispiel in den offiziell ausgewiesenen Konsumgüterpreisindizes nicht alle Güter und deren Preise erfasst, sondern nur ausgewählte. So werden beispielsweise die Vermögenspreise – wie Grundstücks-, Häuser und Unternehmenspreise – nicht oder nur unvollständig erfasst. Die preistreibende Wirkung der Geldmengenerhöhung kann sich folglich in den Vermögenspreisen (also als »Vermögenspreisinflation«) gezeigt haben, und in einem solchen Fall würde der Anstieg der Konsumgüterpreise das wahre Ausmaß des gesamtwirtschaftlichen Preisanstiegs unterzeichnen.

Es sind zwei Annahmen, auf denen die Quantitäts*theorie* aufbaut: (1.) Die Volkswirtschaft befindet sich auf Vollbeschäftigung und (2.) die Umlaufgeschwindigkeit des Geldes ist konstant, verändert sich nicht im Zeitablauf. Halten wir an (1.) fest und heben wir (2.) auf. Dann kann es sein, dass ein Ansteigen der Geldmenge von, sagen wir, 10 Prozent, keine Preiswirkung entfaltet, und zwar dann nicht, wenn die Geldnachfrage um ebenfalls 10 Prozent steigt. Möglich ist in diesem Zusammenhang aber auch, dass die Güterpreise stärker steigen, als die Geldmenge zunimmt – was der Fall wäre, wenn die Geldnachfrage (als Folge der Geldmengenerhöhung) abnimmt.

Der Gedanke »*Die Geldnachfrage ist nicht unabhängig vom Geldangebot*« hat einiges für sich. Wenn die Marktakteure beispielsweise fürchten müssen, dass die Zentralbank die Geldmenge stark ausweiten wird und dass das die Güterpreise in die Höhe treibt (und damit die Kaufkraft des Geldes schmälert), dann ist zu erwarten, dass die Geldnachfrage abnimmt relativ zum Geldangebot: Um der Geldentwertung zu entgehen, reduzieren die Menschen ihre Geldhaltung relativ zur Geldmenge. Dazu bieten sie die Geldbeträge, die sie nicht als Kasse zu halten wünschen, im Markt gegen andere Güter an. Die Folge sind höhere Güterpreise (im Vergleich zu einer Situation, in der die Geldmenge nicht ausgeweitet worden wäre).

Damit scheint auch die Vermutung ökonomisch plausibel zu sein, dass in den Ländern, in denen die Zentralbank die Geldmenge immer wieder unerwartet kräftig ausgeweitet und dadurch stark steigende Güterpreise verursacht hat, die Geldnachfrage tendenziell recht stark schwankt und auch im Zeitablauf deutlich rückläufig ist – weil die Menschen das heimische Geld nicht zu Wertaufbewahrungszwecken verwenden, sondern dazu, auf andere Güter setzen (wie ausländische Währungen, Aktien, Häuser, Grundstücke etc.). Beispielsweise betrug die jahresdurchschnittliche Inflation in der Schweiz von 1985 bis Anfang 2023 1,2 Prozent, in Großbritannien 2,8 Prozent. In der Schweiz ging die Geldnachfrage im Betrachtungszeitraum um 36 Prozent zurück, in Großbritannien um 86 Prozent. In dieser Zeit war die Schwankung der Geldmenge in Großbritannien 2,5-mal so hoch wie in der Schweiz.[11] Das ist ein Hinweis dafür (wenn auch kein Beweis), dass eine hohe Güterreisinflation und eine relativ stark schwankende Geldmengenvermehrung den Rückgang der Geldnachfrage befördert.

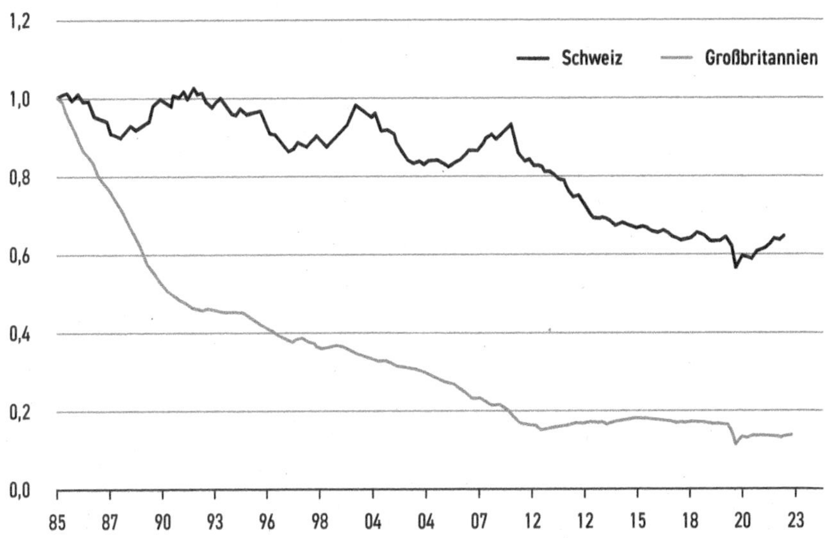

Abb. 3: Umlaufgeschwindigkeit des Geldes in der Schweiz und Großbritannien

Quelle: Refinitiv; eigene Berechnungen. Nominales Bruttoinlandsprodukt dividiert durch die Geldmenge (Schweiz: M3, Großbritannien: M4) in der Zeit Q1 1985 bis Q1 2023. Zeitreihen sind indexiert: Q1 1985 = 1.

Die Quantitätstheorie in ihrer üblichen Darstellung suggeriert, dass ein Ansteigen der Geldmenge zu einem (Eins-zu-eins-)Anstieg der Güterpreise führt, so gesehen alle Marktakteure gleichermaßen betrifft, dass also alle die Verringerung der Kaufkraft des Geldes gleichermaßen trifft. Doch das ist nicht der Fall! Eine Geldmengenausweitung zieht stets *Umverteilungswirkungen* nach sich, die unterschiedliche Personen in unterschiedlichem Ausmaß treffen. Einige Gesellschaftsmitglieder profitieren von der Erhöhung der Geldmenge, andere leiden darunter.

Warum eine Geldmengenausweitung niemals »neutral« mit Blick auf die Verteilung von Einkommen und Vermögen ist, warum sie mitunter schwere Wirtschaftsstörungen hervorrufen kann, wird nachfolgend noch deutlich werden.

Doch ist eine steigende Geldmenge wirklich eine notwendige Bedingung, damit eine Volkswirtschaft wachsen kann? Ludwig von Mises verneinte diese Frage. Seine Argumente: Anders als bei einem steigenden Konsum- und Produktionsgüterangebot stiftet eine Vermehrung der Geldmenge der Volkswirtschaft keinen Nutzen. Schließlich hat Geld nur eine Funktion: die Tauschmittelfunktion. Wenn die Geldmenge zunimmt, dann hat das zur Folge, dass der Tauschwert des Geldes abnimmt – verglichen mit einer Situation, in der die Geldmenge unverändert geblieben wäre. Diese Schlussfolgerung ruht auf formal-logischen Überlegungen, leitet sich vom Gesetz des abnehmenden Grenznutzens ab.

Die Beantwortung der Frage »Wo liegt die ›optimale Geldmenge‹?« macht einen freien Markt für Geld erforderlich. Das heißt, die Menschen müssen die Freiheit haben, das Geld nachfragen zu können, das ihren Zwecken am besten entspricht. Und Geldanbieter müssen die Freiheit haben, ein Gut anzubieten, dass die Menschen freiwillig als Geld nachzufragen wünschen. Denkbar ist, dass die Menschen ein Gut nachfragen, dessen Menge nicht vermehrbar ist, wie es beispielsweise bei der Cyber-Einheit Bitcoin der Fall ist. Eine konstante (Bitcoin-) Geldmenge wird unweigerlich zu hohen Güterpreisschwankungen und ausgeprägter Güterpreisdeflation führen, anders als eine Geldmenge, die veränderbar ist – wie das beispielsweise bei Gold- oder Silbergeld der Fall wäre.

Denn anders als Gold und Silber – die auch für nicht-monetäre Zwecke nachgefragt werden – hat Bitcoin nur eine Verwendung, und zwar als Tauschmittel zu dienen. Wenn die Menschen (aus welchen Gründen auch immer) also ihre Bitcoin-Haltung zu reduzieren wünschen, dann müssen sie Bitcoin gegen andere Güter anbieten. Die Folge ist, dass die Güterpreise in Bitcoin ausgedrückt (stark) fallen. Eine überschüssige Gold- und Silber-Geldmenge wird hingegen abgebaut, indem die Edelmetalle angeboten und andere Güter nachgefragt werden. Die dadurch abnehmenden Güterpreise erhöhen die Nachfrage nach Gold und Silber für nicht-monetäre Zwecke (Nachfrage nach Schmuck und/oder für industrielle Produktion) und wirken dem Güterpreisverfall entgegen. Ob die Menschen lieber eine konstante Geldmenge mit stark schwankenden Güterpreisen und starker Güterpreisdeflation oder eine variierbare Geldmenge mit abgemilderten Güterpreisschwankungen und gemäßigter Güterpreisdeflation wünschen, kann nur im freien Markt, nicht vorab und in abstrakter Diskussion entschieden werden.

Macht mehr Geld eine Volkswirtschaft reicher? Oder: *Hitlers Geldfälscherplan*

Die Auffassung, eine Erhöhung der Geldmenge nütze der Volkswirtschaft, ist heutzutage zwar weit verbreitet, sie ist allerdings falsch. Bei Konsum- und Investitionsgütern gilt, dass ihre Vermehrung den materiellen Wohlstand erhöht. Anders verhält es sich jedoch beim Gut Geld. Eine der vielen historischen Begebenheiten, die das unmissverständlich illustrierten, ist Hitlers Geldfälscherplan. Der Journalist Lawrence Malkin hat sie in seinem 2006 erschienenen Buch *Krueger's Men: The Secret Nazi Counterfeit Plot and the Prisoners of Block 19* (deutscher Titel: *Hitlers Geldfälscher*) aufbereitet.[12] Während des Zweiten Weltkriegs sannen die Nationalsozialisten darüber nach, wie die Kriegskräfte der Alliierten zu schwächen seien. Ein Plan, der bereits am 18. September 1939 im deutschen Finanzministerium vorlag, bestand darin, britische Banknoten zu fälschen und in Umlauf zu bringen. Millionen gefälschter Pfundnoten sollten von der Luftwaffe über Großbritannien abgeworfen, über Straßen und Plätzen verstreut werden. Auf diese Weise sollte das Vertrauen in das britische Pfund, dass damals die Weltleitwährung war, zersetzt werden. Das Ausgeben von gefälschtem britischen Geld würde, so kalkulierten die Nationalsozialisten, Inflation schüren und dadurch die Wirtschaft schädigen. Der Plan sah vor, dass die Geldfälscherei zu einem bestimmten Zeitpunkt öffentlich bekannt werden sollte: Die Nachricht, gefälschte Pfundnoten seien im Umlauf, sollte zum Zusammenbruch, zumindest aber zum schweren Vertrauensverlust in die britische Währung führen. Und sei, so das Kalkül der Geldfälscher, das Vertrauen in das Pfund Sterling erst einmal schwer geschädigt, würde die Kriegsfinanzierung gestört, und letztlich könnte die Deutsche Mark die Weltfinanzmärkte erobern. Die Deutsche Reichsbank wurde mit der Herstellung von gefälschten Pfundnoten beauftragt. Doch das erwies sich als schwieriger als gedacht. Vor allem gelang es nicht, die britischen Banknoten in geeigneter Qualität zu fälschen, und schließlich wurde das ganze Geldfälschungsprojekt aufgegeben. Eine Lehre aus dieser Episode lautet: Die Nationalsozialisten trachteten danach, die britische Geldmenge auszuweiten, nicht zum Nutzen der Briten, sondern zu ihrem Schaden. Sie wussten sehr wohl, dass eine steigende Geldmenge eine Volkswirtschaft nicht reicher macht, sondern dass sie ihr schadet, und zwar auf eine höchst subtile und perfide Art. Die Ironie der Geschichte ist, dass es die extrem inflationierte Deutsche Reichsmark war, die in der Währungsreform 1948 unterging, durch die D-Mark ersetzt wurde, während das britische Pfund noch heute existiert.

Über Geldarten

Ludwig von Mises hat eine Typologie der Geldarten vorgestellt, die Jörg Guido Hülsmann in eine sehr hilfreiche Übersicht gebracht hat, auf die hier zurückgriffen werden soll (siehe Abb. 4). Danach unterscheidet Mises zwischen Geld im engeren Sinne *(Grundgeld)* und Geld im weiteren Sinne *(Geldsubstitute)*. Zu Geld im engeren Sinne sind zu zählen: (1) Warengeld in Form von Edelmetallen oder anderen Sachgütern; (2) Kreditgeld und Forderungen, die als Geld verwendet werden, die dem Geld, in dem sie denominiert sind, gleich geschätzt werden; und (3) Fiat-Geld, das es in Form von Banknoten, Bankguthaben und Scheidemünzen (deren aufgeprägter Nennwert höher ist als der Metallwert der Münze) gibt.

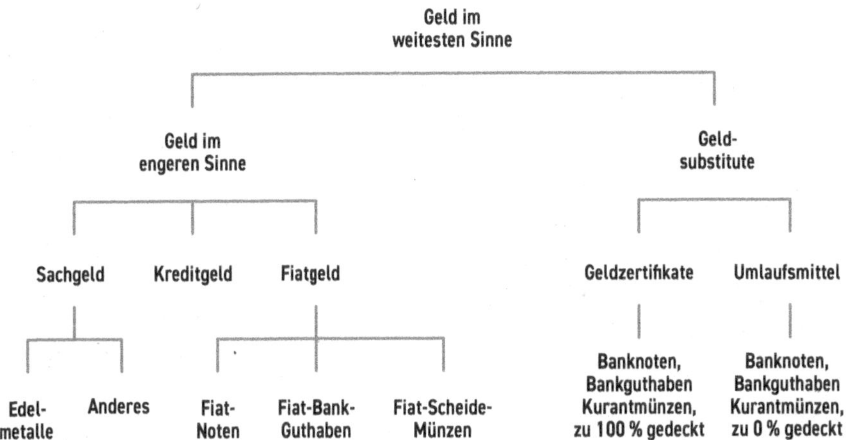

Abb. 4: Typologie der Geldarten nach Ludwig von Mises

Quelle: Hülsmann (2012), The Early Evolution of Mises's Monetary Thought, S. 34

Bei den *Geldsubstituten* lässt sich unterscheiden zwischen Geldzertifikaten und Umlaufsmitteln. Geldzertifikate sind zu 100 Prozent gedeckt durch Grundgeld. Sie können die Form von Banknoten, Guthaben und Münzen haben. *Umlaufsmittel,* die ebenfalls Banknoten, Guthaben und Münzen sein können, haben eine »Nulldeckung«, sind also nicht durch das Grundgeld gedeckt. Die große Merkwürdigkeit dabei ist natürlich das Fiat-Geld.

Es stellt uns nicht vor große Probleme zu verstehen, dass Sachgeld und auch Kreditgeld aus dem freien Markt entstehen können. Aber Fiat-Geld? Wir haben bereits mehrfach festgestellt: Fiat-Geld kann nicht aus freiwilligen Markttransaktionen entstanden sein. Es muss per Zwang installiert werden. Und so war es ja auch: Die Staaten haben die Goldbesitzer irgendwann enteignet und das Goldgeld (per Zwang, muss man betonen) durch ihr staatliches Fiat-Geld ersetzt.

Dabei ist zu bedenken, dass der Blick auf die Währungsgeschichte in der Tat offenbart, dass es schon sehr viele Geldarten gegeben hat (die Typologie in Abb. 4 hat also sehr engen Realitätsbezug). Viele Güter haben den Menschen schon als Geld – als allgemein akzeptiertes

Tauschmittel – gedient: Vieh, seltene Steine, Muscheln, Zigaretten, vor allem aber Edelmetalle. Alle diese Geldarten lassen sich als Sach- oder Warengeld bezeichnen.

Das Sachgeld ist ein Geld, das entweder als physisches Gut verwendet wird (etwa in Form einer Silbermünze) oder das als Anrecht auf die Aushändigung eines Sachgutes, mit dem es hinterlegt ist, existiert. Ein Beispiel ist das Edelmetallgeld. Geld ist hier Gold oder Silber. In einem Goldstandard läuft Geld zum einen in Form von Goldmünzen um; man spricht von Goldumlaufswährung (Kurantmünzen). Es dienen zum anderen auch Banknoten und Giroguthaben bei Banken als Geld; beide können jederzeit zum Nennwert in physisches Gold eingetauscht werden.

Wenn Banknoten und Giroguthaben bei Banken jederzeit zum Nennwert in (kleinteiliges) physisches Gold eingetauscht werden können, spricht man von einem Gold-Specie-Standard. Wenn hingegen nur großvolumige Beträge in physisches Gold (in Form von großvolumigen Barren) eingetauscht werden können, spricht man von einem Gold-Bullion-Standard.

Das heutzutage verbreitete Geld – ob US-Dollar, Euro, Japanischer Yen, Chinesischer Renminbi oder Schweizer Franken – lässt sich als ungedecktes Papiergeld, als Kreditgeld oder auch als Fiatgeld bezeichnen – je nachdem, welche Eigenschaft hervorgehoben werden soll. Die folgenden Überlegungen machen das deutlich.

Erstens: Das heutige Geld ist intrinsisch wertlos. Es ist in nichts einlösbar und hat die Form von mit Tinte bedruckten Papierzetteln und Einträgen auf Computerfestplatten (»Bits and Bytes«). So gesehen lässt es sich als (intrinsisch wertloses) ungedecktes Papiergeld bezeichnen.

Zweitens: Das Geld wird durch Bankkreditvergabe produziert, durch Kredite, denen keine »echte Ersparnis« gegenübersteht. Es wird »aus dem Nichts« (also *ex nihilo*) geschaffen, es ist Kreditgeld.

Drittens: Das Geld ist staatliches Monopolgeld. Es wird von staatlichen Zentralbanken produziert, die das Geldproduktionsmonopol innehaben. Die Staaten erzwingen per Gesetz, dass ihr Papier- oder Kreditgeld gesetzliches Zahlungsmittel ist. So gesehen ist es Fiatgeld (das Wort *fiat* ist lateinisch und steht für »So sei es«); Fiatgeld steht für Zwangsgeld.

Im Folgenden werden die Begriffe ungedecktes Papiergeld, Kreditgeld und Fiatgeld benutzt. Sie alle sollen die heute überall anzutreffende *unnatürliche* Währungsordnung bezeichnen: Eine Währungsordnung, die nicht etwa spontan aus freiwilligen Markttransaktionen entstanden ist, sondern die durch Zwangseingriffe des Staates auf den Weg gebracht wurde und große volkswirtschaftliche und auch gesellschaftliche Probleme erzeugt; etwas, was noch in den folgenden Kapiteln zur Sprache kommen wird.

Bimetallismus, das Greshamsche Gesetz

Es gab Zeiten, da wurden Gold und Silber als Geld verwendet. Man sprach von einem Bimetallismus.[13] Der US-Dollar wurde durch das Münzgesetz von 1792 in Gold- und Silberfeingewicht definiert. Und zwar entsprachen 371,25 Grain Feinsilber und 24,75 Grain Feingold einem US-Dollar; eine Feinunze Gold (*troy ounce*, also 31,10347... Gramm) entsprach 480 Grain. Weil der Dollar als 371,25 Grain Silber definiert war, entsprach eine Feinunze Silber etwa 1,2929 US-Dollar (480 Grain dividiert durch 371,25 Grain pro Feinunze), und der Preis einer Feinunze Gold entsprach etwa 19,3939 US-Dollar (480 dividiert durch 24,75).

Doch der Bimetallismus sorgte immer wieder für Probleme. Diese Probleme wurden und werden fälschlicherweise immer wieder den freien Märkten angelastet. Um das zu erklären, sei an dieser Stelle auf das Greshamsche Gesetz verwiesen. Das Greshamsche Gesetz (»Gresham's Law«) wird häufig wie folgt wiedergegeben als: »Das schlechte Geld verdrängt das gute Geld«. Doch das ist eine Fehldeutung. Das Greshamsche Gesetz lautet vielmehr: »Das vom Staat überbewertete Geld verdrängt das vom Staat unterbewertete Geld.«[14] In der Tat war es immer wieder der Staat, indem er die Preisrelation (den Wechselkurs) zwischen den Geldarten festlegte, der den Bimetallismus verunmöglichte. Das erklärt sich wie folgt.

Nach dem Münzgesetz war eine freie Ausprägung von Silber und Gold im Verhältnis von 15:1 bei der amerikanischen Münze möglich.

Kurz darauf verteuerte sich jedoch der Marktpreis des Goldes gegenüber dem Silber auf eine Rate von mehr als 15:1. Silber war nunmehr mit der offiziellen Rate von 15:1 *überbewertet* gegenüber Gold. Sofort machte sich das Greshamsche Gesetz bemerkbar. Es besagt, dass das vom Staat überbewertete Geld das vom Staat unterbewertete Geld aus dem Zahlungsverkehr verdrängt.

Nehmen wir an, das offizielle Austauschverhältnis von Silber zu Gold bei der Münzanstalt beträgt 15:1. Das heißt, man bringt 15 Feinunzen Silber zur Münze, die man dort in eine Feinunze Gold eintauschen kann. Im freien Markt hingegen betrage das Austauschverhältnis 15,5:1. Was passiert? Nun, man bringt 15 Feinunzen Silber zur Münze und erhält dafür eine Feinunze Gold. Die Feinunze Gold tauscht man dann gegen 15,5 Feinunzen Silber im freien Markt ein. Die 15,5 Feinunzen Silber bringt man zur Münze und erhält dafür 1,0333... Feinunzen Gold. Die 1,0333... Feinunzen Gold tauscht man wieder am freien Markt ein und erhält dafür 16,0167... Feinunzen Silber und bringt diese zur Münze. Und so weiter und so fort. Das Ergebnis: Silber läuft um, Gold wird nicht mehr zu Zahlungen verwendet. Das vom Staat überbewertete Geld (hier Silber) verdrängt das vom Staat unterbewertete Geld (hier Gold).

In der Tat: Silber zirkulierte ab 1792 als Geld, das Goldgeld verschwand gewissermaßen im Sparstrumpf. In den USA herrschte faktisch von 1792 bis 1834 ein *Silberstandard*. Der staatliche Eingriff in Form von Vorgaben für das Austauschverhältnis zwischen Gold und Silber hatte folglich Konsequenzen: Es machte den mit dem Münzgesetz angestrebten *Bimetallismus* zunichte. Nachfolgend kam es in den Vereinigten Staaten zu weiteren Veränderungen des gesetzlichen Austauschverhältnisses zwischen Gold und Silber. Im Jahr 1834 zum Beispiel wurde ein Kursverhältnis von 16:1 beschlossen, das Silber-Gold-Preisverhältnis im freien Markt lag jedoch bei 15,625:1. Damit war das Silber *unterbewertet*, und das Wirken des Greshamschen Gesetzes sorgte dafür, dass in den Vereinigten Staaten von Amerika nun de facto ein *Goldstandard* herrschte.

Die von staatlichen Eingriffen verursachten Wechsel von einem Geldstandard auf einen anderen waren alles andere als harmlos: Für die Marktakteure ergaben sich große Probleme, und einige wenige (gut informierte) konnten sich auf Kosten vieler anderer besserstellen. Die Probleme mit dem Bimetallismus rührten aber nicht aus der Verwendung zweier Edelmetalle als Geld. Sie resultierten allein aus der *staatlichen Fixierung des Austauschverhältnisses* zwischen den Metallen.

Geld in der Wirtschaftsrechnung

Eine wichtige Bedeutung hat das Geld für die Wirtschaftlichkeitsrechnung, die häufig übersehen wird.[15] Dem isoliert wirtschaftenden Landwirt ist es durchaus möglich, den Nutzen abzuschätzen, den ihm das Ausweiten der Viehhaltung oder das Ausdehnen der Jagdtätigkeit stiftet. Diese beiden Produktionswege sind für den Landwirt recht einfach und überschaubar. Er wird leicht erkennen können, ob für ihn das eine oder das andere vorteilhafter ist. Ganz anders verhält es sich bei vielstufigen, komplexen Produktionsprozessen.

Wenn es zum Beispiel gilt, die Energieversorgung einer Volkswirtschaft zu verbessern: Soll dazu ein Wasserlauf nutzbar gemacht werden oder soll der Kohlebergbau gefördert werden? Beide Tätigkeiten erfordern eine Vielzahl von Produktionsumwegen: Um den Wasserlauf für die Energieerzeugung nutzen zu können, sind viele Vorarbeiten nötig. Es müssen zum Beispiel Bagger, Transportkapazitäten und Arbeitskräfte bereitgestellt werden, ehe mit der Umlenkung des Wasserlaufs begonnen werden kann. Erhebliche Vorarbeiten sind ebenfalls bei einer Ausdehnung des Kohlebergbaus nötig. Es müssen zum Beispiel Bohrer, Grubenlüfter und Fördertürme bereitgestellt werden, bevor man mit dem Abbau beginnen kann.

Mit der Verwendung von Geld lassen sich derart komplexe Entscheidungen in den Griff bekommen. Denn die Geldpreise, die sich im Markt für die einzelnen Produktionsmittel bilden, spiegeln die Wertschätzung wider, die ihnen die Marktakteure zuweisen. Steigt zum Beispiel ein Güterpreis, so zeigt dies, dass das Gut knapp geworden ist und dass mit ihm sorgsam umgegangen werden muss. Stellt sich etwa heraus, dass die Kosten, die für die Bereinigung des Wasserlaufs anfallen, nicht durch die zu erwartenden Energiepreise eingespielt werden können, so besagt das, dass diese Form der Energieversorgung volkswirtschaftlich nicht sinnvoll ist: Es gibt andere, lohnendere Verwendungen für die knappen Ressourcen.

Die Wirtschaftsrechnung unter Verwendung des Geldes erlaubt es einem Gemeinwesen, knappe Ressourcen bestmöglich einzusetzen, die dringlichsten Bedürfnisse zu erfüllen und die weniger dringlichen Bedürfnisse zurückzustellen. Ohne Verwendung von Geld in der Wirtschaftlichkeitsrechnung hätte das Gemeinwesen keinen »Kompass«, der es ihm erlauben würde, knappe Ressourcen den dringlichsten Verwendungen zuzuweisen. Im Sozialismus ist die Wirtschaftlichkeitsrechnung unmöglich. Es gibt kein Eigentum, keinen Markt, auf dem knappe Ressourcen gehandelt werden. Es gibt folglich auch keine Marktpreise. Die sozialistischen Volkswirtschaften verfügen damit über keinerlei Orientierung, wie knappe Ressourcen einzusetzen sind, damit die dringendsten Bedürfnisse erfüllt werden können.

Doch nicht nur das. Ohne Marktpreise kann im sozialistischen Gemeinwesen nicht einmal abgeschätzt werden, ob die verfügbaren Ressourcen überhaupt ausreichen, um bestimmte Produktionsvorhaben fertigstellen zu können. Es kann beispielsweise nicht kalkuliert werden, ob eine bestimmte Industriegüterproduktion möglich ist, ohne dass dadurch die Nahrungsmittelproduktion so weit geschmälert wird, dass die Ernährung der Beschäftigten gefährdet und damit die Fertigstellung der Industriegüterproduktion vereitelt wird. Im sozialistischen Gemeinwesen ist die Wirtschaftsrechnung ganz und gar unmöglich. Das Verwenden von inflationärem Geld bewirkt übrigens das Gleiche: wirtschaftliches Chaos.

Die friedensstiftende Wirkung des Geldes

Eine freie Marktordnung zeichnet sich durch die unbedingte Achtung der Eigentumsrechte der Individuen aus. Eine funktionierende Eigentumsordnung gibt Anreize für eine arbeitsteilige Kooperation zwischen

Menschen. Sie sorgt für ein Ansteigen der Produktivität und ermöglicht einen höheren Wohlstand im Vergleich zur Ordnung des Wirtschaftens, dass allein auf die Deckung der eigenen Bedürfnisse ausgerichtet ist (Subsistenzwirtschaft). Um die Früchte der verstärkten Arbeitsteilung bestmöglich nutzbar zu machen, sind Tausch und Handel notwendig.

Güter können zwar gegen Güter getauscht werden, wie es im Naturaltausch der Fall ist. Damit hier aber ein Tausch zustande kommt, muss derjenige, der zum Beispiel ein Ei haben will und dafür bereit ist, eine Birne zu geben, jemanden finden, der genau das Gegenteil will: der ein Ei besitzt und es gegen eine Birne eintauschen will. Damit der Tausch möglich wird, bedarf es der – wie es im Fachjargon heißt – *doppelten Koinzidenz* der Wünsche. Das ist nicht immer und überall gegeben, sodass in einer Naturaltauschwirtschaft die Menschen ihre Bedürfnisse durch Tausch häufig nicht befriedigen können.

Der Tausch wird erheblich vereinfacht, wenn die Marktparteien ihre zu handelnden Güter gegen ein indirektes Tauschmittel, also Geld, tauschen. Dann kann derjenige, der ein Ei hat, dieses zunächst gegen Geld eintauschen, welches er in einem zweiten Schritt gegen eine Birne tauschen kann. Damit in der Geldwirtschaft ein Tausch zustande kommt, bedarf es folglich keiner doppelten Koinzidenz der Wünsche. Mit der Verwendung von Geld werden die Möglichkeiten des Tauschens und damit auch der volkswirtschaftlichen Arbeitsteilung erheblich erweitert. Das Verwenden von Geld befördert geradezu Arbeitsteilung und Handel im Gemeinwesen.

Markttransaktionen, an denen die Beteiligten aus freien Stücken teilnehmen, sind für alle vorteilhaft. Wären sie es nicht, so würden sie nicht stattfinden. Der freiwillige Tausch kommt dadurch zustande, dass die Beteiligten genau entgegengerichtete Wertvorstellungen mit Blick auf die Tauschgüter haben. Herr Müller ist bereit, für eine Flasche Champagner 100 Euro zu bezahlen, weil er den Nutzen, den er mit dem Champagner verbindet, höher wertschätzt als den Besitz von 100 Euro. Dass der Champagner-Verkäufer seine Flasche gegen 100 Euro verkauft, zeigt, dass er den 100 Euro einen höheren Wert beimisst als dem Schaumwein.

Bei freien Markttransaktionen handelt es sich niemals um Nullsummenspiele, bei denen einer auf Kosten anderer gewinnt. Vielmehr stellen sich alle Beteiligten besser. Die Marktparteien sehen sich gegenseitig als hilfreich an im Bestreben, ihre Bedürfnisse zu befriedigen. Das Verwenden von Geld ist, weil es die Tauschmöglichkeiten erweitert, friedensstiftend. Menschen erkennen, dass miteinander tauschen die eigenen Lebensumstände verbessert. Das gilt allerdings nur dann, wenn das Geld, das zu Tauschzwecken verwendet wird, gutes Geld ist. Was gutes Geld ist und was es vom schlechten Geld unterscheidet, das wird in den folgenden Kapiteln noch deutlich werden.

Zur Geldentstehung

Carl Menger (1840–1921), der Begründer der Österreichischen Schule der Volkswirtschaftslehre, argumentiert in seinem Buch *Grundsätze der Volkswirtschaftslehre* aus dem Jahr 1871, dass sich Geld spontan aus dem freien Marktgeschehen eines Naturaltausches herausgebildet hat.[16] Für die Entstehung des Geldes, so Menger, bedurfte es keinerlei obrigkeitlicher Geburtshilfe. Vor Menger waren im 15. und 16. Jahrhundert bereits die spanischen Scholastiker und vor diesen bereits im 14. Jahrhundert der Bischof Nikolas von Oresme (vermutlich von 1330–1382) zur Erkenntnis gelangt, dass Geld das Ergebnis des freien Marktprozesses ist.

In einer *Naturalwirtschaft*, argumentiert Menger, in der Güter gegen Güter getauscht werden, ist Tauschen mühsam. Stets müssen sich Marktparteien finden, die genau die Güter nachfragen, die im Tausch angeboten werden. Früher oder später setzt sich jedoch die Erkenntnis durch, dass das Tauschen einfacher wird, wenn Güter gegen ein *indirektes Tauschgut* getauscht werden. Erforderlich ist also ein Gut, dass nicht für den Endzweck nachgefragt, sondern das allein für den Tausch verwendet wird. Und dasjenige Gut, welches sich am vergleichsweise besten als indirektes Tauschmittel eignet, wird die Geldfunktion erlangen.

Menger hatte seine theoretischen Gedanken zur Geldentstehung in *Grundsätze der Volkswirtschaftslehre* wie folgt formuliert: »Das Geld ist keine staatliche Erfindung, nicht das Product eines legislativen Actes und die Sanction desselben Seitens der staatlichen Autorität ist demnach dem Begriffe des Geldes überhaupt fremd. Auch die Existenz bestimmter Waaren als Geld hat sich naturgemäss aus den ökonomischen Verhältnissen herausgebildet, ohne dass die staatliche Einflussnahme hiebei erforderlich gewesen wäre.«[17]

Mengers Erklärung der Geldentstehung beeindruckte offensichtlich nicht den deutschen Ökonomen Georg Friedrich Knapp (1842–1926). In seinem Buch *Staatliche Theorie des Geldes* (Erstauflage 1905)[18] vertritt er genau die entgegengesetzte Theorie zu Menger: Dass das Geld eine Schöpfung des Staates sei, dass nur der Staat Geld überhaupt möglich mache. Eine Sichtweise, die der von Menger diametral widerspricht; Mengers Buch wird übrigens nicht einmal erwähnt in Knapps mehr als 450 Seiten umfassenden Schrift. Immerhin, Knapp warnt gleich zu Beginn seines Buches seine Leser vor dem Papiergeld (1921, S. 1): »Nichts liegt uns ferner, als das wahre Papiergeld zu empfehlen, wie es beispielsweise in den österreichischen Staatsnoten von 1866 aufgetreten ist. Wohl dem Staate, der beim baren Gelde bleiben will – und kann!«

Ludwig von Mises (1881–1973) hat 1912 in *Theorie des Geldes und der Umlaufmittel* den Beweis für die Richtigkeit für Mengers Theorie der Geldentstehung erbracht. Und zwar mit seinem Regressionstheorem.[19] Mises wollte der Kritik entgegentreten, die Ökonomen hätten keine überzeugende Erklärung für die Bestimmung der Kaufkraft des Geldes. Um Mises Argumentation zu verstehen, stellen wir die Frage: Warum fragen Menschen Geld nach? Die Antwort lautet: Weil die Zukunft unsicher ist. Man weiß nicht, was künftig alles passieren wird, welche Bedürfnisse in der Zukunft zu stillen sind. Um mit Unsicherheit umzugehen, bietet es sich an, *tauschfähig* zu bleiben. Und das gelingt am besten, wenn man Geld hält. Schließlich ist Geld das allgemein akzeptierte Tauschmittel. Man fragt *heute* Geld nach, weil es Kaufkraft hat, weil man erwartet, dass sich mit Geld auch *künftig* tauschen lässt.

Wie aber bestimmt sich die Kaufkraft des Geldes? Antwort: durch das Angebot von und die Nachfrage nach Geld. Doch führt diese Erkenntnis nicht geradewegs in einen *Zirkelschluss*? Eine Nachfrage nach Geld kann es schließlich ja nur geben, wenn Geld bereits Kaufkraft hat. Mises zeigt, dass der Zirkelschluss gar keiner ist. Seine Erklärung lautet wie folgt. Die Erfahrung, dass man in der Vergangenheit mit Geld etwas kaufen konnte, veranlasst den Geldnachfrager zu erwarten, dass man mit Geld auch *künftig* etwas kaufen kann. Das veranlasst ihn, *heute* Geld zu halten.

Wenn zum Beispiel Herr *A* weiß, dass er gestern für 1 Euro einen Apfel kaufen konnte, wird er heute davon ausgehen, dass er auch in naher Zukunft für 1 Euro etwas kaufen kann. Diese Erklärung gilt natürlich auch für das Verhalten von Herrn *A* in der weiter zurückliegenden Vergangenheit. Die Bereitschaft von Herrn *A*, am gestrigen Tage Geld zu halten, lässt sich erklären durch seine Erfahrung, dass er am vorgestrigen Tag mit dem Geld etwas kaufen konnte. Und so weiter und so fort. Die Kaufkraft des Geldes erklärt sich also durch eine *Zeitdimension*.

Mises' Erklärung führt nun aber *nicht* – wie man nun vielleicht denken könnte – zu einem unendlichen Rückwärtsschreiten der Erklärung; sie führt nicht zu einem *infiniten Regress*. Die Erklärung findet vielmehr einen konkreten Endpunkt. Das ist der Zeitpunkt, an dem ein Sachgut erstmalig von seiner bisher reinen nicht-monetären Verwendung in eine monetäre Verwendung überführt wurde: der Zeitpunkt, an dem das Gut nicht nur wegen seiner nicht-monetären Eigenschaften wertgeschätzt wurde, sondern erstmalig, und zusätzlich auch, wegen seiner monetären Eigenschaften. Dieses zeitliche Ereignis markiert die Entstehung des Geldes, den Übergang von der Naturaltauschwirtschaft in die Geldwirtschaft.

Mit seinem Regressionstheorem bewies Mises die Theorie Carl Mengers, dass Geld aus einem *Sachgut mit intrinsischem Wert* – einem Gut, das zuvor bereits allein wegen seiner nicht-monetären Eigenschaften wertgeschätzt wurde – entstanden sein *muss*. Die Tatsache, dass in der Währungsgeschichte meist Edelmetalle, insbesondere Gold und Silber sowie Kupfer, die Geldfunktion ausgeübt haben, illustriert diese Erkenntnis. Edelmetalle wurden bereits wertgeschätzt, bevor sie Geldfunktion erlangten, beispielsweise als Schmuckware, Insignien der Macht oder als religiöse Symbole.

Aus dem Regressionstheorem folgt zudem, dass beliebig vermehrbares *Papiergeld* (oder auch *Buchgeld* in Form von *Bits und Bytes*), wie es heute von staatlichen Zentralbanken bereitgestellt wird, sich niemals im Zuge eines *freien Marktgeschehens* hätte etablieren können. Das liegt nicht nur daran, dass beliebig vermehrbaren Papierscheinen oder Datenspeicherungen auf Computerfestplatten kein Wert beigemessen würde. Der Grund ist vielmehr der, dass bei Neueinführung eines Papiergeldes niemand wüsste, was sein Tauschwert wäre: Der Tauschwert des Papiergeldes wäre unbekannt.

In der Tat gibt es kein Beispiel dafür, dass das Einführen eines Papiergeldes im Zuge eines freien Marktgeschehens erfolgt wäre. Papiergeld ist stets durch einen Verstoß gegen die Eigentumsrechte der Bürger entstanden. Das heutige staatliche Papiergeldsystem konnte nur durch einen zeitlich lang gestreckten *Enteignungsakt* entstehen, der am 15. August 1971 in gewisser Weise seinen Höhepunkt fand, als der amerikanische Präsident Richard Nixon das *Goldfenster* schloss – was nichts anderes bedeutete, als dass den Haltern von US-Dollar das Recht abgesprochen wurde, ihre US-Dollar jederzeit in eine entsprechende Menge Feingold umwandeln zu können.

Die Logik des Regressionstheorems widerlegt zudem die Theorie, Geld sei eine staatliche Schöpfung, eine Theorie, die sich bis auf Plato und Aristoteles zurückverfolgen lässt und die ihren neuzeitlichen Höhepunkt im bereits erwähnten Werk *Staatliche Theorie des Geldes* des Ökonomen Georg Friedrich Knapp gefunden hat. Knapp beruft sich auf den »Chartalismus«, demzufolge nur der Staat für verlässliches Geld sorgen kann. Bemerkenswert an dieser Stelle ist, dass die Arbeiten von Carl Menger zur Geldentstehung, die er bereits 1871 veröffentlichte, keinerlei Erwähnung findet in Knapps Buch, das er im Jahr 1905 veröffentlichte.[20] Auch Carl Knies hatte noch 1873 geschrieben: »Der Gebrauch des Geldes ist nicht das Ergebnis einer besonderen Uebereinkunft der Menschen und nicht Folge einer gesetzlichen Vorschrift des Staates. Es erwächst vielmehr überall als eine natürliche Frucht des Tauschverkehres an sich.«[21] Und dennoch: Auch wenn Knapps Theorie des staatlichen Geldes einer kritischen Betrachtung nicht standhält, ist sie doch zur vorherrschenden Theorie aufgestiegen.

Im Jahr 2011 wies der US-amerikanische Anthropologe David Graeber (1961–2020) in seinem viel beachteten Buch *Debt: The First 5000 Years* (deutscher Titel *Schulden: Die ersten 5000 Jahre*) die Geldentstehungstheorie der Österreicher zurück: Es habe schlichtweg keine Natural- beziehungsweise Barterwirtschaft gegeben. Greaber führte dafür einen Mangel an historischen (anthropologischen) Beweisen an, und seiner Ansicht nach sei das Geld nicht aus Tausch-, sondern aus Kredittransaktionen entstanden. Doch beides kann nicht überzeugen.[22] Zum einen ist die Geldentstehung, wie sie Menger theoretisch erklärt hat, durchaus auch im Zuge von Kredittransaktionen denkbar – die ja ebenfalls eine Form des Tauschvorganges darstellen. Zum anderen ist der Hinweis auf mangelnde historische Befunde nicht stichhaltig: Empirische Evidenz kann niemals über logisches Denken und Schlussfolgern triumphieren!

Der Blick auf die Entstehung des Geldes zeigt vor allem eines: Geld ist ein Phänomen des freien Marktes, nicht das Ergebnis staatlichen Handelns. Und daher muss umso kritischer gesehen werden, dass der Staat kein guter Schutzherr für die Kaufkraft des Geldes ist. Vielmehr ist das Gegenteil der Fall. Staaten haben immer wieder ihre Macht über das Geld missbraucht, für eigene Zwecke, gegen die Interessen der Bürger und Unternehmer. Der österreichische Ökonom Friedrich August von Hayek (1899–1992) schrieb in diesem Zusammenhang: »Mit der einzigen Ausnahme der 200 Jahre der Goldwährung haben praktisch alle Staaten der Geschichte ihr Monopol der Geldausgabe dazu gebraucht, die Menschen zu betrügen und auszuplündern.«[23] Und Hayek hatte eine Lösung des Geldproblems vor Augen. Es heißt »ein freier Markt für Geld«, er schrieb: »Mir scheint, daß wir, wenn wir den Staat daran hintern könnten, sich in Gelddinge einzumischen, mehr Gutes täten, als je ein Staat in dieser Hinsicht getan hat. Und die Privatwirtschaft hätte wahrscheinlich Besseres geleistet als das Beste, was je ein Staat unternahm.«[24] Auf Hayeks Idee eines freien Marktes für Geld kommen wir in Kapital sieben und acht zurück.

Kapitel 2
Die Kaufkraft des Geldes und das Übel der Inflation

»Man merkt nicht oder will nicht merken, dass die Wurzeln der Geldentwertung ideologischer Natur sind. Nicht die »wirtschaftliche Lage« bringt die Geldentwertung mit sich, sondern die inflationistische Politik. Das Übel ist geistiger Art.«

Ludwig von Mises (1881–1973)

Kaufkraft des Geldes

Unter der Kaufkraft des Geldes versteht man die Menge der Güter, die gegen eine Geldeinheit eingetauscht werden kann.[1] Hat Herr Meier zum Beispiel 100 Euro, und beträgt der Preis für eine Zugfahrkarte 100 Euro, so beträgt die Kaufkraft der 100 Euro eine Zugfahrkarte (100 Euro geteilt durch den Preis der Zugfahrkarte in Höhe von 100 Euro). Steigen die Güterpreise in der Volkswirtschaft an, nimmt die Kaufkraft des Geldes ab. Fallen die Preise auf breiter Front, nimmt die Kaufkraft des Geldes zu.

Die Messgröße für alle Preise in der Volkswirtschaft – das sogenannte Preisniveau – wird heutzutage in Form eines Preisindexes abgebildet, einer statistisch ermittelten Zahl, die die Preise ausgewählter Güter zusammenfasst. Besonders verbreitet zur Abbildung des Preisniveaus einer Volkswirtschaft sind sogenannte Konsumentenpreisindizes. Sie sollen alle Güter abbilden, die ein repräsentativer Haushalt üblicherweise konsumiert. Dieses statistische Konzept – auch wenn es auf den ersten Blick plausibel und praktikabel erscheint – steckt allerdings voller Probleme und Tücken.

Welche der vielen Güter sollen in die Ermittlung des Preisindex einbezogen werden? Welche Gewichtung soll ihnen innerhalb des Indexes zukommen? Wie sollen Qualitätsveränderungen der Güter und Veränderungen im Konsumverhalten in der Berechnung eines repräsentativen Preisindex berücksichtigt werden? Für all diese Fragen gibt es keine wissenschaftlich überzeugenden, sondern nur pragmatische (willkürliche) Antworten. An dieser Stelle ist es jedoch aufschlussreich herauszustellen, dass die Idee, die Kaufkraft des Geldes anhand von statistischen Preisindizes zu messen, relativ jung ist.

Sie geht zurück auf die Arbeiten des US-Ökonomen Irving Fisher (1867–1946). Bereits 1913 schlug er vor, den US-Dollar in Bezug auf einen Güterpreisindex stabil zu halten.[2] Bis dato galt der US-Dollar lediglich als Ausdruck, als Definition einer bestimmten Feingoldmenge – seit 1839 entsprachen 20,667 US-Dollar 1 Feinunze Gold. Fisher (1925) war zudem einer der ersten, der statistische Preisindizes zu definieren und zu berechnen begann.[3] Seine Arbeiten waren maßgeblich dafür, dass Zentralbanken anfingen, nachfolgend ihre Geldpolitik auf die Stabilisierung von Preisindex-Zahlen auszurichten beziehungsweise für einen akzeptablen Anstieg der Preisindex-Zahlen im Zeitablauf zu sorgen.

Abb. 5 zeigt für die Zeit Januar 1913 bis April 2023 beispielhaft die Entwicklung der Kaufkraft des US-Dollar, basierend auf der Entwicklung der Konsumgüterpreise. Über die gesamte Zeitperiode betrachtet hat der Greenback (wenn er unverzinslich gehalten wurde) etwa 97 Prozent seiner Kaufkraft verloren. Der chronische Kaufkraftschwund des US-Dollar begann zu Beginn der 1940er-Jahre mit dem Einstieg der Vereinigten Staaten von Amerika in den Zweiten Weltkrieg und nahm gegen Ende der 1960er- beziehungsweise Anfang der 1970er-Jahre noch einmal kräftig Fahrt auf, nachdem die Goldeinlösbarkeit des US-Dollar am 15. August 1971 quasi endgültig beendet wurde.

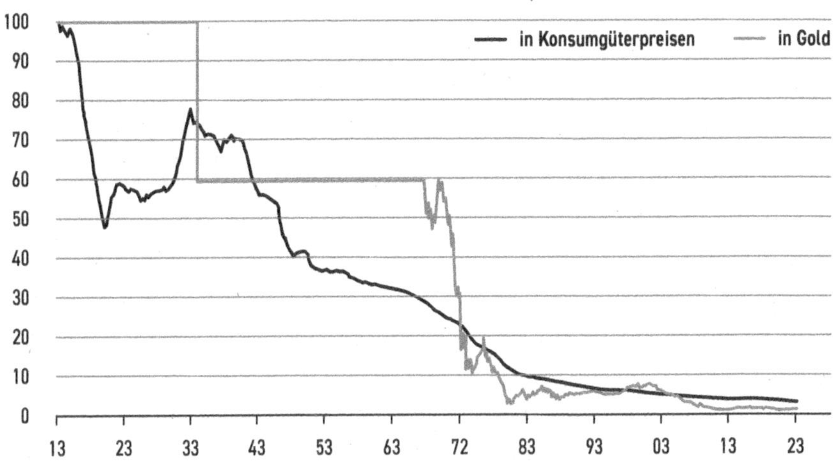

*Abb. 5: Kaufkraft des US-Dollar**

*Quelle: Federal Reserve Bank of St. Louis. *Ermittelt auf Basis der US-Konsumgüterpreise und des Goldes. Zeitserien sind indexiert (Januar 1013 = 100).*

Zusätzlich ist die Kaufkraft des US-Dollar auf Basis des Goldes in Abb. 5 abgetragen. Wie zu erkennen ist, fiel sie Anfang 1934 um etwa 40 Prozent. Der Grund: US-Präsident Franklin D. Roosevelt wertete den US-Dollar gegenüber dem Gold ab. 1 Feinunze Gold kostete fortan nicht mehr 20,67 US-Dollar, sondern nunmehr 35 US-Dollar. Mit Aufhebung der Goldeinlösepflicht des Greenback im Sommer 1971 stieg der Goldpreis in US-Dollar gerechnet stark an – und entsprechend fiel die Kaufkraft des US-Dollar in Gold. Im gesamten Betrachtungszeitraum ging die Kaufkraft des Greenback gegenüber dem gelben Metall um 99 Prozent zurück.

Die obige Abbildung zeigt deutlich, dass die Kaufkraft des US-Dollar nicht »stabil« war im Sinne einer Starrheit oder Unverrückbarkeit der Kaufkraft des Geldes. Das ist nicht verwunderlich. Denn so etwas wie stabiles Geld kann es auch gar nicht geben. Geld unterliegt schließlich – wie es bei jedem anderen Gut ebenfalls der Fall ist – den sich ständig ändernden Bewertungen der handelnden Menschen. Damit Geld in der Wirtschaftsrechnung eingesetzt werden kann, muss es auch gar nicht stabil im Sinne einer starren Kaufkraft sein.[4] Es genügt vielmehr, wenn die Kaufkraft des Geldes nicht allzu heftigen Schwankungen unterliegt. In der Vergangenheit entsprachen die Edelmetalle Gold – und bis zur Mitte des 19. Jahrhundert auch Silber – allen Anforderungen der Wirtschaftsrechnung besonders gut.

Die Idee eines stabilen Geldes entspringt wohl vielmehr dem Wunschtraum der Menschen, über etwas Verlässliches, Unverrückbares verfügen zu können, das seinen Tauschwert über die Zeit hinweg sicher erhält. Man wollte etwas haben, dass sozusagen den Unvorhersehbarkeiten des freien Marktgeschehens auf »ewige Zeit« enthoben ist. Doch auch das Edelmetallgeld, deren Tauschrelationen sich im freien Markt bildeten, erfüllte diese Wünsche nicht vollends. Und so stellte man Gedanken an, wie das Geld stabil gemacht werden könne – und Irving Fishers Idee einer Stabilisierung von Preisindizes wurde irrtümlicherweise als Lösung gesehen. Mittlerweile haben die offiziellen Währungen ihre Einlösbarkeit in Gold beim Währungsemittenten verloren. Ist das aber ein Fortschritt?

Ludwig von Mises urteilt skeptisch: »Man wollte die Goldwährung beseitigen und Inflationspolitik betreiben, um die Schuldner auf Kosten der Gläubiger zu begünstigen und um die Ausfuhr zu fördern und die Einfuhr zu hemmen. Man wollte durch vermehrte Notenausgabe den Staat von der Notwendigkeit befreien, die Ausgaben den Einnahmen anzupassen.«[5] Und weiter: »Man hat an der Goldwährung manches auszusetzen gewusst; man hat ihr den Vorwurf gemacht, dass sie nicht vollkommen sei. Doch niemand weiß anzugeben, wie man an Stelle der Goldwährung Vollkommeneres und Besseres setzen könnte. Gewiss, die Goldwährung ist nicht wertstabil. (...) Die Goldwährung macht die Gestaltung der Kaufkraft von dem Einfluss der Politik und der schwankenden wirtschaftspolitischen Anschauungen wechselnder Majoritäten unabhängig. Das ist ihr Vorzug.«[6] Wie und warum sich die Kaufkraft des Geldes (fortwährend) verändert, soll nun erklärt werden.

Die Änderung der Kaufkraft des Geldes

Wie voranstehend deutlich wurde, bestimmen die *Güterpreise* die Kaufkraft des Geldes.[7] Sind die Güterpreise hoch (niedrig), ist die Kaufkraft einer Geldeinheit gering (hoch). Was aber bestimmt die Güterpreise? Die Güterpreise bilden sich – wenn sie nicht staatlich festgesetzt werden – im freien Markt, und zwar durch das Zusammenspiel von Angebot und Nachfrage. Steigt zum Beispiel die Nachfrage nach einem Gut und bleibt das Angebot des Gutes unverändert, steigt sein Preis an. In gleicher Weise gilt, dass ein Absinken des Güterangebots bei unveränderter Güternachfrage für einen steigenden Preis sorgt. Wenn zum Beispiel Frau Meier im Obstladen einen Apfel für 1 Euro kauft, bietet sie 1 Euro im Tausch für einen Apfel an. Der Obsthändler, der den Apfel verkauft, bietet einen Apfel an und fragt 1 Euro dafür nach.

Güterpreisbildung in einer Geldwirtschaft

In einer Geldwirtschaft wird Geld als allgemeines Tauschmittel verwendet, und Güter werden gegen Geld getauscht. Wenn man Güter nachfragt, dann bietet man dafür Geld an; und wenn man Güter anbietet, dann fragt man dafür Geld nach. Folglich entspricht in einer Geldwirtschaft (1.) die Güternachfrage dem Geldangebot und (2.) das Güterangebot entspricht der Geldnachfrage. *Güterpreisveränderungen und daher Veränderungen in der Kaufkraft des Geldes folgen unmittelbar aus einer Veränderung des Geldangebots relativ zur Geldnachfrage.* Dieser Zusammenhang ist in der nachstehenden Abbildung illustriert. Auf der vertikalen Achse ist der Güterpreis abgetragen (hier der Preis für ein Brot in Euro). Die horizontale Achse zeigt die Menge der Brote, die in Abhängigkeit des Brotpreises angeboten beziehungsweise nachgefragt werden.

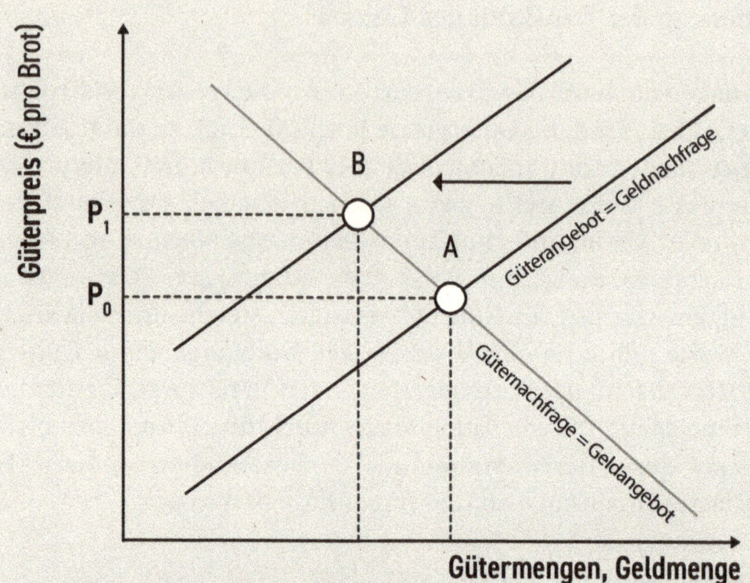

Abb. 6: Güterpreisbestimmung durch Geldangebot und Geldnachfrage
Quelle: eigene Darstellung

Im Marktgleichgewicht stimmen bei Preis Po in Punkt A das Güterangebot und die Güternachfrage überein (beziehungsweise die Geldnachfrage entspricht dem Geldangebot). Nehmen wir nun an, das Güterangebot (also die Geldnachfrage) geht bei gegebenem Brotpreis zurück, während die Güternachfrage (also das Geldangebot) unverändert bleibt. Es kommt zu einer Rechtsverschiebung des Güterangebots (der Geldnachfrage) in der obigen Grafik. Der neue Gleichgewichtspreis ist P1, der über Po liegt. Hier ist nämlich Folgendes geschehen: Die Menschen wollten weniger Geld und mehr Güter besitzen. Dazu haben sie ihr Geld angeboten im Tausch gegen Güter. Bei gegebenem Güterangebot hat das die Güterpreise in die Höhe befördert – und entsprechend die Kaufkraft des Geldes vermindert. In diesem Beispiel hat allein die (verringerte) Geldnachfrage zu einer Veränderung der Kaufkraft des Geldes geführt. Die gleiche Folge kann natürlich auch eine Veränderung des Geldangebots bewirken.

Man nehme einmal an, die Volkswirtschaft verfüge über eine *gegebene Geldmenge*. Nun wünschen alle Marktakteure plötzlich – aus welchen Gründen auch immer –, *weniger* Geld als bisher in ihrem Portemonnaie zu halten. Alle wollen nun mehr Aktien, Autos und Häuser besitzen als bisher. Im Bestreben, diese Güter zu erwerben, bieten die Geldhalter ihr Geld an und fragen die gewünschten Güter nach. Wenn sich dabei das Güterangebot nicht verändert, wird die steigende Güternachfrage die Geldpreise in die Höhe treiben und die Kaufkraft des Geldes entsprechend vermindern. Die Kaufkraft des Geldes kann also absinken, ohne dass die in der Volkswirtschaft befindliche Geldmenge ansteigt: Im voranstehenden Beispiel ging die Kaufkraft des Geldes ja nur deswegen zurück, weil die Geldnachfrage im Vergleich zum Geldangebot abgesunken ist.

Allerdings führt solch ein Rückgang der Geldnachfrage in der Regel nicht zu einer fortgesetzten Verminderung der Kaufkraft des Geldes. Es ist vielmehr ein Faktor, der den fortschreitenden Verlust der Kaufkraft des Geldes – fortschreitend steigende Preise für Güter und Dienstleistungen – erklärt: und das ist *die Vermehrung der in der Volkswirtschaft verfügbaren Geldmenge*. Im heutigen Geldsystem ist der Staat beziehungsweise sein Agent, die *Zentralbank*, verantwortlich für die Höhe der Geldmenge. Die Zentralbank besitzt das *Geldproduktionsmonopol:* Die Erzeugung eines jeden US-Dollar, Euro, Yen, britischen Pfunds und Schweizer Frankens wird in letzter Konsequenz von der jeweiligen Zentralbank ermöglicht. Zwar sind auch private Geschäftsbanken an der Ausweitung der Geldmenge beteiligt. Allerdings können sie nur dann (Geschäftsbanken-)Geld produzieren, wenn es ihnen die Zentralbank möglich macht. Geschäftsbanken brauchen nämlich Zentralbankgeld, um selbst Geld ausgeben zu können, und das Zentralbankgeld wird ausschließlich von der Zentralbank geschaffen. Die *staatlichen* Zentralbanken sind es folglich, die in letzter Konsequenz die Geldmenge und damit auch in ganz entscheidendem Maße die Kaufkraft des Geldes bestimmen.

Stabile Preise bedeuten nicht Stabilität

Der *subjektive Tauschwert* des Geldes kann sich aus Sicht der Geldhalter verändern, ohne dass es zu einer Geldmengenausweitung kommt. In einer Marktwirtschaft entstehen laufend neue Produkte, und auch die Bedürfnisse und Vorlieben der Konsumenten wandeln sich fortwährend. Produkte, denen gestern noch ein hoher Wert beigemessen wurde (zum Beispiel Kassettenrekorder), sind heute bereits deutlich im Wert gesunken, weil neue Produkte entstanden sind, die sich besser eignen, die Wünsche der Konsumenten zu erfüllen (zum Beispiel MP3-Player). Dieser fortwährenden, unaufhörlichen Änderung der Wertschätzung der Güter unterliegt auch das Gut Geld. *So etwas wie wertstabiles Geld gibt es also nicht, kann es nicht geben.* Der *subjektive Tauschwert* des Geldes (der durch den *Grenznutzen der Güter* bestimmt wird, die man für die Hingabe des Geldes erhält) ändert sich in gleicher Weise, in der sich auch der Wert aller anderen Güter im Zeitablauf verändert.

Es wäre nun falsch zu glauben, der *Wert* des Geldes bliebe unverändert, wenn nur die Preise der Güter im Zeitablauf konstant blieben. Denn, wie bereits dargelegt, der Preis eines Gutes zeigt nicht den *Wert*, den ein Marktakteur dem Gut zuweist. Der Preis gibt lediglich Aufschluss über das Austauschverhältnis (oder: den »objektiven Tauschwert«), zu dem ein Tausch zwischen Gut und Geldeinheiten stattgefunden hat. Wie ist vor diesem Hintergrund das Versprechen zu beurteilen, dass die Zentralbanken die Geldpreise stabil halten wollen? Der Versuch, dieses Versprechen in die Tat umzusetzen, muss unweigerlich Störungen im Wirtschaftsleben auslösen.

Um das zu zeigen, sei angenommen, die Handelnden in einer Volkswirtschaft wertschätzen mit einem Male Geld höher als andere Güter. Der Auslöser für diesen Bedürfniswandel kann zum Beispiel der Ausbruch einer Finanz- und Wirtschaftskrise sein: Man will nun lieber mehr »sicheres« Geld und weniger risikobehaftete Güter halten. Die Marktakteure werden daraufhin verstärkt Güter gegen Geld eintauschen, und das lässt die Preise der Güter absinken. Wenn die Zentralbank daraufhin die Geldmenge ausweitet, um dem Absinken der Güterpreise Einhalt zu gebieten und sie stabil zu halten, dann stört sie die Tauschrelation zwischen Gütern und Geld, die die Marktakteure aus freien Stücken anstreben. Die Geldmengenausweitung hält die Preise auf einem höheren Niveau im Vergleich zu einer Situation, in der die Geldmenge nicht ausgeweitet worden wäre.

Das neu in Umlauf gebrachte Geld verzerrt die *Preisrelationen*. Wenn die Geldmenge ansteigt, dann steigen üblicherweise die Preise für unterschiedliche Güter zu unterschiedlichen Zeiten und in unterschiedlicher Höhe an. Die Marktakteure können dann nicht mehr oder nur noch schwer feststellen, welche Güter tatsächlich knapp geworden sind, bei welchen Gütern es sich lohnt, die Produktion auszudehnen, und welche Güter sich verbilligt haben, sodass es angeraten ist, ihre Produktion einzuschränken. Der Preismechanismus, der volkswirtschaftliche Koordinationsmechanismus, kann seine Aufgabe nicht mehr zufriedenstellend erfüllen.

Das folgende Beispiel mag diesen Prozess illustrieren: Die Zentralbank weitet die Geldmenge aus. Die vermehrte Geldmenge wird zunächst für, sagen wir, Immobilien verwendet. Die Häuserpreise steigen. Daraufhin beginnen Bauunternehmen, mehr Häuser zu bauen – schließlich zeigen die steigenden Häuserpreise ihnen, dass Wohnraum knapp ist. Nachfolgend wird die neue Geldmenge jedoch auch vermehrt für Urlaubsreisen verwendet. Steigende Preise für Urlaubsreisen veranlassen nun Flug- und Reiseunternehmen, ihrerseits ihre Kapazitäten auf- und auszubauen. Nach und nach steigt auch die Nachfrage nach allen anderen Gütern. Die Bau- und Reiseunternehmer erkennen nun, dass nicht nur die Preise der Güter steigen, die sie anbieten, sondern dass alle Güterpreise ansteigen.

Ihre Absatzerlöse fallen niedriger aus, als ursprünglich erwartet. Die Unternehmen merken, dass sich ihre Neu- und Erweiterungsinvestitionen als unrentabel erweisen. Fehlgeschlagene Investitionen müssen liquidiert, Arbeitsplätze reduziert werden. Das sorgt für Beschäftigungslosigkeit, Rezession und möglicherweise Bankenpleiten. Entwicklungen, die in der Öffentlichkeit – aufgrund von Unkenntnis oder Ignoranz gegenüber der eigentlichen Krisenursache – Rufe nach billigem Geld und Staatseingriffen in das Wirtschaftsleben laut werden lassen.

Das Versprechen der Zentralbanken, die Geldpreise stabil zu halten, führt in diesem Beispiel nicht zu Stabilität, sondern zu Wirtschaftsstörungen. Schlimmer noch: Es erweist sich auch als Einfallstor für immer weiter um sich greifende Interventionen des Staates in das Wirtschaftsleben (in Form von Subventionen, Preiskontrollen etc.), um die »Krise« zu lindern, die ihrerseits aber wieder Störungen auslösen. Man erkennt: Die Vorstellung, dass die Zentralbank mittels Veränderungen der Geldmenge die Güterpreise stabil halten sollte, bringt die Volkswirtschaft auf einen unheilvollen Pfad, auf dem die marktwirtschaftliche Ordnung sogar immer weiter unterhöhlt und letztlich ganz zerstört werden kann. Diese verhängnisvolle Entwicklungsmöglichkeit wird in den folgenden Kapiteln noch näher erklärt.

Inflation und Inflationstheorien

Das Wort »Inflation« ist zwar ein zentraler Begriff in der ökonomischen Lehre. Aber unterschiedliche Personen verstehen mitunter sehr Unterschiedliches unter Inflation. Daher hier eine Definition: »Inflation ist das fortgesetzte Ansteigen der Güterpreise auf breiter Front.« Diese weit verbreitete Definition besagt, *dass bei Inflation die Güterpreise nicht nur einmalig, sondern dauerhaft in die Höhe steigen, und dass dabei nicht nur einige wenige Güterpreise steigen, sondern (nahezu) alle.* Inflation bedeutet folglich Kaufkraftverlust des Geldes: Wenn es Inflation gibt, dann bekommt man für sein Geld immer weniger Güter.

Im heutigen ungedeckten Geldsystem, im Fiatgeldsystem, ist die Inflation chronisch, eine tagtägliche Plage sozusagen. Die staatlichen Zentralbanken, die die Hoheit über die Geldproduktion innehaben, haben ihren Auftrag dahingehend ausgelegt, für eine Inflation von pro Jahr 2 Prozent zu sorgen. Das erscheint vielleicht auf den ersten Blick akzeptabel, nicht aber auf den zweiten. Denn die Zentralbanken bewahren dadurch nicht etwa die Kaufkraft des Geldes im Zeitablauf, sie setzen sie vielmehr planvoll herab! Sie sind so gesehen nicht Währungshüter, sondern vielmehr Währungszerstörer.

Eine Inflation von 2 Prozent mag zunächst »gering« und »hinnehmbar« erscheinen. Doch über die Zeit gesehen führt sie zu einer ganz beträchtlichen Verminderung der Kaufkraft des Geldes. Beispielsweise beträgt der Kaufkraftverlust des Geldes bei einer Inflation von 2 Prozent nach fünf Jahren 9 Prozent, nach zehn Jahren 18 Prozent (siehe Abb. 7). Eine Inflation von 5 Prozent hat nach fünf Jahren die Kaufkraft des Geldes bereits um 22 Prozent, nach zehn Jahren um 39 Prozent zersetzt. Und bei einer 10-prozentigen Inflation sind nach fünf Jahren gar schon 38 Prozent der Kaufkraft verloren, nach zehn Jahren fast 62 Prozent.

	Preisentwicklung (t0 = 1 Euro pro (z. B.) Apfel)		
Inflation p.a.	**... 2 Jahren**	**... 5 Jahren**	**... 10 Jahren**
2	1,04	1,1	1,2
5	1,1	1,3	1,6
10	1,2	1,6	2,6
15	1,3	2,0	4,1
20	1,4	2,5	6,2
40	2,0	5,4	28,9

	Kaufkraftverlust in Prozent nach		
Inflation p.a.	**... 2 Jahren**	**... 5 Jahren**	**... 10 Jahren**
2	3,9	9,4	18,0
5	9,3	21,7	38,6
10	17,3	38,0	61,5
15	24,3	50,3	75,3
20	30,6	60,0	83,9
40	50,0	81,4	96,5

Abb. 7: Preisentwicklung und Kaufkraftverlust des Geldes in Abhängigkeit unterschiedlicher Inflationsraten

Quelle: Eigene Darstellung

Was ist Hochinflation? Es gibt zwar keine einheitliche Definition für sie. Aber es ist sinnvoll, von Hochinflation zu sprechen, wenn die Güterpreise um 5, 10 oder 15 Prozent pro Jahr steigen. Von Hyperinflation spricht man dann, wenn die Steigerungsraten der Güterpreise ausgesprochen hoch ausfallen und im Zeitablauf immer weiter zunehmen.

In den modernen Ökonomie-Lehrbüchern ist meist zu lesen, dass eine Hyperinflation bei Preissteigerungen von 50 Prozent oder mehr pro Monat vorliegt. Diese Einstufung geht auf einflussreiche Arbeiten des US-amerikanischen Ökonomen Philip D. Cagan (1927–2012) zurück.[8] Man mache sich jedoch klar: Eine Preissteigerung von 50 Prozent pro Monat läuft auf eine Jahresrate der Inflation von fast 12.900 Prozent hinaus. Das ist erschreckend hoch. Es würde beispielsweise bedeuten, dass der Preis einer Tasse Kaffee binnen eines Jahres von 3 Euro auf 390 Euro steigt. Angesichts der fatalen Wirkung hoher Inflation auf die Kaufkraft des Geldes in ganz kurzer Zeit kann es ökonomisch durchaus sinnvoll sein, die Schwelle viel niedriger anzusetzen – und bereits bei einer dauerhaften Preissteigerung von, sagen wir, 3 Prozent pro Monat bereits von Hyperinflation zu sprechen. Denn dies liefe auf eine Jahresrate von 43 Prozent hinaus, und eine solche Inflation hätte die Kaufkraft des Geldes bereits nach zwei Jahren halbiert und nach fünf Jahren um 83 Prozent herabgesetzt – also eine nahezu völlige Zerstörung des Geldwertes bewirkt.

Wie kommt es zur Inflation – zu einem fortgesetzten Ansteigen aller Güterpreise im Zeitablauf? Die Volkswirte halten zwei Erklärungen bereit.[9] Die erste Erklärung ist die nicht-monetär verursachte Inflation. Danach führen zum Beispiel stark steigende Energiepreise zu Inflation. Man spricht hier von einer Kostenschub-Inflation *(Cost push)*. Oder die Inflation wird von einem Nachfrageüberhang verursacht: Die Güternachfrage übersteigt das Güterangebot und das lässt die Preise steigen *(Demand pull)*. Die zweite Erklärung der Inflation ist eine monetäre. Danach ist Inflation immer und überall ein monetäres Phänomen, wie es der US-amerikanische Ökonom Milton Friedman auf den Punkt brachte. Und das ist in einer Geldwirtschaft zweifellos richtig. Denn in einer Volkswirtschaft, in der kein Geld verwendet wird, gibt es schlichtweg keine Inflation. Man kann zudem theoretisch aufzeigen, dass die Vermehrung der Geldmenge die Güterpreise ansteigen lässt – sie höher ausfallen lässt gegenüber einer Situation, in der die Geldmenge nicht ausgeweitet worden wäre.

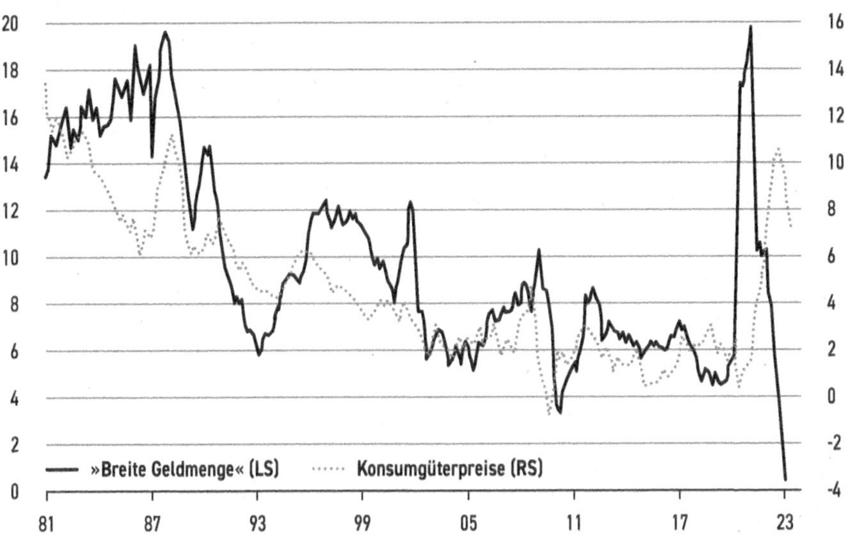

Abb. 8: Geldmenge und Konsumgüterpreise in der OECD, Jahresveränderungen in Prozent

Quelle: Refinitiv; eigene Berechnungen. Periode: Januar 1981 bis April 2023

Mit Blick auf die weltweiten Entwicklungen in der Zeit 2020 bis 2023 lassen sich beide Erklärungen sinnvoll miteinander verknüpfen (siehe Abb. 8). Der Energiepreisschock, den die »grüne Politik« ausgelöst hat und der viele andere Güterpreise in die Höhe katapultiert, traf auf einen gewaltigen Geldmengenüberhang, für den die Zentralbanken zuvor gesorgt hatten. Und es war eben dieser Geldmengenüberhang, der es erst möglich machte, dass der Güterpreisschock sich in Inflation – also einem fortgesetzten Ansteigen der Güterpreise auf breiter Front – niederschlagen konnte. So gesehen ist es die extrem stark ausgeweitete Geldmenge, die für die Güterpreisinflation verantwortlich ist. Ohne sie wäre die Inflation in dieser Weise nicht möglich. Ohne die exorbitante

Zunahme der Geldmenge gäbe es keinen fortgesetzten Anstieg aller Güterpreise. Spricht man also über Inflation, ist es ökonomisch sinnvoll, zwischen *Güterpreisinflation* und *Geldmengeninflation* zu unterscheiden: *Die Güterpreisinflation ist das Symptom, die Geldmengeninflation ihre Ursache.*

Zugegebenermaßen ist der Zusammenhang zwischen Geldmengenausweitung und Güterpreisinflation nicht immer leicht zu identifizieren. Denn zum einen erfassen die offiziellen Konsumgüterpreisindizes nicht alle Güterpreise. So werden beispielsweise Vermögensgüterpreise häufig nicht oder nur unzureichend in den Preisstatistiken abgebildet. Schlägt sich die Geldmengenausweitung vor allem in steigenden Vermögenspreisen nieder (»Vermögenspreisinflation«), weniger in den Konsumgüterpreisen, so macht es folglich den Anschein, die Geldmengenvermehrung sei gar nicht so inflationär, wie sie tatsächlich ist. Zum anderen wirkt die Geldmengenausweitung häufig erst mit zeitlichen Verzögerungen.[10] Das wiederum erschwert es, den Verbund zwischen Geldmenge und Güterpreisen ohne Umschweife erkennen zu können.

Wie kommt es zu Hyperinflation? Die Hyperinflation ist mit dem ungedeckten Papiergeld, dem sogenannten Fiatgeld, in die Welt gekommen. Sie war und ist eine latente Gefahr des ungedeckten Papierbeziehungsweise Fiatgeldes. Denn die staatliche Zentralbank kann – vereinfachend gesagt – die ungedeckte Fiatgeldmenge jederzeit und in jeder beliebigen Menge vermehren. Und das geschieht dann, so zeigt die Währungsgeschichte leidvoll, wenn der Staat Krieg führt oder wenn er so überschuldet ist, dass er keine andere Möglichkeit mehr sieht, seine Ausgaben zu finanzieren, als sich sprichwörtlich von seiner Zentralbank neues Geld drucken zu lassen. Eine Hyperinflation ist also im Regelfall politisch herbeigeführt. Dazu schrieb der Ökonom Ludwig von Mises 1923: »Wir sahen, daß eine Regierung sich immer dann genötigt sieht, zu inflationistischen Maßnahmen zu greifen, wenn sie den Weg der Anleihebegebung nicht zu betreten vermag und den der Besteuerung nicht zu betreten wagt, weil sie fürchten muß, die Zustimmung zu dem von ihr befolgten System zu verlieren, wenn sich seine finanziellen und allgemein wirtschaftlichen Folgen allzu schnell klar enthüllen. So wird die Inflation zu dem wichtigsten psychologischen Hilfsmittel einer Wirtschaftspolitik, die ihre Folgen zu verschleiern sucht. Man kann sie in diesem Sinne als ein Werkzeug antidemokratischer Politik bezeichnen, da sie durch Irreführung der öffentlichen Meinung einem Regierungssystem, das bei offener Darlegung der Dinge keine Aussicht auf die Billigung durch das Volk hätte, den Fortbestand ermöglicht.«[11]

Wie sich die Inflation über Hochinflation zur Hyperinflation aufschaukelt, soll kurz skizziert werden. Nehmen wir an, der Staat ist hoch verschuldet und gerät in finanzielle Bedrängnis – weil beispielsweise die Konjunktur plötzlich einbricht. In seinem Haushalt tun sich große Löcher auf. Um sie zu schließen, gibt der Staat neue Anleihen aus, die von der Zentralbank gekauft und mit neuem Geld bezahlt werden. Der Staat gibt das Geld aus (für Arbeitsschaffungsmaßnahmen, Sozialtransfers etc.), und die Geldmenge in den Händen der Konsumenten und Produzenten schwillt an. Die Empfänger des neuen Geldes tauschen es daraufhin gegen Güter ein, und in der Folge steigen die Güterpreise. Die Menschen sind allerdings durch die plötzliche Geldmengenvermehrung und den daraus resultierenden Inflationsanstieg sprichwörtlich überrascht worden: Die tatsächliche Inflation fällt höher aus, als ursprünglich erwartet war, das heißt höher als die Inflation, die ihnen von Zentralbank und Regierung hoch und heilig versprochen wurde. Die Überraschungsinflation hat bewirkt, dass die Güterpreise stärker angestiegen sind, als Löhne und Pensionen zugenommen haben, und dadurch wird die breite Bevölkerung ärmer. Ihre realen, das heißt inflationsbereinigten, Löhne und Einkommen sinken.

Die Menschen erkennen die Täuschung, sie erkennen, dass sie durch Überraschungsinflation betrogen wurden. Daraufhin passen sie ihre Ausgaben an, indem sie ihre Lohn-, Miet- und Kreditverträge mit einer nunmehr höheren erwarteten Inflation neu aushandeln. Wenn der Staat in dieser Situation nicht seine Ausgaben kürzt, sondern sie noch weiter ausweitet, weil zum Beispiel die Zahlungen für Sozialtransfers (Wohngeld, Lebensmittelzuschüsse etc.) durch den Anstieg der Güterpreisinflation anschwellen, dann ist eine immer stärkere Ausweitung der Geldmenge durch die Zentralbank programmiert. Erhöht die Zentralbank den Geldmengenzuwachs (indem sie beispielsweise noch mehr Staatsanleihen aufkauft), werden die Menschen erneut von der Überraschungsinflation heimgesucht, und die Kaufkraft ihres Geldes schwindet noch stärker.

Der fortgesetzte Betrug durch die Zentralbank lässt über kurz oder lang das Vertrauen in das Geld schwinden. Die Menschen versuchen dann, ihre Kassenhaltung zu verringern. Sie fragen mit ihrem Geld verstärkt andere Güter nach. Das wiederum verstärkt den allgemeinen Anstieg der Güterpreise, und die steigenden Güterpreise und die fallende Geldnachfrage verstärken sich gegenseitig. Dann setzt sich bald die Erwartung durch, dass die Zentralbank die Geldmenge mit immer stärkeren Raten ausweiten wird – also von, sagen wir, 10 Prozent in diesem Jahr auf 15 Prozent im nächsten Jahr, auf 25 Prozent im darauffolgenden Jahr, dann auf 40 Prozent und so weiter – und dass dieser Prozess kein Ende findet. Schließlich setzt die Flucht aus dem Geld ein. Es kommt zur Katastrophenhausse, in der die Menschen bestrebt sind, ihr Geld gegen alle noch verfügbaren werthaltigen Dinge (Aktien, Häuser, Uhren, Edelmetalle) einzutauschen. Im Extremfall kollabiert die Kaufkraft des ungedeckten Geldes, hört das ungedeckte Geld auf, Geld zu sein, und die Geldhalter und Sparer erleiden einen Totalverlust.

Kann ein Hyperinflationsprozess gestoppt werden? Die Antwort ist: theoretisch ja. Die Zentralbank muss aufhören, die Geldmenge auszuweiten. Doch genau dagegen regt sich üblicherweise heftiger politischer Widerstand, gerade wenn eine Hochinflation bereits in Gang gekommen ist. Vor allem scheut man die Staatspleite, die damit verbundene Wirtschafts- und Gesellschaftskrise. Die staatlich bestellten Zentralbankräte sehen es nicht selten als ihre Pflicht an, den Staat nicht pleitegehen zu lassen, auch wenn das den Geldwert ruiniert. In ausgedehnten Wohlfahrtsstaaten, die hoch verschuldet sind, ist die Gefahr der Hyperinflation als besonders hoch einzustufen – weil hier sehr viele Menschen am finanziellen Tropf des Staates hängen und es, zumindest anfänglich, vorziehen, dass der Staat zahlungsfähig bleibt, auch wenn die Inflation dadurch immer weiter ansteigt.

Irgendwann werden jedoch die volkswirtschaftlichen Kosten der Hyperinflation untragbar. Die Hyperinflation ist so gesehen endlich. Entweder sie endet damit, dass man mit der Geldmengenvermehrung aufhört, die Währung vor dem Untergang bewahrt, eine Bereinigungskrise zulässt – wie geschehen in Österreich Anfang 1923. Oder sie endet damit, dass die Kaufkraft des Geldes vollständig zerstört wird und im Zuge einer Währungsreform die ruinierte Währung durch eine neue ersetzt wird – wie beispielsweise in der Weimarer Republik im November 1923 die Mark durch die Rentenmark ersetzt wurde. Eine Währung muss aber nicht notwendigerweise durch eine Hyperinflation untergehen. In vielen Fällen wurde die Hyperinflation beendet und die hyperinflationierte Währung weiterverwendet; ihr wurde gewissermaßen eine neue Währung an die Seite gestellt. So geschehen beispielsweise in der Türkei im Jahr 2005. Hier wurden sechs Nullen auf den Banknoten gelöscht (aus 1 Millionen Türkische Lira wurden dadurch 1 neue Türkische Lira).

Cantillon-Effekt

Richard Cantillon legte in seinem Werk *Essai sur la nature du commerce en général* (1755) dar, dass das Ausweiten der Geldmenge niemals »neutral« ist.[12] Denn bei einer Geldmengenvermehrung erhalten nicht alle das neue Geld zur gleichen Zeit. Wer die neu geschaffene Geldmenge als Erster erhalte, werde begünstigt, weil er noch zu relativ unveränderten Preise kaufen könne; wer die Geldmenge als Letzter erhalte oder wer nichts von der neuen Geldmenge abbekomme, sei Verlierer, weil er nur noch zu erhöhten Preisen kaufen könne. Das Ausweiten der Geldmenge, so Cantillon, geht notwendigerweise mit einer Umverteilung einher.

Cantillon erkannte, dass ein Ausweiten der Geldmenge die Tauschtransaktionen, bei denen Geld eingesetzt wird, nicht mehr für alle Beteiligten gleichermaßen vorteilhaft macht. Das Ausweiten der

Geldmenge ist, um eine heute verbreitete Redewendung zu verwenden, sozial ungerecht: Und das gilt dann, wenn die Geldmenge nicht im freien Markt bestimmt, sondern von zentraler Stelle aus festgelegt beziehungsweise oktroyiert wird. Diese Einsicht wirft eine wichtige ethische Fragestellung innerhalb der heutigen Geldordnung auf, in der der Staat das Geldangebotsmonopol hält: Wer soll die neue Geldmenge als Erster erhalten?

Es lässt sich noch etwas lernen von Cantillon: dass Preisveränderungen – ob bei Konsum- oder Vermögensgütern – die Umverteilungswirkung einer Geldmengenausweitung nicht notwendigerweise widerspiegeln. Steigt beispielsweise die Geldmenge in einer Phase, in der sich die Wirtschaft in Vollbeschäftigung befindet, so werden früher oder später die Preise steigen. Die Geldmengenzunahme zeigt hier richtigerweise die Geldentwertung und die damit verbundene Umverteilung an. Steigt die Geldmenge jedoch in einer Phase geringer Wirtschaftsaktivität, so kann das Ausweiten der Geldmenge auch ohne Preisanstieg ablaufen. Allerdings erfolgt auch hier eine Umverteilung, wenngleich sie nicht unmittelbar ersichtlich ist: Die höhere Geldmenge verhindert, dass die Preise auf das Niveau absinken, das ohne Geldmengenvermehrung erreicht worden wäre. Es profitieren Produzenten, deren Güterpreise hoch bleiben, während die Käufer verlieren, weil die Geldmengenausweitung verhindert, dass die Güterpreise sinken und so ihre Kaufkraft steigt.

Cantillon schuf übrigens mit seinem *Essai* auch die Grundlage der monetären Konjunkturtheorie, nach der ein Ausweiten der Geldmenge zunächst zu Aufschwüngen führt, die sich jedoch als nicht nachhaltig erweisen und in Finanz- und Wirtschaftskrisen enden. Vermutlich hatte er profitiert von seiner Arbeit für den berüchtigten John Law (1671–1729). Law war Befürworter einer starken Geldmengenausweitung, und seine Empfehlung wurde von dem französischen Regenten, Philippe II. de Bourbon, duc d'Orléans (1674–1723), der sich einer leeren Staatskasse gegenübersah, umgesetzt. Law sorgte nicht nur für die berühmte »Mississippi-Spekulationsblase«, sondern auch für den finanziellen Ruin Frankreichs.

Cantillon häufte ein Vermögen an. Doch die Anfeindungen seiner Zeitgenossen ließen ihn, so vermutet sein Biograph Antoin Murphy, mit seinem Vermögen nach Südamerika auswandern, und Mutmaßungen, er sei ermordet worden, seien seiner geschickten Täuschung geschuldet. Wie dem auch sei: Cantillon hat allen, die mehr über das Geld und seine Wirkung lernen wollen, heute immer noch gültige und wichtige Einsichten hinterlassen.

John Law: der Papiergeldbankrotteur

Die Gründe für die Errichtung eines staatlichen Geldmonopols sind in der Geschichte immer dieselben gewesen. Monarchen, Regierungen und Parlamentarier benötigten mehr Geld, als es die Bürger per Steuerzahlung zur Verfügung stellen wollen und können. Dass die Bürger gute Gründe haben, den Geldappetit der Regierung nicht vollauf zu befriedigen, ist offensichtlich. Exemplarisch für den Einfallsreichtum der Regierenden, sich der Einkommen ihrer Bürger zu bemächtigen, ist das Papiergeldexperiment des Schotten John Law (1671–1729).[13]

Zu Beginn der 18. Jahrhunderts versprach Law, Sohn eines Geldverleihers (und verurteilter Mörder und zwanghafter Spieler), dem französischen Herrscherhaus, mittels Papiergeld und Notenmonopol das chronische staatliche Verschuldungsproblem zu lösen. Die französischen Staatsfinanzen befanden sich infolge der Kriege Ludwigs XIV. in einem desaströsen Zustand. Seit 1690 war die französische Währung rund 40-mal abgewertet worden. Die Monarchie hatte Schwierigkeiten, auch nur die Zinsen für ihre gewaltigen Schulden von 2,8 Milliarden Livre zu begleichen. Steuern wurden über eine Vielzahl von Agenten eingetrieben, die vor allem an der eigenen Bereicherung interessiert waren. Außerdem gab es so etwas wie einen *Credit Crunch*, eine Knappheit von Gold- und Silbermünzen, die für die ökonomische Entwicklung unentbehrlich waren. Ursache war die jahrelange staatliche Verschlechterung des Münzgeldes, das, entsprechend dem an anderer Stelle erläuterten Greshamschen Gesetzes, zum Horten wertvollerer Münzen führte.

Hier setzte John Law mit seiner Idee eines durch Papiergeld und Kredite angefachten Wirtschaftsaufschwungs an. Sein Finanzsystem sollte auf zwei Säulen ruhen: einer Notenbank und einer den heutigen Staatstrusts ähnlichen Handelskompanie. Im Mai 1716 gründete er die Banque Générale. Die Privatbank, deren Direktor er war, erhielt das Privileg, für 20 Jahre Banknoten auszugeben, die in Münzgeld (Gold und Silber) auszuzahlen waren. Die Masse des Kapitals bildeten allerdings weitgehend wertlose Staatsanleihen. Durch die persönliche Unterstützung des Regenten wuchs das Vertrauen in die Bank, obwohl erhebliche Vorbehalte gegenüber Papiergeld bestanden.

Bereits 1717 mussten sämtliche Steuerzahlungen in den Banknoten der Banque Générale geleistet werden. Im gleichen Jahr erhielt die Compagnie d'Occident, auch West-Indien- oder Mississippi-Kompanie genannt, für 25 Jahre das Monopol auf den Handel mit den französischen Kolonien in Amerika, genauer mit Louisiana. Ihr Kapital wurde mit der für die damalige Zeit gigantischen Summe von 100 Millionen Livre festgesetzt, bestand aber ebenfalls überwiegend aus Staatsanleihen. 1718 wurde die Banque Générale zur ersten Zentralbank Frankreichs und in Banque Royale umbenannt. Im September 1719 sagte die Kompanie der Krone einen niedrig verzinsten Kredit über 1,2 Milliarden Livre zur Begleichung sämtlicher Staatsschulden zu. John Law fachte eine Aktienhausse und infolgedessen Immobilienspekulation an, die sich nicht zuletzt aus einer grandiosen Vermehrung der Geldmenge speisten. Im Mai 1720 war die Geldmenge (Banknoten sowie vom Publikum gehaltene Aktien) rund viermal größer als der Wert der Gold- und Silbermünzen, die sich zuvor im Umlauf befunden hatten. Die Inflation führte zu drastischen Teuerungen; bereits im September 1720 waren die Preise in Paris doppelt so hoch wie noch zwei Jahre zuvor.

Dem Verfall der Papierwährung begegnete Law mit Zwangsmaßnahmen: Er erklärte die Banknoten zum gesetzlichen Zahlungsmittel und verbot die Ausfuhr von Gold und Silber. Ein Erlass vom Februar 1719 verbot Privatpersonen den Besitz von mehr als 500 Livre in Münzgeld, was durch Hausdurchsuchungen erzwungen werden konnte. All das und auch Stützungskäufe im großen Stil konnten jedoch den Kursverfall der Aktiengesellschaft nicht aufhalten. Ein Banken-Run setzte ein, die Banque Royale wurde geschlossen. Schließlich floh John Law aus dem Land.

Der Hasardeur hatte einen Teufelskreis in Gang gesetzt: Eine wachsende Geldmenge war zur Aufrechterhaltung hoher Aktienkurse der Mississippi-Kompanie erforderlich, und steigende Aktienkurse dienten dazu, das Vertrauen in das Papiergeld zu erhalten. Als sich der Zusammenbruch abzeichnete, versuchte Law mit einer Reihe von Maßnahmen, darunter eine Bankgarantie, Aktien zu einem festgesetzten Preis zu kaufen. Alles half nichts. Innerhalb von vier Jahren fand die Spekulation ihr Ende – die Aktienkurse sanken in den Keller, und mit ihnen verfiel das Vertrauen in das Papiergeldexperiment.

Vermögenspreisinflation – die übersehene Inflation

Heutzutage ist es gängige Praxis, die (Güterpreis-)Inflation anhand von Veränderungen von Konsumgüterpreisindizes abzubilden. Doch das ist eine verkürzte Sichtweise. Denn es verstellt den Blick auf die Inflation der sogenannten *Vermögenspreise*. Konsumentenpreisindizes erfassen bekanntlich nur die Preise von Endgütern und -dienstleistungen, die in der laufenden Periode produziert werden. Die Preise für bereits vorhandene Güter wie zum Beispiel Aktien, Grundstücke, Häuser und Rentenpapiere – man spricht hier von *Vermögensgütern* – werden nicht oder nur unvollständig mittels der Preisindizes erfasst. Das dürfte dazu beigetragen haben, dass seit Mitte der 1990er-Jahre eine weltweite *Vermögenspreisinflation* entstehen konnte.

Eine wachsende Geldmenge schlägt sich nicht nur in steigenden Konsumgüterpreisen nieder, sondern verursacht auch steigende Vermögensgüterpreise. Dieser Preisauftrieb wird jedoch von Zentralbanken und Mainstream-Ökonomen nicht als Inflation identifiziert. Für sie ist Inflation *nur* ein Anstieg der Konsumentenpreise. Ein Ansteigen der Vermögenspreise bedeutet jedoch – wenn er nicht begleitet wird von einem Absinken anderer Güterpreise – ebenfalls einen Kaufkraftverlust des Geldes mit entsprechenden Umverteilungswirkungen. Steigen zum Beispiel die Preise für Häuser und Aktien, so bedeutet dies, dass man mit einer Geldeinheit nunmehr weniger Häuser und Aktien kaufen kann. Die Geldhalter werden ärmer, die Besitzer von Häusern und Aktien reicher.

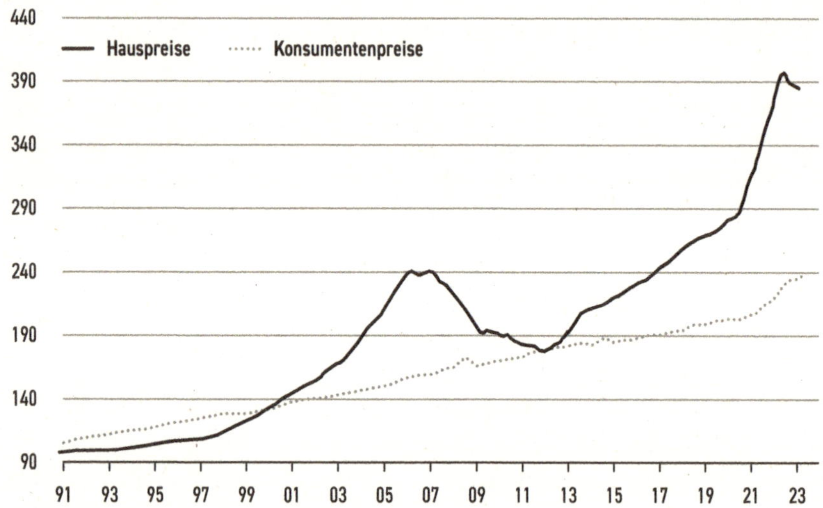

Abb. 9: Preisinflation der Konsum- und Vermögensgüter in den USA
Quelle: Refinitiv; eigene Berechnungen. Serien sind indexiert (Januar 1990 = 100)

Trotzdem interpretieren viele Mainstream-Ökonomen Preissteigerungen bei Vermögensgütern häufig als einen *positiven Vermögenseffekt*. Gemeint ist damit, dass die steigenden Preise für Aktien die Menschen reicher machen und sie zu verstärkter Wirtschaftsaktivität anregen. Das ist eine Missdeutung. Denn es handelt sich dabei nicht um einen Vermögenseffekt, sondern um einen *Umverteilungseffekt*. Die Halter von Vermögen, deren Preise steigen, profitieren, während die Geldhalter entsprechend ärmer werden, weil sie immer weniger Güter im Tausch für eine Geldeinheit erhalten. Dem Vermögensgewinn der einen steht ein Vermögensverlust der anderen gegenüber. Es ist folglich ökonomisch irrtümlich, das Ansteigen der Geldpreise für Vermögen mit einem Vermögenseffekt, der die Volkswirtschaft reicher macht, gleichzusetzen. Ein wachsendes Güter- und Dienstleistungsangebot vermehrt die Wohlfahrt, nicht jedoch das Ansteigen der Geldpreise.

Inflation ist immer schädlich

Der wohl einflussreichste Ökonomen des 20. Jahrhunderts, John Maynard Keynes (1883–1946), erklärte in seiner viel beachteten Schrift *Die wirtschaftlichen Folgen des Friedensvertrages* im Jahre 1920: »Lenin hatte sicherlich recht. Es gibt kein feineres und kein sichereres Mittel, die bestehenden Grundlagen der Gesellschaft umzustürzen, als die Vernichtung der Währung. Dieser Vorgang stellt alle geheimen Kräfte der Wirtschaftsgesetze in den Dienst der Zerstörung, und zwar in einer Weise, die nicht einer unter Millionen richtig zu erkennen imstande ist.«[14] Kein Zweifel, Inflation ist stets ein gesellschaftliches Übel, sie ist immer schädlich und nicht selten erweist sie sich sogar als tödliche Krankheit. Wird die Inflation von den Marktakteuren *korrekt vorhergesehen*, werden sie versuchen, ihren Folgen zu entkommen. Sie passen beispielsweise ihre Lohn-, Miet- und Kreditverträge entsprechend an. Dennoch bleibt die Inflation nicht kostenlos. Beispielsweise müssen Firmen ihre Preislisten häufig neu errechnen, Automaten in kurzen Zeitabständen umstellen. Oder die Privaten müssen mehr Zeit aufwenden, um ihre Finanzen zu ordnen und ihr Portfolio umzuschichten, was zu »Schuhlederkosten« führt, also zu jenem unterstellten Effekt, laut dem die Privaten wegen der nun nötigen häufigeren Besuche der Bank ihr Schuhwerk rascher abnutzen.

Bei Inflation wird es Unternehmern kompliziert oder gar unmöglich gemacht, solide kalkulieren zu können: Die Wirtschaftsrechnung mit Geld wird erschwert beziehungsweise funktioniert nicht mehr verlässlich. Die Volkswirtschaft verliert dadurch gewissermaßen ihren Kompass. Die Marktpreise der Güter zeigen nämlich nicht mehr die wahren Knappheitsverhältnisse an. Knappe Ressourcen werden nicht mehr in die dringlichsten Verwendungen gelenkt. Unternehmern wird die Kalkulationsgrundlage entzogen, sie treffen fehlerhafte Investitionsentscheidungen. Firmen können ihre Produktion nicht mehr bestmöglich an den Kundenbedürfnissen ausrichten.

Inflation, sollte sie *nicht richtig vorhergesehen* worden sein, schadet Sparern und nutzt Schuldnern: Steigende Preise schmälern die Kaufkraft des Geldes. Der Gläubiger erhält bei Rückzahlung einen Geldbetrag, der weniger Kaufkraft hat als der Betrag, den er verliehen hat. Der Schuldner zahlt seine Verbindlichkeiten in einem Geld, das weniger Kaufkraft hat als das Geld, das er sich geliehen hat. Aber auch dann, wenn die Marktteilnehmer Inflation *richtig vorhersehen*, entstehen erhebliche Kosten. Der Geldhalter muss bei Inflation vermehrt Zeit investieren, um die richtige Kassenhaltung zu bestimmen. Beispielsweise sind häufigere Besuche bei (oder Telefonate mit) Finanzberatern nötig, was ebenfalls die Kosten der Geldhaltung steigen lässt.

In Ländern mit einer *progressiven Einkommensbesteuerung* führt Inflation zu einem Ansteigen der *realen Steuerlast* (»kalte Progression«). Steigen die Preise und daraufhin auch die Löhne und Gehälter als Folge der Geldmengenausweitung, weil Arbeitnehmer einen Inflationsausgleich durchsetzen können, so steigt die *Grenzbesteuerung* an: Steigende Geldeinkommen werden mit einem höheren Grenzsteuersatz belegt, obwohl sich die realen Einkommen gar nicht erhöht haben. Wenn die Steuerprogression nicht laufend an die allgemeine Preisentwicklung angepasst wird (und das passiert in der Regel nicht), führt Inflation zu einem wachsenden *Ressourcentransfer vom Bürger zum Staat*.

Inflationäres Geld ist unvereinbar mit dem Prinzip des freien Marktes, bei dem Tauschaktionen für alle Beteiligten vorteilhaft sind. Denn sobald *inflationäres Geld* in Umlauf gebracht wird, sind Tauschvorgänge von Gütern gegen Geld nicht mehr für alle Beteiligten gleichermaßen vorteilhaft. Es sei wiederholt: Diejenigen, die das neu geschaffene Geld als Erste in die Hände bekommen und es als Erste gegen andere Güter tauschen können, profitieren auf Kosten derjenigen, die das neu geschaffene Geld erst zu einem späteren Zeitpunkt erhalten oder die gar nichts von ihm abbekommen. *Inflationäres Geld* ist daher *schlechtes Geld*, weil es die Menschen täuscht, Wirtschaftsstörungen hervorruft (das wird in Kapitel 6 noch erklärt) und zu einer nicht marktkonformen Verteilung von Einkommen und Vermögen führt.

Die deutsche Hyperinflation

Vermutlich hatte keine Hyperinflation solch traumatische und fatale Folgen wie die deutsche Hyperinflation der 1920er-Jahre. Um verstehen zu können, was sich damals zutrug und wie es überhaupt so weit kommen konnte, muss man zurückblicken auf die Zeit vor dem Ausbruch des Ersten Weltkriegs. Im deutschen Kaiserreich wurde die Mark mit dem Münzgesetz vom 4. Dezember 1871 gesetzliches Zahlungsmittel mit dem Wert 1/1393 eines Pfundes Feingold; ein Gramm Gold entsprach damit 3 Mark. Eine Woche nach Beginn des Ersten Weltkriegs wurde die Goldeinlösepflicht der Reichsmark jedoch am 4. August 1914 aufgehoben. Aus der goldgedeckten Mark (man sprach von der »Goldmark«) wurde die ungedeckte Papiermark.

Das Kaiserreich finanzierte die Kriegsausgaben zunächst vor allem durch Kredit; schließlich hoffte man auf einen »schnellen Sieg« und dass Frankreich wie schon nach dem Krieg 1870/71 die Kosten tragen würde. Die Staatsschulden stiegen von 5,2 Milliarden Mark in 1914 auf 105,3 Milliarden Mark in 1918. Aber auch die Papiermarkmenge wuchs. Denn weil es ab 1916 immer schwieriger wurde, Abnehmer für die Kriegsschulden zu finden, sprang die Reichsbank ein. Sie kaufte die Papiere und bezahlte mit neu gedrucktem Geld. 1914 betrug die Geldmenge der Papiermark knapp 5,9 Milliarden Mark, 1918 war sie bereits auf 32,9 Milliarden Mark angewachsen. In der Zeit von August 1914 bis November 1918 stiegen die Großhandelspreise um 115 Prozent, die Kaufkraft der Papiermark wurde mehr als halbiert. In der gleichen Zeit wertete die Papiermark (an der Berliner Börse) um etwa 84 Prozent gegenüber dem US-Dollar ab.

Das furchterregende »Delirium der Milliarden« nahm in der Nachkriegszeit seinen unheilvollen Lauf. Die neue Weimarer Republik sah sich gewaltigen wirtschaftlichen und politischen Herausforderungen gegenüber. 1920 betrug die Industrieproduktion nur 61 Prozent des Niveaus von 1913, 1923 war sie auf 54 Prozent gefallen. Die durch den Versailler Vertrag erzwungenen Gebietsabtretungen hatten die Leistungsfähigkeit des Reiches geschwächt. Hinzu kamen Reparationen, im Mai 1921 auf 132 Milliarden Goldmark festgesetzt, die in Fremdwährung und Naturalien zu leisten waren. Vor allem aber wollten die neuen demokratischen Regierungen der Weimarer Republik den Ansprüchen ihrer Wähler so umfassend wie möglich nachkommen. Weil die Steuereinnahmen dazu nicht ausreichten, warf die Reichsbank die Notenpresse an. Ende 1919 war die Geldmenge bereits auf knapp 51 Milliarden Papiermark angewachsen. Der Staatshaushalt blieb chronisch defizitär. Von April 1920 bis März 1921 betrug der Steueranteil an allen Staatsausgaben im Durchschnitt weniger als 37 Prozent, der Rest wurde finanziert mit Reichsbankkrediten, durch die neue Papiermark in Umlauf gebracht wurden. Zwar besserte sich die Lage bis etwa Mitte 1922, und der Steueranteil aller Staatsausgaben erreichte im Juni kurzzeitig immerhin 75 Prozent. Doch dann brach sich das Unheil Bahn: Die Auseinandersetzung um den angeblichen Rückstand der deutschen Reparationszahlungen, die Ende 1922 begann, ebnete den Weg in das deutsche Währungsdesaster.

Französische und belgische Truppen besetzten zwischen dem 11. und 16. Januar 1923 das Ruhrgebiet, das industrielle Herzstück des Reiches. Die deutsche Regierung unter Reichskanzler Wilhelm Cuno (1876–1933) rief am 13. Januar 1923 zum »passiven Widerstand« auf: Belegschaften und Betriebe sollten sich den Befehlen der Besatzer widersetzen. Die Reichsregierung sicherte die Lohnfortzahlungen für das Nicht-Arbeiten zu. Der deutsche Staatshaushalt wurde durch die Verpflichtungen, die der »Ruhrkampf« mit sich brachte, nun völlig überfordert. Die Reichsbank begann, die staatlichen Zahlungen durch das Drucken von immer neuem Geld bedingungslos zu finanzieren: Steuerausfälle, Auszahlungen für Löhne, Sozialleistungen und Subventionen für defizitäre Staatsbetriebe.

Im Mai 1923 geriet die Papiermarkgeldmenge außer Rand und Band. Im Mai 1923 betrug sie 8610 Milliarden Mark, im Juni waren es bereits 17 341 Milliarden, im August 669 703 Milliarden und im November 1923 unglaubliche 400 Trillionen (eine 400 mit 18 Nullen). Die Großhandelspreise kletterten mit astronomischen Raten, von Ende 1919 bis November 1923 um 1813 Prozent. Am Ende des Krieges 1918 hätte man theoretisch 500 Milliarden Eier für das gleiche Geld erwerben können, für das man fünf Jahre später lediglich ein einziges Ei kaufen konnte. Der Außenwert der Papiermark fiel ins Bodenlose. Im Juli 1914 bekam man für 4,2 Reichsmark 1 US-Dollar (1 US-Dollar entsprach damals 1/20,67 Feinunzen Gold). Bis November 1923 hatte sich der Papiermarkpreis (an der Berliner Börse) für einen goldgedeckten Greenback um 8912 Prozent verteuert. Die Papiermark hatte im Grunde nur noch »Brennwert«.

Hjalmar Schacht (1877–1970), Präsident der Reichsbank von 1923 bis 1930 und von 1933 bis 1939, schrieb in seinen Memoiren *76 Jahre meines Lebens* (1953): »Die breite Masse der deutschen Bevölkerung musste am schwersten unter der Inflation leiden. Wie in allen Wirtschaftsfragen ist es besonders in Geldfragen so, dass die unterrichteten Kreise den Entwertungsprozess schneller begreifen als die unerfahrene breite Masse. Wer die Inflation frühzeitig erkannte, konnte sich gegen die Papiergeldverluste dadurch schützen, dass er so rasch als möglich irgendwelche Güter kaufte, die im Gegensatz zum absinkenden Papiergeld ihren Wert beibehielten; also Häuser, Grund und Boden, Fabrikate, Rohstoffe und andere Waren.«

Und weiter: »Die Flucht in die Sachwerte ermöglichte es nicht nur den wohlhabenden Leuten, sondern insbesondere auch allen gewissenlosen Schiebern, ihr Vermögen zu retten und womöglich zu vermehren. Die Folge dieses Kampfes um Bereicherung und Vermögensverwaltung, unter Ausnutzung der Unkenntnis der breiten Masse, führte zu einer moralischen Vergiftung des gesamten Geschäftslebens. Jede Spartätigkeit hörte auf. Wer keine Sachwerte zu kaufen fand, suchte sein Geld so rasch wie möglich in Vergnügungen anzulegen. (...) Je weiter die Geldentwertung fortschritt, umso schneller beschleunigte sich ihr Tempo. Eine ungeheure Unruhe und steigende Erbitterung bemächtigte sich der handarbeitenden Schichten, der Angestellten und

Rentner, die nicht einmal mehr ihre tägliche Lebenshaltung bestreiten konnten. Die Auszahlung erhöhter Papiergeldlöhne konnte daran nichts ändern. Im Gegenteil, je mehr Papiergeld ausgegeben wurde, umso rascher sank sein Wert.«

Mit dem Zusammenbruch der Währung explodierte die Arbeitslosigkeit. Seit Kriegsende war sie stets sehr niedrig gewesen – weil die Wirtschaft durch Staatsausgaben, finanziert durch Kreditaufnahmen und Geldmengenausweitungen, künstlich in Gang gehalten worden war. Die Arbeitslosenquote lag Ende 1919 bei 2,9 Prozent, 1920 bei 4,1 Prozent, 1921 bei 1,6 Prozent und 1922 bei 2,8 Prozent. Mit dem herannahenden »Tod des ungedeckten Papiergeldes« änderte sich das. Im August 1923 war sie bereits bei 6,3 Prozent angelangt, dann stieg sie auf 19,1 Prozent im Oktober, 23,4 Prozent im November und erreichte 28,2 Prozent im Dezember. Weite Teile der Bevölkerung, vor allem der Mittelstand, verarmten. Die Hyperinflation zerstörte die bürgerliche Gesellschaft. Die Deutschen litten an Hunger und Kälte. Es gab kommunistisch angetriebene Unruhen in Sachsen und Thüringen von Januar bis September 1923. Adolf Hitler (1889–1945) versuchte am 8. und 9. November 1923 in München durch einen bewaffneten Putsch die Regierung in Berlin abzusetzen und die Macht zu erlangen. Die junge Republik stand am Rande des Bürgerkrieges.

Gustav Stresemann, Cunos Nachfolger als Reichskanzler, hatte den »Ruhrkampf« bereits am 26. September 1923 beendet. Angesichts der untragbaren Situation begann die Regierung mit der »Stabilisierung« der Währung. Am 15. Oktober 1923 wurde die »Deutsche Rentenbank« gegründet. Sie sollte als neues Zahlungsmittel die Rentenmark ausgeben, die durch (im Grunde fiktive) Hypotheken- und Grundschulden auf Immobilien von Landwirtschaft, Industrie und Gewerbe im Deutschen Reich gedeckt war. Die Rentenmark hatte, anders als die Papiermark, eine sachliche Deckung. Die Rentenmark war indes kein gesetzliches Zahlungsmittel, sondern eine Inhaberschuldverschreibung. Ihr wurde der Wert einer Goldmark zugewiesen. Dieser Wert rührte aus dem Versprechen der Rentenbank, dass der Halter von 500 Rentenmark sie jederzeit in eine Anleihe mit einem Wert von 500 Goldmark eintauschen könne.

Das zentrale Problem war nun die Reichsbank. Ihr unkündbarer Präsident Rudolf Havenstein (1857–1923) war im wahrsten Sinne des Wortes nicht zu stoppen: Er ließ angesichts der Finanzierungsprobleme des Reiches die Reichsbank immer mehr Papiermark in Umlauf bringen.

Jahr	Monat	1 US-Dollar = Papiermark	1 Goldmark = Papiermark
1918	Januar	5,25	1,25
1918	Dezember	8,40	2,00
1919	Dezember	46,83	11,15
1920	Dezember	73,38	17,47
1921	Dezember	184,00	43,81
1922	September	1650,00	392,86
1922	Dezember	7350,00	1750,00
1923	Januar	49 000 00	11 667,00
	Februar	22 700,00	5 405,00
	März	20 975,00	4 994,00
	April	29 800,00	7 095,00
	Mai	69 500,00	16 548,00
	Juni	154 500,00	36 786,00
	Juli	1 100 000,00	261 905,00
	August	10 300 000,00	2 452 381,00
	September	160 000 000,00	39 095 000,00
	Oktober	72 500 000 000,00	17 262 000 000,00
	November	4 200 000 000 000,00	1 000 000 000 000,00

Abb. 10: Dollarkurs und Goldmark im Verhältnis zur Papiermark 1918 bis 1923

Quelle: Dollarkurs und Goldmark im Verhältnis zur Papiermark 1918–1923 (1924)

Am 15. November 1923 wurden die entscheidenden Schritte eingeleitet, um den Albtraum der Geldentwertung in der Weimarer Republik zu beenden: Die Reichsbank hörte auf, Schuldpapiere des Kaiserreiches aufzukaufen, und der Papiermark wurde die neu geschaffene »Rentenmark« mit einem festen Wechselkurs zur Seite gestellt. Die Hyperinflation wurde erfolgreich gestoppt, die Kaufkraft der Papiermark war und blieb jedoch ruiniert. Am 20. November 1923 verstarb Havenstein plötzlich an Herzversagen. Und an genau diesem Tag schritt Hjalmar Schacht zur Tat. Schacht war bereits am 12. November 1923 von Stresemann zum Währungskommissar bestellt worden; er wurde am 22. Dezember 1923 zum Reichsbankpräsidenten ernannt.

Zunächst stabilisierte er die Papiermark gegenüber dem US-Dollar: Die Reichsbank intervenierte in den Devisenmärkten, setzte durch, dass 4,2 Billionen Papiermark einem US-Dollar entsprachen. Und da eine Billion Papiermark einer Rentenmark gleichgesetzt waren, betrug nun das Austauschverhältnis zwischen Rentenmark und US-Dollar wieder 1 zu 4,2. Folglich galt genau die Wertrelation wieder, die vor Ausbruch des Krieges zwischen Reichsmark und US-Dollar gegolten hatte. Das »Wunder der Rentenmark« ist zugleich das Ende der Hyperinflation. Um die internationale Glaubwürdigkeit des deutschen Geldes wiederherzustellen, waren allerdings weitere Maßnahmen notwendig, wie zum Beispiel die Gründung der »Golddiskontbank« mithilfe britischer Kredite im April 1924.

Wie konnte es dazu kommen, dass das Geld eines hoch entwickelten und kultivierten Gemeinwesens zerstört wurde? Viele Erklärungen sind vorgebracht worden. So seien die dem Deutschen Reich auferlegten Reparationszahlungen Schuld daran gewesen; auch wird häufig auf die Zahlungsbilanzdefizite der Weimarer Republik verwiesen oder auf die Abwertung der Reichsmark gegenüber anderen Währungen, die die Importpreise für die Deutschen und damit auch die heimischen Preise in die Höhe getrieben und den Geldwert zerstört hätten. Doch all diese Erklärungen laufen ins Leere, wie der deutsche Ökonom Hans F. Sennholz (1922–2007) in seinem Buch *Age of Inflation* (1976) unmissverständlich aufzeigt. Sennholz stellt die Frage: »Wer würde über eine so große Nation ein solches Übel hereinbrechen lassen, mit schlimmen ökonomischen, sozialen und politischen Folgewirkungen nicht nur für Deutschland, sondern für die ganze Welt?« Seine ernüchternde Antwort lautet: »Jede Mark wurde gedruckt von Deutschen unter einer Regierung, die nur aus Deutschen bestand. Es waren deutsche politische Parteien, wie die Sozialisten, die katholische Zentrumspartei und die Demokraten – verschiedene Koalitionsregierungen bildend –, die allein verantwortlich waren für die politischen Maßnahmen. Eine Übernahme der Verantwortung für die missliche Lage kann natürlich von keiner politischen Partei erwartet werden.« Die Hyperinflation, die Zerstörung des deutschen Geldes, war das Werk deutscher Politiker und Technokraten. Sie war die Folge einer bewussten, von Menschenhand herbeigeführten und nahezu grenzenlosen Geldmengenvermehrung.

Kapitel 3
Die jüngste Geldgeschichte – und was wir von ihr lernen können

»Gold is a currency. It is still, by all evidence, a premier currency, where no fiat currency, including the dollar, can match it.«

Alan Greenspan (* 1926)

Phase I: Der klassische Goldstandard 1816–1914:

Vor den 1870er-Jahren ließen sich die Nationen in drei Gruppen aufteilen.[1] Die erste Gruppe umfasste die Nationen, die mit einem Goldstandard operierten (Großbritannien, Portugal, Türkei, Brasilien, Australien). Die Mitglieder der zweiten Gruppen waren auf einem Silberstandard (Deutschland, Österreich, Holland, Skandinavien, Mexiko, eine Reihe asiatischer Staaten, einschließlich China und Indien), und in der dritten Gruppe befanden sie Länder, die einen Bimetallismus, also mit Gold- und Silbergeld, hatten (Vereinigte Staaten von Amerika, Frankreich, Schweiz, Italien, Belgien). Spätestens nach dem Ende der napoleonischen Kriege war Großbritannien die führende Wirtschafts- und Militärmacht auf der Welt.

Bis 1797 herrschte in Großbritannien, der damals wirtschaftlich bedeutendsten Weltmacht, ein sogenannter Bimetall-Standard: Gold und Silber waren gleichermaßen Geld. Im Zuge der Napoleonischen Kriege, die die Regierung nicht mit Steuererhebungen allein finanzieren wollte, wurde die Einlösbarkeit des Britischen Pfundes in Gold suspendiert, und Großbritannien war auf einem nicht einlösbaren Papiergeldstandard. Die Kriegskosten wurden in erheblichem Maße mit inflationärem Papiergeld – Banknoten, die nicht mit Gold gedeckt waren – bezahlt. Bald nach dem Ende der Kriege, im Jahr 1816, beschloss die britische Regierung, die Golddeckung des Pfunds ab 1821 wieder einzuführen. Das Silber wurde hingegen offiziell demonetisiert.

Ursprünglich war Großbritannien de facto auf einem Silberstandard. Der Grund dafür war mehr oder weniger zufällig. Der Physiker Isaac Newton wurde erst »Warden«, dann »Master of Royal Mint« von 1696 bis 1727. Newton war unter anderem dafür verantwortlich, dass das von der Royal Mint festgelegte Austauschverhältnis zwischen Silber und Gold zu einer Überbewertung des Silbers vis-a-vis dem Gold führte. Daraufhin machte sich sofort das Greshamsche Gesetz bemerkbar: Das vom Staat überbewertete Silber lief als Geld um, das vom Staat unterbewertete Gold wurde zurückgehalten. Denn die Menschen konnten ein gutes Geschäft machen, wenn man sein Gold zum Marktkurs in Silber tauschte und das Silber dann zur Münze brachte, um es prägen zu lassen. Silbergeld, nicht Goldgeld, lief um. Unter der Führung von Großbritannien wurde das Gold mit Beginn des 19. Jahrhunderts zum international allgemein akzeptierten Zahlungsmittel; das Gold sollte de facto das einheitliche Weltgeld werden. Der internationale Handel profitierte vom Gebrauch des Goldgeldes.

In den Vereinigten Staaten von Amerika war der US-Dollar durch das Münzgesetz von 1792 in Feingewicht Gold und Silber definiert. Das Austauschverhältnis, das die US-Administration gesetzlich festgelegte hatte, führt schon bald dazu, dass Silber überbewertet gegenüber dem Gold war. Wieder zeigt sich die Wirkung des Greshamschen Gesetzes, und die Vereinigten Staaten operierten von 1972 bis 1834 de facto mit einem Silberstandard. Durch die Änderung des Münzgesetzes im Jahr 1834 wurde die Vorherrschaft des Silbers beendet, und die Vereinigten Staaten gingen praktisch auf einen Goldstandard über. Der Bürgerkrieg unterbrach die Vorherrschaft des Goldgeldes. Zur Finanzierung der Kriegsausgaben wurden Greenbacks ausgegeben – Papiergeld, das weder in Gold noch Silber gedeckt und ohne Versprechung auf Einlösung in eines der beiden Edelmetalle versehen war.

1873 setzte eine politische Bewegung ein, die Greenback-Episode zu beenden und die Edelmetallwährung wieder einzuführen. Das im gleichen Jahr verabschiedete Gesetz sah jedoch nicht mehr vor, den historischen Silber-Standarddollar (aus 371,25 Troy-Gran Feinsilber) auszuprägen. Silber wurde dadurch demonetisiert (man sprach vom »Verbrechen von 1873«). Es folgte das Gesetz von 1875 zur Wiedereinführung des Edelmetallstandards, der am 1. Januar 1879 auf der Basis von Gold in Kraft trat.

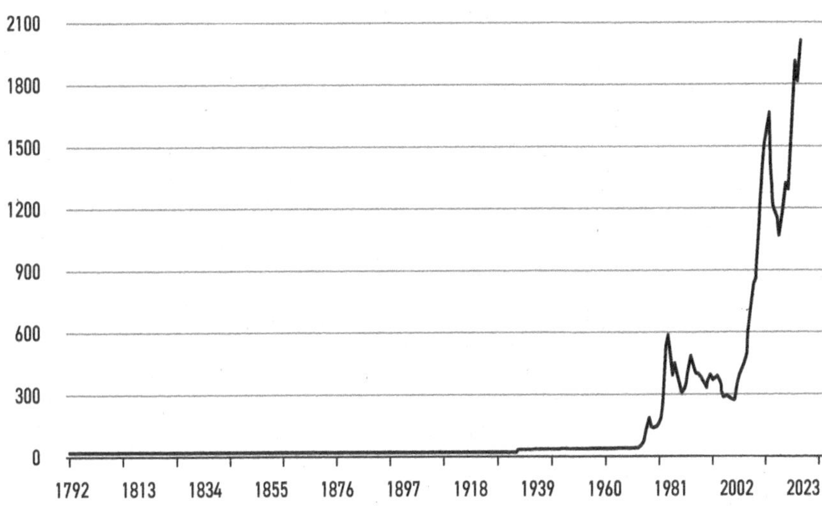

Abb. 11: Goldpreis in US-Dollar pro Feinunze

Quelle: Refinitiv. 1792: 19,75 USD/oz, 1834: 20,67 USD/oz, 1934: 35 USD/oz. Ab 1971: Marktpreis. Letzter Datenpunkt: Mai 2023

In Europa wechselten ebenfalls viele Nationen vom Silber- auf das Goldgeld über. In der Zeit von 1871 bis 1873 ersetzte das neu gegründete Deutsche Reich den Silberstandard durch einen Goldstandard, in Frankreich erfolgte der Übergang vom Silber- auf den Goldstandard in der Zeit zwischen 1870 und 1880. Österreich-Ungarn ging 1892 vom

Silberstandard auf den Goldstandard über. In Indien hörte 1893 die staatliche Münzstätte auf, Silber zu münzen, um einen Goldstandard einzuführen. China hielt hingegen am Silberstandard bis 1935 fest, ersetzte ihn dann in einer wirtschaftlichen Krise durch einen ungedeckten Papiergeldstandard (der im Zuge des Kommunistischen Revolutionskrieges in Hyperinflation endete).

Der Goldstandard beruhte darauf, dass umlaufende Banknoten und Giroguthaben jederzeit zu einem vorab fixierten Verhältnis beim Geldemittenten in physisches Gold umgetauscht werden konnten (*Goldkernwährung*). Die nationalen Währungen wie zum Beispiel das Britische Pfund, der Französische Franc oder die Deutsche Mark repräsentierten jeweils eine gesetzlich bestimmte Feingoldmenge. Aus diesem Grunde waren auch die Wechselkurse zwischen den nationalen Währungen de facto fixiert: Die nationalen Goldwährungen hatten untereinander feste Wechselkurse.

Das ab Ende des 19. Jahrhunderts nahezu weltweit akzeptierte Goldgeld beförderte die internationale Arbeitsteilung und den Handel. Es band die Volkswirtschaften auf das Engste zusammen. Das Gold sorgte dafür, dass sich die Handelsbilanzen der Länder durch den internationalen Preismechanismus tendenziell ausglichen. Hatte beispielsweise Land A einen Importüberschuss (weil es mehr Güter importiert als es exportiert hatte), wurde die Rechnung in Goldgeld bezahlt. Gold wurde ins Ausland übertragen. Die Gold- beziehungsweise Geldmenge schrumpfte in Land A und sie stieg in Land B, das einen entsprechenden Exportüberschuss (Exporte größer Importe) auswies. Daraufhin fielen die Güterpreise in Land A und sie stiegen in Land B. Die Güter aus Land A wurden wettbewerbsfähiger, die Exporte stiegen und bauten auf diese Weise den Importüberschuss ab. Land B exportierte weniger, weil die Güterpreise stiegen, und der Exportüberschuss ging zurück.

Die Phase des sogenannten *klassischen Goldstandards* war aufgrund der staatlichen Monopole für die Münzprägestätte, der Währungsgesetze und vor allem der Markteingriffe der Zentralbanken beileibe nicht perfekt. Vor allem erlaubte der Staat den Banken, mit einer Teilreserve zu operieren: Banken konnten durch Kreditvergabe mehr Banknoten und Depositen ausgeben, also Gold zu ihrer Deckung vorhanden war. Aus diesem Grund kam es auch immer wieder zu inflationären Phasen, gefolgt von Wirtschaftskrisen, von Rezessionen und Depressionen. Doch nicht etwa die Verwendung des Goldgeldes war die Ursache für wiederkehrende Finanz- und Wirtschaftsstörungen. Es waren vielmehr die – vom Staat bewusst erlaubten oder selbst vorgenommenen – Verstöße gegen den Grundsatz des »reinen Goldstandards«, dass Banken nicht mehr Banknoten und Giroguthaben ausgeben dürfen, als die Goldbestände betragen, die ihre Kunden bei ihnen eingelagert haben.

Gleichwohl schützte der »unreine« klassische Goldstandard immer noch relativ gut gegen allzu hohe Geldentwertung. Auf der Grundlage des Goldgeldes konnte sich die globale Arbeitsteilung und der weltweite Handel ausbreiten, sodass der klassische Goldstandard (obwohl er eigentlich diese Bezeichnung nicht ganz verdient, denn die vielen staatlichen Eingriffe hatten ihn bestenfalls zu einem »unreinen« Goldstandard gemacht) durchaus als ein goldenes Zeitalter bezeichnet werden kann. Es war die Phase der fortgesetzten Industrialisierung, die den materiellen Lebensstandard der Menschen gewaltig ansteigen ließ.

Phase II: Der Erste Weltkrieg und danach, 1914–1926

Mit Beginn des Ersten Weltkriegs im Jahre 1914 hoben viele Regierungen die Goldeinlösepflicht der offiziellen Währungen auf – eine große Ausnahme war die US-amerikanische. Sie versagten folglich den Geldhaltern ihr Recht, Banknoten und Buchguthaben wie vereinbart jederzeit in eine vorab festgelegte Menge Gold umtauschen zu können. Im Deutschen Reich etwa wurde gleich zu Beginn des Kriegsausbruchs die Reichsbank von der Pflicht befreit, Banknoten in Reichsgoldmünzen einzulösen. Aber nicht nur in Deutschland, auch anderswo wurde die Einlösbarkeit der Währungen in Gold suspendiert. Mit der Aufhebung der Goldeinlösepflicht war der Weg für die Regierungen frei, die immensen Kriegskosten nicht nur durch Ausgabe von Schulden, sondern vor allem auch durch das Ausgeben von neuem Papiergeld finanzieren zu können.

Nicht selten ist zu hören, das Aufheben der Goldeinlösepflicht sei ein untrügliches Zeichen dafür, dass der Goldstandard versagt hätte. Doch nicht der Goldstandard hatte versagt, vielmehr waren es die Regierungen, die die Eigentumsrechte der Geldbesitzer mit Füßen traten, indem sie den Goldstandard bewusst zerstörten. Eine durchaus folgenschwere Entscheidung. Ohne die Möglichkeit, die Kriegsausgaben durch die Druckerpresse zu finanzieren, hätte nämlich der Erste Weltkrieg wahrscheinlich aufgrund von zu hohen Kosten schon recht früh beendet werden müssen. Man kann also durchaus sagen: Das Goldgeld ist das Geld des Friedens, das Papiergeld ist das Geld des Krieges.

Mit dem Zerstören des Goldstandards zerriss das fein gesponnene Netz der internationalen Arbeitsteilung und des Handels. Wirtschaftliche Instabilität, hohe Wechselkursschwankungen und ein zusammengebrochener internationaler Handel waren kennzeichnend für die Zeit unmittelbar nach dem Krieg. Der Welthandel desintegrierte. Viele Regierungen inflationierten die Papiergeldmenge, und es folgte ein Inflations-Chaos, erstmalig nach dem Treiben von John Law sogar Hyperinflationen. Auf der International Financial Conference vom 24. September bis 8. Oktober 1920 in Brüssel erklärten die teilnehmenden Nationen – es waren 39 an der Zahl –, zum Goldstandard zurückkehren zu wollen. Auf der Weltwährungskonferenz von Genua im April und Mai 1922 einigte man sich dann jedoch lediglich darauf, so etwas wie einen *Pseudo-Goldstandard* zu errichten, den sogenannten *Gold-Devisen-Standard*. Wie sich zeigen sollte eine Fehlkonstruktion mit schlimmen Folgen.

Alan Greenspan: Ohne Goldgeld gibt es Enteignung

Im Jahre 1966 veröffentlichte Alan Greenspan, der später Vorsitzender der amerikanischen Zentralbank Fed (1987 bis 2006) werden sollte, einen Aufsatz mit dem Titel »Gold and Economic Freedom« in einem libertären Informationsbrief von Ayn Rand (1905–1982). Die folgende Passage lohnt, zitiert zu werden: »Ohne den Goldstandard gibt es keine Möglichkeit, die Ersparnisse vor der Enteignung durch Inflation zu schützen. Es gibt dann kein sicheres Wertaufbewahrungsmittel mehr. Wenn es eines gäbe,

müsste die Regierung seinen Besitz für illegal erklären, wie es im Fall von Gold ja auch tatsächlich geschah. Wenn sich jedermann zum Beispiel entscheiden würde, all seine Bankguthaben in Silber, Kupfer oder irgend ein anderes Gut zu tauschen, und sich danach weigerte, Schecks als Zahlung für Güter zu akzeptieren, würden Bankguthaben ihre Kaufkraft verlieren und durch Regierungsschulden gedeckte Bankkredite würden mangels Kaufkraft wertlos. Die Finanzpolitik des Wohlfahrtstaates verlangt es, dass es für die Besitzer von Vermögen keine Möglichkeit gibt, sich zu schützen. Dies ist das schäbige Geheimnis, das hinter der Verteufelung des Goldes durch die Verfechter des Wohlfahrtstaates steckt. Kreditfinanzierte Staatsausgaben sind schlicht und ergreifend ein System zur »versteckten« Enteignung von Vermögen. Gold steht diesem hinterhältigen Prozess im Weg. Es steht für den Schutz des Eigentums. Wenn man das begriffen hat, versteht man auch die Feindschaft der Etatisten gegen den Goldstandard.«
Kaum zu glauben: Aber ausgerechnet der Autor der vorangegangen Zeilen sollte als Vorsitzender der US-Notenbank energischer als jeder seiner Vorgänger das Fiatgeldsystem hochhalten und diese Politik geradezu zelebrieren. Mit immer niedrigeren Langfristzinsen trieb Alan Greenspan nicht nur die Vereinigten Staaten, sondern auch viele andere Volkswirtschaften mehr denn je in die Spekulations- und Schuldenwirtschaft.

Phase III: Der Gold-Devisen-Standard, 1926–1931

Der Gold-Devisen-Standard sah vor, dass neben und anstelle von Gold auch Devisen – dazu zählten US-Dollar (der mit Gold gedeckt war) und das Britische Pfund (das nicht mehr mit Gold gedeckt war) – als Währungsreserven gehalten werden konnten. Diese Währungsreserven dienten anderen Währungen als Reservebasis. Großbritannien war maßgeblicher Befürworter des Gold-Devisen-Standards.

Die britische Regierung hatte 1925 beschlossen, das Britische Pfund wieder mit Gold zu decken, allerdings nur im Sinne eines Gold-Devisen-Standards: Das Britische Pfund sollte nicht mehr in Goldmünzen eintauschbar sein, sondern nur noch in großvolumige Goldbarren, die für das Abwickeln großer internationaler Zahlungen geeignet waren, nicht aber für den alltäglichen, kleinteiligen Zahlungsverkehr. Im Grunde hatte der Gold-Devisen-Standard, der viele Menschen von der unmittelbaren Verwendung von Goldgeld im Tagesgeschäft abhielt, das Grundprinzip des reinen Goldstandards weitestgehend ausgehöhlt. Zudem führte es letztlich zu einer instabilen Kreditpyramidisierung: Der US-Dollar war teilgedeckt mit Gold, das Britische Pfund war durch Gold und US-Dollar teilgedeckt, und die übrigen europäischen Währungen operierten mit einer Teildeckung in Form des Britischen Pfundes.

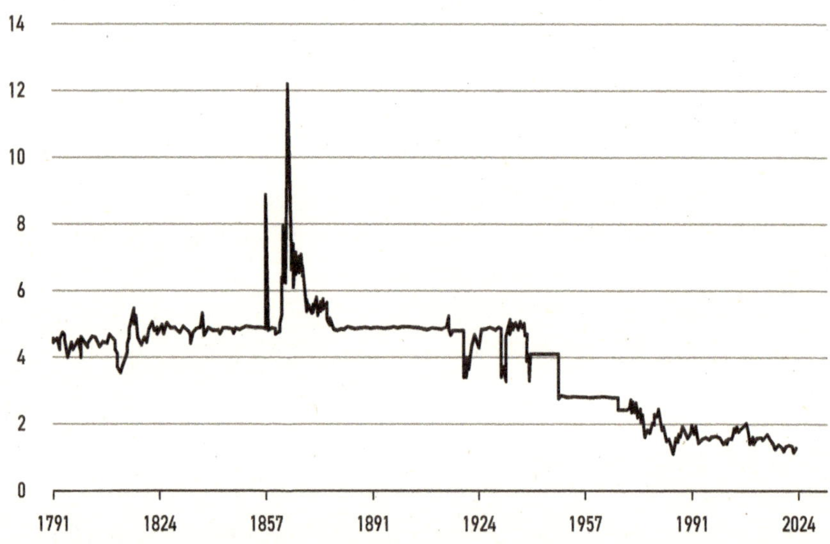

Abb. 12: Anzahl der US-Dollar für 1 Britisches Pfund

Quelle: Bank of England, Refinitiv. Letzter Datenpunkt: Juli 2023

Ein zentrales Problem war nun, dass Großbritannien eine Rückkehr zur Goldanbindung des Pfundes beschlossen hatte, die zu einer Überbewertung des Pfundes gegenüber dem Gold führte: Die britische Regierung wollte zur Goldparität zurückkehren, die vor dem Ausbruch des Ersten Weltkriegs gegolten hatte, und das waren 4,86 US-Dollar (der damals 1/20,67 Feinunze Gold entsprach). Das Britische Pfund war jedoch infolge der Inflation in der Kriegszeit im Währungsmarkt stark abgewertet, und zwar auf 3,50 US-Dollar. Eigentlich hätten daraufhin die britischen Güterpreise sinken müssen, um die Wettbewerbsfähigkeit wiederherzustellen. Doch das lies aufgrund politischer Widerstände, insbesondere vonseiten der Gewerkschaften, nicht durchsetzen. Es folgte eine wirtschaftlich schwierige Zeit, einhergehend mit hoher Arbeitslosigkeit.

Das internationale Vertrauen in das Britische Pfund schwand. Die Briten veranlassten daraufhin die amerikanische Zentralbank, ihre Geldpolitik auf die Bedürfnisse der Briten auszurichten. Die stützenden Maßnahmen der US-Zentralbank – insbesondere die Zinssenkungen, um den Abfluss von Gold aus Großbritannien aufzuhalten – beförderten eine übermäßige Kreditexpansion in Amerika. Es setzte ein gewaltiger »Boom« ein, der Ende der 1920er-Jahre in einem gewaltigen »Bust« endete: der Großen Depression, die ihren Ausgangspunkt mit dem amerikanischen Aktienmarkt-Crash Ende Oktober 1929 (»Schwarzer Freitag«) nahm.

Von 1929 bis 1933 nahm die Wirtschaftsleistung in den Vereinigten Staaten von Amerika um etwa 27 Prozent ab. Unternehmen und Banken gingen reihenweise bankrott. Es gab Massenarbeitslosigkeit. Aus der amerikanischen Wirtschaftskrise wurde bald eine weltweite Wirtschaftskrise. Am 11. Mai 1931 erklärte die österreichische Bank Wiener Creditanstalt ihre Zahlungsunfähigkeit. Die Bankkunden zweifelten an der Sicherheit ihrer Bankeinlagen. Viele Banken konnten den steigenden Auszahlungswünschen ihrer Kunden nicht mehr nachkommen – weil sie mit einer Teilreserve operierten. Dann kam der Todesstoß für den Gold-Devisen-Standard: Die französische Regierung begann, ihre Guthaben in Form von Britischen Pfund in Gold umzutauschen – etwas, das bis dahin quasi als Tabu galt.[2] Angesichts der schwindenden Goldbestände der Bank von England beendete die britische Regierung daraufhin am 20. September 1931 die Goldeinlösepflicht des Pfundes. Der Gold-Devisen-Standards war gescheitert.

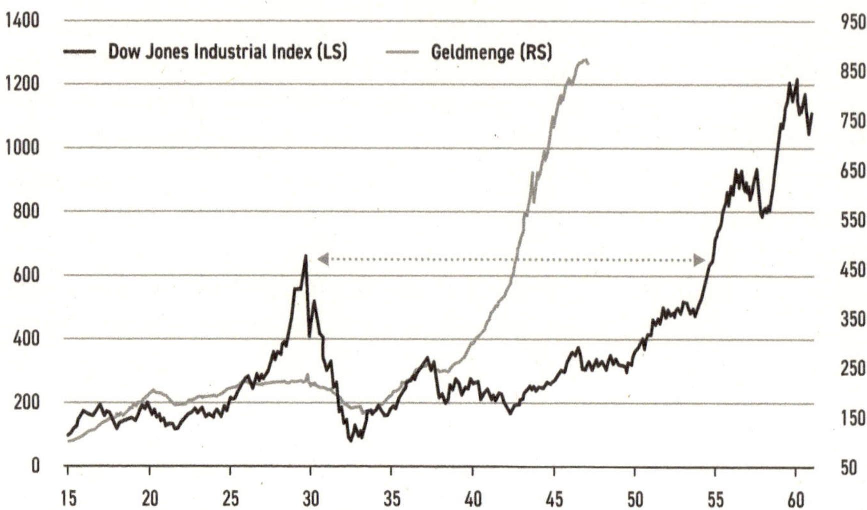

*Abb. 13: US-Aktienmarktindex Dow Jones Industrial Average und US-Geldmenge**

*Quelle: Federal Reserve Bank St. Louis, eigene Berechnungen. *Ausstehende Geldmenge (»Total money stock«). Januar 1915 = 100. – Von September 1929 bis Juni 1932 fiel der US-Aktienmarkt um 87 Prozent. In dieser Zeit ging die US-Dollargeldmenge (vor allem aufgrund von Bankenpleiten) um fast 25 Prozent zurück. Der US-Aktienmarkt erreichte erst im November 1954 wieder sein Vorkrisenniveau – dafür bedurfte es also 25 Jahre. Das ging einher mit einer Ausweitung der US-Dollar-Geldmenge von 126 Prozent bis Juli 1942. Um eine Güterpreisdeflation zu beenden, war eine gewaltige Ausweitung der Geldmenge (also eine gewaltige Geldmengeninflation) erforderlich.*

Phase IV: Schwankende Fiat-Währungen, 1931–1945

Mit dem Loslösen des Britischen Pfundes vom Gold war die Vormachtstellung des Britischen Pfundes im Welthandels- und -finanzsystem dahin. Viele Länder verloren die Basis, auf denen ihre eigene (Papier-) Währung aufgebaut war. Das Vertrauen in die Werthaltigkeit des Geldes war vielerorts erschüttert. Die wirtschaftlichen und politischen Nöte, die die Große Depression brachte, beförderte nationalistische, populistische Wirtschaftspolitiken. Handelsbarrieren wurden errichtet, Kapitalverkehrskontrollen erlassen. Es kam zu Abwertungswettläufen, durch die ein Land versuchte, international wettbewerbsfähiger zu werden, sich auf Kosten der anderen Länder besser zu stellen (eine »Beggar-thy-Neighbor-Policy« zu betreiben, wie es häufig bezeichnet wird). Mit dem Ausbruch des Zweiten Weltkriegs hörten dann jedoch die Arbeitsteilung, die Handels- und Finanztransaktionen zwischen den Kriegsparteien ganz auf.

Allein die Vereinigten Staaten hielten am Goldstandard fest. 20,67 US-Dollar entsprachen einer Feinunze Gold. US-Dollar in Form von Banknoten und Giroguthaben konnten beim Geldemittenten (Geschäftsbanken, US-Zentralbank) in Gold eingetauscht werden. Doch am 5. April 1933 kam die große Zäsur: Mit seiner »Executive Order 6102« konfiszierte die US-Administration unter Franklin D. Roosevelt (1882–1945) das Gold der Amerikaner, drohte Privatpersonen Geld- oder langjährige Gefängnisstrafen für das Halten von Gold an. Der US-Präsident verbot Privatpersonen das Halten von Gold unter Androhung der Gefängnisstrafe. Die amerikanischen Bürger mussten ihre Goldbestände abgeben und erhielten dafür US-Dollar in Form von Papiernoten und Bankguthaben.

Das Gold, das die Sparer bei Banken gelagert hatten, wurde dem amerikanischen Staat ausgehändigt, und die Banken erhielten im Gegenzug Guthaben bei der US-Zentralbank. Anfang 1934 änderte Roosevelt zudem noch das Umtauschverhältnis des US-Dollar in Gold: Er erhöhte den Goldpreis von 20,67 auf 35 US-Dollar pro Feinunze Gold. Der US-Dollar verlor mit einem Schlag etwa 40 Prozent seiner Kaufkraft gegenüber dem Gold. Nur noch ausländische Regierungen und ihre Zentralbanken, nicht aber US-Bürger oder Privatleute anderer Nationen konnten ihre US-Dollar in Gold einlösen, und zwar bekamen sie eine Feinunze Gold für 35 US-Dollar. Der private Goldbesitz oberhalb einer geringfügigen Menge blieb in den Vereinigten Staaten von Amerika bis Ende 1974 verboten.

Franklin D. Roosevelts große Goldpreismanipulation

In der Zeit der »Großen Depression« hatte Präsident Franklin D. Roosevelt den Plan gefasst, die allseits gesunkenen Güterpreise wieder in die Höhe zu befördern. Dazu sah er die Abwertung des US-Dollar gegenüber dem Gold als notwendig an. Wie dieser Plan tatsächlich in die Tat umgesetzt wurde, darüber berichtet Herbert C. Hoover (1874–1964) in seinen Memoiren. Er zitiert darin Aufzeichnungen von Henry Morgenthau (1891–1967), damals Sekretär im US-Finanzministerium, die eine Preismanipulation par excellence des Goldes durch einen US-Präsidenten offenlegen:[3]

»Ein grundlegenderes Programm zur Bewältigung der Rohstoffpreissituation war jedoch der Versuch, den Goldpreis durch staatliche Goldkäufe, zu hohen Preisen getätigt, in die Höhe zu treiben. Dieses Programm basierte auf der Theorie von Professor George Warren von Cornell, dass bei einem Anstieg des Goldpreises die Rohstoffpreise wieder steigen würden ...

... Ich habe im Kabinettsraum ein Telefon installieren lassen, um den Überblick über die Einkäufe zu behalten. F. D. R. war in bester Laune.

›Seit Monaten trage ich Fesseln an meinen Händen‹, sagte er, ›und ich fühle mich zum ersten Mal, als hätte ich sie abgeworfen.‹

Jeden Morgen trafen Jesse Jones und ich uns mit George Warren im Schlafzimmer des Präsidenten, um den Goldpreis für den Tag festzulegen. Franklin Roosevelt würde bequem auf seinem altmodischen Dreiviertel-Mahagonibett liegen. ...

Der tatsächliche Goldpreis an einem bestimmten Tag machte kaum einen Unterschied. Unser Ziel bestand lediglich darin, den allmählichen Aufwärtstrend aufrechtzuerhalten in der Hoffnung, dass die Rohstoffpreise folgen würden. Eines Tages, als ich mir bestimmt mehr als sonst Sorgen um den Zustand der Welt gemacht hatte, planten wir eine Erhöhung von 19 auf 22 Cent. Roosevelt warf einen Blick auf mich und schlug eine Erhöhung um 21 Cent vor.

›Das ist eine Glückszahl‹, sagte der Präsident lachend, ›denn es ist dreimal sieben.‹ Ich notierte damals in meinem Tagebuch: ›Wenn jemand jemals wüsste, wie wir den Goldpreis wirklich durch die Kombination von Glückszahlen usw. bestimmen, würde er sich meiner Meinung nach wirklich fürchten.‹ ...

Aber er genoss eher den Schock, den seine Politik den internationalen Bankiers vermittelte. Montagu Norman von der Bank of England, den F. D. R. ›old pink whiskers‹ nannte, jammerte über den Ozean: ›Das ist das Schrecklichste, was passiert ist. Die ganze Welt wird in den Bankrott getrieben.‹ ...

Der Präsident und ich sahen uns an und stellten uns ausländische Bankiers vor, denen sich vor Entsetzen die Haare zu Berge standen. Ich fing an zu lachen, F. D. R. brüllte.«

Phase V: Der US-Dollar-Devisen-Standard, 1945–1971

Gegen Ende des Zweiten Weltkriegs wurden von englischer und amerikanischer Seite Anstrengungen unternommen, den internationalen Welthandel und den Kapitalverkehr wiederherzustellen. Die 730 Delegierten aus 44 verbündeten Nationen einigten sich auf der Konferenz von Bretton Woods, die vom 1. bis 22. Juli 1944 im US-Bundesstaat New Hampshire stattfand, auf ein neues Währungssystem: das System von Bretton Woods. Es zeichnet sich durch drei Merkmale aus: (1) Neuauflage des Gold-Devisen-Standards mit dem US-Dollar als Weltreservewährung, (2) feste Wechselkurse der Teilnehmerwährungen gegenüber dem US-Dollar und (3) Konvertibilität der Währungen.

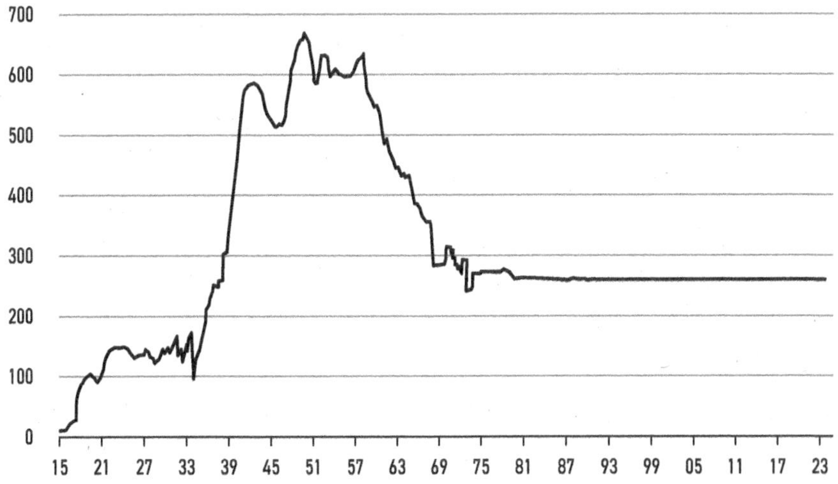

Abb. 14: Goldreserven der USA, Mio. Feinunzen

Quelle: Federal Reserve Bank of St. Louis, Refinitiv; eigene Berechnungen

Das System von Bretton Woods sah vor, dass 35 US-Dollar gegen eine Feinunze Gold eintauschbar waren – das galt aber nur für ausländische Regierungen und Zentralbanken. Gleichzeitig wurden die übrigen Währungen mit einem festen Tauschverhältnis an den US-Dollar gebunden. Und so waren auch sie (indirekt) an das Gold gebunden. Gleichzeitig waren die Währungen untereinander frei austauschbar.

Am Ende des Zweiten Weltkriegs waren die Vereinigten Staaten von Amerika zur weltweit führenden Wirtschafts- und Militärmacht aufgestiegen, hatten Großbritannien endgültig aus diesen Positionen verdrängt. Amerika verfügte über etwa drei Viertel der weltweiten offiziellen Goldreserven – vor allem deshalb, weil die Alliierten ihre Kreditmaterialien aus Amerika bezogen und die Rechnungen mit Gold bezahlt hatten.

Phase VI: Das Ende von Bretton Woods, das US-Dollar-Regime, 1971 bis 2022

Gegen Ende der 1950er-Jahre gingen die Vereinigten Staaten von Amerika verstärkt dazu über, die US-Dollar-Geldmenge auszuweiten, ohne dass dafür eine entsprechende Golddeckung verfügbar gewesen wäre. Ein wichtiger Grund dafür war die Finanzierung der Kriegsaktivitäten in Korea und Vietnam. Die wachsende US-Dollar-Geldmenge führte von Mitte der 1960er-Jahre an zu hoher Inflation. Die amerikanische Handelsbilanz drehte sich zudem zusehends ins Defizit: Importe begannen die Exporte zu übersteigen. Auch das führte zu einem Abfluss von Gold ins Ausland. Ausländer begannen, ihre US-Dollar-Guthaben zusehends gegen Gold bei der Federal Reserve Bank of New York einzutauschen. Das Ende des Systems von Bretton Woods kündigte sich ab etwa März 1968 an.

Der Marktpreis des Goldes begann über die offiziell festgesetzte Marke von 35 US-Dollar pro Feinunze Gold anzusteigen. Die Staatengemeinschaft kam überein, alle offiziellen Zahlungen weiterhin zu 35 US-Dollar pro Feinunze Gold abzuwickeln, ungeachtet des höheren

Marktpreises für Gold. Bereits im November 1961 kamen die sieben Nationen – die USA, Deutschland, Frankreich, Italien, Belgien, Niederlande und Schweiz – überein, Sorge dafür zu tragen, dass der Marktpreis des Goldes bei der offiziellen Parität verbleibt. Der sogenannte *London Gold Pool* war geboren. Doch der Marktpreis des Goldes stieg immer weiter an, trotz der Goldverkäufe durch die Zentralbanken im London Gold Pool. Der Markt war letztlich stärker als die politischen Versuche, den Goldpreis künstlich niedrig zu halten. Der London Gold Pool wurde im März 1968 beendet.

Das fortgesetzte Ausweiten der US-Dollar-Geldmenge im Verhältnis zum vorhandenen Goldbestand der US-Zentralbank ließ das Vertrauen in den Greenback schwinden. Die Goldabflüsse aus den Vereinigten Staaten von Amerika hielten unvermindert an. Amerika lief Gefahr, seinen Zahlungsverpflichtungen in Gold nicht mehr nachkommen zu können. Die Entwicklung spitzte sich derart zu, dass die amerikanische Regierung beschloss, die Goldeinlösepflicht des US-Dollars zu beenden. Am 15. August 1971 schloss US-Präsident Richard Nixon (1913–1994) das Goldfenster, wie es heute verharmlosend heißt. Denn schließlich handelte es sich um den wohl größten monetären Enteignungsakt der jüngeren Währungsgeschichte. Nicht nur der US-Dollar wurde dadurch ankerlos, sondern auch alle anderen wichtigen Währungen der Welt. Es war der Startschuss für ein weltweites Fiatgeldsystem.

Mit Blick auf das internationale Geldsystem, das dem Ende des Systems von Bretton Woods nachfolgte, schrieb Milton Friedman im Jahre 1992, dass »weltweit ein Währungssystem entstanden ist, das in der Geschichte ohne Beispiel ist: ein System, in dem alle wichtigen Währungen der Welt (...) mit einem nicht einlösbaren Papiergeldstandard operieren. (...) Die Endergebnisse dieser Entwicklung liegen im Ungewissen.«[4] Mittlerweile sind in der Tat alle wichtigen Währungen der Welt nicht einlösbares staatliches Fiatgeld. Ob US-Dollar, Euro, Yen, Britisches Pfund, Chinesischer Renminbi oder Schweizer Franken. Sie alle werden von staatlichen Zentralbanken produziert, sie sind in nichts einlösbar, und zudem können sie noch jederzeit in jeder beliebigen Höhe vermehrt werden.

Es hat lange gedauert, und es waren viele kleine und große Schritten und Maßnahmen dafür erforderlich: Doch letztlich ist es den Staaten und ihren Zentralbanken gelungen, das uneingeschränkte Monopol über die Geldmenge zu erringen. Nicht mehr der Markt, sondern der Staat bestimmt jetzt über das Geld. Die Macht des Staates über die Geldproduktion, die Abkopplung vom Gold, hat sich keinesfalls als erfolgreich erwiesen. In vielen Ländern kam es sogleich zu hoher Inflation, und entsprechend hoch fielen auch die volkswirtschaftlichen Kosten aus. Zudem stieg die allgemeine Verschuldung immer weiter an, und ein bisher nicht gekanntes Anwachsen des Staates setzte ein. Zudem – und keinesfalls zufällig, wie später noch deutlich wird – wurde das Finanz- und Wirtschaftssystem von immer schwereren Finanz- und Wirtschaftskrisen heimgesucht.

Einen »reinen« Goldstandard hat es in der Neuzeit nie gegeben

Blickt man aufmerksam auf die neuere Währungsgeschichte, so gewinnt man eine wichtige Erkenntnis: Einen echten, reinen Goldstandard hat es in der neueren Geldgeschichte nicht gegeben. Der sogenannte klassische Goldstandard, der Gold-Devisen-Standard und das System von Bretton Woods waren allesamt *Pseudo*-Goldstandards oder *korrumpierte* Goldstandards. Unter einem *reinen* Goldstandard ist zum einen eine Goldumlaufswährung zu verstehen: Die umlaufenden Goldmünzen sind Kurantmünzen, das heißt Münzen, deren Tauschwert ihrem Metallwert nahezu entspricht. Zum anderen müssen umlaufende Banknoten und Sichtguthaben bei Banken zum Nennwert in physisches Gold umtauschbar sein, und zwar vollständig, zu 100 Prozent und ohne Zeitverzögerung. Doch die Volldeckung des Geldes ist immer wieder ausgesetzt worden, wenn es dem Wohle der Staatskasse und der Gewinnlage der Banken dienlich war. Zusammen setzten Staaten und Banken zudem, wenn es politisch gelegen kam, den Goldgehalt der offiziellen Währungen willkürlich herab. Die Staaten erlaubten den Banken per Gesetz, mit einer Teilreserve zu operieren. Sie erlaubten ihnen, deutlich weniger als 100 Prozent Gold im Verhältnis zu ihren jederzeit fälligen Zahlungsverpflichtungen zu halten. Banken wurde so gesehen das Privileg der *latenten Insolvenz* gewährt.

In den Vereinigten Staaten von Amerika zum Beispiel betrug die Reservehaltungspflicht der national tätigen Banken ab 1863 nur 25 Prozent der ausgegebenen Banknoten und Sichtguthaben. Im Deutschen Reich wurde der Deutschen Reichsbank zugebilligt, Banknoten nach »dem Bedürfnis des Verkehrs« auszugeben. Dabei war nur ein Drittel ihres Geldvolumens durch gültiges deutsches Geld, Reichskassenscheine oder Gold in Barren oder ausländischen Münzen abzudecken. Es ist die staatlich erlaubte Ausgabe von Geld durch Bankkreditvergabe, das Legalisieren der Teilreservehaltung, die – wie die Ökonomen der Österreichischen Schule gezeigt haben – zu wirtschaftlichen Störungen und einer nicht-marktkonformen Umverteilung von Einkommen und Vermögen führt. Die jüngere Währungsgeschichte gibt daher keinen Hinweis darauf, dass ein *reiner* Goldstandard nicht funktionieren würde. Dennoch ist in Fachkreisen der Goldstandard weitestgehend diskreditiert. Ihm werden noch heute fälschlicherweise Fehlentwicklungen angelastet wie zum Beispiel die Große Depression im 20. Jahrhundert. Das dürfte vor allem an der Fehldeutung der geschichtlichen Erfahrung liegen. Der Goldstandard ist heutzutage zudem auch politisch-ideologisch unerwünscht. Politiker und die von ihnen begünstigten Interessengruppen wollen den Geldwert beliebig, nach politischen Motiven verändern können, um politische Programme finanzieren zu können. Derartige Eingriffe sind mit einem echten Goldgeld so nicht möglich. Und das ist auch ein wichtiger Grund, dass das Gold wohl auch das beste Geld ist, das die Menschen bisher hatten.

Phase VII: Das globale Fiat-Geldregime im Jahr 2023

Der US-Dollar ist nach wie vor die für alle Arten von internationalen Handels- und Finanztransaktionen bedeutendste Währung. Er steht nicht nur für die wirtschaftlich stärkste Volkswirtschaft der Welt. Die in US-Dollar Finanzmärkte sind auch weltweit die größten und liquidesten. Die US-Zentralbank ist gewissermaßen so etwas wie die inoffizielle Weltzentralbank. Und doch hat der Status des US-Dollar gelitten. Nicht nur die hohe Verschuldung und die in den letzten drei Jahren stark gestiegene Inflation bereitet vielen internationalen Investoren zunehmend Sorgen. Viele Anleger sehen mittlerweile vor allem auch verstärkte politische Risiken, die mit dem Halten von US-Dollar verbunden sind.

Die US-Administration setzt den US-Dollar als geopolitisches Druckmittel ein im Zuge der »Financial Warfare«. Im Falle eines Konfliktes mit anderen Nationen oder um US-amerikanische Interessen durchzusetzen, hat die US-Administration schon so manches Mal der gegnerischen Partei den Zugang zum internationalen Zahlungssystem SWIFT (»Society for Worldwide Interbank Financial Telecommunication«) und den US-Kapitalmärkten gesperrt. Das Einfrieren der russischen Dollar-Währungsreserven durch die US-Administration im Gefolge des Ukraine-Kriegs haben viele Länder als Weckruf interpretiert: US-Dollarguthaben sind keineswegs sicher, zumindest dann nicht, wenn man politisch oder militärisch in Konflikt mit Washington gerät.

Viele nicht-westliche Zentralbanken haben bereits begonnen, ihre Währungsreserven verstärkt zu diversifizieren, ihre Abhängigkeit vom US-Dollar zu verringern. So kauften vorwiegend nicht-westliche Zentralbanken im Jahr 2022 1136 Tonnen Gold, so viel wie seit 1950 nicht mehr. Zudem bauen in den letzten Jahren Japan und China, bisher die größten Gläubiger der USA, ihre Bestände an US-Staatsanleihen ab, legen die ihnen zufließenden Zins- und Tilgungszahlungen nicht wieder in US-Staatsanleihen an. Schon macht der Begriff der »Ent-Dollarisierung« die Runde.

Der im Februar 2022 begonnene Krieg in der Ukraine hat einen Keil in die Beziehung zwischen dem Westen unter Führung der USA und den aufstrebenden Volkswirtschaften getrieben. Auch dies schwächt die Dominanz des Dollars. Die BRICS-Staaten (Brasilien, Russland, Indien, China und Südafrika) kündigten im Juni 2023 (erneut) an, den US-Dollar bei der Abwicklung internationaler Transaktionen durch eine andere, neu zu schaffende internationale Handelswährung ersetzen zu wollen. Ein konkreter Vorschlag liegt zwar noch nicht vor, doch muss das Vorhaben ernst genommen werden. Immerhin verfügen die BRICS-Staaten zusammen über eine Wirtschaftsleistung in der Größenordnung der US-amerikanischen und repräsentieren etwa 40 Prozent der Weltbevölkerung.[5]

Gegenwind für den Dollar kommt zudem von der Shanghai Cooperation Organization (SCO). Deren Mitglieder wollen ihre Transaktionen in Zukunft in ihren nationalen Währungen statt in Dollar abwickeln. So haben China und Brasilien beschlossen, ihren bilateralen Handel in den eigenen Währungen abzurechnen. Zur SCO zählen neben Russland China, Indien, Pakistan, Iran, Kasachstan, Kirgisien, Tadschikistan und Usbekistan. Weitere 13 Länder sind über ihre Mitgliedschaft in den Handelsblöcken ASEAN and CIS in das Vorhaben der SCO involviert. Die internationalen Handelsbeziehungen stehen damit vor einer Zeitenwende. Immer mehr Länder wollen sich aus der Dominanz des Dollar als Fakturierungswährung befreien und sich so dem langen politischen Arm Washingtons entziehen.

Wie einleitend gesagt: Noch allerdings ist der Greenback die bedeutendste Währung zur Abwicklung der globalen Handels- und Finanztransaktionen. Dass sich das über Nacht ändert, ist nicht wahrscheinlich. Denn die Funktion des Dollars als Rechen- und Zahlungsmittel lässt sich nicht von einem Tag auf den anderen ersetzen. Doch als Mittel zur Aufbewahrung von Werten scheint der Dollar an Attraktivität verloren zu haben. In jedem Fall lässt sich sagen: Das Geldproblem auf der Welt ist noch nicht abschließend geklärt. Die drängenden Schlüsselfragen, die es zu beantworten gilt, lauten: Werden Staaten das Monopol der Geldproduktion behalten? Oder wird es den Menschen künftig möglich sein, ein Geld im freien Markt auswählen zu können, das ihren Zwecken am besten entspricht? Diese Fragen werden in den kommenden Kapiteln noch genauer adressiert.

Der Aufsatz »Die Goldwährung« von Ludwig von Mises, veröffentlicht in *Neues Wiener Tagblatt*, Nr. 101, am 12. April 1925

Der Deutsche und der Oesterreicher, die mit Befriedigung auf die währungspolitischen Erfolge der jüngsten Zeit blicken, weil ihre Währungen wieder Anschluß an das Gold gefunden haben, vernehmen mit Erstaunen, daß in England und in den Vereinigten Staaten keine andre währungspolitische Frage heute mit größerem Eifer behandelt wird, als die, ob man nicht die Goldwährung aufgeben und an ihre Stelle etwas andres, etwas Besseres setzen soll.

Die Edelmetalle Gold und Silber sind einst Geld, das ist allgemein gebräuchliches Tauschmittel, geworden, weil sie wegen ihrer Beliebtheit für Schmuckzwecke besonders absatzfähige Güter waren und weil ihre Dauerhaftigkeit, ihre praktisch nahezu unbegrenzte Teilbarkeit und die verhältnismäßige Leichtigkeit, sie von andern Metallen zu unterscheiden, sie für diesen Zweck besonders geeignet erscheinen ließen. Naive Gemüter glauben wohl, daß das Gold darum das beste Geld sei, weil es »an sich« wertvoll sei, so daß derjenige, der ein Goldstück empfangen hat, einen »reellen« Wert in Händen habe, der von allen währungspolitischen Wandlungen unabhängig sei. Diese Auffassung ist nicht zutreffend. Weder das Gold noch irgendein andrer Gegenstand haben »an sich« Wert. Der Wert des Goldes ist so wie der einer jeden andern Ware von dem Nutzen abhängig, den der Gebrauch des Goldes gewährt. Würde heute die Verwendung des Goldes für den Gelddienst eingeschränkt oder ganz aufgehoben werden, dann würde ein sehr beträchtlicher Preisfall des Goldes gegenüber den Waren eintreten, so ähnlich, wie in den siebziger Jahren des 19. Jahrhunderts der Silberpreis beträchtlich gesunken ist, weil die Silberwährung in einer Reihe der wichtigsten Staaten beseitigt wurde und Silber fortan nur noch für die Herstellung von Scheidemünzen Verwendung fand. Der Besitz eines Goldstückes sichert mithin nicht gegen Verluste, die aus einer Demonetisierung des Goldmetalles entstehen würden. Die industriellen Verwendungsmöglichkeiten, die für das Gold bestehen, würden für sich allein nach Fortfall der Verwendung im Gelddienste dem Golde nur einen weit geringeren Wert verleihen, als es heute hat.

Die Überlegenheit, die der Goldwährung gegenüber andern Geldsystemen, etwa gegenüber einem System eines Staatspapiergeldes, zukommt, beruht mithin nicht darauf, daß das Gold »an sich« einen Wert darstellt, wogegen das Staatspapiergeld ihn nur durch seine Verwendung als Geld erhält. Der Vorzug der Goldwährung ist vielmehr darin zu suchen, daß Vermehrung und Verminderung der Menge des Goldes und damit seine Preisgestaltung von politischen Einflüssen unabhängig sind. Das Gold ist heute nicht um seines Glanzes oder um seiner physikalischen oder chemischen Eigenschaften willen Währungsgeld, sondern weil Vermehrung und Verminderung seiner Menge von den Befehlen der politischen Mächte unabhängig sind. Es ist die entscheidende Funktion der Goldwährung, dass sie die Geldmengenveränderungen unter das Gesetz der Rentabilität des Goldbergbaues stellt. Das Festhalten an der Goldwährung ist daher nicht, wie manche behaupten, ein unverständlicher Atavismus, sondern wohl berechtigt. Man hat von verschiedenen Seiten vorgeschlagen, die Goldwährung durch ein Geldwesen zu ersetzen, das von den unberechenbaren Veränderungen der Rentabilität des Bergbaues unabhängig wäre und dessen Wertgestaltung durch den bewussten Willen des Volkes, der in dem Willen der Regierungen zum Ausdrucke kommt und durch ihn wirksam wird, bestimmt werden könnte. Ein besonderer Vorzug eines solchen Geldwesens würde es sein, daß seine Instandhaltung nur geringe Kosten bereiten könnte, da man in der Lage wäre, Kapital und Arbeit, die heute in der Goldproduktion Verwendung finden, nützlicheren Produktionszweigen zuzuführen. Es sei, meint man, nicht berechtigt, wegen der Erfahrungen, die man bisher mit dem Papiergeld gemacht hat, gegen eine derartige Einrichtung skeptisch zu sein. Gerade diese bösen Erfahrungen würden in Hinkunft zu einem vorsichtigen und weisen Gebrauch der Papiergeldemission führen. In den achtziger Jahren und in der ersten Hälfte der neunziger Jahre des vorigen Jahrhunderts ist infolge des Mißverhältnisses zwischen Goldproduktion und Goldbedarf ein Steigen des Goldpreises, mithin ein Sinken der Kaufkraft des Goldgeldes eingetreten; seit der zweiten Hälfte der neunziger Jahre aber ist der Goldwert beständig gesunken, das heißt die Preise sind immerfort gestiegen. Die Mißstände, die sich aus diesen Preisveränderungen ergeben, könnten vollkommen behoben werden, wenn eine einsichtige Regierung darauf ausginge, durch Regulierung der Geldmenge die Preise immer stabil zu erhalten. Diese Ausführungen klingen sehr bestechend, sie verkennen aber vollkommen die unüberwindlichen Schwierigkeiten, die sich der Einrichtung eines Geldwesens entgegenstellen, dessen Wertgestaltung ausschließlich von der Einwirkung der politischen Faktoren abhängig wäre. Zwei Umstände stehen einer idealen Regelung, wie die Reformer sie vorschlagen, entgegen. Zunächst der Umstand, daß wir nicht imstande sind, die Veränderungen der Kaufkraft des Geldes zu messen, und zweitens, daß wir im voraus nicht wissen können, wie groß die Wirkungen sind, die von einer bestimmten Geldmengenveränderung auf die Preisgestaltung ausgehen. Was zunächst den zweiten Umstand anlangt, so wissen wir mit Bestimmtheit das eine, daß die Vorstellung, daß die Veränderungen der Geldmenge verkehrt proportionale Bewegungen der Preise hervorrufen, nicht stimmt. Wenn die Geldmenge verdoppelt wird, so werden die Preise wohl erhöht, aber sie müssen nicht gerade auf das Doppelte des früheren Ausmaßes steigen. Es würde zu weit führen, erklären zu wollen, warum dies nicht der Fall ist. Es genügt, hier festzustellen, daß die moderne Nationalökonomie es in unzweifelbarer Weise erwiesen hat.

Dann aber ist zu beachten, daß eine Messung der Geldwertveränderungen etwa in der Weise, wie wir in der Lage sind, Längen- oder Flächenmasse zu bestimmen, nicht möglich ist. Es gibt viele verschiedene Systeme, nach denen man Indexzahlen erstellen kann, jedes dieser Systeme führt zu einem andern Ergebnis, und keines kann vor dem andern eine höhere Richtigkeit in Anspruch nehmen. Auch auf dieses ganz außerordentlich schwierige Problem kann hier nicht näher eingegangen werden. Es genügt aber, auf die Streitigkeiten hinzuweisen, die sich allenorts und auch bei uns an die Indexzahlenerstellung geknüpft haben, die in den letzten Jahren zu lohnpolitischen Zwecken vorgenommen wurde. Da die Indexzahlenmethode nicht zu einer eindeutigen Lösung führt, wird man immer verschiedene Ansichten darüber vertreten können, ob diese oder jene Errechnungsart der Indexzahl die richtigere ist. Bei einem auf der Indexzahl beruhenden Geldsystem würde die Lösung dieser Frage größte Bedeutung für die Einkommens- und Vermögensgestaltung der einzelnen und ganzer Bevölkerungsschichten haben, so dass die Differenzen nicht einfach als Gelehrtenstreitigkeiten anzusehen wären, die fern von allen Interessengegensätzen ruhig betrachtet werden können. Sie würden vielmehr in den Mittelpunkt der politischen Kämpfe rücken, und je nach den Erfolgen, die die eine oder die andre Partei gerade erzielt, würde die Geldwertgestaltung nun plötzlichen und scharfen Veränderungen unterworfen sein. Diese Unzulänglichkeiten des obrigkeitlich geregelten Geldsystems sind es, die bisher zur einmütigen Ablehnung aller jener Währungsprojekte geführt haben, die auf dem Indexzahlensystem aufgebaut sind.

Seit mehr als hundert Jahren wurden immer wieder Vorschläge gemacht, die Edelmetallwährung zumindest für Schuldenverhältnisse durch eine auf der Indexzahl aufgebauten Warenwährung zu ergänzen oder zu ersetzen. Um Gewinne und Verluste aus langfristigen Schuldverträgen zu vermeiden, wurde vorgeschlagen, daß langfristige Schuldverträge nicht mehr in der Weise wie bisher durch Erlag einer bestimmten Geldsumme verzinst und getilgt werden sollen. Die Verzinsung und Rückzahlung soll vielmehr mit jenem Nominalbetrag erfolgen, der der Kaufkraft der Leihsumme zur Zeit der Aufnahme der Schuld entspricht. Wenn also eine Hypothekarschuld von 100.000 Dollar aufgenommen wurde zu einer Zeit, da der Index 100 betrug, so soll sie, wenn sie nach Jahren, zu einer Zeit, wo der Index bei 120 steht, zur Rückzahlung gelangt, nicht mit 100.000 Dollar, sondern mit 120.000 Dollar zur Rückzahlung fällig sein. Diese Vorschläge wurden besonders in England und in Amerika in der eingehendsten und gründlichsten Weise erörtert, sie sind aber doch niemals durchgeführt worden, weil man eben erkannt hat, daß das System der Indexzahlen keine feste und sichere Grundlage für die langfristigen Darlehensverträge zu bieten vermag. Man hat in den angelsächsischen Ländern, anders als auf dem Kontinent, niemals die Augen vor der Tatsache verschlossen, daß die Wertbewegungen des Goldes den Inhalt der langfristigen Verträge sehr stark beeinflussen. Wie groß diese Beeinflussung ist, zeigt die Tatsache, daß die Kaufkraft des Goldes von 1896 bis 1912 im Verhältnis von 100:65 gesunken ist, das heißt also, daß der Sparer, der seine Ersparnisse in festverzinslichen Effekten angelegt hat, in dieser Zeit ein Drittel seiner Ersparnisse verloren hat. Man war aber, nicht mit Unrecht, der Anschauung, daß selbst dieser Zustand noch vorzuziehen sei einem solchen, bei dem die Höhe des Betrages, mit dem Darlehen zu verzinsen und rückzuzahlen sind, abhängig gemacht wird von den wechselnden Anschauungen der Gesetzgeber und Richter. Man hat an der Goldwährung festgehalten, trotzdem man ihre Uebelstände erkannt hat, weil man der Ansicht war, daß mit jedem andern System noch unvergleichlich größere Uebelstände verbunden sind.

Nun werden in England und in den Vereinigten Staaten von Keynes, Sir Josiah Stamp und Irving Fisher mit großer Energie Vorschläge vertreten, die das gesamte Geldwesen – also nicht nur für den Bereich der Schuldverhältnisse – von der bewußten Regelung durch öffentliche Organe abhängig machen wollen. Auf die Einzelheiten dieser Vorschläge und auf ihre banktechnische Seite kann hier nicht näher eingegangen werden; gemeinsam ist ihnen allen, daß sie die Zuverlässigkeit der Indexzahlenmethode sehr beträchtlich überschätzen.

Die Anhänger der »manipulierten« Währung haben mit großem Scharfsinn die Mängel der Goldwährung aufzudecken gesucht. Sie übersehen aber immer wieder, daß das Steigen der Warenpreise und der Rückgang des Goldwertes in den letzten drei Jahrzehnten nicht so sehr auf die Vermehrung der Goldausbeute zurückzuführen ist als auf den Umstand, daß die Politik der letzten Jahrzehnte in allen Ländern der Welt bewußt darauf hinarbeitete, das Gold aus dem effektiven Umlauf zu verdrängen und die Umlaufmittel, das heißt die nicht durch Gold gedeckten Banknoten und die nicht durch Gold gedeckten Kassenführungsguthaben, über die mit Scheck verfügt werden kann, zu vermehren. Ueberall in der ganzen Welt hat man, mehr oder weniger geleitet von der irrigen Vorstellung, daß man den Zinsfuß ermäßigen könne, wenn man die Geldmenge vermehrt, die Vermehrung der Umlaufsmittel erleichtert und gefördert. In den Preissteigerungen, die im Gefolge dieser Politik eingetreten sind, hat man zunächst nur das Zeichen steigender wirtschaftlicher Prosperität erblickt. Es würde genügen, wenn man die Förderung, die man der Umlaufmittelausgabe zuteil werden ließ, beseitigt und wenn man dem Golde im effektiven Umlauf wieder jene Stellung einräumt, die es vor einigen Jahrzehnten noch gehabt hat, um der befürchteten weiteren Preissenkung des Goldes und Preissteigerung der Waren wirksam vorzubeugen. Selbst wenn die unvermeidlichen Mängel, die der Goldwährung anhaften, größer wären, als sie es tatsächlich sind, so wäre die Goldwährung doch noch immer einem Währungssystem vorzuziehen, dessen Wertgestaltung von den wechselnden Anschauungen politischer Parteien und Koterien abhängig wäre.

Kapitel 4
Das Interesse des Staates am Geld

»The State is that organization in society which attempts to maintain a monopoly of the use of force and violence in a given territorial area; in particular, it is the only organization in society that obtains its revenue not by voluntary contribution or payment for services rendered but by coercion.«

Murray N. Rothbard (1926–1995)

Entstehung des Staates (wie wir ihn heute kennen)

In Kapitel 1 wurde die Entstehung des Geldes erklärt: Geld ist spontan im freien Markt entstanden, ist das Resultat der Eigeninteressen der Marktakteure. Doch mittlerweile befindet sich das Geld sprichwörtlich in staatlicher Hand: Die Staaten haben das Geldmonopol inne, Geld ist kein Phänomen des freien Marktes mehr. Warum ist das so? Diese Frage erfordert einen genaueren Blick auf den Staat. Fragen wir also: Was ist der Staat? Für viele Menschen steht der Staat vermutlich für so etwas wie »die Gemeinschaft der Menschen«. Für ein »Wir alle«. Nicht wenige sehen im Staat »Vater Staat«, andere eine Art wohlmeinenden Diktator. Aus ökonomischer Sicht lässt sich eine konkrete *positive Definition* (die also definiert, was etwas wirklich ist, was es tut) des Staates formulieren: Der Staat ist der territoriale Zwangsmonopolist mit der Letztentscheidungsmacht über alle Konflikte auf seinem Gebiet, und er hat das Recht der Besteuerung[1] – ihm ist also etwas erlaubt, was allen anderen bei Strafe verboten ist: jemandem gegen seinen Willen etwas wegzunehmen.

Dass es in einer Gemeinschaft von Menschen Recht und Sicherheit geben muss, steht außer Frage. Schließlich gibt es leider – so zeigt die Erfahrung – immer wieder Personen, die das Eigentum und sonstige Rechte der anderen missachten. Werden diese Personen nicht in die Schranken verwiesen, ist ein friedvolles und produktives Gemeinwesen schwer oder gar nicht möglich. Aber daraus folgt noch nicht logischerweise, dass die Güter Recht und Sicherheit von einem Monopolisten angeboten werden müssten; eine solche Schlussfolgerung wäre ein *non sequitur*, gemäß der Aussage: Wenn man einen Affen sieht, der Fahrrad fährt, so lässt sich daraus nicht logisch schlussfolgern, dass nur Affen Fahrrad fahren können.[2] Es stellt sich daher die Frage: Wie ist der Staat – also der Staat als territorialer Zwangsmonopolist mit der Letztentscheidungsmacht über alle Konflikte auf seinem Gebiet, ausgestattet mit dem Recht der Besteuerung – entstanden? In der Literatur finden sich unterschiedliche Antworten dazu.

Nach der Vertragstheorie ist der Staat durch Übereinkunft der Menschen zustande gekommen. Doch die meisten Menschen, werden sie gefragt, würden vermutlich (wenn sie bei Verstand sind) antworten, dass sie niemals einen solchen Vertrag unterzeichnet haben – einen Vertrag, mit dem sie sich verpflichtet hätten, die Güter Recht und Sicherheit auf Lebenszeit und unkündbar allein von einem Monopolisten, dem Staat, zu beziehen. Und kaum jemand wird Hinweise vorlegen können, dass seine Vorfahren einen solchen Vertrag irgendwann einmal unterzeichnet hätten. Eine andere Erklärung für die Entstehung des Staates lautet: Es gibt zwar keinen unterzeichneten Vertrag oder ein sonstiges Dokument, durch die die Menschen ihre Zustimmung zu dem Staat (wie er oben stehend definiert wurde) gegeben hätten. Der Staat sei dennoch als eine »stillschweigende Übereinkunft« zu verstehen.[3] Hier soll gewissermaßen aus einem Nein ein Ja fabriziert werden. Es handelt sich hier also ebenfalls nicht um eine überzeugende Erklärung.

Es ist sicherlich nicht vermessen zu behaupten, dass niemand (der bei Verstand ist) sich freiwillig ein für alle Mal das Wohl und Wehe über seine Person und sein Eigentum an ein Monopol (das ja notwendigerweise aus einer Gruppe von Menschen besteht) abtritt, ein Monopol, das die Macht hat, Ausmaß und Preis für Recht und Sicherheit unilateral zu bestimmen. Und man bedenke hier vor allem eines: Durch ein unwiderrufliches Unterwerfen des Individuums unter den Staat (wie vorab definiert) ist es nicht mehr uneingeschränkter Selbsteigentümer seines Körpers und der externen Güter, die er sich zuvor auf nicht-aggressivem Wege angeeignet hat (durch Inlandnahme, Produktion, Tausch und Schenkung). Er würde sich vielmehr in die *Sklaverei* begeben. Es fällt also schwer zu zeigen, dass der Staat (wie wir ihn heute kennen) durch freiwillige Übereinkunft zwischen den Menschen entstanden sein könnte.

Wenn der Staat nun aber nicht aus freiwilliger Übereinkunft zwischen allen daran teilnehmenden Menschen entstanden ist, dann kann er nur durch Unfreiwilligkeit, durch Zwang (und Gewalt) ins Leben gerufen worden sein. Diese Schlussfolgerung ist recht einfach zu verstehen: »Es gibt zwei grundsätzlich entgegengesetzte Mittel«, so der deutsche Soziologe und Ökonom Franz Oppenheimer (1864–1943), »mit denen der überall durch den gleichen Trieb der Lebensfürsorge in Bewegung gesetzte Mensch die nötigen Befriedigungsmittel erlangen kann: Arbeit und Raub, eigne Arbeit und gewaltsame Aneignung fremder Arbeit.«[4] Arbeit steht bei Oppenheimer für freiwillige Übereinkunft zwischen Menschen, also für das marktkonforme Mittel, um in den Besitz, an das Eigentum von Gütern zu gelangen; Raub (wie auch Diebstahl, Unterschlagung, Veruntreuung, Enteignung etc.) steht beim ihm hingegen für Zwang und Gewalt, also für das markt*in*konforme Mittel.

Vor dem Hintergrund dieser logischen Überlegung, angereichert durch seine historischen Betrachtungen, kommt Oppenheimer zu folgendem Schluss: Der Staat »ist seiner Entstehung nach ganz und seinem Wesen nach auf seinen ersten Daseinsstufen fast ganz eine gesellschaftliche Einrichtung, die von einer siegreichen Menschengruppe einer besiegten Menschengruppe aufgezwungen wurde mit dem einzigen Zwecke, die Herrschaft der ersten über die letzte zu regeln und gegen innere Aufstände und äußere Angriffe zu sichern. Und die Herrschaft hatte keinerlei andere Endabsicht als die ökonomische Ausbeutung der Besiegten durch die Sieger.«[5] Doch diese Erkenntnis ist in der breiten Öffentlichkeit und auch bei vielen Gelehrten, die es eigentlich (besser) wissen müssten, nicht weit verbreitet. Im Gegenteil: In der Regel genießt der Staat (wie wir ihn heute kennen) in der Öffentlichkeit allergrößtes Ansehen.[6]

Es regt sich zwar hier und da Missmut über den Staat und seine Repräsentanten, wenn etwa bekannt wird, Steuergelder wurden verschwendet, es gibt Korruption und Vetternwirtschaft. Trotzdem wird der Staat als unverzichtbar angesehen. Schließlich könne, so die verbreitete Meinung, eine moderne Gesellschaft ohne Staat (wie obenstehend definiert) nicht funktionieren. Die Politiker und Bürokraten mögen zwar schlecht sein, aber ohne sie wäre bestimmt alles noch wesentlich schlechter. Es sei viel besser, mit den Unzulänglichkeiten des Staates zu leben, als das Chaos zu ertragen, das sich ohne ihn unweigerlich ausbreiten würde. Das ist jedoch – wie nachfolgend noch deutlich werden wird – eine naive, unaufgeklärte Sichtweise. Ihre Akzeptanz eröffnet dem Staat Handlungs- und Wirkungsmöglichkeiten, die bei klarer Sicht der Dinge bei den meisten Menschen vermutlich nicht auf Zustimmung stoßen würden beziehungsweise dürften. Dazu gehört vor allem auch der Drang des Staates, an das Geldmonopol zu gelangen.

Der Staat will ungedecktes Geld

Der Staat verfügt – und bei genauem Nachdenken wird das deutlich – nur über eine einzige Finanzierungsquelle: die Besteuerung. Häufig ist zwar zu hören, dem Staat stünden neben der Besteuerung auch andere Finanzierungsformen zur Verfügung wie zum Beispiel die Verschuldung auf Kreditmärkten, das Verkaufen von Staatsvermögen und das Inflationieren in Form von Geldmengenvermehrung. All diese Finanzierungsformen erweisen sich jedoch bei genauer Betrachtung nur als Spielarten der Besteuerung. Das Verschulden des Staates bedeutet künftige Besteuerung: Verschuldet sich der Staat heute, müssen die Schulden irgendwann einmal beglichen werden. Dazu muss der Staat die Bürger jedoch künftig besteuern. Das Verkaufen von Staatsvermögen bedeutet nichts anderes, als dass die Steuerzahler zum zweiten Mal zur Kasse gebeten werden. Schließlich war das Staatsvermögen ursprünglich einmal Privatvermögen: Der Staat muss es den Privaten irgendeinmal abgenommen haben – durch Steuern. Und schließlich: Bezahlt der Staat seine Ausgaben mit neu gedrucktem Geld, erhebt er ebenfalls eine Steuer, die Inflationssteuer.

Die offene Besteuerung (in Form der Einkommens- und Mehrwertsteuer etwa) ist jedoch bei den Besteuerten nicht beliebt. Zwar mögen sie zuweilen zähneknirschend bereit sein, einen kleinen Teil ihres Einkommens an den Staat abzuführen. Das ist dann der Fall, wenn sie dafür eine Gegenleistung (Infrastruktur, Bildung etc.) erhalten, die sie als hinreichend attraktiv erachten. Allerdings ist der Spielraum für steigende Besteuerung relativ begrenzt: Die Menschen merken eben, dass der Staat ihnen etwas wegnimmt. Der Staat muss also damit rechnen, dass das Volk missmutig wird, dass es protestiert, wenn die Steuerschraube zu stark und immer weiter angezogen wird. Daher wird der Staat früher oder später nicht die Einkommens-, Gewinn- und Mehrwertsteuer weiter in die Höhe befördern, sondern auf die Staatsverschuldung ausweichen. Sie ermöglicht ihm, seine Finanzkraft auszuweiten, und sie stößt im Regelfall auch auf keinen nennenswerten Widerstand in der Bevölkerung.

Der Staat bietet dem Publikum verzinsliche Schuldpapiere an, die zumeist als »relativ sicher« angesehen werden – schließlich kann ja der Staat (wie wir ihn heute kennen) die Einkommen seiner Untertanen besteuern, im Extremfall auch ganz enteignen und damit seine Schulden zurückzahlen. Das macht die Staatsanleihe für so manchen Sparer und Investor attraktiv: Man verleiht sein Geld an den Staat, erhält eine Verzinsung der Anleihe, und am Ende der Laufzeit ist es sehr wahrscheinlich, dass man seinen Einsatz in Form der Tilgungszahlung wieder zurückbekommt. Sparer und Investoren geben also ihr Geld dem Staat freiwillig, es gibt im Regelfall keinen Widerstand gegen die

Staatsverschuldung vonseiten der Steuerzahler, Sparer und Investoren. Nicht zuletzt auch deshalb nicht, weil Hauptstrom-Ökonomen eifrig die Mär der Nützlichkeit der Staatsverschuldung in der Öffentlichkeit verbreiten. Die Staatsverschuldung scheint für alle ein Gewinn zu sein!

Doch der Staat hat gar nicht vor, seine Schulden tatsächlich wieder zurückzuzahlen. Er begibt sich vielmehr in eine *Dauerschuldnerei*: Fällig werdende Schulden werden durch die Ausgabe von neuen Schulden ersetzt, und zudem werden zusätzliche Kredite aufgenommen. Und wie der Blick auf die Datenlage in vielen Ländern zeigt, wachsen die Staatskredite schneller an, als die Wirtschaftsleistung zunimmt, das heißt, die Verschuldungsquoten steigen im Zeitablauf an. Das kann eine ganze Weile »gutgehen«. Der Grund: Ein Investor erwirbt eine neu ausgegebene Staatsanleihe, weil er der Auffassung ist, dass sich bei Fälligkeit der Anleihe in der Zukunft ein anderer Investor finden wird, der neu ausgegebene Anleihen kaufen wird, und mit dessen Geld dann die fälligen Anleihen zurückgezahlt werden. Solange dieses Vertrauen in den Kreditmärkten vorhanden ist, kann sich der Staat problemlos, quasi geräuschlos immer weiter verschulden. Doch das Ganze ist meist mit einem bösen Ende verbunden – wie die Währungsgeschichte eindrücklich zeigt.

Wird die Staatsverschuldung immer weiter in die Höhe getrieben – in den modernen Volkswirtschaften mit ihrer Wohlfahrts- und Umverteilungsneigung ist diese Gefahr recht groß –, gibt es früher oder später Probleme. Die Investoren bekommen Zweifel, ob der hoch verschuldete Staat noch in der Lage sei, seinen Schuldendienst wie vereinbart zu leisten. Zentral ist dabei natürlich der Zins, den der Staat auf seine Kredite zu zahlen hat. Es liegt auf der Hand, dass der Staat ein vitales Interesse daran hat, dass der Zins möglichst niedrig bleibt beziehungsweise weiter fällt. Denn auf diese Weise wächst die Zinsrechnung bei steigender Verschuldung nicht zu stark an. Wenn also der Staat die Verschuldung als einen wichtigen Teil seiner Finanzierung ansieht, dann hat er auch ein systematisches Interesse daran, die Zinskonditionen nach seinen Wünschen zu steuern. Diesem Ziel lässt sich besonders nahe kommen, wenn der Staat die Geldproduktion monopolisiert und Geld per Kredit erzeugt werden kann.

Mit der Gelderzeugung per Kreditvergabe wird zudem auch die Erhebung einer Inflationssteuer möglich. Steigt die Geldmenge in der Volkswirtschaft, fallen die Güterpreise höher aus – im Vergleich zu einer Situation, in der die Geldmenge nicht ausgeweitet worden wäre. Das wiederum sorgt üblicherweise bei einer progressiven Einkommenssteuer für eine »kalte Progression«: Wenn die Eckwerte eines progressiven Steuertarifes nicht an die Güterpreisinflation angepasst werden, steigt die reale Steuerlast der Besteuerten. Und entsprechend steigen die realen Steuereinkünfte des Staates. Es handelt sich bei der »kalten Progression« also um eine Steuererhöhung quasi durch die Hintertür, der sich die Besteuerten in der Regel nicht unmittelbar entziehen können (wenn die Güterpreisinflation plötzlich höher ausfällt, als bislang erwartet), denn meist dauert es, bis die Steuertarife entsprechend an die Inflationsrealität angepasst werden.

Auch kommt es bei Güterpreisinflation zur Besteuerung von Scheingewinnen bei den Unternehmen. Steigt die Güterpreisinflation, nehmen üblicherweise auch die Umsätze bei den Firmen zu (zumindest anfänglich). Den inflationär erhöhten Umsätzen stehen die in der Bilanz ausgewiesenen Aufwendungen gegenüber, die allerdings zu historischen Anschaffungskosten angesetzt sind. Ihre Neubeschaffung führt aufgrund der Inflation nun aber zu erhöhten Aufwendungen. Die Gewinne, die die Firmen in Inflationszeiten ausweisen, sind daher künstlich erhöht, ein Teil der Gewinne sind nur »Scheingewinne«. Allerdings müssen die Firmen auf den ausgewiesenen aufgeblähten Gewinn Steuern zahlen. Das jedoch bedeutet nichts anderes als eine erhöhte reale Steuerlast. Den Unternehmen wird dadurch Substanz entzogen und an den Staat übertragen.

Diese wenigen Überlegungen lassen bereits erkennen, dass der Staat ein großes Interesse daran hat, die Hoheit über die Geldproduktion zu verteidigen, den Zins zu bestimmen und auch die Geldmenge nach eigener Interessenlage zu erhöhen. Doch wie gelangt der Staat an das Monopol der Geldproduktion? Das Geld kann – wie bereits in Kapital 1 aufgezeigt – nur aus einem Sachgut entstehen. Auch ein Staat kann Geld nicht einfach so, per Dekret, schaffen. Will sich der Staat zum absoluten Herrscher über das Geld aufschwingen, muss er zunächst mit dem vorliebnehmen, was er vorfindet. Blickt man in die Vergangenheit, so war es Sachgeld in Form von Gold und Silber. Um die volle Hoheit über das Geld zu erringen, musste der Staat einen langen Weg gehen. Wie in Kapitel 2 bereits deutlich wurde, ist dieser lange Weg bereits vollständig beschritten worden: Die Staaten haben das Monopol der Geldproduktion, das Geld wird vorzugsweise per Kreditvergabe erzeugt, und die Geldmenge lässt sich dabei quasi jederzeit und in jeder beliebigen Menge verändern. Wie konnte das geschehen?

Wie der Staat an das Geldmonopol gelangt (ist)

Im dritten Kapitel wurden die historischen Phasen in aller Kürze nachgezeichnet, die schrittweise vom Warengeld zum staatlich monopolisierten Fiatgeld geführt haben. An dieser Stelle sollen kurz noch einmal die einzelnen, theoretisch erforderlichen Schritte herausgestellt werden, durch die der Staat letztlich an das Geldmonopol gelangen konnte.[7]

In einem ersten Schritt monopolisiert der Staat (ob Feudalherr, König oder Kaiser) das Münzgeschäft: Münzen dürfen nur noch in der staatlichen Münze geprägt werden. Für das Prägen von Gold- und Silbermünzen wird eine Gebühr verlangt. Der Münzgewinn (»Seigniorage«) geht an den Staat, eine Einnahmequelle aus der Münzprägung ist schon einmal sicher.

Die Münzen werden zudem mit einem staatlichen Stempel, mit einem dem Staat gefälligen Symbol versehen. Der Staat wird weiterhin dafür sorgen, dass der Name der Münze von ihrem physischen Material getrennt wird. Aus beispielsweise »Goldgramm« oder »Silberunze« werden »US-Dollar«, »Mark« oder »Franc«. Auf diese Weise wird das umlaufende Sachgeld auf das Engste mit dem Herrscher beziehungsweise dem Staat verbunden.

Hat der Staat das Monopol über die Münzprägung inne, macht er sich daran, den Edelmetallgehalt der Münzen zu verringern. Vereinfacht gesprochen: Eine Geldeinheit, die bislang 0,50 Gramm Feingold entsprach, enthält fortan nur noch 0,25 Gramm Feingold. Münzverschlechterung nennt man das. Durch sie lässt sich die ausstehende Geldmenge, die sich aus dem vorhandenen Edelmetallbestand prägen lässt, vermehren (in diesem Fall verdoppeln). Der Staat verdient durch das Herabsetzen des Edelmetallgehaltes der Münzen: durch die Neuprägung und die dadurch erzielbare Seniorage sowie auch dadurch, dass er der Erstempfänger des neu ausgebbaren Geldes ist (»Cantillon-Effekt«).

Doch eine solche Münzverschlechterung stößt schnell an Grenzen: Werden die Münzen durch die Münzverschlechterung sprichwörtlich zu leicht, fällt der Schwindel auf, und die Akzeptanz der Münzen im Handelsverkehr schwindet. Der Staat wird daher nach für ihn vorteilhafteren Maßnahmen suchen.

In einem Sachgeldsystem kann der Staat seinem Ziel, sich zu bereichern, einen großen Schritt näher kommen, indem er den Banken zubilligt, mit einer *Teilreserve* zu operieren. Das heißt, er erlaubt den Banken, eigenes Geld per Kreditvergabe zu schaffen: Banken geben per Kredit Banknoten und Giroguthaben aus, die die Menge an Gold und Silber, die Kunden bei ihnen eingelagert haben, übersteigen. Die Geldvermehrung per Kredit kommt dem Staat und den Banken zupass. Der Staat kann sich bei den Banken verschulden und zahlt dafür einen Zins, der niedriger ist als der Zins, den er im freien Markt zu bezahlten hätte. Die Banken profitieren, weil die Kreditvergabe in einem Teilreservesystem ihnen Gewinne beschert.

Die Sache hat jedoch einen Haken: Wird den Kunden bewusst, dass die Banken nicht wie versprochen alle Banknoten und Bankguthaben, die sie ausgegeben haben, jederzeit in Edelmetall einlösen können, kann leicht Panik ausbrechen: Dann stürmen die Kunden die Bankschalter (das ist der »Bank Run«) und verlangen den Eintausch ihrer Banknoten und Giroguthaben in Edelmetall.

Können die Banken das nicht vollumfänglich leisten, offenbart sich ihre Zahlungsunfähigkeit. Und wenn in einem Teilreservesystem eine Bank ausfällt, dann ist die Wahrscheinlichkeit sehr groß, dass auch alle anderen Banken zahlungsunfähig werden. Folglich greift der Staat, sollte es in einem Teilreservesystem zu einem »Bankensturm« kommen, zu einem Trick: Er suspendiert die Edelmetalleinlösepflicht der Banken. Haltern von Banknoten und Giroguthaben wird mitgeteilt, dass von nun an ihre Ansprüche nicht mehr in Gold eintauschbar sind, zumindest vorübergehend nicht mehr. Solch ein Suspendieren der Goldeinlösbarkeit der Banknoten und Giroguthaben ist allerdings für Staat und Banken heikel.

Die Betroffenen, die nicht mehr an ihr Gold kommen, protestieren, und der Trick lässt sich auch nicht allzu häufig wiederholen. Das Aussetzen des Versprechens, Bankengeld in Gold einzutauschen, ist daher keine zufriedenstellende Lösung für den Staat und die Banken. Für sie besteht die »optimale Lösung« darin, dass das Geld entmaterialisiert und damit beliebig vermehrbar wird; und wenn es dabei auch noch eine zentrale Instanz gibt, die die Geschicke des entmaterialisierten Geldes lenkt – und zwar im Sinne des Staates und der Banken –, sind alle Wünsche erfüllt. Darum wollen Staat und Banken eine Zentralbank, die das Monopol der Geldproduktion innehat. Eine Zentralbank, die Prestige und Vertrauen genießt – schließlich steht der »schützende« Staat hinter ihr –, verringert die Wahrscheinlichkeit eines Bankensturms, erhöht also die Inflationierungsmöglichkeiten, die Staat und Banken betreiben wollen.

Mit einer Zentralbank lässt sich auch die Deckung des Geldes durch das Gold ganz aufheben. Und genau das ist mittlerweile in allen Ländern der Welt geschehen. Der Weg dahin hat lange gedauert. Aber die Staaten haben es letztlich geschafft: Sie haben das Monopol über die Geldproduktion erlangt und das Sach- beziehungsweise Goldgeld durch ihr eigenes, ungedecktes Geld, ihr Fiatgeld, ersetzt. Betrachten wir das Beispiel der Vereinigten Staaten von Amerika. Im Münzgesetz von 1792 wird der US-Dollar definiert in Gold- und Silberfeingewicht. Amerika hat damit einen Bimetallismus: Gold und Silber sind offiziell Geld. Im Jahr 1873 wird das Silber entmonetarsiert, und ab 1879 ist der US-Dollar nur noch in Gold definiert, und der Preis des Geldes wird auf 20,67 US-Dollar pro Feinunze Gold fixiert. Am 5. April 1933 verbietet US-Präsident Franklin D. Roosevelt (1882–1945) per »Executive Order 6102« den Amerikanern die Goldhaltung. Das Gold oberhalb einer sehr geringen Menge muss an das US-Finanzministerium ausgehändigt werden. Im Gegenzug erhalten die Kunden US-Dollar-Banknoten und -Giroguthaben bei US-Banken. Die Amerikaner können fortan ihre Banknoten oder Bankeinlagen nicht mehr in physisches Gold eintauschen. Das gelbe Metall verschwindet aus dem täglichen Zahlungsverkehr. Mit Gold werden nur noch großvolumige Transaktionen im internationalen Zahlungsverkehr zwischen Zentralbanken ausgeführt.

Anfang 1934 beschließt die Roosevelt-Regierung, den US-Dollar gegenüber dem Gold abzuwerten (»Gold Reserve Act«). Dazu wird der bisherige Preis des Goldes von 20,67 auf 35 US-Dollar pro Feinunze angehoben. Das Gold verteuert sich dadurch um 69 Prozent gegenüber dem US-Dollar – und entsprechend fällt die Kaufkraft des US-Dollar, in Gold gemessen, um etwa 41 Prozent. Da diese Maßnahme die US-Dollar-Geldmenge erhöhte, stiegen nachfolgend auch die Güterpreise merklich an. Übrigens dauerte es mehr als 40 Jahre, bis US-Präsident Gerald Ford (1913–2006) im August 1974 entschied, das Goldverbot aufzuheben: 1975 wird den Amerikanern der Goldbesitz wieder erlaubt.

Doch das Gold verlor nicht seinen Geldstatus. Im Jahr 1944 einigt man sich auf das System von Bretton Woods, das die weltweiten monetären Verhältnisse neu ordnen soll. Der US-Dollar wird zur Weltreservewährung erkoren. 35 US-Dollar entsprechen 1 Feinunze Gold. Die übrigen Währungen (wie zum Beispiel Britisches Pfund und Französischer Franc) sind mit einem festen Wechselkurs an den US-Dollar gebunden. Damit sind sie indirekt im Gold verankert. Allerdings sollte man daraus nicht vorschnell schlussfolgern, das System von Bretton Woods wäre ein Goldstandard gewesen. Es war nur ein Pseudogoldstandard. Aufgrund seiner fehlerhaften Konstruktion und vor allem an der mangelnden »Regeltreue« der US-Administration scheitert das System von Bretton Woods. Am 15. August 1971 verkündet US-Präsident Richard Nixon (1913–1994), die Goldeinlösbarkeit des US-Dollar sei vorübergehend beendet; und das sollte sich als der größte monetäre

Enteignungsakt in der Währungsgeschichte erweisen. Mit dem unilateralen Beschluss der Amerikaner wird dem US-Dollar und damit auch allen anderen wichtigen Währungen der Welt die Golddeckung entzogen. Damit verliert das Weltwährungssystem seine Verankerung im Gold. Die Währungen werden per Handstreich zu Fiatgeld. Und damit erlangten die Staaten die volle Hoheit über die Geldproduktion.

Geld ist kein öffentliches Gut

Häufig wird die Auffassung vertreten, Geld sei ein *öffentliches Gut*, und daher müsse das Geld vom Staat bereitgestellt werden: Der freie Markt sei, so ist nicht selten zu hören, nicht in der Lage, Geld in zufriedenstellender Menge und Qualität bereitzustellen. Doch diese Sicht der Dinge ist nicht haltbar. Schon allein deshalb nicht, weil Geld gar *kein öffentliches Gut ist*. Ein öffentliches Gut zeichnet sich durch zwei Eigenschaften aus.[8] Zum einen durch die *Nicht-Ausschließbarkeit im Konsum*, zum anderen durch die *Nicht-Rivalität im Konsum*. Als Beispiele für öffentliche Güter wird häufig auf Leuchttürme und Landesverteidigung verwiesen. Bei einem öffentlichen Gut ist es rational für die Nutzer, eine »Trittbrettfahrerposition« einzunehmen: Sie hoffen darauf, dass andere die bereitzustellende Leistung finanzieren und dass sie nachfolgend kostenlos in den Genuss des öffentlichen Gutes kommen können. Das Resultat ist: Das betroffene Gut wird nicht oder nur in unzureichender Menge und Qualität bereitgestellt. Daher sei, so die Schlussfolgerung, der Staat gefragt, das öffentliche Gut bereitzustellen.

Doch bei Geld trifft die Definition eines öffentlichen Gutes nicht zu. Jemand, der Geld besitzt, kann sehr wohl andere ausschließen, es zu verwenden, also auszugeben. Und Geld ist auch kein Konsumgut, das durch Verzehr untergehen würde. Es ist vielmehr ein eigenständiges Gut, ein Gut *sui generis*, es ist das Tauschgut. Es kann also beim Geld keine Rivalität im Konsum geben. Folglich kann man nicht überzeugend argumentieren, der Staat sollte oder müsste das Geld bereitstellen, weil Geld ein öffentliches Gut sei. Diese Erkenntnis sollte vielmehr dazu ermutigen, nach (weiteren) Gründen Ausschau zu halten, die gegen ein staatliches Monopol der Geldproduktion sprechen. Einige könnten in der *Theorie der politischen Interessengruppen* aufzuspüren sein.

Die verklärte Vorstellung, der Staat sei so etwas wie ein wohlmeinender, kluger und weitsichtiger Diktator, wird fortwährend mit einer ernüchternden Erfahrung konfrontiert: dem *Staatsversagen*. Staatsversagen tritt immer dann auf, wenn diejenigen, die die staatliche Zwangsgewalt ausüben, zu geringe Anreize haben, eine Politik zu verfolgen, die das Gemeinwohl fördert. Politiker sind, wie jeder andere Akteur auch, *persönliche Nutzenmaximierer*. Sie sind zuallererst an ihrem eigenen Wohl interessiert. Als Regierende verfolgen sie Politiken, von denen sie persönlich profitieren oder durch die sie sich zumindest schadlos halten. So ist es nicht verwunderlich, dass die Politikergebnisse häufig nicht den Wünschen der Wahlbürger entsprechen.

Staatsversagen ist keine vorübergehende, sondern vielmehr eine dauerhafte Erscheinung. Warum aber wird sie nicht korrigiert? Erkennen die Betroffenen Staatsversagen nicht als das, was es wirklich ist? Oder wird die Fehlentwicklung erkannt, aber scheuen die Regierenden und die Regierten davor zurück, sie zu korrigieren, weil die politischen Kosten einer Korrektur als zu hoch eingestuft werden und ein »Weiter so« vorgezogen wird? Haben die Regierenden gar vielleicht ein Interesse am Fortbestand des Staatsversagens? Der amerikanische Ökonom Mancur L. Olson (1932–1998) vertrat die Meinung, dass das eigennutzorientierte Handeln von organisierten Interessengruppen die Gesetzgebung und auch das Verwaltungshandeln des Staates so stark beeinflusst, dass daraus eine spürbare Schädigung des Gemeinwohls erwächst. Der Bedacht auf den eigenen Vorteil kann bei einflussreichen Personen und Gruppen derart dominant werden, dass es sogar zum wirtschaftlichen *Niedergang* von bislang erfolgreichen Nationen kommt. Ausführlich behandelte Olson diese Auffassung in seinem Buch *The Rise and Decline of Nations* (1982).

Olsons *Niedergangstheorie* beruht auf zwei Thesen. Die erste These besagt, dass kleine Interessengruppen sich besser organisieren lassen als große Interessengruppen und dass kleine Interessengruppen einen stärkeren Einfluss auf die Gestaltung der allgemeinen Politik entsprechend ihrer Interessenlage nehmen können, als es großen Interressengruppen möglich ist. Die zweite These leitet sich von der ersten ab: Das erfolgreiche Streben nach staatlich gewährten und gesicherten Privilegien (»*Rent-Seeking*«) führt zur allgemeinen Schwächung der Markt- und damit der volkswirtschaftlichen Leistungskräfte – und so in letzter Konsequenz zum Niedergang einer Nation.

Dass das Geldmonopol in den Händen des Staates liegt, lässt sich also theoretisch durch machtpolitische Erwägungen der Herrschenden und den Einfluss von Interessengruppen (auch historisch) erklären. Es war stets die unheilvolle Verbindung von Staatsmacht, ob nun monarchisch oder demokratisch, mit nach Privilegien strebenden Sonderinteressen (wie Großbanken und Großindustrie etc.), die die staatliche Kontrolle über das Geld befürworteten, anstrebten und auch bekamen. Olsons Einsicht, dass sich Partikularinteressen besser organisieren lassen als Gemeinwohlinteressen, mag zudem auch schon andeuten, warum eine Reform des herrschenden Staatsgeldsystems, trotz aller Schäden, die es verursacht, ein so schwieriges Unterfangen ist.

Staat und Zentralbank – eine kurze Geschichte

Der Blick auf die Entstehungsgeschichte der Zentralbanken zeigt, dass das staatliche Geldproduktionsmonopol nicht deswegen errichtet wurde, weil es sich als *beste Lösung* empfohlen hätte, sondern weil sich bei der Organisation des Geldwesens politische Machterwägungen durchsetzen konnten. Es drängt sich kein ökonomischer oder gar ethischer Grund auf, warum der Staat und nicht der Markt das Geld bereitstellen sollte. Es gab eine ganze Reihe von historischen Beispielen von Geldsystemen, die dem *Free Banking* recht nahe kamen und erfolgreich waren.[9] Hierzu wird zum Beispiel gezählt das Banksystem in Schottland im 18. Jahrhundert und in den Vereinigten Staaten von Amerika im 18. und 19. Jahrhundert.[10] Dennoch wurden diese Systeme von den Staaten beendet.

Bank of England

Im Jahre 1693 waren die Kassen des englischen Königs Wilhelm III. (1650–1702) nach jahrelangen militärischen Auseinandersetzungen leer.[11] Zusammen mit einigen Mitstreitern entwickelte der Schotte William Paterson (1658–1719) den Plan zur Gründung einer Zentralbank, falls die englische Regierung ihnen eine Reihe von Privilegien gewährte. Mit der neuen Bank beabsichtigten Paterson und seine Clique, Staatsanleihen aufzukaufen und diese mit neu gedruckten Papiernoten zu bezahlen. Als die *Bank of England* im Jahre 1694 ihre Lizenz erhielt und die von ihr ausgegebenen Banknoten den Status des gesetzlichen Zahlungsmittels (»Legal Tender«) erhielten, beeilten sich der König sowie die Mitglieder des englischen Parlaments, Aktionäre der neuen Gelddruck- und Gewinnmaschine zu werden. Wie zu erwarten war, sorgte die Bank of England nicht nur für Inflation durch Ausgabe von ungedecktem Papiergeld, sie drohte bald zahlungsunfähig zu werden. Daraufhin erlaubte die britische Regierung ihr im Jahr 1696, die Goldeinlöseverpflichtung der Banknoten zu suspendieren.

Deutsche Reichsbank

Mit dem Bankgesetz von 1875 wurde im Deutschen Reich am 1. Januar 1876 die Reichsbank gegründet. Bis 1922 unterstand sie direkt dem Reichskanzler. Finanziert wurde sie privatwirtschaftlich, geleitet von Staatsbeamten. Sie sollte eine *reichliche Kreditversorgung* zur Förderung des Wirtschaftslebens sicherstellen, vor allem auch den Großbanken als letzte Kreditschöpfungsinstanz zur Verfügung stehen. Mit einer Zentralbank sollten Pleitewellen abgewendet werden, die immer wieder das Wirtschaftsgeschehen plagten – weil Geschäftsbanken mehr Geld per Kredit ausgaben, als sie selbst in Form von Gold und Silber vorhielten. Der Reichsbank wird es per Gesetz erlaubt, Mark in Form von Banknoten auszugeben, und zwar »nach dem Bedürfnis ihres Verkehrs«, wie es heißt. Ein Drittel der ausgegebenen Banknoten muss durch gültiges deutsches Geld als Goldmünzen, Reichskassenscheine oder Gold in Barren oder ausländischen Münzen abgedeckt sein, die übrigen zwei

Drittel durch diskontierte Wechsel und Schecks. Die Reichsbank operiert folglich – wie die Geschäftsbanken auch – mit einer Teilreserve: Wenn es hart auf hart kommt, kann sie nicht alle von ihr ausgegebenen Noten wie versprochen in Gold vollumfänglich eintauschen. Dennoch wurde die Reichsbank vom Staat als *zentralisierende Krönung des gesamten Banksystems* deklariert. Immerhin: Bis zum Ausbruch des Ersten Weltkriegs im Sommer 1914 war die Reichsbank einem Goldstandard verpflichtet, die Mark blieb relativ »hart«. Bei Kriegsausbruch im August 1914 war es mithilfe der Reichsbank dann jedoch ein Leichtes für das Kaiserreich, die Goldbindung der Reichsmark aufzuheben und so eine inflationäre Kriegsfinanzierung zu betreiben.

Federal Reserve

In seinem Buch *The Case against the Fed* (1994) beschreibt Murray N. Rothbard, wie Großindustrie und -banken zielgerichtet auf das Errichten eines US-Zentralbanksystems hinarbeiteten. Den organisierten Interessengruppen gelang es nach fast zwei Jahrzehnten Propaganda und Lobby-Arbeit, die Meinung der Öffentlichkeit und die der entscheidenden Politiker in die von ihnen gewünschte Richtung zu drehen. Im Jahre 1913 konnte so das *Federal Reserve System (Fed)* aus der Taufe gehoben werden. Gouverneur der Federal Reserve Bank of New York wurde Benjamin Strong Jr. (1872–1928), zweiter Mann von J. P. Morgan (1837–1913), dem bedeutendsten Bankier seiner Zeit. So stand die Fed im Zentrum der Koalition aus Finanz- und Industriekonsortien, die mit dem Rockefeller-Imperium um die ökonomische Vormachtstellung rang.

Die US-Zentralbank wurde rasch zur Inflationsmaschine. Sie erhielt das alleinige Recht, Banknoten auszugeben. Die Goldhaltung der Banken wurde bei ihr zentralisiert. Alle nationalen Geschäftsbanken *(National Banks)* mussten Mitglied des Federal Reserve Systems werden, Regionalbanken *(State Banks)* war die Mitgliedschaft freigestellt. Aber auch die Banken, die nicht Mitglied waren, konnten kontrolliert werden, weil sie Depositen bei Mitgliedsbanken halten mussten, die wiederum Zugang zur Fed hatten. Die Mindestreserveanforderungen wurden sogleich herabgesetzt, sodass die Kredit- und Geldmengenschöpfung des Bankenapparates ausgeweitet werden konnte.

Die durchschnittliche Mindestreserve für alle Banken vor Etablierung der Fed betrug 21,1 Prozent. Unter dem *Federal Reserve Act* aus dem Jahr 1913 wurde diese Anforderung auf 11,6 Prozent herabgesetzt und im Juni 1917 weiter auf 9,8 Prozent gesenkt. Die Folge war eine Verdopplung der Geldmenge von Ende 1913 bis Ende 1919. Gleich zu Beginn ihrer Gründung hatte die Fed zudem die *Gold Certificates* eingezogen, die zu 100 Prozent durch Gold gedeckt waren und die bis dato wichtigste Form des umlaufenden Papiergeldes darstellten. Stattdessen wurden *Federal Reserve Notes* ausgegeben, die nur zu 40 Prozent mit Gold zu decken waren. Die freigesetzten Fed-Goldbestände konnten zum Kredit- und Geldmengenschöpfen verwendet werden.

Deutsche Bundesbank

Die *Deutsche Bundesbank* ist aus der *Bank deutscher Länder* hervorgegangen, einem zweistufig-dezentral organisierten Zentralbanksystem, das nach dem Ende des Zweiten Weltkriegs in den drei westlichen Besatzungszonen errichtet wurde. Das Gesetz über die Deutsche Bundesbank trat am 1. August 1959 in Kraft. Es gab der Deutschen Bundesbank eine eigene Rechtspersönlichkeit, anstatt sie als unselbstständige Organisation in den Staatsapparat einzugliedern. Das mag die D-Mark davor geschützt haben, so drastisch entwertet zu werden wie viele andere Währungen. Sicherlich hat dies der Deutschen Bundesbank die Reputation einer stabilitätsorientierten Zentralbank beschert. Allerdings hat auch sie – allen verfassungsmäßigen Vorgaben und öffentlichen Bekundungen zum Trotz – dafür gesorgt, dass die Staatsverschuldung mit immer mehr Kredit- und Geldmengenschöpfung relativ geräuschlos kontinuierlich anschwellen konnte. Wie alle Zentralbanken diente eben auch die Deutsche Bundesbank letztlich den Wünschen der Regierenden und der Banken.

Europäische Zentralbank

Die Europäische Zentralbank (EZB), die am 1. Januar 1999 tätig wurde, ist nach der Blaupause der Deutschen Bundesbank konstruiert. Man wollte das »Vertrauenskapital« der deutschen Zentralbank auf die neu gegründete europäische Zentralbank übertragen. Das Vermächtnis der Deutschen Bundesbank für die EZB zeigte sich in der Vorgabe, politisch unabhängig zu sein und für Preis*niveau*stabilität zu sorgen. Zudem galt das Verbot der Haushaltsfinanzierung durch die elektronische Notenpresse: Der Maastricht-Vertrag wie auch die Statuten der EZB sollten sicherstellen, dass die Währungsbehörde dem Zugriff der Regierungen voll und ganz entzogen ist. Während die Bundesbank sich noch recht wacker gegen eine Vereinnahmung durch politische und bankwirtschaftliche Interessengruppen verwahrt hatte, ist die EZB recht rasch zum Koalitionspartner der Regierungen und insbesondere der bank- und finanzwirtschaftlichen Interessengruppen geworden.

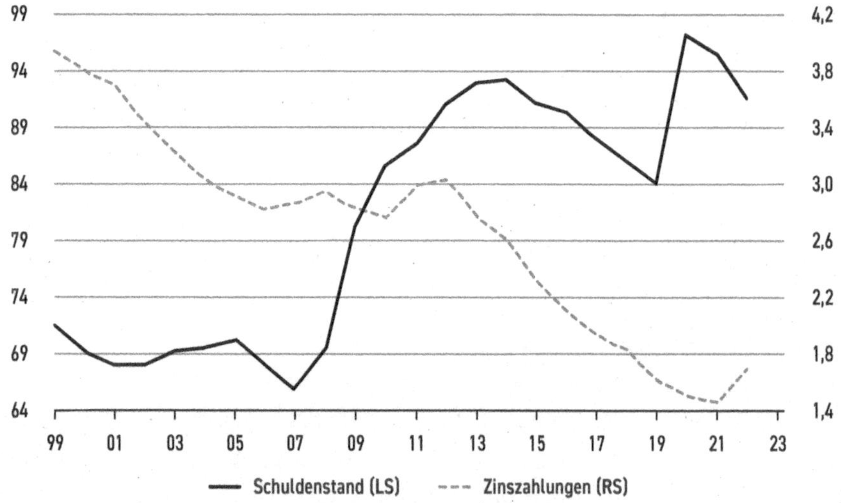

Abb. 15: Staatsschulden und die darauf zu zahlenden Zinsen in Prozent des Bruttoinlandsproduktes im Euroraum, 1999 bis 2022

Quelle: Refinitiv; eigene Berechnungen

Von Anbeginn der Währungsunion machte es die EZB-Politik der Zinssenkungen und Geldmengenvermehrung möglich, dass die Staatsschulden im Euroraum von 71 Prozent des Bruttoinlandsproduktes auf 91 Prozent ansteigen konnten (in der Spitze waren es 97 Prozent in 2020) – der Maastricht-Vertrag sah noch eine Obergrenze des staatlichen Schuldenstandes von 60 Prozent vor (Abb. 15). Vor allem konnte auch der Euro-Bankenapparat drastisch anwachsen. Im März 2023 belief sich die gesamte Bilanzsumme aller Euro-Banken im Euroraum auf mehr als 39 400 Mrd. Euro – im Vergleich zu noch 14 700 Mrd. Euro zu Beginn der Währungsunion Anfang 1999. Zu Beginn 2023 betrug die Euro-Bankenbilanz damit 336 Prozent des Bruttoinlandsproduktes im Euroraum, während sie Ende 1999 noch bei 183 Prozent lag.

Die hohe Schuldenlast führte spätestens 2010 – als Spätfolge der globalen Finanz- und Wirtschaftskrise – zu einer Banken- und Staatsschuldenkrise im Euroraum. Zur »Rettung« strauchelnder Schuldner und des Euro-Projekts war der EZB-Rat bereit, zu allen als notwendig erachteten Maßnahmen zu greifen. Ab 2014 wurden die Euro-Banken mit Sonderkrediten versorgt. Im Juli 2012 verkündete der damalige EZB-Präsident, Mario Draghi, auf einer Finanzinvestoren-Konferenz in London, der Euro sei nicht mehr rückgängig zu machen, er sei »irreversibel«, und die EZB werde alles tun, um ihn zu erhalten – mit der Zusicherung, dass die Maßnahmen der EZB dazu ausreichen werden: »And believe me, it will be enough«. Die fortgesetzten »Rettungspolitiken« der EZB – vor allem ab Anfang 2020 im Zuge der Coronavirus-Krise – führten bis 2022 zur Hochinflation.

Karl Marx hätte seine helle Freude

Um den Kommunismus zu errichten, forderten Karl Marx (1818–1883) und Friedrich Engels (1820–1895) in Kapitel 2 ihres *Kommunistischen Manifests* (1848) die »Zentralisation des Kredits in den Händen des Staats durch eine Nationalbank mit Staatskapital und ausschließlichem Monopol«. Marx und Engels wussten, warum: Die Kontrolle des Geld- und Kreditwesens bringt Kontrolle über das Wirtschafts- und Gesellschaftsleben. Diese Vision mag ihre Begeisterungswirkung verloren haben, gleichwohl bewegen sich die Volkswirtschaften – vielfach unbemerkt, vermutlich von den meisten Menschen auch ungewollt – dem Marx'schen Unfreiheitsideal entgegen. Das Geldproduktionsmonopol ist bereits allerorten in Staatshand, das Fiatgeld hat das Warengeld ersetzt. Die Folgen sind Krisen, die es in sich haben. Beispielsweise gerieten in der Euro-Krise ab 2010 viele Banken ins Wanken und waren nicht mehr in der Lage oder willens, neue Kredite zu vergeben. Doch die Politik wollte, dass sich das Verschuldungskarussell weiterdreht, weil es andernfalls zu einer schweren Bereinigungsrezession gekommen wäre, die auch das Ende des Euro hätte besiegeln können. Mit noch mehr Kredit und Geld, bereitgestellt zu Rekordtiefzinsen, wollte man der Misere entkommen, die nach Jahrzehnten der Schuldenwirtschaft entstanden war. Der EZB-Rat sann deshalb darüber nach, wie er vor allem die Banken dazu bewegen kann, den Fuß von der Kreditbremse zu nehmen. Eine Idee bestand darin, Banken die Kredite abzukaufen, die sie an kleine und mittlere Unternehmen vergeben haben. Die Kreditrisiken ließen sich so aus den Bankbilanzen entfernen. Das entlastet das Eigenkapital der Banken und sollte dazu verhelfen, die Kreditvergabe wiederzubeleben. Dazu wurde ein Markt für mit Unternehmenskrediten unterlegte Anleihen (»Asset Backed Securities«, ABS) geschaffen. Indem die Kredite handelbar gemacht werden, können sich Marktpreise bilden, und die EZB kann die Papiere kaufen. Allerdings waren diese Preise keine freien Marktpreise, sondern sie unterliegen maßgeblich dem Einfluss der EZB als absehbar mächtigstem Käufer. Mit der Entscheidung, Bankkredite aus ausgewählten Euro-Ländern und aus einzelnen Branchen zu kaufen, riss die EZB im Grunde die Kontrolle über die Marktzinsen an sich. Indem sie die Kreditzinsen für Unternehmen setzt, bestimmt sie mehr denn je (mit), welche Industrien und Regionen gefördert werden und welche niedergehen. Der EZB-Rat ist unter diesen Bedingungen zur industriepolitischen Zentralinstanz im Euroraum aufgestiegen. Die damit verbundene *Verstaatlichung des Kredits* läuft auf eine planwirtschaftliche Steuerung der Wirtschaft durch die Zentralbank hinaus. Karl Marx hätte vermutlich seine helle Freude, wäre er Zeuge dieser Entwicklungen.

Der Schein der politisch unabhängigen Zentralbanken

Die schmerzliche Erfahrung, die mit hoher Inflation gemacht wurde, führte in den 1980er-Jahren in vielen Ländern zum Umdenken. Die wirtschaftlichen und politischen Kosten der *offenen Inflationspolitik*, die der Zugriff der Regierungen auf die Notenpresse verursacht hatte, waren zu hoch geworden. Ermutigt durch die monetaristische Lehre des amerikanischen Ökonomen Milton Friedman (1912–2006) wurde in vielen Ländern beschlossen, die Zentralbanken *politisch unabhängig* zu machen und ihre Politik auf die Bewahrung der *Preisniveaustabilität* zu verpflichten. Auf diese Weise sollte hohe, ausufernde Inflation verhindert werden.

Auf den ersten Blick scheinen heutzutage die Zentralbanken in vielen Ländern politisch recht unabhängig zu sein. So werden etwa die Mitglieder des Zentralbankrates zwar von den Regierungspolitikern ernannt. Aber ihre Amtszeit übersteigt in der Regel die der Parlamentsabgeordneten, und während ihrer Amtszeit sind die Zentralbankräte meist unkündbar. Zudem wird den Zentralbankräten vielfach gesetzlich vorgeschrieben, die Inflation niedrig zu halten und keine Weisungen von außen entgegenzunehmen. All das soll die Zentralbankentscheider vor dem tagespolitischen Druck abschirmen, eine Inflationspolitik zu betreiben. Und nicht zuletzt werden die Zentralbankräte und ihre Mitarbeiter direkt von der Zentralbank bezahlt (indem für sie sprichwörtlich neues Geld erzeugt wird).

Auf den zweiten Blick ist die Idee der politisch unabhängigen Zentralbanken jedoch mit einigen Fragezeichen zu versehen. Die politisch unabhängigen Zentralbankräte verfolgen nämlich im Grunde genau die Geldpolitik, die im Interesse der Regierungen steht und im Großen und Ganzen auch ihren Beifall findet. Die Zentralbanken weiten die Geldmengen aus, sorgen also für Güterpreisinflation, von der der Staat profitiert, vor allem aber erfüllen sie auch den Wunsch der Regierungen nach Kredit zu niedrigen Zinsen. Zur Verzückung des Staates ist es den Zentralbanken über die Jahre hinweg sogar noch gelungen, der breiten Öffentlichkeit weiszumachen, ihre Geldpolitik sorge für stabile Preise: Die Politik der 2-prozentigen Geldentwertung pro Jahr wird erfolgreich als Politik der Geldwerterhaltung verkauft. Die breite Bevölkerung wird also über die inflationäre Wahrheit ihres Geldes getäuscht.

Die Zentralbanken dienen letztlich vor allem dem Banken- und Finanzsektor. Das zeigt sich in jüngster Zeit etwa darin, dass die Zentralbanken sich selbst das Ziel auferlegt haben, für sogenannte »Finanzstabilität« sorgen zu wollen. Dadurch richten die Zentralbanken ihre Politik stärker denn je an den Bedürfnissen der Geschäftsbanken aus. Sie setzen die geldpolitischen Konditionen so, dass Geschäftsbanken ausreichend Gewinne machen, und es wird dabei auch sichergestellt, dass strauchelnde Banken nicht ungewollt untergehen, sondern durchfinanziert oder von anderen, noch standfesten, Banken übernommen werden. Im Fall der Fälle stehen die Zentralbanken bereit, um mit neuen Krediten und Wertpapier-Stützungskäufen die Banken- und Finanzinstitute vor den »reinigenden Marktkräften« zu bewahren. Gleichwohl ist ein Zielkonflikt programmiert: Soll im Krisenfall die Inflation niedrig gehalten werden, auch wenn dadurch Banken pleitegehen? Oder soll die Bankenrettung vor alle anderen Ziele gesetzt werden, auch wenn es dadurch zur Hochinflation kommt?

Der wahre Test, ob die Zentralbankräte politisch unabhängig sind, zeigt sich nicht in dem häufig öffentlich ausgetragenen Gerangel zwischen Finanzministern und Geldpolitikern, ob nun der Notenbankzins in diesem oder im nächsten Monat herabgesetzt werden soll oder nicht. Der wahre Test steht vielmehr dann an, wenn Banken und Staaten vor der Zahlungsunfähigkeit stehen und die Geldpolitiker vor die Wahl gestellt sind, entweder die Regierung pleitegehen zu lassen oder neues Geld auszugeben, um offene Rechnungen zu bezahlen – und damit für Geldentwertung zu sorgen. Die Hoffnung, die Geldpolitiker in den Zentralbanken werden sich gerade dann als politisch unabhängig erweisen, wenn es am nötigsten ist, wird sich vermutlich nicht erfüllen.

Das zumindest legt die Erfahrung nahe. Man denke nur einmal an die Geschehnisse in der Weimarer Republik. Selbst als die Güterpreisinflation zu Beginn der 1920er-Jahre zu galoppieren begann (als Folge der extremen Papiergeldmengenvermehrung durch die Deutsche

Reichsbank), konnten sich die Räte der deutschen Zentralbank nicht durchringen, dem Übel der Währungszerstörung ein Ende zu setzen. Die Erklärung dafür gibt Hjalmar Schacht (1877–1970), ehemaliger Reichsbankpräsident (1923–1930 und 1933–1939):

»In seiner Festrede zum fünfzigjährigen Bestehen der Reichsbank am 2. Januar 1926 führte das Mitglied des Direktoriums Geheimrat v. Grimm zu diesem Punkt aus: ›In immer wachsendem Maße musste das Reich auf die Reichsbank zurückgreifen, um seine Existenz zu fristen, und weil es sich um die Existenz des Reiches handelte, glaubte die Reichsbank sich auch dann nicht versagen zu können, als ihr durch die Gesetzgebung von 1922 die formelle Autonomie zuteil geworden war.‹ Die Absicht des Gesetzes von 1922, die Reichsbank von den Ansprüchen des Staates freizumachen, scheiterte gerade im entscheidenden Moment, weil das Reich keine andere Lösung fand, sich finanziell über Wasser zu halten, als den inflationistischen Rückgriff auf die Notenpresse.«[12]

Obwohl also die Führung der Deutschen Reichsbank ausdrücklich politisch unabhängig gemacht worden war, stellte sie die Interessen der Tagespolitik über die Bewahrung des Geldwertes: Die politische Unabhängigkeit der Reichsbankführung erwies sich, als sie wirklich gebraucht wurde, als Illusion. Die Reichsbank füllte die Löcher im Staatshaushalt und hielt mit ihrer Geldpolitik eine politische und wirtschaftliche Scheinblüte am Leben, die sich ohne die Inflationspolitik der Reichsbank rasch entzaubert und bei offener Darlegung der Tatsachen vermutlich keine Zustimmung der breiten Bevölkerung erfahren hätte. Die Inflationspolitik, die mit der Ruhrbesetzung Ende 1922 zu einer Hyperinflationspolitik ausgeweitet wurde, war eine Politik von Lug und Trug. Nur wenige haben von ihr profitiert, und zwar auf Kosten der Mehrheit der Bevölkerung, die verarmte.

Staat, Krieg und Geld

Es gibt einen weiteren wichtigen Aspekt, der das Verhältnis zwischen Staat und Geld prägt: der Expansionsdrang des Staates nach außen, der häufig mit Krieg einhergeht. Wie erklärt sich das? Um diese Frage zu beantworten, werfen wir zunächst einen Blick auf das Buch *Nation, Staat und Wirtschaft*, das Ludwig von Mises (1881–1973) im Jahr 1919 veröffentlicht hat.[13] Darin legt er unter anderem eine Erklärung vor, wie es zum Ersten Weltkrieg, zur Urkatastrophe der Neuzeit, kommen konnte. Seine – vielleicht für viele heute überraschende – Antwort lautet im Kern: Es war die Abkehr von der Idee der freien Märkte, von Freihandel, von individueller Freiheit und Gleichheit vor dem Gesetz, es war die Abkehr vom Liberalismus und der Aufstieg des Staates (wie wir ihn heute kennen), die zum Ersten Weltkrieg geführt haben.[14]

Ökonomisch gesehen ist Krieg geradezu wesensfremd für ein System der freien Märkte. Hier treten nämlich die Menschen freiwillig in Arbeitsteilung, weil sie erkennen, dass sie auf diese Weise ihren materiellen Wohlstand mehren können. Die Arbeitsteilung und der damit verbundene Tauschhandel führen die Menschen sprichwörtlich zusammen. Sie erkennen einander als gegenseitig nützlich in der Bewältigung ihrer Lebensherausforderungen an. Ein System der freien Märkte würde – wenn man es zulässt – die Menschen rund um den Globus früher oder später in eine sehr eng verzahnte Arbeitsteilung hineinwachsen lassen. Das Ergebnis wäre eine dauerhaft friedvolle und produktive Kooperation der Menschen. Menschen, die die produktive Wirkung der Arbeitsteilung erkennen, haben keinerlei Anreiz, Krieg gegeneinander zu führen.

Doch leider gibt und gab es kein System der freien Märkte auf dieser Welt, das wirklich frei ist oder gewesen wäre. Seit vielen Jahrhunderten, vor allem seit Beginn der neueren Geschichte, gibt es so etwas, das man als Staat bezeichnet. Anfänglich gab es den Staat in Form des Feudalherrn, des Königs, dann des Kaisers, in jüngerer Vergangenheit der Republik, der Diktatur oder des modernen demokratischen Staates. Erinnern wir uns daran, was der Staat (wie wir ihn heute kennen) eigentlich ist: *Er ist der territoriale Zwangsmonopolist mit der Letztentscheidungsmacht über alle Konflikte auf seinem Gebiet, und der Staat nimmt sich zudem das Recht, Steuern zu erheben.*

Ein solcher Staat ist keine auf Freiwilligkeit beruhende Einrichtung. In einem System der freien Märkte könnte er gar nicht entstehen. Hier gibt es nämlich nur freiwillige Kooperation, freiwillige, also keine erzwungenen, mit Zwang und Gewalt herbeigeführten Tauschakte. Der Staat, wie ihn Rothbard und Oppenheimer definieren,[15] ist eine aggressive Institution, nach innen wie nach außen. Der Grund dafür liegt auf der Hand: Wenn der Staat das territoriale Machtmonopol zur Letztentscheidung über alle Konflikte auf seinem Gebiet innehat, wenn er auch die Macht besitzt, Steuern zu erheben (einschließlich der Inflationssteuer), dann wird er (beziehungsweise werden die Personen, die die Staatsmacht ausüben) selbstverständlich immer stärker von seinem Machtmonopol Gebrauch machen.

Nach innen gerichtet, weitet der Staat sich aus – durch steigende Besteuerung, zunehmende Regulierung und auswuchernde Gesetzgebung und anderes mehr – auf Kosten der Freiheitsgrade der breiten Bevölkerung. Dass der Staat (wie wir ihn heute kennen) im Zeitablauf immer größer und mächtiger wird, dass er unaufhörlich expandiert, ist also kein Zufall, keine Panne, sondern ist absehbar, ist logische Konsequenz seines Machtmonopols.

Auch nach außen dehnt sich der Staat aus, sobald sich ihm dazu eine passende Gelegenheit bietet. Staaten, die sich ideologisch miteinander verbunden fühlen, haben einen Anreiz, sich zu einem Kartell zusammenzuschließen, um den (Standort-)Wettbewerb zwischen sich auszuschalten. Ein Beispiel für solch ein Staatenkartell ist die Europäische Union (EU). Wenn Staaten aber unterschiedliche Interessen verfolgen, unterschiedlichen Ideologien anhängen, dann haben sie auch einen Anreiz, ihre Macht auch aggressiv-kriegerisch auf- und auszubauen. Weil diese Bedingung häufig anzutreffen war, ist die Weltgeschichte voll von solcherart motivierten Kriegen zwischen Staaten.

Große Staaten sind natürlich besonders aggressiv nach außen, weil es relativ einfach ist für sie, sich die für eine aggressive Außenpolitik erforderlichen Mittel – Geld, Waffen, Soldaten – zu beschaffen. Wenn große Staaten unterschiedlichen Ideologien anhängen, dann ist folglich die Kriegsgefahr zwischen ihnen auch sehr groß. Ein Beispiel hierfür sind die militärischen Konflikte in Form der vielen Stellvertreterkriege, die zwischen den USA und der Sowjetunion immer wieder ausgetragen wurden.[16] Kriegerische Auseinandersetzungen zwischen Staaten sind kein tragischer Zufallsfehler, sie sind vielmehr ebenfalls ein logisches Ergebnis. Das ist übrigens auch eine grundlegende Einsicht, die bereits der preußische General Carl von Clausewitz (1780–1831) formuliert hat. Er schrieb, »daß der Krieg nicht ein politischer Akt, sondern ein wahres politisches Instrument ist, eine Fortsetzung des politischen Verkehrs, ein Durchführen desselben mit anderen Mitteln.«[17]

Wer also Krieg wirkungsvoll verhindern will, der muss, so sagte es bereits Ludwig von Mises, den Staat und mit ihm Politik und Politiker auf das Stärkste einzuschränken versuchen. Das heißt, der Weg zum »ewigen Frieden«, wie er Immanuel Kant vorschwebte, führt nicht über den Staat, sondern über das System der freien Märkte. Die freien Märkte, nicht der Staat (wie wir ihn heute kennen) sind Garant für Frieden und Wohlstand der Menschen auf dem Planeten. Kant schrieb: »Der Friedenszustand unter Menschen, die nebeneinander leben, ist kein Naturzustand *(status naturalis)* ... Er muss gestiftet werden.«[18] Als Ökonom sollte man hinzufügen: Der Friede stellt sich ein, wenn die Menschen freiwillig in freien Märkten miteinander kooperieren, der Friede wird nicht vom Staat gestiftet. Wer meint, die Lösung des Kriegsproblems liege in der weiteren Aufrüstung der Staaten, in Sanktionen, im Beenden der grenzüberschreitenden Arbeitsteilung, des Handels, der unterliegt einem Irrtum. Das Kriegsproblem ist auch nicht gelöst, wenn der Aggressor besiegt ist, sondern nur dann, wenn die Ideologien, die zu Krieg führen, vollständig diskreditiert sind und darum bei den Menschen keinen Zuspruch mehr finden.

Dass der Staat (wie wir ihn kennen) aufgrund seines Expansionsstrebens die Hoheit über das Geld anstrebt, Warengeld durch beliebig vermehrbares Fiatgeld ersetzt, gerade wenn er vorhat, militärisch sich auszudehnen, liegt auf der Hand. Die Geldmengenvermehrung erleichtert es dem Staat, den Bürgern und Unternehmern die Kosten der Kriegsführung aufzuerlegen, und schmälert so den Widerstand der Öffentlichkeit gegen den Krieg. Die Vermehrung der Geldmenge aus dem Nichts scheint schließlich niemandem etwas wegzunehmen – im Vergleich etwa zu einer Erhöhung der Mehrwert- und/oder Einkommenssteuer. Das wiederum erlaubt es der Regierung, den (Angriffs- oder Verteidigungs-)Krieg länger und härter zu führen, als es der Fall wäre, wenn die breite Bevölkerung nicht über die wahren Kosten, die die Kriegsführung hat, hinweggetäuscht würde.

Gäbe es keine Geldmengenvermehrung, wäre sofort offensichtlich, dass die erhöhte Nachfrage nach Kriegsgütern die Nachfrage nach Konsum- und Produktionsgütern zurückdrängt. Es käme zu einer unübersehbaren Verschlechterung der materiellen Versorgung der Menschen. Wenn aber die Kriegsproduktion mit der Ausgabe von neuem Geld finanziert wird, dann verdrängt die Nachfrage nach Kriegsgütern zunächst nicht die Produktion anderer Waren, sondern sorgt für eine »Sonderkonjunktur«, führt die Volkswirtschaft in eine Überauslastung. Die Geschäfte der Firmen laufen gut, die Lage auf dem Arbeitsmarkt sorgt für eine hohe Beschäftigungslage (zumal viele Männer, die zur Front eingezogen werden, am Arbeitsplatz fehlen, und Forderungen nach höheren Löhnen durchsetzbar werden). Eine durch Ausgabe von inflationärem Geld angestoßene *Sonderkonjunktur* verringert den öffentlichen Widerstand gegen die Kriegstätigkeit zusätzlich.

Wächst sich der Güterbedarf für die Kriegsführung aus und gelangt der Staat unter den herrschenden Bedingungen nicht an die von ihm gewünschten Kriegsgüter, ist absehbar, dass er Wirtschaft und Gesellschaft seinen Zwecken immer stärker unterstellen wird. In der ersten Stufe wird der Staat eine Befehls- und Lenkungswirtschaft herbeiführen wollen. Das heißt im Kern, der Staat belässt den Unternehmern das Eigentum an ihren Produktionsmitteln (Vorprodukten, Werkzeugen, Produktionsstätten etc.). Gleichzeitig diktiert er ihnen jedoch, was wann wie und in welcher Menge zu produzieren ist und wie hoch die Löhne auszufallen haben, in welcher Höhe Dividenden gezahlt werden dürfen etc. Die Unternehmer sind nur noch rechtlich-formal Eigentümer ihrer Produktionsmittel. Der Schritt von der Befehls- und Lenkungswirtschaft in den *Kriegssozialismus* ist dann nur noch ein kleiner. Er wird dann vollzogen, wenn der Staat die Firmeneigentümer enteignet, ihre Firmen verstaatlicht.

Dass die Hoheit des Staates über das Fiatgeld den Weg in den Kriegssozialismus begünstigt, ist unmittelbar einsichtig; und es sollte auch erkennbar sein, dass das Krieg, finanziert mit Fiatgeld, den Weg in den Sozialismus, zur Allmacht des Staates ebnet, und genau dahin zielt das Bestreben des Staates (wie wir ihn heute kennen). Dazu eine illustrative zeithistorische Beobachtung, die Ludwig von Mises kurz nach dem Ersten Weltkrieg verfasste:

»Der Kriegssozialismus war nur die Fortsetzung der schon lange vor dem Kriege eingeleiteten staatssozialistischen Politik in einem beschleunigten Tempo. Von Anfang an bestand bei allen sozialistischen Gruppen die Absicht, nach dem Kriege keine der im Kriege getroffenen Maßnahmen fallen zu lassen, vielmehr auf dem Wege zur Vollendung des Sozialismus fortzuschreiten. Wenn man es in der Öffentlichkeit anders vernahm und wenn vor allem die Regierungsstellen immer nur von Ausnahmsverfügungen für die Kriegsdauer sprachen, so hatte dies nur den Zweck, etwaige Bedenken gegen das schnelle Tempo der Sozialisierung und gegen einzelne Maßnahmen zu zerstreuen und die Gegnerschaft dagegen zu ersticken. Man hatte aber schon das Schlagwort gefunden, unter dem die weiteren Sozialisierungsmaßnahmen segeln sollten; es hieß Übergangswirtschaft.«[19]

»Moderne Monetäre Theory« (MMT)

Frei nach Karl Marx und Friedrich Engels lässt sich sagen: »Es geht ein Gespenst um auf der Welt, das Gespenst der ›Modernen Monetären Theorie‹ (MMT)«.[20] In den Vereinigten Staaten ist die MMT – ihre prominentesten Befürworter sind die US-amerikanischen Ökonomen Warren Mosler[21] und Stefanie A. Kelton[22] – vor allem im linken Lager der Demokratischen Partei auf fruchtbaren Boden gefallen. In der volkswirtschaftlichen Diskussion ist sie hingegen weitgehend auf Kritik und auch auf Ablehnung gestoßen. Die Befürworter der MMT lassen sich dennoch nicht unterkriegen. Da volkswirtschaftliche Theorien, auch wenn sie falsch sind, wirkungsmächtig werden und, wenn sie die Politik beeinflussen, großen Schaden anrichten können, ist es wichtig, sich eingehend mit ihnen auseinanderzusetzen.

Fragen wir zunächst: Was ist »modern« an der MMT? Nun, neu ist sie nicht. Die MMT ist vielmehr ein »Patchwork«, ihre Vertreter berufen sich auf viele bekannte Theorieelemente – wie auf Georg Friedrich Knapps »Staatliche Theorie des Geldes« und den damit verbundenen Chartalismus (die Lehre, wonach vor allem der Staat durch seine Macht, Steuern zu erheben und eine Währung zu etablieren, den Wert der Währung garantiert) sowie auf keynesianische und post-keynesianische Elemente und auch auf die Krisentheorie des Ökonomen Hyman P. Minsky (1919–1996). Das »moderne« an der MMT ist, diese und andere Theorieelemente miteinander zu vermengen und sie als ein praktikables geld-, finanz- und wirtschaftspolitisches Konzept anzupreisen, mit dem sich angeblich drängende Probleme der Zeit – wie zum Beispiel Wirtschaftskrisen, Unterbeschäftigung und Staatsüberschuldung – lösen lassen. Konkret gesprochen besagt die MMT erstens:

Der Staat soll sich fortan von seiner Zentralbank so viel Fiatgeld sprichwörtlich drucken lassen, wie er zur Bewältigung seiner Ausgaben braucht. Zweitens: Steuern werden nicht mehr zur Finanzierung des Staatshaushaltes erhoben, sondern nur noch, um eine Nachfrage nach dem staatlichen Fiatgeld sicherzustellen. Drittens: Der Staat betreibt eine kreditfinanzierte Nachfragepolitik, um die Volkswirtschaft auf Vollbeschäftigung zu bringen. Viertens: Sollte es Güterpreisinflation geben, wird sie eingefangen, indem die Staatsdefizite entsprechend verringert und/oder die Geldmenge in den Händen der Privaten per Besteuerung reduziert werden. Fünftens: Der Staat kontrolliert mit seiner Defizitpolitik den Zins: Gibt er beispielsweise in einer Phase der Konjunkturschwäche mehr aus, als er an Steuern einnimmt, beschafft er sich den Fehlbetrag durch neu geschaffenes Zentralbankgeld. Die

Menge des zusätzlichen Zentralbankgeldes im Interbankenmarkt steigt daraufhin an und senkt den Zins ab – und das wiederum befördert Investitionen, Wachstum und Beschäftigung. Sechstens: Indem der Staat das Ziel verfolgt, Vollbeschäftigung zu sichern, stabilisiert er die Wirtschaft. Nimmt beispielsweise die Beschäftigung ab, sorgt der Staat mit erhöhten Ausgaben – finanziert durch neu geschaffenes Geld – für eine erhöhte Nachfrage und mehr Arbeitsstellen; und »überhitzt« die Wirtschaft, verringert der Staat die Ausgaben und/oder reduziert die Geldmenge durch Steuererhöhungen.

Weniger bekannt scheint unter den Anhängern der MMT zu sein, dass die grundlegende Idee der MMT geradewegs zu den sozialistischen Denkern Pierre-Joseph Proudhon (1809–1865) oder dem national-sozialistischen Wirtschaftstheorie-Autodidakten Gottfried Feder (1883–1941) zurückreichen. Ihnen zufolge soll der Staat nicht nur die Hoheit über die Geldproduktion haben, er soll vor allem auch ungehindert Zugang zu neuem Geld bekommen, das die Zentralbank ihm möglichst zinslos bereitstellt. Dass dies aber auf ein geradezu gefährliches Staatsverständnis hinausläuft, sollte jedem klar sein, der den tieferen Sinn der Forderung »No taxation without representation« versteht: Ihre Beachtung soll bekanntlich sicherstellen, daß die Regierenden nicht ohne Zustimmung an Geld und Eigentum der Regierten kommen; und entsprechend ist die Missachtung dieser Forderung – wie sie die MMT einfordert – Ausdruck einer tyrannischen Gesinnung.

Zudem ist der Gedanke, der Staat werde die Güterpreisinflation, herbeigeführt durch die staatlich verursachte Geldmengenvermehrung, nicht aus dem Ruder laufen lassen, sie sogar bekämpfen, sollte sie zu hoch ausfallen, völlig realitätsfremd: Es ist absehbar, dass Regierungen sich, wenn sie ungehindert Zugang zur Notenpresse erhalten, immer mehr neues Geld beschaffen, es mit vollen Händen ausgeben, um sich damit die Zustimmung der Regierten zu erkaufen. Gerade in modernen Demokratien sorgen Politiker sich um das Hier und Jetzt, scheren sich wenig um das Morgen. Hochinflation, wenn nicht gar Hyperinflation, werden daher die unausweichliche Begleiterscheinung einer Umsetzung der MMT sein.

Absurd ist die Vorstellung, der Staat könnte mit seiner Ausgabenpolitik die Konjunktur oder gar die Volkswirtschaft »glätten«, sie stets auf Vollbeschäftigungskurs halten. Das ist die ur-keynesianische Idee der »Globalsteuerung«, wie sie der deutsche Volkswirt Karl Schiller (1911–1994) während seiner Zeit als deutscher Wirtschafts- und Finanzminister (1967 bis 1982) in die Tat umzusetzen versuchte – und dabei scheiterte. Der Staat, seine Politiker und Bürokraten haben schlichtweg nicht das erforderliche Wissen, das Richtige zur richtigen Zeit zu tun. Zeitliche Verzögerungen, die zwischen Politikmaßnahmen und ihren Wirkungen auftreten und die sich vorab nicht verlässlich vorhersehen lassen, machen es unmöglich, die gewünschten Politikziele zu erreichen. Die MMT bietet keine Lösung für dieses Problem.

Besonders problematisch ist, dass die MMT dem heute weitestgehend akzeptierten Wissenschaftsverständnis entstammt, nach dem die wissenschaftliche Methode der Naturwissenschaft – also Erkenntnisgewinnung durch Experimentieren – auf die Ökonomik zu übertragen ist. Die Volkswirtschaft wird so de facto zum Versuchslabor deklariert. Gerade die ökonomischen Theorien, die politisch Verheißungsvolles versprechen – wie zum Beispiel »Durch das Vermehren der Geldmenge steigt der Wohlstand« oder »Negativzinsen fördern Wachstum und Beschäftigung« oder »Schulden sind kein Problem, der Staat soll Kredite aufnehmen« –, haben gute Chancen, politische Zustimmung zu finden, um sie tatsächlich in der Praxis auszuprobieren. Dass die MMT nach der gängigen postmodernen Erkenntnistheorie Wissenschaftlichkeit beanspruchen kann, macht sie für Regierungen nur noch attraktiver.

Darum dürfte die MMT gerade im politischen Lager der Kollektivisten-Sozialisten-Marxisten auf große Unterstützung stoßen. Die »reine«, nicht ideologisierte ökonomische Lehre kann nämlich abschätzen, wohin die MMT letztlich führt: Sie befördert das ungehemmte Vordringen des Staates in Wirtschaft und Gesellschaft zulasten der Freiheiten von Bürgern und Unternehmern – also genau das, was linken Eiferern üblicherweise vorschwebt. Der finanziell allmächtige Staat wuchert aus, treibt Bürger und Unternehmer in seine Abhängigkeit

– vor allem auch durch die Nöte und Bedürftigkeit, für die Hoch- oder gar Hyperinflation sorgen werden. So gesehen ist die MMT so etwas wie ein Trojanisches Pferd: eine Theorie, die in die Praxis umgesetzt dem Staat zur Allmacht verhilft, Bürgern und Unternehmern monetäres Chaos beschert und einem kollektivistisch-sozialistischen Wirtschafts- und Gesellschaftsmodell den Boden bereitet.

Mit einer gewissen Beklemmung muss man feststellen, dass die MMT gewissermaßen das logische Ende vorwegnimmt, auf das die herrschende Wirtschafts- und Gesellschaftspolitik des Westens ohnehin zusteuert.

Die Staatshaushalte sind seit Jahr und Tag chronisch defizitär. Die Zentralbanken finanzieren die Staatsschulden mit künstlich gesenkten Zinsen und der Ausgabe von immer mehr neuem Geld. Weite Teile der Bevölkerung sowie auch eine wachsende Zahl von Firmen sind in eine immer stärkere Abhängigkeit von der staatlichen Ausgaben- und Versorgungspolitik geraten. Die »grüne Politik«, der große geplante Umbau der Volkswirtschaften, bedient sich quasi bereits der MMT: Um die mit dem Ausstieg aus fossilen Brennstoffen verbundenen Kosten vor den Augen der Öffentlichkeit weitestgehend zu verbergen – wie vor allem die Zerschlagung der volkswirtschaftlichen Leistungsfähigkeit –, bringen die Staaten gewaltige, mit neuen Schulden und neuem Geld finanzierte Unterstützungspakete auf den Weg. Sie sollen die Konjunkturen vor dem Absturz bewahren, den Fortgang des Wohlstandes vorgaukeln.

Mittlerweile tritt jedoch die dunkle Seite der wachsenden Staatsverschuldung, die von den Zentralbanken à la MMT mit neu geschaffenem Geld bereitwillig finanziert wird, schonungslos zutage – und zwar in Form der Hochinflation. Sie zersetzt die Kaufkraft des Geldes, die in Geld gehaltenen Ersparnisse, verarmt weite Teile der Bevölkerung und setzt die wirtschaftliche Leistungsfähigkeit herab. Und wie schwierig es ist, eine erst einmal in Gang gekommene Hochinflation zu beenden, zeigen unmissverständlich die zögerlichen Zinsanhebungen der Zentralbanken: Man scheut davor zurück, die Kosten der Inflationsbeendigung – eine Stabilisierungsrezession – in Kauf zu nehmen. Damit wird das Inflationsproblem verhärtet und verschlimmert. Die MMT bietet keine (Politik-)Alternative an, die hoffnungsfroh stimmen könnte. Ihre Botschaften sind vielmehr eine Ursachenerklärung der monetären und dadurch ausgelösten schwerwiegenden wirtschaftlichen und gesellschaftlichen Probleme: die staatliche Hoheit über das Geld.

Der Great Reset

»Entweder Kapitalismus oder Sozialismus. Tertium non datur.«[23] Es gibt keinen Mittelweg zwischen Kapitalismus (einer Wirtschaftsordnung, in der sich die Produktionsmittel im Privatbesitz befinden) und Sozialismus (wo die Produktionsmittel verstaatlicht sind), so Ludwig von Mises. Der Mittelweg – das ist der *Interventionismus* oder, wie er im deutschsprachigem Raum eher bekannt ist: die »soziale Marktwirtschaft« – kann nicht dauerhaft funktionieren, so Mises' ökonomische Einsicht. Der Interventionismus führt vielmehr, wenn er unbeirrt fortgesetzt wird, in eine Befehls- und Lenkungswirtschaft, in der der Staat maßgeblich bestimmt, wer was wie produzieren kann und wer was konsumieren darf.[24] Es ist eine Wirtschaftsform, in der Eigentum an den Produktionsmitteln zwar formal, aber nicht materiell erhalten bleibt. Zum Sozialismus – der bekanntlich scheitern muss – ist es dann nur noch ein vergleichsweise kleiner Schritt.

Das heutige staatlich organisierte und gesteuerte Geldsystem – es handelt sich um ein Fiatgeldsystem, und es wird in Kapitel 6 noch eingehend erklärt – ist ein Beispiel für den *Interventionismus*, und es hat überaus weitreichende Wirkungen. Es befördert vor allem auch durch die Krisen das Anwachsen des Staates auf Kosten der Freiheiten von Bürgern und Unternehmern. Der Interventionismus, das ungedeckte Geldsystem, stehen damit im wahrsten Sinne des Wortes auf Kriegsfuß mit der friedvollen und produktiven Kooperation der Menschen, national wie auch international. Und dennoch gibt es immer wieder Vorschläge, den Interventionismus, wo er bereits eingeführt ist, weiterzutreiben. So auch heute wieder unter der Überschrift Great Reset.

Der Gründer und Vorsitzende des World Economic Forum (WEF) Klaus Schwab (* 1938) veröffentlichte im Jahr 2020 zusammen mit Thierry Malleret (* 1961) das Buch *COVID-19: The Great Reset.* Darin legen sie ihren Vorschlag zum Umbau der Weltwirtschaft und -gesellschaft vor. Die Covid-19-Krise sei »an opportunity [that] can be seized to make the kind of institutional changes and policy choices that will put economies on the part toward a fairer, greener future.«[25] In der Öffentlichkeit wurde der Great Reset – der Große Neustart – so zu einem Begriff.[26] Beim Great Reset handelt es nicht nur um eine Beschreibung, wie die Welt der Zukunft aussehen könnte, wenn die digitalen Potenziale ausgeschöpft und die Abkehr von fossilen Brennstoffen erreicht ist. Der Great Reset ist aus Sicht der Autoren vielmehr eine Empfehlung, ein anzustrebendes Zukunftsszenario. Das haben Schwab und Malleret in ihrem zweiten Buch *The Great Narrative* deutlich gemacht, in dem der Great Reset als notwendig, als wohlmeinend dargestellt wird.[27]

Das WEF, gegründet 1971, ist ein überaus einflussreicher Think-Tank. Es bringt in seinen jährlichen Treffen Wirtschaftsexperten, Politiker, Wissenschaftler, Unternehmenslenker, sonstige gesellschaftliche Akteure und Journalisten zusammen und ermöglicht ihnen, sich über aktuelle globale Fragen auszutauschen, Themen zu setzen, meinungsbildend tätig zu sein. Zudem veröffentlicht das WEF Diskussions- und Forschungsbeiträge, und es zielt darauf ab, die künftigen »Führungseliten« in Wirtschaft und Politik auszuwählen und sie für die Verbreitung und Durchsetzung der Ziele, die das WEF anstrebt beziehungsweise verfolgt, zu gewinnen – beispielsweise durch das Forum »Young Global Leaders« und »Global Shapers«.

Ein Plädoyer des WEF ist – und das ist für uns in diesem Buch von sehr großer Bedeutung – die Einführung von digitalem Zentralbankgeld (Central Bank Digital Currency [CBDC]). So gesehen ist es wichtig, einen grundsätzlichen Überblick zu bekommen über die inhaltliche Ausrichtung des Great Reset, wie er vom WEF propagiert wird, und wie und in welcher Weise die Botschaft des WEF bereits die öffentliche Meinung für sich einnimmt. Great Reset setzt sich aus einer Reihe einzelner Bausteine zusammen. Hier die wichtigsten:[28]

»Stakeholder capitalism«: Darunter ist zu verstehen, dass die Eigentümer der Unternehmen nicht mehr nur ihre eigenen (Gewinn-) Interessen, sondern dass sie auch den nicht-monetären Interessen externer Adressaten ebenfalls nachkommen müssen. Stakeholder Capitalism steht für eine mentale Umerziehung der Unternehmer, die den Kapitalismus auszuhöhlen versucht, oder es handelt sich sogar um einen Euphemismus für zumindest eine Teilenteignung der Unternehmenseigner.

»Economic, Social and Governance (»ESG«): Kapitalanleger sollen (und werden bereits) verpflichtet, in solche Unternehmen zu investieren, die das ESG-Siegel tragen – und das ESG-Siegel wird verliehen an die Unternehmen, die sich an politisch vorgegebene Kriterien halten. ESG läuft im Kern auf eine staatliche Lenkung der Kapitalinvestitionen hinaus.

»Wokeism«: Dahinter verbirgt sich die psychologische Idee, den Menschen Schuld- und Minderwertigkeitskomplexe einzureden, dass es ihnen nur gut geht, weil es dafür anderen schlecht geht; dass es gut und richtig ist, weniger zu wollen. Wokeism sorgt dafür, dass die Menschen sich innerlich vom Leistungsprinzip, vom Streben nach einem besseren materiellen Leben, vom Kapitalismus verabschieden.

»Klima-Katastrophismus«: Ihm zufolge werden die Erde und Bewohner sterben, wenn nicht sofort die individuelle Freiheit eingeschränkt wird, die Staaten das Ruder übernehmen und herumreißen und das System der freien Märkte sowie die individuelle Freiheit – die mit ihrem Ressourcenverbrauch den Globus zerstören – beendet werden.

»Transhumanismus«: Die Idee, die Möglichkeiten des Menschen durch den Einsatz moderner Technologien zu erweitern, genauer: das, was das Menschsein ausmacht, zu »hacken«, sein geistiges Wesen zu digitalisieren und zu computerisieren.

»Vierte Industrielle Revolution« (»4-IR«): Gemeint ist damit die sprichwörtliche Umwälzung der herrschenden Produktions- und Gesellschaftsverhältnisse durch die Ausbreitung neuer Technologien und Anwendungen: künstliche Intelligenz, Robotik, Genetik, Machine-To-Machine-Kommunikation, Smart Contracts, Internet of Things (IoT), Internet-of-Bodies (IoB), Artifical Intelligence (AI), Augemented Reality (AR), Virtual Reality (VR) und Mixed Reality (MR), Metaverse und digitales Zentralbankgeld (in Englisch: Central Bank Digital Currencies [CBDC]).

Nun könnte man die Bausteine des Great Reset durchaus als so etwas wie übersteigerte techno-futuristische Zukunftsentwürfe abtun, die nur vorübergehend unsere Aufmerksamkeit erheischen und sich bald in nichts auflösen. Ja, wäre da nicht das aktive Bestreben des WEF, die Worte in Taten umzusetzen. Und wäre da nicht das immer stärkere Ineinandergreifen von Staat und Großunternehmen, die unverfänglich klingende »Public-Private-Partnership«, das die Eingriffsmöglichkeiten des Staates in Wirtschaft und Gesellschaft gewaltig ausweitet. Es erlaubt gleichzeitig insbesondere Großunternehmen, sich der Staatsmacht für die eigenen Zwecke zu bedienen.

Und genau das ist es, was den Great Reset bedrohlich erscheinen lässt: Der Staat beziehungsweise eine Großunternehmens-Staat-Vermischung gelangt an alle Daten der Menschen, kann in alle ihre Dispositionen einsehen, erhält so ungeahnte Überwachungs-, Kontroll- und Lenkungsmacht. Der Great Reset, in die Praxis umgesetzt, wie es sich die Vertreter des World Economic Forum ansinnen, führt absehbar zu einer Dystopie, die George Orwells *1984* harmlos aussehen lässt. Man verknüpfe nur beispielsweise digitale ID, digitalen Impfpass und digitales Zentralbankgeld – und ein *digitales Weltgefängnis* würde bittere Realität. Insbesondere das digitale Zentralbankgeld erscheint in diesem Zusammenhang besonders gefahrvoll für die individuelle Freiheit, die offene Gesellschaft zu sein – das wird in Kapitel 7 noch näher besprochen.

Kapitel 5
Was man über den Zins wissen muss

»Der ursprüngliche Zins oder Urzins, das ist der Preisabschlag, den künftige Güter gegenüber gegenwärtigen Gütern erleiden.«

Ludwig von Mises (1881–1973)

Der Zins, ein umstrittenes Phänomen

Wohl kaum ein anderes Wirtschaftsphänomen ist ideologisch und nicht selten auch emotional so aufgeladen und streitbar wie der Zins. Der Ertrag für das Leihen von Geld ist vielen suspekt und erscheint als ein *Übel*: Wer Zinsen fordert, der schade anderen. Zinsrestriktionen beziehungsweise -verbote finden sich bereits im Alten Testament und Neuen Testament und ebenso im Koran. Wie schon sein Lehrer Platon (428–348 v. Chr.) sprach sich auch Aristoteles (384–322 v. Chr.) für ein Zinsverbot aus. Während Platon die Auffassung vertrat, die Zinseinnahme schädige den Staat, ging sein Schüler einen Schritt weiter: Aristoteles stufte das Nehmen von Zinsen als verwerflich, als moralisch schlechtes Wirtschaftshandeln (»Chrematisik«) ein. Er schrieb: »[S]o ist vollends mit dem größten Recht Zinsdarlehn und Wuchergeschäft verhaßt, weil dieses unmittelbar aus dem Gelde selber den Erwerb zieht und nicht aus Dem, wofür das Geld allein erfunden ist. ... Und diese Art von Erwerbskunst ist denn hiernach die widernatürlichste von allen.«[1] Die Vorbehalte gegen den Zins gibt es auch noch in der Moderne. So findet sich etwa der Gedanke, dem Zins hafte ein »moralischer Schatten« an.[2]

Ein neuzeitlich besonders augenscheinliches Beispiel für die *Zinsfeindschaft* findet sich in der Streitschrift *Das Manifest zur Brechung der Zinsknechtschaft*, die der deutsche Ingenieur und autodidaktische Wirtschaftstheoretiker Gottfried Feder (1883–1941) im Jahre 1919 veröffentlicht hat. Darin heißt es: »Die Brechung der Zinsknechtschaft des Geldes bedeutet die einzig mögliche und endgültige Befreiung der schaffenden Arbeit von den geheimen übergewaltigen Geldmächten. Die Brechung der Zinsknechtschaft bedeutet die Wiederherstellung der freien Persönlichkeit, die Erlösung des Menschen aus der Versklavung, aus dem Zauberbanne, in die seine Seele vom Mammonismus verstrickt wurde. Wer den Kapitalismus bekämpfen will, muss die Zinsknechtschaft brechen.«[3] Feder war ein früher Anhänger Adolf Hitlers und bis die 1930er-Jahre hinein der wohl wichtigste Wortführer einer nationalsozialistischen Wirtschaftspolitik; 1927 verfasste er die Schrift *Das Programm der NSDAP und seine weltanschaulichen Grundlagen*. Feders Zinsfeindschaft war ideologisch motiviert. Die bis dato verfügbaren nationalökonomischen Erkenntnisse über die Natur und Bedeutung des Zinses ignorierte Feder, möglicherweise kannte er sie gar nicht.

Zeitpräferenztheorie des Zinses

Der Zins tritt in vielerlei Formen auf: als Haben- und Sollzins, als Anleiherendite, als Sparzins und so weiter. Doch was ist der Zins eigentlich? Wie erklärt er sich? Ein Blick in ein ökonomisches Lehrbuch genügt, um zu erkennen, dass es eine ganze Reihe von Zinstheorien gibt: Produktivitätstheorie des Zinses, die Fruktifikationstheorie des Zinses, Liquiditätspräferenztheorie, Abstinenztheorie des Zinses, die Ausbeutungstheorie des Zinses, die Agiotheorie des Zinses und – sie wird uns nachfolgend beschäftigen – die (reine) Zeitpräferenztheorie des Zinses.[4] Diese Zinstheorien beziehungsweise ihre Elemente sind nicht alle miteinander vereinbar, sie stehen zuweilen sogar in Konkurrenz zueinander. Eine Zinstheorie sollte vor allem eines leisten können: Erklären, wie der Zins zustande kommt, von seinem Ursprung her. Und wenn diese theoretische Fragestellung zufriedenstellen geklärt ist, dann lässt sich auch das »sozialpolitische Zinsproblem«[5] betrachten: Warum soll der Zins da sein? Ist er gerecht, gut, nützlich? Soll er beibehalten, verändert oder aufgehoben werden? Die (reine) Zeitpräferenztheorie des Zinses bringt uns diesen Antworten näher.

Der langfristige Zinsverlauf

Die Geschichte der britischen Währung, des *Pound Sterling*, reicht weit zurück, bis in das 8. Jahrhundert. Die ersten Pfund-Münzen wurden gegen Ende des 15. Jahrhunderts geprägt. Das britische Pfund wurde die offizielle Währung, als 1707 England und Schottland zusammengeführt wurden. Bis auf den heutigen Tag ist das Pfund die Währung in Großbritannien geblieben. Das ist ein guter Grund, um einen Blick auf die Geschichte des Zinses in Großbritannien zu werfen. Die nachstehende Abb. 16. zeigt den Langfristzins der Staatsschulden Großbritanniens vom Ende des 17. Jahrhunderts bis Anfang 2023 in Prozent.

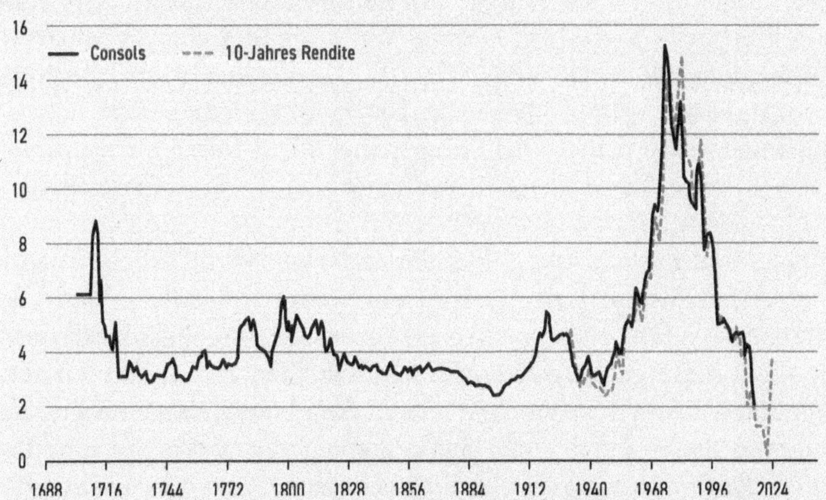

Abb. 16: Rendite der langlaufenden Staatsschulden Großbritanniens in Prozent vom Ende des 17. Jahrhunderts bis Juni 2023

Quelle: Bank of England, Refinitiv; eigene Darstellung

Die »Consols« waren Staatsanleihen mit unendlicher Laufzeit, konnten allerdings auf Wunsch der britischen Regierung jederzeit zurückgezahlt werden. Mittlerweile sind sie auch allesamt ersetzt worden durch kurz- und langlaufende Anleihen. In der Zeit von 1703 bis 1914 lag der jahresdurchschnittliche Zins bei 3,7 Prozent. Für die Zeit von 1931 – als Großbritannien vom Goldstandard ging – bis Anfang 2023 betrug die jahresdurchschnittliche Rendite hingegen 6,3 Prozent. Ausschlaggebend dafür war die Hochzinsphase in den 1970er- und frühen 1980er-Jahren. Zu Beginn des Jahres 2023 lag die Rendite der zehnjährigen britischen Staatsanleihen bei 3,7 Prozent – und damit immer noch unter dem Durchschnittszins der Zeit von 1703 bis Anfang 2023 von etwa 4,0 Prozent.

Eine ganze Reihe von Ökonomen hat sich eingehend mit der Zeitpräferenztheorie des Zinses beschäftigt. Dazu gehören: Anne Robert Jacques Turgot (1727–1781)[6], Eugen von Böhm-Bawerk (1850–1914)[7], Frank Alfred Fetter (1863–1949)[8], Ludwig von Mises (1881–1973)[9], Murray N. Rothbard (1926–1995)[10] und Jeffrey M. Herbener (*1955)[11]. Beginnen wir mit dem Begriff *Zeitpräferenz.* Die Zeitpräferenz besagt, dass der Handelnde eine frühere Erfüllung seiner Bedürfnisse einer späteren vorzieht (unter sonst gleichen Bedingungen). Er wertet zum Beispiel 1 US-Dollar, über den er heute verfügt, höher als 1 US-Dollar, den er in einem Jahr erhält. Die Zeitpräferenz ist keine willkürliche Theorie- oder Verhaltensannahme. Sie lässt sich vielmehr *handlungslogisch* herleiten. Am Anfang einer solchen Erklärung steht die nicht bestreitbare, die nicht hintergehbare Aussage, dass der Mensch handelt. Handeln bedeutet – abstrakt gesprochen –, dass der Handelnde einen Zustand, den er vorfindet, durch eine Handlung in einen anderen, als vorteilhafter erachteten Zustand zu überführen trachtet. Und die Aussage »Der Mensch handelt« lässt sich nicht widerspruchsfrei verneinen: Wer sagt »Der Mensch handelt nicht«, der handelt und widerspricht damit dem Gesagten.

Aus dem wahren Satz »Der Mensch handelt« lassen sich weitere wichtige Aussagen ableiten. Beispielsweise dass der Handelnde Ziele (welche auch immer sie sein mögen) zu erreichen sucht. Und dass er Mittel (oder: Güter) einsetzen muss, um die Ziele zu erreichen. Mittel sind denknotwendig knapp. Wären sie nicht knapp, so wären sie keine Mittel (und müssten nicht bewirtschaftet werden). Der Handelnde bewertet mehr Mittel höher als weniger Mittel – weil er mit mehr Mitteln mehr Ziele erreichen kann als mit weniger Mitteln. Die Knappheit der Mittel ist folglich im Satz »Der Mensch handelt« quasi schon mitgedacht. Zeit ist ebenfalls ein Mittel, dass der Handelnde einsetzen muss, um seine Ziele zu erreichen. Würde das Handeln keine Zeit erfordern, so wäre das Ziel des Handelnden sofort und unmittelbar erreicht – und er könnte nicht mehr handeln. Das aber ist handlungslogisch nicht denkbar. Die Zeit (als Mittel) ist ebenfalls schon im Satz »Der Mensch handelt« mitgedacht.

Es ist also eine handlungslogische Schlussfolgerung, dass der Handelnde einen größeren Mittelvorrat höher wertschätzt als einen geringeren und dass er eine frühere Erfüllung seiner Bedürfnisse einer späteren vorzieht (unter ansonsten gleichen Bedingungen). Darin kommt die *Zeitpräferenz* zum Ausdruck. Die Zeitpräferenz lässt sich auch so formulieren, dass der Handelnde die Erfüllung künftiger Bedürfnisse als weniger dringlich einschätzt als die Erfüllung gegenwärtiger Bedürfnisse (gleicher Art und Stärke). Die erst künftig verfügbaren Güter *(Zukunftsgüter)* weisen daher einen Wertabschlag *(Diskont oder Disagio)* gegenüber Gütern auf, die bereits heute verfügbar sind *(Gegenwartsgüter)*. Der Wertabschlag, den das Zukunftsgut gegenüber dem Gegenwartsgut erleidet, ist der *ursprüngliche Zins* oder der *Urzins.*[12] Der Urzins ist die Manifestation der Zeitpräferenz. Wenn 1 Euro, den man erst in einem Jahr erhält, heute einen Tauschwert beziehungsweise Marktpreis von 0,95 Euro hat, so beträgt der (Ur-)Zins 5,26 Prozent (also 1 Euro dividiert durch 0,95 Euro, minus 1, und das Ergebnis multipliziert mit 100). Der Urzins ist die Manifestation der Zeitpräferenz.

Jeder einzelne Mensch hat eine Zeitpräferenz und trägt daher gewissermaßen den Urzins (der durchaus von Person zu Person unterschiedlich sein und sich zudem im Zeitablauf verändern kann) in sich. Er ist das Resultat seines Wertens und Handelns. Man spart nicht, weil es den Urzins gibt. Der Urzins ist vielmehr »das Wertverhältnis, das im Sparen hervortritt und den Umfang des Sparens bestimmt.«[13] Würden die Menschen beispielswese morgen das Ende der Welt erwarten, würde ihre Zeitpräferenz und ihr Urzins ins Unermessliche ansteigen: Für künftige Bedürfnisse würde nicht mehr vorgesorgt, das Sparen käme zum Erliegen, alle heutigen Bedürfnisse würden so umfänglich wie nur möglich befriedigt. Wie aus dem Urzins einzelner Personen sich ein gesamtwirtschaftlicher Urzins herausbildet, wird im folgenden Abschnitt erklärt.

Zinsbildung im Markt

Auf dem Markt, auf dem Ersparnisse (in Geld) angeboten und für Investitionszwecke nachgefragt werden, bildet sich der gesamtwirtschaftliche Urzins heraus. Dieser Urzins bringt Ersparnisse in Übereinstimmung mit den Investitionen. Er ermöglicht, dass ausreichend Güter zur Verfügung stehen, um das (zeitintensive) Investieren durchführen zu können. Die Zinsbildung im Markt illustriert Abb. 17. Die Line *S* symbolisiert das Sparen. Sie hat eine positive Steigung, das heißt, je höher der Zins ist, desto höher sind die Ersparnisse (und umgekehrt). Warum ist das so? Wir hatten soeben gehört, der Zins ist Ausdruck des Wert- beziehungsweise Preisverhältnisses, das zwischen Gegenwarts- und Zukunftsgütern besteht. Zudem wissen wir, dass das Preisverhältnis zwischen Gütern – und dazu zählen natürlich auch Gegenwarts- und Zukunftsgüter – durch das Gesetz des abnehmenden Grenznutzens beschrieben wird. In diesem Zusammenhang ist seine Erklärung wie folgt: Je mehr aus dem gegebenen Einkommen gespart wird, desto höher fällt der Konsumverzicht aus. Steigt die Ersparnis, so muss der Sparer auf einen immer größeren (Grenz-)Nutzen verzichten, den ihm der entgehende Güterkonsum ansonsten stiften würde. Folglich werden die verbleibenden Konsumgüter wertvoller gegenüber den Gütern, die er künftig für sein Sparen erhält. Steigt das Sparen, steigt der Wert der gegenwärtig verfügbaren Güter gegenüber dem Wert der erst künftig verfügbaren Güter. Bei gegebenem Einkommen muss daher vermehrtes Sparen mit einem steigenden Zins (also mit einem steigenden Wertabschlag der Zukunftsgüter gegenüber den Gegenwartsgütern) einhergehen. In gleicher Weise gilt: Je mehr Ersparnisse der Unternehmer zur Verfügung hat, um Investitionen zu tätigen, desto vergleichsweise weniger wertvoll sind ihm die gegenwärtigen Güter im Vergleich zu den Gütern, über die er erst künftig verfügen kann. Eine steigende Nachfrage nach Ersparnissen (die Investitionskurve wird durch *I* beschrieben) geht folglich mit einem sinkenden Zins einher.

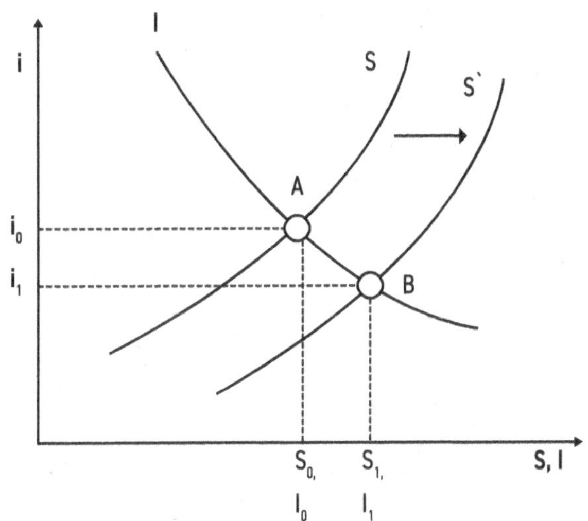

Abb. 17: Sparen und Investieren und der Zins
Legende: I = Investitionen, S = Sparen, i = Zins

Der Schnittpunkt von *S* und *I* ergibt den markträumenden (Ur-)zins, i_0. Er reflektiert die gesamtwirtschaftliche Zeitpräferenz der Marktakteure. Sinkt beispielsweise die Zeitpräferenz (die Marktakteure werden zukunftsorientierter, sie werten das Gegenwartsgut zwar immer noch höher als das Zukunftsgut, aber nicht mehr ganz so ausgeprägt), so bedeutet das, dass die Marktakteure mehr aus ihrem laufenden Einkommen sparen und weniger konsumieren wollen. Folglich verschiebt sich

S nach rechts auf *S'*. Sparen und Investieren steigen an (und der Konsum nimmt ab), der Urzins sinkt auf i_1 – und das ist ein Beispiel für eine wachsende, produktiver werdende Volkswirtschaft.

Warum das Sparen so wichtig ist

Es sei an dieser Stelle darauf hingewiesen, dass die Verbreitung der keynesianischen Volkswirtschaftslehre zu einem geradezu verhängnisvollen Missverständnis hinsichtlich der Rolle des Sparens geführt hat. Wenn gespart wird, so argumentieren keynesianisch gesinnte Ökonomen, dann sinke die gesamtwirtschaftliche Nachfrage. Das Sparen lasse die Wirtschaft erlahmen, könne die Wirtschaft sogar ins Unheil, in die Rezession stürzen. Und deshalb sei Sparen also schlecht. Doch das ist eine falsche Theorie. Sparen hat eine gänzlich andere Wirkung, als es die keynesianische Lehre suggeriert. Sparen heißt, dass ein Teil des Einkommens nicht für Konsum, sondern für Investitionen verwendet wird. Steigt die Ersparnis, so bedeutet das lediglich, dass das *laufende Einkommen anders* verwendet wird als bisher: Knappe Ressourcen werden nun nicht mehr für Konsumgüter verwendet, sondern für produktive Aufgaben eingesetzt. Vermehrtes Sparen ist folglich nicht mit einem Nachfrageausfall gleichzusetzen. Sparen bedeutet lediglich eine Umwidmung knapper Ressourcen – weg vom Verbrauch, hin zu produktiver Verwendung. Eine Volkswirtschaft, die nicht spart, untergräbt ihren Wohlstand. Es ist ein Irrglaube, dass eine Gesellschaft nur mehr konsumieren müsse, damit sie »reicher« werde. Sparen ist vielmehr unverzichtbar, um investieren, den volkswirtschaftlichen Kapitalstock aufbauen zu können. Dazu bedarf es Güter, aus denen im Zuge der Umwegsproduktion Produktionsgüter erzeugt werden, die wiederum, am Ende der Fertigung, die gewünschten Konsumgüter herstellen. Zudem bedarf es Güter, um die Produktionszeit, in der nicht Konsumgüter, sondern Produktionsgüter hergestellt werden, zu überbrücken: Die Menschen müssen schließlich über ausreichende Konsumgüter verfügen, damit sie sich in der Zeit, in der sie keine weiteren Konsumgüter herstellen, ernähren, kleiden und behausen können. Das Investieren, die Erhöhung des Kapitalstocks, ist also nur möglich, wenn der dafür erforderliche Gütervorrat bereits erwirtschaftet worden ist.

Intertemporales Tauschen mit Geld

In einer Geldwirtschaft wird ein allgemein akzeptiertes Tauschmittel verwendet: Waren werden durch Zwischenschaltung des Geldes abgewickelt.[14] Das gilt sowohl für Tauschakte, die in der Gegenwart abgewickelt werden, als auch für Tauschakte, bei denen Gegenwartsgüter gegen Zukunftsgüter getauscht werden – wie zum Beispiel der Tausch von 1 Euro heute gegen 1,05 Euro in einem Jahr. Frage: Würden Sie 1 Euro heute gegen 0,95 Euro in einem Jahr eintauschen? Würden Sie also 1 Euro, über den Sie heute verfügen, geringer bewerten als 0,95 Euro, die Sie erst in einem Jahr erhalten? Vermutlich nicht, wenn Sie bei Sinnen sind. Denn Sie würden künftig mehr Geld haben, wenn Sie diesen Tausch nicht machen. Und nicht nur Sie, sondern auch viele andere werden vermutlich einen solchen Tausch ausschlagen – und zwar weil Sie und alle anderen einen positiven Urzins haben.

Das mag zwar plausibel klingen, ist aber vermutlich noch kein überzeugender Beweis. Kann es nicht doch den Fall geben, in dem 1 Euro in einem Jahr höher wertgeschätzt wird als 1 Euro heute? Die Antwort ist Nein. Anders als bei allen anderen Waren – dies zu verstehen ist sehr wichtig – spielen beim Geld die besonderen Umstände, die zum Zeitpunkt seiner Verwendung herrschen, keine Rolle für den Wert einer Geldeinheit heute im Vergleich zum Wert einer Geldeinheit in der Zukunft. Dazu mache man sich klar, dass das Geld nur eine Funktion hat: die Tauschmittelfunktion. Die Tauschmittelfunktion ist die einzige Funktion des Geldes; Recheneinheits- und Wertaufbewahrungsfunktion des Geldes sind keine eigenständigen Funktionen, sie sind nur Ausdruck (oder auch Unterfunktionen) der Tauschmittelfunktion des Geldes. Der Nutzen des Geldes besteht allein darin, heute oder morgen als Tauschmittel zu dienen.

Als Tauschmittel ist Geld die allgemeine Bezugseinheit *(Numéraire)*, das heißt, die Tauschrelation der Güter wird in Geldeinheiten ausgedrückt (zum Beispiel kostet eine Birne 0,50 Euro). Und nur weil jede einzelne Geldeinheit wertgleich ist mit jeder anderen (der US-amerikanische Ökonom Frank A. Fetter spricht hier von »value-equivalence« also »Wertäquivalenz«), kann Geld überhaupt als allgemeine Bezugseinheit dienen und einen Vergleich zwischen den Werten verschiedener Güter (ausgedrückt in Geldeinheiten) möglich machen. Das gilt für Tauschakte in der Gegenwart wie auch für Tauschakte, die sich von der Gegenwart in die Zukunft erstrecken. Wenn von »besonderen Umständen« gesprochen wird, dann sind damit die jeweiligen Umstände gemeint, die zu unterschiedlichen Zeitpunkten, an denen gehandelt wird, vorherrschen und die der Wertgleichheit von Sachgütern zu unterschiedlichen Zeitpunkten entgegenstehen können.

Derartige besondere Umstände betreffen aber nicht das Geld, weil jede Geldeinheit heute und morgen in gleicher Weise als Tauschmittel dient und wertgeschätzt wird; der Nutzen einer Geldeinheit, als Tauschmittel zu dienen, ist unabhängig davon, zu welchem Zeitpunkt sie als Tauschmittel dient. Weil jede Geldeinheit für das Tauschen gleichermaßen dienlich ist, wird 1 Euro heute höher bewertet als 1 Euro, der erst in einem Jahr verfügbar ist: Wegen des immer und überall positiven Urzinses erleidet der 1 Euro in einem Jahr einen Wertabschlag gegenüber 1 Euro heute. Abschließend ist an dieser Stelle noch Folgendes hervorgehoben: Werden Sachgüter intertemporal getauscht, gibt es viele einzelne Tauschrelationen (wie zum Beispiel eine Birne heute gegen anderthalb Birnen in einem Jahr; oder ein Auto heute gegen zwei Autos in einem Jahr), aber keinen einheitlichen Marktzins. Erst die Verwendung von Geld im intertemporalen Tausch bringt das Phänomen eines einheitlichen Marktzinses überhaupt hervor. Ohne Geld gäbe es das Phänomen des einheitlichen Marktzinses nicht.

Zeitpräferenz und Urzins können nicht verschwinden

Menschen, die ein Einkommen beziehen, stehen vor der Entscheidung, es entweder in der Gegenwart aufzubrauchen (es zu konsumieren) oder ihren Konsum in die Zukunft zu verlagern (zu sparen). In primitiven Volkswirtschaften besteht das Sparen im Konsumverzicht und der Lagerung der Erzeugnisse (»Hortung«). In entwickelten, arbeitsteiligen Volkswirtschaften ist das Sparen komplizierter. Es erfolgt nicht in Form einer Aufbewahrung, einer Lagerung der nicht konsumierten Güter, um sie in der Zukunft zu verzehren. Die Ersparnisse werden vielmehr in *zeitaufwendige Produktionsumwege* investiert. Unternehmen fragen Gegenwartsgüter (Ersparnisse) nach und wandeln sie im Rahmen einer zeitaufwendigen Produktion (Investition) in künftig verfügbare Konsumgüter um. Die Umwegsproduktion erhöht die Produktivität und damit die künftigen Einkommen. Unternehmen beschaffen sich die notwendigen Gegenwartsgüter, indem sie zum Beispiel Aktien oder Anleihen ausgeben, die von Sparern (Investoren) erworben werden. Investiert der Unternehmer erfolgreich, erzielt er einen Gewinn. Gläubiger erhalten das geliehene Geld plus Zinsen zurück, Aktionären steht eine Dividende zu.

Ist die Zeitpräferenz der Handelnden hoch, so wird aus dem Einkommen, das sie erzielen, verstärkt konsumiert und weniger gespart und investiert. Ist die Zeitpräferenz niedrig, wird aus dem Einkommen vergleichsweise weniger konsumiert und vergleichsweise mehr gespart und investiert. Dabei hängt die Zeitpräferenz von einer Reihe von Faktoren ab. Zum Beispiel ist sie bei hohem Wohlstandsniveau der Menschen tendenziell niedrig. Die Menschen sind hier in der Lage, nicht nur ihre Konsumbedürfnisse zu stillen, sondern auch einen Teil des Einkommens zu sparen, also für die Zukunft vorzusorgen. Gleichermaßen lässt sich erklären, dass die Zeitpräferenz der Menschen, die am Existenzminimum leben, tendenziell hoch ausfällt. Eine verlässliche Rechtsordnung kann zu einem Absinken der Zeitpräferenz führen. Menschen können dann darauf vertrauen, dass Verträge eingehalten und Vertragsverstöße geahndet werden. Sie werden folglich verstärkt bereit sein, auf Gegenwartskonsum zu verzichten, um durch Sparen und Investieren ihren künftigen Konsum zu vergrößern. Im Umkehrschluss wäre mit einem Ansteigen der Zeitpräferenz, weniger Sparen und Investieren und mehr Gegenwartskonsum zu rechnen, wenn die Marktakteure fürchten müssen, dass die Rechtsordnung und -sprechung unzuverlässig wird.

Die Zeitpräferenz fällt bei unterschiedlichen Menschen zu unterschiedlichen Zeiten mitunter unterschiedlich hoch aus. Junge Menschen haben meist eine relativ hohe Zeitpräferenz: Sie bevorzugen Gegenwartskonsum gegenüber künftigem Konsum. Bei fürsorglichen Eltern wird die Zeitpräferenz hingegen relativ niedrig sein: Sie verzichten auf Annehmlichkeiten in der Gegenwart und sparen und investieren, um die künftigen Lebensumstände ihrer Kinder zu fördern. Bei Menschen in fortgeschrittenem Lebensalter kann die Zeitpräferenz wieder zunehmen: Gegenwartskonsum wird zusehends höher eingeschätzt als Konsum in der ferneren Zukunft.

Zeitpräferenz und seine Manifestation, der Urzins, lassen sich aus handlungslogischen Gründen nicht aus dem Werten und Handeln der Menschen wegdenken.[15] Es ist durchaus möglich (und in der Realität auch beobachtbar), dass Zeitpräferenz und Urzins der Menschen sich im Zeitablauf verändern, dass sie absinken oder steigen. Zeitpräferenz und Urzins können aber niemals auf null fallen, verschwinden oder negativ werden. Diese Aussage ist keine willkürliche, sie ist vielmehr ebenfalls abgeleitet aus der Logik des menschlichen Handels.

Nehmen wir einmal an, der Urzins in der Volkswirtschaft würde tatsächlich auf null fallen. In diesem Falle hätte »früher ist besser als später« keine Bedeutung mehr für das Werten und Handeln der Menschen. Es zählte nur noch »mehr ist besser als weniger«. Bei einem Urzins von null würden die Menschen zum Beispiel 2 Euro in 100 Jahren oder 1000 Jahren 1 Euro in der Gegenwart vorziehen. Der Gedanke, der Urzins könnte null sein, ist sogar völlig grotesk: Er impliziert, dass die Menschen ihr gesamtes Einkommen immerfort sparen und investieren – dass sie also nicht nur heute *nicht* konsumieren, sondern auch morgen nicht, übermorgen nicht und auch nicht in einem Monat, nicht in einem Jahr, nicht in zehn Jahren; dass also weder für die Deckung des gegenwärtigen noch des künftigen Bedarfs gesorgt wird!

Wäre der volkswirtschaftliche Urzins null, so wäre in einem ungehemmten Markt auch der Marktzins null. Der Preis von Grundstücken, soweit sie eine (nach menschlichem Ermessen) unendliche Nutzungsdauer haben, würde dann unendlich hoch sein: Der Barwert der abgezinsten künftigen Erträge (Bodenrenten) würde ins Unermessliche steigen und damit auch der Marktpreis der Grundstücke. Die Grundstücke könnten nicht mehr gegen Geld, sondern nur noch gegen andere Grundstücke getauscht werden. Dass aber Grundstücke wie andere Güter in einem freien Markt einen »bezahlbaren« Preis haben, ist ein untrügliches Indiz dafür, dass die handelnden Akteure einen positiven Urzins haben.

Man stelle sich weiter vor, was passieren würde, wenn die Zentralbank alle Marktzinsen auf oder gar unter die Nulllinie senkt. Weil die handelnden Akteure stets und überall einen positiven Urzins haben, endet bei einem Marktzins von null das Sparen – also das Bereitstellen von Gütern (Konsumverzicht), um sie in die Umwegsproduktion zu investieren. Die Menschen horten ihre Ersparnisse, und es kommt zu Kapitalverzehr: Vorhandene Kapitalgüter werden abgenutzt, Ersatz-, Erweiterungs- oder Neuinvestitionen bleiben aus. Bei einem Marktzins von null hört die Arbeitsteilung auf, und die Volkswirtschaft fällt in eine primitive Subsistenzwirtschaft zurück. Ein Albtraum! Zeitpräferenz und Urzins können natürlich auch nicht negativ werden. Die Behauptung beispielsweise, der Urzins sei negativ, kommt einer Verneinung des unbestreitbar wahren Satzes »Der Mensch handelt« gleich – und ist folglich für den menschlichen Verstand unsinnig, eine falsche Aussage.

Urzins, Nominalzins, Realzins

In der Realität ist der gesamtwirtschaftliche Urzins (man kann auch sagen: die soziale Zeitpräferenzrate) ein Element des nominalen Marktzinses. Der nominale Marktzins beinhaltet neben dem gesamtwirtschaftlichen Urzins weitere Elemente – wie zum Beispiel eine Inflationsprämie, Liquiditätsprämie, Risikoprämie etc. In einem freien Markt, in dem sich die Zinsbildung ungestört durch politische Einflussnahme vollziehen kann, entspräche der gesamtwirtschaftliche Urzins dem Realzins. Beträgt beispielsweise der nominale Marktzins 4 Prozent und die Inflationsprämie 2 Prozent, beläuft sich der Realzins auf 2 Prozent. Steigt die Inflationsprämie auf, sagen wir, 4 Prozent, wird der nominale Marktzins bei unverändertem Realzins auf 6 Prozent steigen (das heißt Realzins von 2 Prozent plus Inflationsprämie von 4 Prozent). Investoren wollen nämlich nicht nur für den Verlust des Geldwertes entschädigt werden, sondern sie wollen auch einen angemessenen Realzins verdienen.

Wenn Investoren vorausschauend handeln, dann werden sie nicht die laufende Inflation, sondern die *erwartete, künftige Inflation* in ihr Kalkül einbeziehen. Erwarten Investoren beispielsweise, dass die Zentralbank die künftige Inflation in die Höhe treibt, werden die Marktzinsen ansteigen, obwohl die aktuelle Inflation noch niedrig ist – weil die Inflationsprämie im Marktzins zulegt. Investoren, die beispielsweise langfristige Anleihen erwerben, werden daher sicherstellen wollen, dass sie die künftige tatsächliche Güterpreisentwicklung (die Rate der Kaufkraftentwertung des Geldes) korrekt abschätzen. Denn fällt die künftige Inflation höher aus, als ursprünglich erwartet, erleiden die Gläubiger Verluste (während sie gewinnen, wenn die künftige Inflation geringer ausfällt, als anfänglich erwartet). Schuldner hingegen profitieren, wenn die künftige tatsächliche Inflation höher ausfällt, als bei Begebung der Anleihe erwartet wurde.

Das bringt uns zu einem währungshistorisch leider immer wieder zu beobachtenden Phänomen: Staaten, haben sie erst einmal zu viele Schulden aufgehäuft, folgen dem großen Anreiz, die elektronische Notenpresse anzuwerfen und ihre Zins- und Tilgungsrechnungen mit neu geschaffenem Geld zu bezahlen – also ihre reale Schuldenlast durch Inflation herabzusetzen. Allerdings kann das nur gelingen, wenn die ausstehenden Schulden nicht weiter aufgebaut, sondern mit dem neuen inflationären Geld tatsächlich zurückgezahlt werden. Stellt sich heraus, dass die Investoren beim Anleihekauf die Inflation geringer eingeschätzt haben, als sie nun tatsächlich ausfällt – haben also der Staat und seine Zentralbank eine Überraschungsinflation erzeugt –, erleiden sie Verluste.

Wenn aber der Staat ein *Dauerschuldner* ist, dann kann die Inflation nicht so ohne Weiteres für die Absenkung der realen Schuldenlast eingesetzt werden. Der Staat muss dann ja fällig werdende Kredite durch neue Kredite ersetzen, und zudem wird er auch noch neue Kredite aufnehmen wollen. Und wenn die Investoren erkennen, dass die Staatsschulden mit inflationärem Geld bezahlt werden sollen, steigen die Inflationserwartungen an und die Inflationsprämien in den Kapitalmarktzinsen klettern entsprechend in die Höhe. Erweisen sich die Inflationseinschätzungen der Investoren als korrekt, wird der Realzins nicht abgesenkt, beziehungsweise er kann sogar weiter ansteigen (weil Zeitpräferenz und Urzins der Marktakteure angesichts einer drohenden Kaufkraftentwertung des Geldes ansteigen).

Ein einfaches Beispiel mag das illustrieren (siehe Abb. 18).

		Periode					
		0	**1**	**2**	**3**	**4**	**5**
I.	Ursprünglicher Kredit	100	80	60	40	20	0
II.	Fällig werdender Kredit	0	20	40	60	80	100
III. = I. + II.	Gesamter Kredit	100	100	100	100	100	100
IV.	Realzins (% p.a.)	3,0	3,0	3,0	3,0	3,0	3,0
V.	Inflation (% p.a.)	2,0	6,0	6,0	6,0	6,0	6,0
VI. = IV. + V.	Nominalzins (% p.a.)	5,0	9,0	9,0	9,0	9,0	9,0
VII.	Effektiver Nominalzins (% p.a.)	5,0	5,8	6,6	7,4	8,2	9,0
VIII. = VII. – V.	Effektiver Realzins (% p.a.)	3,0	–0,2	0,6	1,4	2,2	3,0

Abb. 18: Dauerschuldnerei und Finanzierungskosten bei Inflation

Man nehme an, die ausstehende Staatsschuld betrage 100 Euro. Davon werden jedes Jahr 20 Prozent fällig, also 20 Euro pro Jahr, und müssen durch neue Kredite ersetzt werden. Werden jedes Jahr 20 Euro refinanziert, ist die gesamte Schuld im fünften Jahr durch neue Kredite ersetzt. Es sei weiterhin angenommen, dass die Inflation anfänglich 2 Prozent und der Realzins 3 Prozent beträgt, sodass sich der

Nominalzins auf 5 Prozent beläuft (Inflation von 2 Prozent plus Realzins von 3 Prozent). Im Jahr 1 erhöht die Zentralbank die Inflation nun *überraschend* auf 6 Prozent. Weil die Investoren daraufhin eine höhere Inflationsentschädigung verlangen, steigt der Marktzins für neue Kredite auf 9 Prozent. Für den Schuldner nimmt der *durchschnittliche effektive Realzins*, den er auf seine Schulden zu zahlen hat, zunächst jedoch ab. Das gilt aber nur kurzfristig. Nach und nach muss er sich nämlich zu erhöhten Marktzinsen verschulden. Spätestens im Jahr fünf, wenn die gesamte Verschuldung neu refinanziert ist, sind die realen Zinsen wieder auf dem Ursprungsniveau angelangt.

Um einen erneuten Entwertungseffekt zu erzielen, müsste die Zentralbank die Inflation wieder *überraschend erhöhen* – und zwar auf eine Rate von mehr als 6 Prozent. Die Wirkung wäre jedoch wiederum nur zeitlich begrenzt: Investoren lernen aus ihren Fehlern, sie schrauben ihre Inflationserwartung in die Höhe. Wird diese Politik der dauerhaften Überraschungsinflation fortgeführt, beschleunigt sich die Inflation, das heißt, die Rate, mit der die Preise ansteigen, nimmt im Zeitablauf zu. Wenn die Zentralbank eine solche Politik verfolgt, führt der Weg geradewegs in die Hyperinflation. Nur unter einer Bedingung lässt sich Inflation einsetzen, um in einem *Dauerschuldsystem* die ausstehenden Schulden zu entwerten: Die Zentralbank muss den Zins kontrollieren. Wie aber kann das gelingen?

Zinskontrolle und finanzielle Repression

Im heutigen Geldsystem – einem staatlichen Fiatgeld-System (es wird in Kapitel 6 näher erläutert) – bestimmt die Zentralbank den Kurzfristzins, das heißt den Zins für kurzlaufende Kredite an Banken (beispielsweise in Form von Tagesgeldzinsen, aber zuweilen auch die Zinsen für Kreditlaufzeiten von zwei Wochen oder drei Monaten). Dadurch haben die Zentralbanken die »Zinsführerschaft« inne. Denn wenn die Zentralbanken die Kurzfristzinsen im Griff haben, dann kontrollieren sie im Regelfall auch die Langfristzinsen. Schließlich sind die

Langfristzinsen im Kern nichts anderes als der Durchschnitt der künftig erwarteten Kurzfristzinsen. Warum? Nun, der Investor kann entweder eine, sagen wir, fünfjährige Anleihe kaufen oder er kann fünfmal nacheinander in einjährige Anleihen investieren. In einem arbitragefreien Kapitalmarkt werden beide Strategien zum gleichen Ergebnis führen.

Es kann allerdings durchaus geschehen, dass sich die kurz- und langfristigen Marktzinsen von den Leitzinsen der Zentralbank abkoppeln. Beispielsweise können die Zinsen, zu denen sich die Banken untereinander Geld leihen, in Krisenzeiten mitunter stark von den Kurzfristzinsen, die die Zentralbank vorgibt, abweichen. Eine solche Situation lässt sich jedoch »korrigieren«, indem beispielsweise die Zentralbank als allumfassender Kreditgeber auftritt, das bisherige Interbankenkreditgeschäft ersetzt durch eine direkte Kreditvergabe an die Geschäftsbanken. Auch können natürlich die Langfristzinsen sich »verselbstständigen«: Das geschieht beispielsweise dann, wenn die Investoren erwarten, die Zentralbank werde eine (besonders starke) inflationäre Geldpolitik betreiben, die sie nicht mehr durch Zinsanhebungen abmildern wird.

Um einen politisch ungewollten Anstieg der Langfristzinsen zu verhindern, kann die Zentralbank dazu übergeben, Anleihen direkt im Kapitalmarkt zu kaufen. Eine Zentralbank, die das Monopol der Geldproduktion innehat, hat dafür sprichwörtlich unbegrenzte Kaufkraft: Sie kann das von ihr benötigte (Zentralbank-)Geld in jeder gewünschten Menge erzeugen. Sie kann die Nachfrage nach Anleihen maßgeblich bestimmen und folglich auch deren Kurse und damit deren Rendite: Treibt die Zentralbank die Nachfrage nach Anleihen in die Höhe, steigen die Kurse, und die Rendite der Anleihen fällt (bei unverändertem Angebot von Anleihen). Kontrolliert die Zentralbank Kurz- und Langfristzinsen, spricht man auch von einer »Zinskurvenkontrolle«; die »Zinskurve« bezeichnet die Höhe der Zinsen in Abhängigkeit von der Laufzeit der Anleihen.

In der Währungsgeschichte finden sich einige Beispiele für eine Politik der Zinskontrolle, mit der eine »finanzielle Repression«

betrieben wurde. In den Vereinigten Staaten von Amerika etwa hat man sie schon in Kriegszeiten praktiziert: Von April 1942 bis März 1951 setzte die US-Zentralbank die Kurzfristzinsen auf 0,375 Prozent, die Langfristzinsen auf 2,5 Prozent. Der Grund: Die Amerikaner finanzierten die Kriegsausgaben vor allem durch die Ausgabe neuer Schulden, die in erheblichem Maße von der US-Zentralbank gekauft und damit monetisiert wurden. Und um die Finanzierungskosten gering zu halten, wurden die Zinsen gedeckelt. Das neue Geld, das die US-Zentralbank vor allem durch die Anleihekäufe in Umlauf gegeben hatte, erzeugte hohe Inflation der Güterpreise. Als die Zinskontrolle durch den »Treasury Accord« im Februar 1951 beendet wurde, war die Kaufkraft des Greenback um fast 40 Prozent vermindert.

Im Zuge der globalen Finanz- und Wirtschaftskrise 2008/2009 griffen viele Zentralbanken ebenfalls zur Politik der Zinskontrolle: Sie senkten nicht nur die Kurzfristzinsens stark ab. Sie begannen vor allem auch, Schuldpapiere in großem Stil aufzukaufen und dadurch die Kapitalmarktzinsen niedrig zu halten. Und im Zuge der politisch diktierten Corona-Lockdowns 2020/2021 griffen viele Zentralbanken erneut in die Kreditmärkte ein, indem sie Anleihen aufkauften und auf diese Weise die Marktzinsen niedrig hielten. Die Bank von Japan verfolgt seit 2016 eine Geldpolitik der »Zinskurven-Kontrolle«, bei der die kurz- und langfristigen Zinsen für japanische Schuldpapiere bei etwa null Prozent verbleiben. Ganz ähnlich verfuhr die Zentralbank von Australien von März 2020 bis Ende 2021. Sie hielt durch Anleihekäufe den Dreijahreszins bei 0,1 Prozentpunkten.

Es kann einer Zentralbank sogar gelingen, allein durch die Ankündigung, einen bestimmten niedrigen Zins herbeiführen zu wollen, die Marktzinsen auf das gewünschte Niveau zu bewegen. Investoren werden nämlich in einer Art »vorauseilendem Gehorsam« disponieren: Liegt der von der Zentralbank gewünschte Marktzins niedriger als der vorherrschende Marktzins, werden die Investoren Anleihen kaufen, deren Kurse in die Höhe treiben und entsprechend die Renditen der Anleihen absenken. In einem solchen Fall muss die Zentralbank nicht selbst als Käufer von Anleihen auftreten, um den gewünschten Effekt auf die Marktzinsen herbeizuführen.

Die Politik der Zinskontrolle kann jedoch eine problematische Wendung nehmen. Eine einfache Überlegung offenbart das. Wenn eine Zentralbank eine Zinsobergrenze festlegt, dann ist das gleichbedeutend mit der Vorgabe eines Mindestkurses für Anleihen. Liegt der verkündete Mindestkurs *über* dem markträumenden Kurs – und damit ist zu rechnen, andernfalls bräuchte man keinen Mindestkurs –, stellt sich ein *Angebotsüberhang* am Anleihemarkt ein: Das Schuldenangebot steigt, während die Nachfrage nach Anleihen zurückgeht. Um zu verhindern, dass die Kurse nachgeben (die Renditen steigen), muss die Zentralbank den Angebotsüberhang aufkaufen.

Werden die Anleihekäufe mit geschaffenem Geld bezahlt, steigt die ausstehende Geldmenge. Entscheidend für die resultierende monetäre Wirkung ist nun allerdings, von wem die Zentralbank die Anleihen kauft. Stammen sie aus Beständen der Geschäftsbanken, stellt sich »nur« eine Ausweitung der Zentralbankgeldmenge ein: In den Bilanzen der Banken nehmen die Anleihebestände ab, und im Gegenzug steigen die Guthaben der Banken bei der Zentralbank. Werden hingegen die Anleihen, die die Zentralbank erwirbt, von Nichtbanken (wie zum Beispiel Versicherungen, Pensionskassen oder Privatanlegern) verkauft, nimmt die Basisgeldmenge im Bankensektor zu, und es steigt zudem auch die Geschäftsbankengeldmenge (in Form von M1 bis M3). Die gleiche Wirkung stellt sich ein, wenn die Zentralbank neu ausgegebene Staatsschulden aufkauft, wenn sie also die öffentlichen Haushalte direkt mit dem Anwerfen der elektronischen Notenpresse finanziert.

Die Verkündung und Durchsetzung eines Mindestkurses für Anleihen können zudem eine schwer zu bremsende Dynamik entfalten. Je weiter der Mindestkurs der Anleihen über ihrem markträumenden Kurs liegt, je größer fällt das von der Zentralbank zu kaufende beziehungsweise zu monetisierende Schuldenvolumen aus. Und je größer die dabei entstehende Geldmengenausweitung ist, desto stärker wird auch der markträumende Anleihekurs in die Knie gehen: Steigen die

Geldmengen stark an, schwindet der Marktwert der Anleihen, und die Investoren verlangen eine höhere Rendite. Das wiederum vergrößert den Angebotsüberhang auf dem Anleihemarkt, der von der Zentralbank aufgekauft werden muss, um den Mindestkurs zu halten. Diese unheilvolle Dynamik verschärft sich, wenn die Schuldenaufnahme des Staates aus dem Ruder zu laufen droht.

Genau das ist bei einer Politik der Zinskontrolle nicht von der Hand zu weisen: Können Regierungen zu günstigen Zinsen an Kredite gelangen, werden sie sehr wahrscheinlich von dieser Gelegenheit regen Gebrauch machen. Sie werden nicht nur fällige Schulden durch neue ersetzen, die mit einem niedrigeren Zins ausgestattet sind, sondern sie werden auch die Neuverschuldung ausweiten. Der Finanzhunger der Staaten ist bekanntlich unersättlich. Diese Erfahrung wurde in der wirtschaftspolitischen Lage zu Beginn des Jahres 2023 erneut bestätigt: Im Ausweiten der Staatsverschuldung, in der keynesianischen Defizitpolitik, wird der Ausweg aus der Corona-Krise erblickt, der zu mehr Wachstum und Beschäftigung führen soll. Hinzu kommt, dass die Staaten bewusst auf neue Schulden setzen wollen, um »grüne Politik« oder eine »Große Transformation« der Volkswirtschaften zu finanzieren. Dass eine Zinskontrollpolitik unter diesen Bedingungen in eine (große) Inflation führt, ist wahrscheinlich.

Könnte der Urzins nicht vielleicht doch negativ geworden sein?

Abb. 19 zeigt die Rendite der langfristigen deutschen Staatsanleihen von 1955 bis Mai 2023 in nominaler und realer Rechnung. Wie zu erkennen ist, lag der Realzins (in dieser Darstellung berechnet als Nominalzins minus laufender Inflation der Konsumgüterpreise) seit spätestens Ende 2015 chronisch im negativen Bereich. Könnte das nicht vielleicht ein Indiz dafür sein, dass der Urzins doch negativ geworden ist? Die Antwort auf diese Frage lautet Nein.

(1.) Entscheidend ist, dass eine Beobachtung den Wahrheitsgehalt einer logischen Erkenntnis beziehungsweise Schlussfolgerung nicht übertrumpfen kann. Die Erkenntnis, dass Zeitpräferenz und Urzins stets positiv sind, ist handlungslogisch hergeleitet, sie kann nicht durch einen

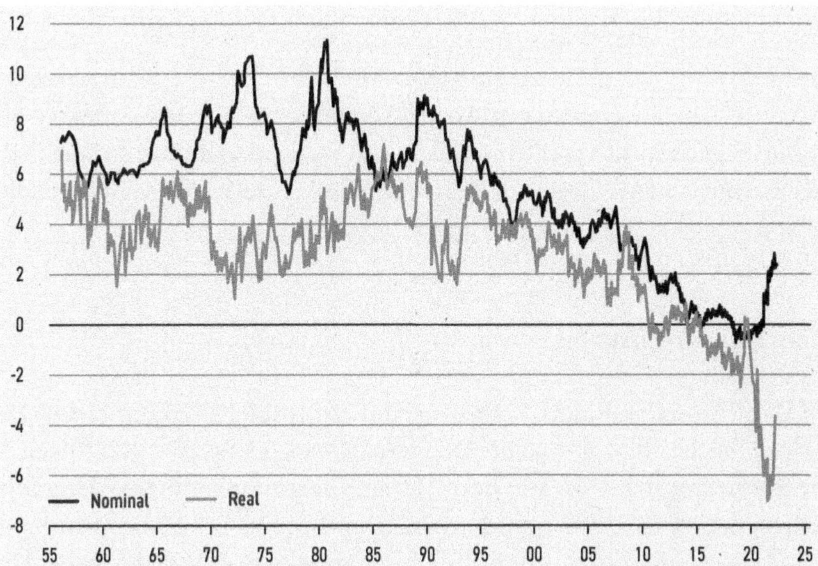

*Abb. 19: Rendite der zehnjährigen deutschen Staatsanleihe in Prozent, nominal und real**

*Quelle: Refinitiv; eigene Berechnungen. *Nominale Rendite minus Jahresveränderung der deutschen Konsumgüterpreise*

empirischen Befund ausgestochen werden. Die Beobachtung eines negativen realen Marktzinses (wie er hier berechnet wurde) ist folglich kein Beweis dafür, dass der Urzins negativ geworden sein könnte. (2.) Weiterhin ist zu bedenken, dass der Kapitalmarktzins nur ein Ausschnitt des »Zeitmarktes« ist, also des Marktes, in dem Gegenwarts- gegen Zukunftsgüter gehandelt werden. Von der realen Zinshöhe im Markt für Staatsanleihen lässt sich daher nicht notwendigerweise ablesen, welche Höhe der gesamtwirtschaftliche Urzins angenommen hat. (3.) Die Zinsbildung erfolgt heutzutage zudem nicht in einem freien, sondern in einem »gehemmten« Markt: Die Zentralbank übt maßgeblichen Einfluss auf den Marktzins aus, und dieser Einfluss hat seit der globalen Finanz- und Wirtschaftskrise 2008/2009 stark zugenommen. Zudem sorgen zahlreiche Regularien dafür, dass institutionelle Investoren (Versicherungen, Pensionskassen etc.) in Staatsanleihen investieren müssen. Unter diesen Bedingungen kann die Zentralbank, die das Geldproduktionsmonopol innehat, die Anleihezinsen auf Niveaus herabsenken, die sie in einem freien Markt niemals erreichen würden. Wenn also heutzutage ein negativer realer Marktzins beobachtet wird, dann ist er folglich nicht natürlich, sondern vielmehr geldpolitisch diktiert und damit im wahrsten Sinne des Wortes unnatürlich, er hat keinen notwendigen Bezug zum gesamtwirtschaftlichen Urzins.

»Einheits«-Urzins

Bei der voranstehenden Erklärung der Zeitpräferenztheorie des Zinses wurde deutlich gemacht: Der (Ur-)Zins – er ist die Manifestation der Zeitpräferenz – ist aus dem Bereich des menschlichen Handelns sprichwörtlich nicht wegzudenken. Der Urzins ist quasi immer im Spiel, wenn es um das menschliche Handeln und Werten geht. Und das gilt aus logischen Gründen: Der Handelnde wertet das Gegenwartsgut (unter sonst gleichen Umständen und Bedingungen) notwendigerweise höher als das Zukunftsgut; er zieht eine frühere Befriedigung seines Bedürfnisses einer späteren vor (unter sonst gleichen Umständen und Bedingungen). Werten und Handeln des Menschen implizieren denknotwendig die Existenz einer positiven Zeitpräferenz und entsprechend eines positiven Urzinses. Zeitpräferenz und Urzins können nicht verschwinden, null oder negativ werden – und zwar aus handlungslogischen Gründen.

In Volkswirtschaften, in denen es freie Märkte gibt, bildet sich tendenziell ein einheitlicher Urzins heraus. Das soll anhand eines einfachen Beispiels verdeutlicht werden.[16] Abb. 20 zeigt auf der horizontalen Achse die Stufen der Produktion: die Produktionsstufe X, gefolgt von der Produktionsstufe Y. Auf der vertikalen Achse ist der (kumulierte) Preis des Produktionsgutes abgetragen. Dass der Güterpreis in Abhängigkeit der Produktionsstufen steigt, leuchtet ein: Auf jeder Produktionsstufe müssen die Produktionsfaktoren Land, Arbeit und Kapital bezahlt werden; je mehr Produktionsstufen, desto teurer das Produktionsgut beziehungsweise das marktfähige Konsumgut am Ende der Fertigung.

Die Linie *A-B-C* zeigt, wie sich der Preis des Produktionsgutes in Abhängigkeit der Produktionsstufen entwickelt – und zwar in die Höhe. Die *positive Steigung* der Linie *A-B-C* repräsentiert den Urzins. Warum? Ganz einfach: Der Unternehmer 1 kauft das Produktionsgut zum Preis *A*, setzt es in Produktionsstufe *X* ein, und er verkauft es am Ende der Produktionsstufe *X* an Unternehmer *Y* zum Preis *B*. Nehmen wir an, dass *A* = 100 und *B* = 150. Folglich beträgt die Rendite für Unternehmer 1 50 Prozent (also 150 dividiert durch 100, minus 1, das Ganze multipliziert mit 100). Unternehmer *Y* kauft also das Produktionsgut von Unternehmer *1* zum Preis von 150, und er verkauft es am Ende des Produktionsweges als Konsumgut zu 225. Seine Rendite beträgt ebenfalls 50 Prozent (also 225 dividiert durch 150, minus 1, das Ganze multipliziert mit 100).

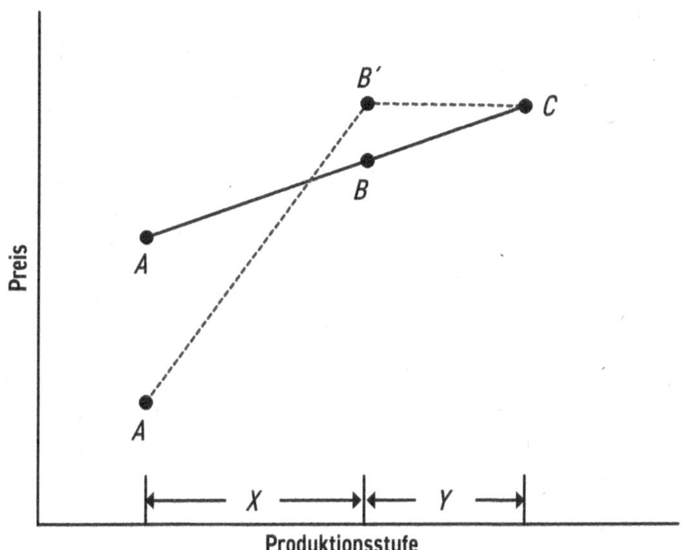

Abb. 20: Der Prozess, der tendenziell einen einheitlichen Urzins in der Volkswirtschaft hervorbringt

Quelle: Rothbard (2009), Man, Economy, and State, S. 408.

Nun nehmen wir an, in Produktionsstufe *X* kann der Unternehmer 1 (aus welchen Gründen auch immer) das Produktionsgut *A* zu einem stark verminderten Preis kaufen (und zwar zu *A'*, wobei *A'* < *A*); und er kann es am Ende der Produktionsstufe *X* zu einem erhöhten Preis (und zwar *B'*, wobei *B'* > *B*) verkaufen. Wenn *A'* = 60 und *B'* = 120, dann beträgt die Rendite für Unternehmer 1 100 Prozent (120 dividiert durch 60, minus 1, das Ganze multipliziert mit 100). Was passiert in einer solchen Situation in einem freien Markt? Ganz einfach: Unternehmer erkennen die Möglichkeit, eine höhere Rendite zu erzielen, indem sie zu *A'* kaufen und produzieren und zu *B'* verkaufen. Die steigende Nachfrage nach dem Gut zu Preis *A'* und das steigende Angebot zum Preis *B'* wird dazu führen, dass *A'* in Richtung *A* steigt und *B'* in Richtung *B* fällt. Tendenziell wird die Linie A'-B'-C also wieder in Richtung A-B-C geschoben.

Dieses Beispiel soll zeigen, dass es in einem freien Markt eine Tendenz gibt, den Urzins über alle Produktionsstufen und Produktionszweige hinweg zu *vereinheitlichen*. In der Realität wird dieser Prozess vermutlich nie ganz abgeschlossen sein. Schließlich ergeben sich stets neue Produkte und Produktionswege, die eine Umbewertung der Produktionsfaktoren in Gang setzen. Aber die Kräfte in einem freien Markt laufen auf das Herausbilden eines Einheits-Urzinses hinaus. Das gilt nicht nur in einer einzelnen Volkswirtschaft, sondern auch zwischen Volkswirtschaften: Wären Kapital und Produktionsfaktoren weltweit mobil, würde sich tendenziell ein weltweiter Einheits-Urzins herausbilden. Der Urzins in den Produktionsstufen und Produktionswegen würde sich über die Regionen der Welt hinweg vereinheitlichen.

Zins und menschliches Werten und Handeln

Nein, es gab keine Protestmärsche gegen die extreme Niedrig- und Negativzinspolitik der Europäischen Zentralbank (EZB); keine nächtlichen Fackelzüge, die mahnen wollten vor den drohenden Folgen der politisch herbeigeführten Zinsminimierung; nirgendwo war eine medienwirksame Anti-Nullzins-Aktivistin à la Greta Thunberg zu sehen. Warum ergriff kaum jemand Partei für den geschundenen Zins? Ist die Sache mit dem Zins zu kompliziert? Vielleicht. Aber vielleicht ist der Grund auch der: Eine ideologische Zinsfeindschaft hat sich in den Köpfen der Menschen eingenistet. Sie hält den Widerstand gegen eine Null- und Negativzinspolitik der Zentralbanken klein. Und sie macht es sogar möglich, dass die Zentralbanken die »Zinsführerschaft« übernommen haben und ihn nach politischen Erwägungen setzen können.

Wer aber um die Bedeutung des Zinses für das menschliche Handeln weiß, dem kann die wirtschaftliche und gesellschaftliche Problematik, die durch die Null- und Niedrigzinspolitik verursacht wird, nicht verborgen bleiben. Denn der Zins ist Ausdruck des menschlichen Wertens und Handelns. Er ist die Manifestation der Zeitpräferenz der Handelnden. Bildet sich der Zins auf dem freien Markt, bringt er Sparen, Investieren und Konsumieren in Einklang und ermöglicht so eine Zunahme des materiellen Wohlstands.

Doch heutzutage ist der Zins längst kein reines Marktphänomen mehr. Er wird von der Zentralbank sprichwörtlich diktiert. Die Zentralbank setzt den Kreditzins, zu dem Geschäftsbanken von ihr Kredite erhalten. Und der Kreditzins, der den Banken in Rechnung gestellt wird, bestimmt die Kreditzinsen, die die Geschäftsbanken ihren Kunden (Konsumenten, Produzenten, Staat) in Rechnung stellen.

Das Absenken des Zinses durch die Zentralbank hat überaus weitreichende Wirkungen: Es wertet den Gegenwartskonsum auf gegenüber dem Zukunftskonsum. Das Hier und Heute wird folglich noch wichtiger »gemacht« als das Morgen. Die Zentralbankzinspolitik führt so eine – in den Worten von Friedrich Nietzsche (1844–1900) – »Umwertung aller Werte«[17] herbei: *Sie treibt die Zeitpräferenz der Menschen künstlich in die Höhe.*[18] Das zeigt sich in vielen Ausprägungen.

Wenn die Zentralbank den Marktzins absenkt, dann stellt sich eine »Reichtumsillusion« ein: Es scheinen plötzlich nicht nur ausreichend Ressourcen vorhanden zu sein, um den Konsum zu befördern, es scheint sogar auch noch ausreichend Ressourcen zu geben, um neue Investitionen anzugehen. Ein wirtschaftlicher »Scheinaufschwung« kommt in Gang, der aber früher oder später in sich zusammenbrechen muss; das wird im nachfolgenden Kapitel 6 genauer erklärt.

Der künstlich gesenkte Zins treibt die Bewertungsniveaus beispielsweise für Aktien, Grundstücke und Häuser in die Höhe. Für deren Preise sind nämlich die Barwerte, die sich aus den abgezinsten künftigen Zahlungen errechnen, entscheidend, und die steigen bei fallenden Zinsen an. Wohlgemerkt: Derartige Preissteigerungen sind Symptome einer Ursache – und die Ursache ist in diesem Fall die künstlich durch die Zinspolitik der Zentralbank veränderte Wertevorstellung der Menschen.

Der Zins und die Bewertung der Aktienmärkte

Die nachstehende Grafik zeigt das Kurs-Gewinn-Verhältnis (*KGV*) des US-amerikanischen Aktienmarktes und die zehnjährige Rendite der US-Staatsanleihen für die Zeit von Anfang 1973 bis Juni 2023. Wie sich leicht erkennen lässt, weist der Zins im Betrachtungszeitraum beziehungsweise seit Ende der 1970er-Jahre einen fallenden Trend, das *KGV* hingegen einen steigenden Trend auf. Die im Trend fallenden Zinsen sind also verbundenen gewesen mit einem im Trend steigenden Bewertungsniveau der US-amerikanischen Aktien.

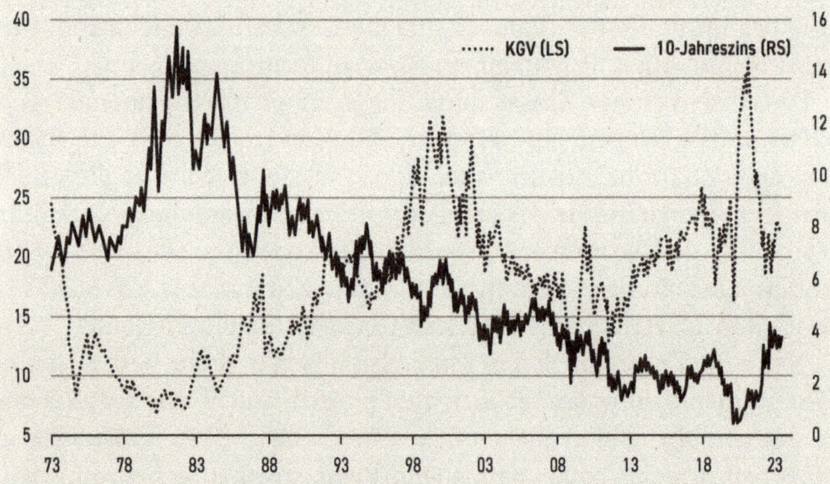

Abb. 21: Kurs-Gewinn-Verhältnis (KGV) des US-Aktienmarktes und zehnjährige Rendite der US-Staatsanleihe in Prozent

Quelle: Refinitiv; eigene Darstellung

Ökonomisch gesehen ist das ein wenig überraschendes Ergebnis. Das *KGV* des Aktienmarktes errechnet sich als Marktwert aller Aktien (*K*), geteilt durch die Unternehmensgewinne (*G*), sodass gilt $KGV = K / G$. Das *KGV* ist damit der Kehrwert der Gewinnrendite $r = G / K$. Damit gilt $KGV = 1 / r$. Wenn man annimmt, dass das Marktzinsniveau eine Komponente von *r* ist, dann liegt der Schluss nahe *(ceteris paribus)*, dass ein Absinken der Marktzinsen das Bewertungsniveau der Aktienmärkte in die Höhe treibt. Senkt die Zentralbank die Marktzinsen künstlich ab, so kann sie dadurch auch Preisübertreibungen (»Bubbles«) auf den Aktienmärkten erzeugen.

Der künstlich gesenkte Zins verleitet die Menschen dazu, verstärkt auf Pump zu wirtschaften. Das zeitliche Vorziehen des Konsums wird aus Sicht der Menschen attraktiver. Gleichsam gerät Sparsamkeit aus der Mode, »Dauerschuldnerei« wird moralisch akzeptabel. Ein künstlich gesenkter Zins lockt die Menschen quasi in eine Schuldknechtschaft hinein und geht mit Kapitalverzehr einher: Der Gegenwartskonsum erfolgt verstärkt auf Kosten der künftigen Konsummöglichkeiten.

Wenn das Gleich-und-Sofort immer wichtiger wird, weil die Zinsen künstlich gesenkt werden, dann leiden auch Tugenden und kulturelle Errungenschaften.[19] Wirtschaft und Gesellschaft werden gegenwartsorientierter, kümmern sich weniger um künftige Belange. Die Folgen könnten sein:[20] Ehen scheitern häufiger, weil die Ehepartner die zeitraubenden Aufwendungen scheuen, Konflikte zu überwinden, und sich für die Trennung entscheiden. Oder: Familie und Kinder verlieren an Attraktivität, weil man nicht den dafür erforderlichen Verzicht auf Gegenwartskonsum leisten will. Oder: Moden werden kurzlebiger, man setzt weniger auf Klassiker. Höflichkeit und Anstand lassen nach, weil diese Tugenden sich meist erst langfristig auszahlen, häufig aber nicht kurzfristig.

Die Zentralbank führt durch das Herabsenken des Zinses also nicht nur eine groß angelegte Täuschung herbei: Den Menschen wird schließlich eine Reichtumsillusion vorgegaukelt, sie werden über die wahren Knappheitsbedingungen in die Irre geführt, ihre Konsum-, Spar- und Investitionsentscheidungen fehlgelenkt. Die Zinsherunterdrückerei hat auch dezivilisierende, entkultivierende Effekte.

Wer meint, die Niedrig- und Nullzinspolitik der Zentralbanken helfe, die Volkswirtschaften gesunden zu lassen, sitzt einer Unwahrheit auf. Es gibt vermutlich kein wirksameres und gleichzeitig auch subtileres Mittel, den Menschen die Orientierung zu nehmen und die wirtschaftlichen und freiheitlichen Grundlagen der Gesellschaft zu unterwandern, als die Macht des Zinses in die Hand von staatlichen Monopol-Zentralbanken zu legen.

Doch diese (handlungslogisch begründeten) Überlegungen sind leider nicht sehr präsent in Volkswirtschaftslehre und öffentlicher Meinung. Der Zins ist in der herrschenden Auffassung zu einer Stellschraube degradiert worden, die die Zentralbanken nach Belieben, zur Erreichung politischer Ziele, verändern sollen. Dabei sorgt die tief sitzende Zinsgegnerschaft dafür, dass ein niedriger Zins als gut, ein hoher Zins als schlecht für die Wirtschaft angesehen wird. Die staatliche Zentralbank solle daher den Zins so niedrig wie möglich halten.

Es ist nicht schwer zu erraten, wohin sich unter dieser Geisteshaltung der Zins im Zeitablauf entwickelt, wenn er aus ideologischen Gründen als hinderlich für Wachstum und Beschäftigung angesehen wird, und er gleichzeitig von der Zentralbank beliebig festgesetzt werden kann: *Der Zins wird immer weiter abgesenkt.*

Das wiederum führt zu einer fortwährenden Ausweitung der Kredit- und Geldmengen und letztlich zu einer Zerrüttung der Kaufkraft des Geldes, zu einer ernsten Bedrohung der freiheitlichen Wirtschafts- und Gesellschaftsordnung. Der Feldzug gegen den Zins ist eine Politik, die also nicht nur die Prosperität, sondern auch die Freiheit der Menschen schädigt – eine Problematik, die ebenfalls im nun folgenden Kapitel 6 zur Sprache kommt.

Kapitel 6
Warum Fiatgeld schlechtes Geld ist

»Papiergeld ist niemals durch freiwillige Kooperation zustandegekommen. In allen bekannten Fällen wurde es durch Zwang und Nötigung eingeführt, manchmal unter Androhung der Todesstrafe.«

Jörg Guido Hülsmann (* 1966)

Cheerleader des Fiatgeldes

Dass heutzutage alle bedeutenden Währungen der Welt ungedecktes Geld, Fiatgeld, darstellen, entspringt in letzter Konsequenz einer *Idee* (einer Aussage, einer Theorie), die von den Menschen mehrheitlich als gut und richtig, als überzeugend, als besser im Vergleich zu anderen, alternativen Ideen angesehen wird. Konkret gesprochen: Es ist die Idee, dass der Staat beziehungsweise seine Zentralbank das Geldmonopol innehaben müsse; dass staatliches Fiatgeld die bessere Lösung sei im Vergleich zu einem Warengeld; dass die Geldmenge in der Volkswirtschaft wachsen müsse, damit die Wirtschaftsleistung im Zeitablauf zunehmen müsse; dass eine Güterpreisinflation von 2 Prozent pro Jahr »Preisstabilität« gleichkomme; und so weiter und so fort.

Die entscheidende Frage lautet an dieser Stelle: Woher stammt die Idee? Sie kann sich beispielsweise durch *Erfahrung*, im Zuge von Versuch und Irrtum (Experimenten) herausgebildet und (nach und nach) Befürworter gewonnen haben. Sollte das jedoch der Fall sein, wäre die Idee nicht überzeugend begründet. Erfahrung kann nur zeigen, was sich in der Vergangenheit zugetragen hat. Man kann daraus aber nicht schließen, dass das, was man beobachten konnte (beispielsweise dass eine Zinssenkung der Zentralbank von einer Konjunkturerholung gefolgt war), nicht auch anders hätte sein können, man kann nicht schlussfolgern, dass ein Ereignis *A*, das von einem Ereignis *B* gefolgt wurde, *notwendig* war; und man kann aus einer Beobachtung zudem nicht ableiten, dass sich der beobachtbare Zusammenhang auch künftig zeigen wird.

Denn man hat es hier mit dem sogenannten *Induktionsproblem* zu tun.[1] Es lässt sich verständlich machen mit folgendem Beispiel. Bis weit in das 17. Jahrhundert hinein war man der Meinung »Alle Schwäne sind weiß«. Diese Aussage war durch viele Beobachtungen immer wieder bestätigt worden. Dann jedoch entdeckte man im Jahr 1697 in Australien schwarze Schwäne, und die All-Aussage »Alle Schwäne sind weiß« musste als falsch zurückgewiesen werden. Kurzum: Das Induktionsproblem besagt, dass man aus Beobachtungen keine Regelmäßigkeiten, keine Gesetzmäßigkeiten im Sinne von »Wenn *A*, dann *B*« oder »Wenn *A* um *x* Prozent steigt, dann verändert sich *B* um *y* Prozent« begründen, als sichere Erkenntnis ausweisen kann.[2]

Wenn aber die Erfahrung (Beobachtung der vergangenen Realität, das Durchführen von [Labor-]Experimenten) nicht geeignet ist, Ideen (Theorien) abschließend als richtig einzustufen oder als falsch zu verwerfen, was bleibt denn dann?[3] Antwort: Es gibt Ideen (Aussagen), die erfahrungsunabhängig als wahr einzusehen sind. Gemeint sind hier Aussagen *a priori*. Der Wahrheitsgehalt von *A-priori-Aussagen*, lässt sich durch Erfahrung weder begründen noch verwerfen. Eine *A-priori-Aussage* beanspruch vielmehr strenge Allgemeingültigkeit, sie gilt ohne Ausnahme, und zwar gestern, heute und künftig. Ein Beispiel für eine *A-priori-Aussage* findet sich in der Logik, etwa in Form des »Gesetzes des ausgeschlossenen Dritten«: Eine Aussage »kann nicht wahr und gleichzeitig falsch sein«.[4] Oder man betrachte die Aussage: »Der Mensch handelt.« Sie lässt sich nicht widerspruchsfrei verneinen – und ist damit wahr. Wer sagt »Der Mensch handelt nicht«, der handelt und widerspricht dem Gesagten, sagt also etwas Falsches.

Ludwig von Mises hat herausgearbeitet, dass die Methode zur Gewinnung von Erkenntnis in den Sozial- und Wirtschaftswissenschaften eine apriorische sein *muss* (siehe hierzu die nachstehende Box). Entsprechend hat er die Volkswirtschaftslehre als apriorische Handlungswissenschaft konzeptualisiert – und damit Erfahrungswissen als ungeeignet zurückgewiesen, um wissenschaftliche Erkenntnisse im Bereich des menschlichen Handelns, also insbesondere auch in der Volkswirtschaftslehre aufzuspüren und zu begründen. Wendet man die *Handlungslogik* als Erkenntnismethode an, lassen sich wirtschaftliche Phänomene widerspruchsfrei verstehen; und vieles (wohlgemerkt: nicht alles!), was in der Hauptstromökonomik vorgebracht wird, entpuppt sich als falsch. Mit der apriorischen Handlungslogik lässt sich beispielsweise das Geldphänomen vollumfänglich verstehen: Warum Geld spontan im freien Markt durch die eigennutzorientierten Handlungen der Menschen entsteht; warum die Menschen ein Sachgut, eine Ware (wie Edelmetalle), freiwillig als Geld (aus-)wählen – es als das allgemein akzeptierte Zahlungsmittel annehmen – und keine reinen, beim Geldemittenten in nichts einlösbaren Papierzettel; warum die Entstehung und die Existenz einer staatlichen Zentralbank, die Fiatgeld ausgibt, nicht mit rechten Dingen zugehen kann, ja geradezu unnatürlich, unsinnig und unlogisch ist.

Die Logik des menschlichen Handelns

Die wissenschaftliche Methode, die in der Volkswirtschaftslehre heute angewandt wird, ist den Naturwissenschaften entliehen.[5] In den Naturwissenschaften werden bekanntlich Erkenntnisse anhand von Erfahrung – also etwa bei Experimenten – aufgespürt, und ihre Validität wird mittels Erfahrung überprüft. Erkenntnistheoretisch befindet man sich damit auf dem Boden des *Positivismus-Empirismus-Falsifikationismus.*[6] Doch ein solches Vorgehen ist in der Volkswirtschaftslehre nicht möglich. In der Naturwissenschaft lassen sich reproduzierbare Experimente durchführen, also beliebig viele Versuche unter gleichen Bedingungen, die Protokollsätze liefern, wie der Wissenschaftstheoretiker Karl R. Popper (1902–1994) sie bezeichnet. Beispiel: Chemikalie A wird mit Chemikalie B vermischt, und das führt zu einer bestimmten Reaktion. Dieser Versuch lässt sich prinzipiell heute, morgen, übermorgen hier und woanders auf der Welt beliebig häufig und unter gleichen Bedingungen durchführen. So etwas ist im Bereich des menschlichen Handelns in dieser Weise nicht möglich. Warum?

Der Mensch hat – anders als Moleküle, Steine oder ein Regenwurm – Wünsche, er wählt seine Ziele und die Mittel, um sie zu erreichen. Vor allem ist der Mensch lernfähig. Das lässt sich logisch nicht widerspruchsfrei bestreiten. Wer sagt »Der Mensch kann nicht lernen«, setzt bereits voraus (bei sich selbst oder seinem Gesprächspartner), dass man das Konzept »Lernen« versteht – dass man also gelernt hat zu lernen. Das aber ist ein *performativer Widerspruch*: Man verneint dadurch den Inhalt seines Arguments. Und wer sagt »Der Mensch kann lernen, dass er nicht lernen kann«, begeht einen offenen Widerspruch. Mithin gilt der Satz »Der Mensch kann lernen« a priori. Er lässt sich nicht bestreiten, ohne seine Gültigkeit bereits vorauszusetzen. Wenn folglich der Mensch als handelnder Akteur als lernfähig konzeptualisiert werden muss, dann folgt daraus zweierlei. Erstens: Man kann nicht schon heute alle künftigen Wissenszustände kennen und damit auch nicht – darauf kommt es hier an – alle aus diesem Wissen sich ergebenden künftigen Handlungen. Zweitens: Im Bereich des menschlichen Handelns lassen sich daher aus logischen Gründen keine Ursachen aufspüren, die eine konstante (zeitinvariante) Wirksamkeit auf das menschliche Handeln ausüben – denn sonst würden wir (fehlerhafterweise) Nichtlernfähigkeit unterstellen. Mit anderen Worten: Das menschliche Handeln lässt sich nicht in gleicher Weise wie die Erkenntnisobjekte in der Naturwissenschaft erklären oder anhand von externen Faktoren prognostizieren. Daraus erwächst die Notwendigkeit für einen *methodologischen Dualismus*: Die wissenschaftliche Methode in der Volkswirtschaftslehre muss eine andere sein als jene, die in den Naturwissenschaften Verwendung findet. Zwar lässt sich die Volkswirtschaftslehre nicht als Erfahrungswissenschaft konzeptualisieren, sehr wohl aber als sogenannte apriorische Handlungswissenschaft. Letztere findet ihre erkenntnistheoretische Methode in der Logik des menschlichen Handelns. Im Zentrum steht dabei der Satz »Der Mensch handelt«. Er klingt banal. Aber nur auf den ersten Blick. Denn der Satz »Der Mensch handelt« lässt sich nicht widerspruchsfrei verneinen: Wer sagt »Der Mensch handelt nicht«, der handelt – und widerspricht dem Gesagten. Der Satz »Der Mensch handelt« gilt a priori. Aus ihm lassen sich überdies weitere wahre Aussagen ableiten, wie zum Beispiel: Der Handelnde verfolgt Ziele, die er durch sein Handeln erreichen will. Handeln erfordert den Einsatz von Mitteln. Mittel sind knapp. Mehr Mittel werden weniger Mitteln vorgezogen. Eine frühere Erfüllung der Ziele wertet der Handelnde höher als eine spätere. Und so weiter. Wenn man die Volkswirtschaftslehre als apriorische Handlungswissenschaft begreift, dann schrumpft ihr Erklärungs- und Geltungsanspruch, wie er von der Hauptstrom-Ökonomik behauptet wird – und er wächst zugleich. Es geht dann nicht mehr darum, ökonomische Gesetzmäßigkeiten empirisch aufzuspüren. Auch volkswirtschaftliche Prognosen quantitativer Art (wie zum Beispiel: »Das US-amerikanische Bruttoinlandsprodukt wird im kommenden Jahr um 2,5 Prozent zulegen gegenüber dem Vorjahr«) lassen sich nicht mehr wissenschaftlich rechtfertigen. Und schon gar nicht maßt sich die apriorische Handlungswissenschaft an, Aussagen darüber zu treffen, wie künftig gehandelt wird. Auf der anderen Seite lassen sich die qualitativen Folgen menschlichen Handelns, das unter gegebenen Bedingungen stattfindet, sicher vorhersagen: etwa, dass der Sozialismus nicht funktioniert; dass die Ausgabe von ungedecktem Geld und das Absenken der Marktzinsen durch die Zentralbank unweigerlich zu Wirtschaftsstörungen führen; dass (große) Staaten (wie wir sie heute kennen) die Kriegsgefahr befördern; dass Tauschen im freien Markt für alle daran Beteiligten vorteilhaft ist (im Vergleich zur Situation, in der nicht getauscht wird); und anderes mehr. Vieles, was heute in der Wirtschafts- und Gesellschaftspolitik als gut und richtig angesehen wird, ist im Lichte der apriorischen Handlungswissenschaft nicht haltbar. Verständlich also, dass sich die Begeisterung von Politikern, Ökonomen und Lobbyisten in Grenzen hält, die wissenschaftliche Methodenfrage in der Ökonomik neu zu beleben. Doch angesichts der unübersehbaren Probleme in den Volkswirtschaften – nachlassendes Wachstum, Staatsexpansion, explodierende Verschuldung, Inflation, vor allem aber auch das damit einhergehende Zurückdrängen der individuellen Freiheit, das Wiedererstarken kollektivistischer-sozialistischer Ideen – ist es höchste Zeit für eine Neuauflage des *Methodenstreits*. Die Erkenntnisse der Ökonomik sind zu wichtig für das friedvolle und produktive Zusammenleben der Menschen.

Die Handlungslogik weist das Fiatgeld vielmehr als unlogisch, als falsch aus: Fiatgeld kann nicht durch freiwillige Tauschakte der Marktakteure entstanden sein. Es ist vielmehr durch Zwang und Gewalt in die Welt gekommen (siehe hierzu Kapitel 4). Die Handlungslogik erklärt auch, warum und welche zerstörerischen Folgen das Fiatgeld für das menschliche Handeln (in der Gesellschaft) hat. Daher ist es irritierend, ja in größtem Maße beunruhigend, dass heutzutage in der Hauptstrom-Ökonomik die Auffassung vorherrscht, der Wahrheitsgehalt von ökonomischen Ideen und Theorien sei anhand von Erfahrungen zu beurteilen; dass es gut und richtig sei, dass der Staat das Geld monopolisiert hat; dass der Staat das Goldgeld durch sein Fiatgeld ersetzt hat; dass die Vermehrung der Fiatgeldmenge in Zeiten der Finanz- und Wirtschaftskrise eine richtige Medizin sei; dass diese Medizin vertretbare (und akzeptable) Nebenwirkungen hat.

Damit wird deutlich: Die Vertreter (»Cheerleader«) der Hauptstrom-Ökonomik, die die öffentliche Meinung fest im Griff haben, verfügen über kein erkenntnistheoretisch überzeugendes Fundament, ja ihr Fundament ist erkenntnistheoretisch falsch.[7] Denn sie berufen sich auf Erfahrungen als Quelle von Erkenntnis und als Prüfstein der Wahrheit. So gesehen ist es irrtümlich zu behaupten, der Staat müsse das Geldmonopol innehaben, weil der freie Markt kein verlässliches Geld bereitstellen könne; oder dass die Geldmenge in der Volkswirtschaft wachsen müsse, damit der materielle Wohlstand im Zeitablauf zulegen könne; dass das Sach- oder Goldgeld durch Fiatgeld ersetzt und durch eine staatliche Monopolzentralbank gesteuert werden müsse, weil nur so die volkswirtschaftlich »optimale Geldmenge« bereitgestellt werden könne. All das sind (handlungs-)logisch unhaltbare Aussagen, sie sind willkürlich und/oder irrtümlich, resultieren häufig aus einer (bewussten oder unbewussten) falschen Interpretation tatsächlicher Geschehnisse.

Kurzum: *Die Volkswirtschaftslehre ist – als Teilbereich der Lehre des menschlichen Handelns – keine Erfahrungswissenschaft. Sie lässt sich überzeugend nur als apriorische Handlungswissenschaft gedanklich erfassen und praktizieren.* Es gibt ökonomische Gesetzmäßigkeiten und Erkenntnisse (über die Realität), die unumstößlich, die zeitinvariant sind und die sich durch logisches Denken aufspüren lassen. Dazu drei Beispiele:

- Wenn Käufer und Verkäufer eine Transaktion freiwillig und ohne wissentlichen Betrug einer Seite durchführen, dann ist der Tausch für beide Parteien im Tauschzeitpunkt vorteilhaft (hat einen positiven Nutzen für Käufer und Verkäufer) – ansonsten würde er nicht stattfinden.
- Wenn die Geldmenge in der Volkswirtschaft steigt, dann nimmt die Kaufkraft einer Geldeinheit ab.
- Nimmt das Angebot eines Gutes zu, fällt bei gleichbleibender Nachfrage der Preis des Gutes, und zwar notwendigerweise (soweit alle anderen Faktoren unverändert bleiben).

Diese (und andere) ökonomischen Aussagen gelten, und das sei hier wiederholt, a priori. Eine Aussage gilt a priori, wenn man sie nicht widerspruchsfrei verneinen kann, wenn man durch Ihre Verneinung ihre Gültigkeit bereits voraussetzt. A-priori-Aussagen beanspruchen Allgemeingültigkeit, sie gelten hier und heute und auch zukünftig, sie lassen sich durch Erfahrung nicht bestätigen oder verwerfen.

Die Hauptstrom-Ökonomen, die das Fiatgeld entweder nicht problematisieren und/oder es der Öffentlichkeit als gut und richtig anpreisen, berufen sich – wenig verwunderlich – auf theoretische und/oder beobachtungsbasierte (also empirische) Überlegungen und Argumente, erfassen die Volkswirtschaftslehre als *Erfahrungswissenschaft,* sie ignorieren oder bestreiten dabei (vehement) ihre apriorische Natur. Und so ist es nicht verwunderlich, dass in der Ausbildung in Schule und Universität die Probleme beispielsweise des Zentralbankgeldwesens, der Gelderzeugung aus dem Nichts, die chronische Inflation als Folge der Fiatgeldmengen-Vermehrung, des Fiatgeldes als Ursache von Boom und Bust nicht erkannt beziehungsweise verschwiegen werden. Stattdessen geschieht genau das Umgekehrte: Die Existenz von Zentralbanken wird als notwendig für ein funktionierendes Geldwesen vermittelt; zur Erklärung der Inflation wird auf nicht-monetäre Faktoren wie steigende Energiepreise, Kriege etc. verwiesen – die Rolle der Geldmengenvermehrung durch die Zentralbank wird relativiert oder verneint; als Ursache für Finanz- und Wirtschaftskrisen müssen der Kapitalismus, die Gier der Investoren herhalten; die Geldmengen- und Zinsmanipulationen durch die Zentralbankpolitik werden als unbedenklich eingestuft.

Doch wenn man die Volkswirtschaftslehre als apriorische Handlungswissenschaft versteht und praktiziert, dann wird sehr wohl deutlich, welche Folgen die staatliche Monopolisierung der Geldproduktion hat, welche weitreichenden Auswirkungen die Erzeugung von Fiatgeld durch Kreditvergabe aus dem Nichts nach sich zieht, wie es zu Boom und Bust kommt; warum im Boom Fehlentwicklungen entstehen und warum sie im Bust korrigiert werden; warum die Verschuldung der Volkswirtschaften immer weiter in die Höhe steigt; warum und wie das Fiatgeld die Menschen in eine immer größere wirtschaftliche Abhängigkeit vom »Fiatgeldsystem« bringt, und anderes mehr.

Um all das besser verstehen zu können, bietet es sich an, einen Blick auf die Funktionsweise des Fiatgeldsystems zu werfen und anhand von konkreten Zahlen nachzuvollziehen, wie das Geldschaffen aus dem Nichts im Fiatgeldsystem abläuft.[8]

Wie die Gelderzeugung aus dem Nichts abläuft

Im heutigen Fiatgeldsystem hat die staatliche Zentralbank das Geldproduktionsmonopol inne. Sie ist der Monopolanbieter von Zentralbankgeld in Form von Banknoten und Einlagen auf Zentralbankkonten. Private Geschäftsbanken produzieren zwar ebenfalls Geld (das Geschäftsbankengeld), das aber können sie nur, weil sie zum einen dafür vom Staat beziehungsweise von der Zentralbank eine Erlaubnis (Lizenz) erhalten haben. Und zum anderen benötigen die Geschäftsbanken Zentralbankgeld (das sie nicht selbst schaffen können), um ihrerseits Geschäftsbankengeld ausgeben zu können. Genauer gesagt benötigen die Geschäftsbanken aus drei Gründen Zentralbankgeld:

(1) Die Bankkunden heben in der Regel einen Teil ihrer Guthaben in Form von Bargeld ab. Um auszahlungsfähig zu sein, müssen Geschäftsbanken daher Bargeld, das nur die Zentralbank bereitstellt, vorhalten.

(2) Die Zahlungen, die Geschäftsbanken untereinander abwickeln, erfolgen in Zentralbankgeld. Um liquide zu sein, kommen Geschäftsbanken folglich nicht umhin, Guthaben bei der Zentralbank zu haben.

(3) Die Geschäftsbanken werden von der Zentralbank in der Regel verpflichtet, sogenannte Mindestreserven vorzuhalten: Das heißt, sie müssen stets einen gewissen Prozentsatz ihrer Verbindlichkeiten gegenüber Kunden in Form von Zentralbankgeld besitzen.

Wie die Geldproduktion in einem Fiatgeldsystem erfolgt, soll das nachstehende Beispiel illustrieren: Die Zentralbank vergibt einen Kredit an eine Geschäftsbank in Höhe von 100 Euro. Es kommt dadurch zu einer Verlängerung der Zentralbankbilanz. Auf der Aktivseite erscheint eine Kreditforderung gegenüber der Bank, auf der Passivseite räumt die Zentralbank der Geschäftsbank ein Guthaben ein. Auch die Bilanz der Geschäftsbank verlängert sich: Auf der Aktivseite erscheint ein Guthaben bei der Zentralbank, auf der Passivseite eine Verbindlichkeit gegenüber der Zentralbank. Durch die Kreditvergabe hat folglich die Zentralbank die Zentralbankgeldmenge in den Händen der Geschäftsbank um 100 Euro erhöht. Und zwar »aus dem Nichts«. Neues Geld ist quasi »par ordre du mufti« entstanden.

Aktiva	Zentralbank (ZBK)		Passiva
Kredit an Bank	+100	Guthaben Bank	+100

Aktiva	Geschäftsbank		Passiva
Guthaben bei ZBK	+100	Verbindlichkeit ggü. ZBK	+100

Abb. 22: Zentralbankgeldschöpfung

Die Geschäftsbank *A* wird mit dem Geld, das sie von der Zentralbank bekommen hat, »arbeiten«. Sie wird dieses Zentralbankgeld einsetzen, um Kredite zu vergeben. Um zu zeigen, wie das abläuft, nehmen wir zunächst an, die Zentralbank verpflichtet die Geschäftsbanken, eine Mindestreserve von, sagen wir, 5 Prozent ihrer Sichtverbindlichkeiten gegenüber Kunden vorzuhalten. Wenn die Bank nun einen Kredit in Höhe von 100 Euro an Bankkunde *X* vergibt, weist sie auf ihrer Aktivseite eine Kreditforderung aus, und sie räumt ihrem Kunden ein Guthaben in gleicher Höhe ein, das sie auf der Passivseite ihrer Bilanz zeigt. Für die Kundenverbindlichkeit von 100 Euro muss die Bank eine Mindestreserve von 5 Euro halten, und es bleibt ihr damit eine »Überschussreserve« von 95 Euro.

Aktiva	Bank A		Passiva
Guthaben bei ZBK	+100	Verbindlichkeit ggü. ZBK	+100
Davon: *Mindestreserve*	*5*		
Überschussreserve	*95*		
Kredit an A	+100	Verbindlichkeit ggü. X	+100
Mindestreserve	*2,5*		*-50*
Überschussreserve	*47,5*		

Abb. 23: Geschäftsbankengeldschöpfung (Schritt 1)

Nun nehmen wir weiterhin an, Bankkunde *X* überweist 50 Euro an *Y*, der sein Konto bei Bank *B* unterhält. Durch die Überweisung verliert die Bank *A* Zentralbankgeld in Höhe von 50 Euro. Die Mindestreserve fällt auf 2,5 Euro. Die Überschussreserve der Bank *A* beträgt nun nur noch 47,5 Euro. Bank *B* hat auf ihre Verbindlichkeit gegenüber *C* in Höhe von 50 Euro eine Mindestreserve von 2,5 Euro zu halten, und ihre Überschussreserve beläuft sich entsprechend auf 47,5 Euro. Diese kann Bank *B* nun aber ihrerseits verwenden, um Kredite zu vergeben und neues Geschäftsbankengeld zu erzeugen. Die Buchungsspiele lassen sich fortführen – und der Vorgang der Kredit- und Geldschöpfung findet sein Ende, wenn die gesamte Überschussreserve im Bankenapparat in Mindestreserve gebunden ist.

Aktiva	Bank B		Passiva
Guthaben bei ZBK	+50	Verbindlichkeit ggü. Y	+50
Davon: *Mindestreserve*	*2,5*		
Überschussreserve	*47,5*		
Kredit an C	+47,5	Verbindlichkeit ggü. C	47,5
Mindestreserve	*2,375*		
Überschussreserve	*45,125*		

Abb. 24: Geschäftsbankengeldschöpfung (Schritt 2)

Die sogenannte Kredit- und Geldschöpfung lässt sich durch Formeln ausdrücken. Für die Geldschaffung der Geschäftsbanken gilt:

$$M = 1 / r \cdot B^{Gbk},$$

wobei M = Geldmenge, r = Mindestreservesatz und B^{Gbk} = Zentralbankgeld in den Händen der Geschäftsbanken sind. Man erkennt: Je geringer r und je größer B^{Gbk} ist, desto größer ist auch die Möglichkeit der Banken, die Geldmenge auszuweiten (und zwar durch Einzahlung von Bargeld auf das Bankkonto und durch Kreditvergabe). Für die Kreditvergabe gilt die folgende Formel:

$$\Delta K = 1 / r\ \ddot{U}R,$$

wobei ΔK = zusätzliches Kreditangebot und $\ddot{U}R$ = Überschussreserve der Geschäftsbanken sind. Auch hier gilt wieder: Je niedriger r und je höher $\ddot{U}R$, desto größer ΔK. Indem die Zentralbanken r herabsetzen und B^{Gbk} beziehungsweise $\ddot{U}R$ erhöhen, erweitern sie die Möglichkeit der Banken, mehr Kredit und Geld zu schaffen.

Damit aber Banken neue Kredite und neues Geld ausgeben können, brauchen sie noch etwas: und zwar Eigenkapital. Als Faustregel gilt: Der Staat erlaubt den Geschäftsbanken, dass sie ihre risikobehafteten Kredite und Wertpapiere nicht zu 100 Prozent, sondern nur mit etwa 8 Prozent Eigenkapital unterlegen müssen. So sind Banken in der Lage, mit 1 Euro Eigenkapital Kredite in Höhe von 12,5 Euro (ein Euro dividiert durch 0,08) zu produzieren. Doch damit ist die *Hebelwirkung* noch nicht ausgereizt. Die staatliche Regulierungsbehörde erlaubt den Banken zudem, nicht alle risikobehafteten Kredite und Wertpapiere mit 100 Prozent auf das Eigenkapital anzurechnen.

Meist ist der Anrechnungsfaktor deutlich niedriger. Wenn zum Beispiel die Anrechnung auf das Eigenkapital nur 25 Prozent beträgt, dann lässt sich mit 1 Euro Eigenkapital ein Kreditbetrag in Höhe von 50 Euro (also 12,5 multipliziert mit dem Faktor vier) schaffen. So verwundert es nicht, dass Banken einen systematischen Anreiz haben, ihr Geschäftsvolumen zu erhöhen und auf den Hebeleffekt zu setzen: Die Gewinne, die mit *Teilreserve* und der *geringeren Eigenkapitalunterlegungspflicht* erzielt werden können, verlocken die Banken sprichwörtlich dazu, die Kredit- und Geldmengen immer mehr auszuweiten.

Der »Multiplikator der Gelderzeugung«

Abb. 25 zeigt die Entwicklung der Geldmenge M2 (abzüglich des Bargeldbestandes) und das Zentralbankgeld, das die US-Banken halten (Zentralbankgeldguthaben plus eigene Bargeldkassenbestände). Man erkennt deutlich, dass die Geldmengenproduktion der US-Banken vom ersten Quartal 1959 bis zum Sommer 2008 immer weniger Zentralbankgeld erforderte. Das hatte mehrere Gründe. So hat die US-Zentralbank die Mindestreserveanforderungen im Zeitablauf immer weiter gesenkt, auch hat der technische Fortschritt im Zahlungsverkehr die Nachfrage der Geschäftsbanken nach Zentralbankgeld reduziert. Die gepunktete Linie zeigt, wie viel Geschäftsbankengeld die US-Banken mit ihren Zentralbankgeldbeständen erzeugt haben, das ist der »Multiplikator der Gelderzeugung«. Zu Beginn 1959 produzierten die Banken mit 1 US-Dollar-Zentralbankgeld Geschäftsbankengeld in Höhe von 11,7 US-Dollar. In Q2 2008 erreichte der Multiplikator der Gelderzeugung sein Rekordhoch von 74,5. Mit dem Ausbruch der globalen Finanz- und Wirtschaftskrise im Herbst 2008 erhöhte die US-Zentralbank die Zentralbankgeldmenge im US-Bankensystem drastisch, sodass der Multiplikator der Gelderzeugung einbrach und in Q1 2023 bei nur noch 5,9 lag. Das heißt nicht, dass die Fähigkeit der US-Banken geschmälert worden wäre, die Geldmenge per Kreditvergabe zu vermehren. Vielmehr ist es so, dass die US-Banken derzeit über – im historischen Vergleich – extrem hohe »Überschussreserven« verfügen, die sie (noch) nicht zur Kredit- und Geldmengenerzeugung verwendet haben. Ein Grund dafür könnte sein, dass die US-Zentralbanken die Überschussreserven der US-Banken relativ gut verzinst haben (mit einer Rate, die nahe am Zentralbankzins liegt) und dass daher das Halten von verzinslichen Überschussreserven bei der Zentralbank gegenüber einer Kreditvergabe bevorzugt wird.

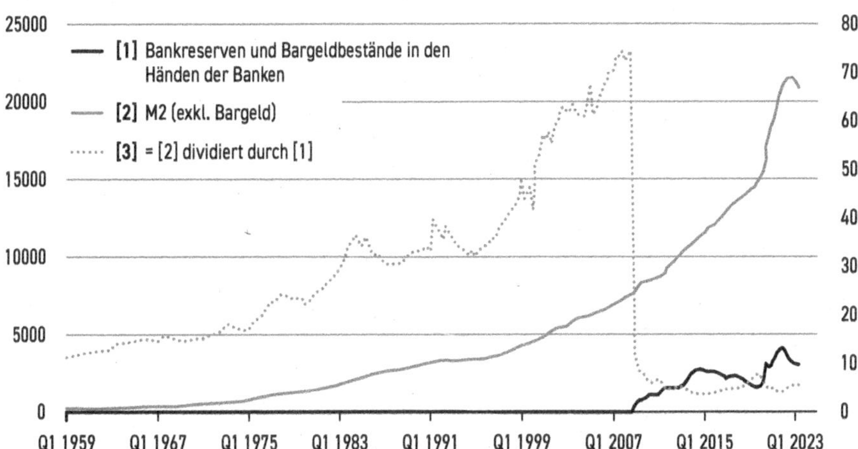

Abb. 25: US-Geldmenge, Bankreserven und »Multiplikator der Gelderzeugung«

Quelle: Refinitiv; eigene Berechnungen. Zeitperiode: Q1 1959 bis Q1 2023. Geldmenge M2 abzüglich des Bargeldumlaufs. Bankreserve: Zentralbankgeldguthaben der US-Banken abzüglich der Bargeldhaltung (»Vault cash«)

Allerdings kann die positive Hebelwirkung auch negativ werden. Verlieren Banken Eigenkapital, weil zum Beispiel ihre Risikovorsorge nicht ausreicht, Kreditausfälle zu decken, sodass das Eigenkapital schwindet (und sie sich von außen kein neues Eigenkapital besorgen können), muss ein Vielfaches der ausstehenden Kredit- und Geldmenge abgebaut werden. In einem solchen Fall sind Banken nicht mehr in der Lage, neue Kredite zu vergeben beziehungsweise fällig werdende Kredite zu erneuern. Um an das voranstehende Beispiel anzuknüpfen:

Verliert eine Bank Eigenkapital in Höhe von 1 Euro (und lässt sich kein neues Eigenkapital beschaffen), muss sie ihr Kredit- und Geldangebot um insgesamt 50 Euro zurückfahren. Dass diese Systematik die Volkswirtschaft geradewegs in eine Rezession-Depression führt, liegt auf der Hand.

Als Reaktion auf die Finanz- und Wirtschaftskrise wurde in Europa im Dezember 2011 ein Regulierungspaket beschlossen, das das Banken- und Finanzsystem sicherer machen soll: »Basel III«[9]. 2017 wurde ein Basel-III-Reformpaket beschlossen. Es enthält Anforderungen an die Banken, (1) sich mit mehr Eigenkapital auszustatten, (2) erhöhte liquide Mittel zu halten, (3) sich nicht zu hoch zu verschulden und (4) einen »antizyklischen Kapitalpuffer« vorzuhalten. Doch zu meinen, diese Maßnahmen würden das Banken- und Finanzsystem nunmehr vor schweren Krisen bewahren, wäre trügerisch. Denn die Kernursache für die immer wieder auftretenden Finanz- und Wirtschaftskrisen ist im Fiatgeldsystem angelegt. Das soll nun näher mit Blick auf die monetäre Konjunkturtheorie der Österreichischen Schule erklärt werden.

Teilreserve: Ja oder nein?

Dürfen Banken mit einer Teilreserve operieren? Unter Ökonomen wird diese Frage kontrovers diskutiert. Es würde an dieser Stelle zu weit gehen, die verschiedenen Argumente des Für und Wider vorzustellen.[10] Es sei daher nur auf den Beitrag des spanischen Ökonomen Jesús Huerta de Soto (* 1956) verwiesen.[11] Er stellt die Frage in den Vordergrund: Von welcher Art ist der Vertrag, den eine Person mit seiner Bank abschließt, wenn er bei ihr ein *Girokonto* unterhält? Ein solcher Vertrag bedeutet, dass der Girokontobesitzer jederzeit und in voller Höhe über seine Einlage verfügen kann. Die Bank (»Depositar«) hat die Verpflichtung, dem Einleger sein Guthaben auf Wunsch jederzeit und vollumfänglich zum Nennwert auszuzahlen (in bar oder als Giroüberweisung an eine andere Bank). Einen solchen Einlagevertrag bezeichnet Huerta de Soto als *Depositum irregulare*. In dem Fall jedoch, in dem jemand eine Termineinlage bei einer Bank oder eine Bankschuldverschreibung erwirbt, leiht er der Bank sein Geld, er schließt einen *Kreditvertrag* ab. Während der Kreditlaufzeit kann er über sein Geld nicht verfügen. Dafür erhält er Zinsen, und er hat ein Anrecht auf Rückzahlung des gewährten Kreditbetrags bei Laufzeitende. Wenn die Einlage ein *Depositum irregulare* ist, so ist die Verfügung der Bank über die Einlage – etwa dadurch, dass sie sie an einen Dritten verleiht – vertragswidrig; dies käme einer Veruntreuung gleich. Sind die Verträge über Bankeinlagen als *Depositum irregulare* einzustufen, wäre es daher betrügerisch, wenn die Bank, bei der der Kunden jederzeit verfügbare Einlagen hält, mit einer Teilreserve operiert: Die Bank kann dann nicht mehr ihrer vertraglichen Pflicht nachkommen, die Giroguthaben des Kunden jederzeit und in voller Höhe auszuzahlen, wie es der Depositenvertrag vorsieht.

Boom und Bust

Zur Ausformulierung der monetären Konjunkturtheorie der Österreichischen Schule – im Grunde handelt es sich um eine Krisentheorie (um eine Boom-und-Bust-Theorie) – brachte Ludwig von Mises drei bis dahin isolierte Theorien zusammen: die englische »Currency School«, die Kapital- und Zinstheorie von Eugen von Böhm-Bawerk (1851–1914) und die Theorie des schwedischen Ökonomen Knut Wicksell (1851–1926), in der er die Folgen eines Abweichens des Marktzinses vom »natürlichen Zins« beschreibt.[12] Mit seiner monetären Konjunkturtheorie konnte Mises zeigen, dass ein Ausweiten der Geldmenge durch *Zirkulationskredite* – also Bankkredite, die nicht durch »echte Ersparnisse« gedeckt sind – notwendigerweise zu Finanz- und Wirtschaftskrisen führen muss. Wie lautet die Erklärung? Nun, der Einschuss von neuem Geld, so Mises, bringt zunächst den Aufschwung: den Boom oder die *falsche Prosperität*. Der Boom wird aber über kurz oder lang in sich zusammenfallen und in einem Abschwung enden, dem Bust. Mises konnte theoretisch darlegen, warum der Wirtschaftsniedergang regelmäßig mit Fehlinvestitionen auf breiter Front einhergeht.[13] Mises zeigte zudem, warum die Schwankungen in der Kapitalgüterindustrie deutlich stärker ausfallen müssen als in der Konsumgüterindustrie.

Und letztlich konnte Mises' Theorie erklären, warum der Boom mit einer Ausweitung der Geldmenge, der Bust mit einer schrumpfenden Geldmenge einhergeht.

Mises hatte das ganze Ausmaß der Schäden erkannt, die aus einem unbeirrten Festhalten an der Vermehrung der Geldmenge durch Zirkulationskreditvergabe erwachsen. Er schrieb: »Es kann kein Zweifel darüber bestehen, dass der Umschlag der Konjunktur durch Einstellung der weiteren Ausgaben zusätzlicher Umlaufsmittel bewirkt wurde. Wahrscheinlich hätte der Aufschwung noch für einige Zeit verlängert werden können, wenn die Banken ihre Kreditausweitungspolitik fortgesetzt hatten. Doch endlos hätte man den Aufschwung der Konjunktur durch Festhalten an der Kreditausweitung nicht verlängern können. Früher oder später muss es zum Zusammenbruch des durch die Kreditausweitung ausgelösten Aufschwungs kommen, und der Anpassungsprozess, den man Niedergang der Konjunktur nennt, wird umso schmerzlicher sein und umso mehr Zeit beanspruchen, je länger die Kreditausweitung fortgesetzt worden war und je grösser der Umfang der durch sie bewirkten Kapitalfehlleitung gewesen ist.«[14]

Führen wir uns den Boom-und-Bust-Zyklus noch genauer vor Augen. – Das Problem beginnt damit, dass Zentralbanken und/oder Geschäftsbanken sogenannte *Zirkulationskredite* vergeben: Kredite, die nicht durch echte Ersparnis (Konsumverzicht) gedeckt sind und durch die die ausstehende Geldmenge ausgeweitet wird. Die Zirkulationskreditvergabe senkt den Marktzins *künstlich* ab: Der Marktzins fällt unter das Niveau, das sich einstellen würde, wenn die Bankkredite nicht künstlich, das heißt über die echte Ersparnis hinaus ausgeweitet worden wären; der Marktzins fällt also unter den tatsächlichen, den unverfälschten Urzins der Marktakteure. Das wiederum setzt einen künstlichen Aufschwung, einen Boom, in Gang. Der nach unten verzerrte Marktzins gibt den Unternehmern ein falsches Signal. Er lässt Investitionsprojekte plötzlich rentabel erscheinen, die zuvor nicht wirtschaftlich waren. Unternehmer beginnen daraufhin in Projekte zu investieren, die ohne ein Heruntermanipulieren des Zinses nicht angegangen worden wären. Das Ausweiten der Investitionen sorgt für eine allgemein steigende Nachfrage nach zum Beispiel Maschinen, Rohstoffen und Arbeitskraft. Die Wirtschaft expandiert.

Dabei ermutigt der künstlich gesenkte Zins die Unternehmer vor allem dazu, in Projekte zu investieren, deren Erträge weit in der Zukunft liegen: Die erwarteten, mit dem gesunkenen Zins diskontierten Erträge erscheinen aus heutiger Sicht nunmehr attraktiv zu sein. Knappe Ressourcen werden auf diese Weise in *zeitintensive Produktionsprozesse* gelenkt. Zu dieser wichtigen Erkenntnis gelangte bereits Eugen von Böhm-Bawerk. Er sprach in diesem Zusammenhang von einem Ansteigen der *Umwegsproduktion*. Die künstliche Zinsabsenkung führt dabei zu einer *intertemporalen Verzerrung der* Produktions- und Beschäftigungsstruktur. Ihr Fortbestand hängt jetzt davon ab, dass der Zins niedrig bleibt beziehungsweise im Zeitablauf noch weiter absinkt.

Die Zinsabsenkung berührt jedoch nicht nur das Verhalten der Unternehmer, sondern auch das der Sparer. Bei niedrigeren Zinsen legen sie weniger auf die Seite und konsumieren mehr. Dadurch stehen jetzt *weniger* Ersparnisse für die Vollendung der angefangenen Neuinvestitionen zur Verfügung als zu Beginn des Booms. Der steigende Konsum verleiht der Konsumgüterproduktion Auftrieb. Gleichzeitig steigt dazu auch noch die Nachfrage nach Gütern aus der Investitionsgüterbranche. Die gesamte monetäre Nachfrage übersteigt damit die Ressourcenkapazitäten der Volkswirtschaft. Das Gemeinwesen beginnt, sprichwörtlich über seine Verhältnisse zu leben. Hinzu kommt, dass die Geldmengenausweitung die Preise der Güter, die zur Erstellung der Produktions- und Konsumgüter erforderlich sind, ansteigen lässt. Das schlägt auf die Wirtschaftlichkeitsrechnung der Unternehmen durch. Sie merken plötzlich, dass die Produktionskosten höher und die Gewinne geringer ausfallen als ursprünglich veranschlagt. Der verzerrte Zins, die monetäre Inflation hat ihre Wirtschaftlichkeitsrechnung fehlerhaft werden lassen. Viele der neuen Investitionen erweisen sich als unrentabel. Die Unternehmensgewinne enttäuschen, Verluste stellen sich ein.

Doch noch aus einem weiteren Grund geraten die Gewinne unter Druck: Wenn der *einmalige Geldmengeneinschuss* seine Wirkung entfaltet hat, verfliegt früher oder später die *Reichtumsillusion.* Die Arbeitnehmer merken schon bald, dass ihre Einkommen nicht dauerhaft steigen. Daraufhin kehren sie zu ihrer ursprünglichen Konsum-Spar-Konstellation zurück; schließlich hat sich ihre *Zeitpräferenz* nicht geändert. Man will nun wieder mehr sparen und weniger konsumieren. Die Rückkehr zur gewünschten Konsum-Spar-Relation ist folgenreich: Sie läutet das Ende des Booms und den Beginn des Busts ein. Der Marktzins beginnt, auf sein ursprünglich höheres Niveau zurückzukehren. Bei nunmehr gestiegenen Zinsen erweisen sich aber die neuen Investitionen, die bislang attraktiv erschienen – insbesondere in den kapitalintensiven Sektoren –, als unprofitabel. Unternehmer schränken ihre Produktion ein, Arbeitskräfte werden entlassen. Eine steigende Zahl von Kreditnehmern ist nicht mehr in der Lage, ihren Schuldendienst vollumfänglich zu leisten. Banken erleiden Verluste und scheuen davor zurück, neue Kredite zu vergeben. Die monetäre Nachfrage gerät ins Stocken, und der Boom schlägt in einen Bust um.

In einem Bust zeigen sich zuhauf unausgelastete Kapazitäten und Massenarbeitslosigkeit. Keynesianisch orientierte Ökonomen diagnostizieren daraufhin in der Regel, das zentrale Problem liege in einer zu geringen Nachfrage, und sie empfehlen eine Ankurbelung der Wirtschaft durch Maßnahmen seitens der Politik: Es werde zu viel gespart und zu wenig konsumiert und investiert. Daher müsse der Staat nachfragewirksame Schritte ergreifen und so die Wirtschaft aus der Talsohle führen. Doch diese Politikempfehlung läuft ins Leere, weil die ihr zugrunde liegende Diagnose der Problemursache falsch ist.

Dass im Bust viele Maschinen stillstehen und Arbeitskräfte keine Beschäftigung finden, deutet nicht etwa auf eine zu große Ersparnis. Es zeigt genau das Gegenteil an: dass die Ersparnis zu gering ist! Es stehen zu wenige Ressourcen zur Verfügung, um die angefangenen Investitionen erfolgreich abschließen zu können. Die dafür aufzuwendenden Preise sind aufgrund der Knappheit der Produktionsfaktoren zu hoch. Sie zeigen, dass knappe Güter in anderen, drängenderen Verwendungen gebraucht werden. Würde die Volkswirtschaft über ausreichende Ersparnisse verfügen, so wären die Preise der Produktionsfaktoren so niedrig, dass die angefangenen Projekte, die jetzt als Investitionsruinen dastehen, mit Gewinn vollendet werden könnten. Aus diesem Grund weisen die Ökonomen der Österreichischen Schule der Nationalökonomie ausdrücklich darauf hin, dass der Ausweg aus dem Bust nur durch ein vermehrtes Sparen möglich ist: Knappe Ressourcen dürfen nicht konsumiert, sondern sie müssen in produktive Verwendungen gelenkt, müssen investiert werden. Nur so lassen sich der Kapitalstock vermehren und dadurch die künftigen Realeinkommen steigern. Die Volkswirtschaft leidet im Bust nicht etwa an »Unterkonsumption«, sondern an zu geringer Ersparnis, an zu hohem Konsum.

Was ist Krise, was ist Korrektur?

Ludwig von Mises hob in seinen Arbeiten hervor, dass der Boom die Volkswirtschaft nicht reicher, sondern ärmer macht: *Der Boom ist das Problem, nicht der Bust.* Ökonomisch gesehen ist der allseits gepriesene Boom die Phase, in der die Fehlinvestitionen auflaufen. Der allseits beklagte Bust ist die Phase, in der die Marktkräfte eine Korrektur der Fehlentwicklungen herbeiführen, die zuvor im Boom entstanden sind. Im Bust werden Investitionen und Arbeitsplätze, die nur aufgrund künstlich gesenkter Zinsen geschaffen wurden, als unprofitabel entzaubert und müssen liquidiert werden. Dadurch wird eine Anpassung aller Güterpreise in Gang gesetzt. Durch sie werden knappe Ressourcen in Produktionswege gelenkt, auf denen der drängendste Güterbedarf der Nachfrager bestmöglich befriedigt werden kann.

Wenngleich der Bust die Phase ist, in der die Volkswirtschaft von Fehlentwicklungen bereinigt wird, die im Boom anfallen, wird in der Öffentlichkeit jedoch meist nicht der Boom, sondern der Bust als die »Krise« angesehen. Der Bust wird nicht als Korrektur von Fehlentwicklungen, sondern als Störung einer bisher erfreulich verlaufenden Wirtschaftsentwicklung angesehen. Sobald der Wirtschaft ein Bust droht, werden daher Stimmen laut, die fordern, der Staat müsse eingreifen und ihn bekämpfen.

So gesehen muss beispielsweise die sogenannte internationale Finanz- und Wirtschaftskrise 2008/2009, die mit einer beginnenden Pleitewelle im amerikanischen Markt für Hypothekenkredite für Schuldner geringer Bonität *(Subprime)* bereits im Herbst 2007 ihren Anfang nahm, in neuem Lichte erscheinen: Sie war der Beginn eines Busts, sie war keine Krise, sondern eine anstehende *Bereinigungsrezession*. Dass sie quasi im Ansatz erstickt wurde, ist nicht überraschend: Schließlich ist ein Bust politisch allseits unerwünscht. Kaum jemand ist gewillt zu akzeptieren, dass eine wirtschaftliche »Gesundung« der Produktions- und Beschäftigungsverhältnisse von einem merklichen Einkommensrückgang begleitet sein sollte.

Daher werden schon bei den ersten Anzeichen für eine möglicherweise herannahende Eintrübung der Konjunktur die Zentralbanken von Regierungs- wie Oppositionspolitikern, Unternehmensverbänden, Gewerkschaften und keynesianisch gesinnten Ökonomen aus Banken und aus den mit Steuergeld finanzierten Forschungsinstituten aufgerufen, die Bereinigungsrezession mit einem weiteren Absenken des Marktzinses durch ein Ausweiten des Kredit- und Geldangebots zumindest abzumildern oder am besten ganz abzuwenden. Dieses Verhaltensmuster erklärt, warum es zu *Boom-und-Bust-Zyklen* kommt.

Wie es zum Boom-und-Bust-Zyklus kommt

Der Blick auf das Wirtschaftsgeschehen in den letzten Jahrzehnten macht deutlich, dass Boom und Bust keine einmalige Angelegenheit gewesen war, sondern dass es sich ganz offensichtlich um einen Zyklus von Boom und Bust handelt: eine zeitliche Abfolge von Auf- und Abschwung. Dafür gibt es eine Erklärung. Der Boom wird durch die Vermehrung der Geldmengen durch Zirkulationskreditvergabe der Banken, verbunden mit künstlich gesenkten Zinsen, verursacht. Doch der Boom wird früher oder später in einen Bust umschlagen. Wenn sich jedoch der Bust abzeichnet, dann beginnen die Zentralbanken, Gegenmaßnahmen zu ergreifen. Sie bekämpfen die Misere mit genau den Mitteln, mit der sie sie verursacht haben: mit einem Vermehren der

Geldmenge durch Zirkulationskreditvergabe, verbunden mit einem künstlichen Absenken der Zinsen.

Man muss kein Hellseher sein, um zu erkennen, dass dieses Vorgehen kein gutes Ende nehmen kann. Wenn die Zentralbank die Zinsen absenkt, um den Bust abzuwehren, beendet sie damit nicht die zugrunde liegenden wirtschaftlichen Fehlentwicklungen. Die durch zusätzliches Geld angeheizte Scheinblüte wird lediglich abgelöst von einer neuerlichen Scheinblüte. Doch nicht nur das. Die Politik, den Bust abzuwehren – so gut es geht und so lange es eben geht –, lässt das Ausmaß der notwendigen Bereinigung anwachsen. Eine lange aufgeschobene Bereinigung kann den Korrekturbedarf so weit vergrößern, dass das Kredit- und Geldsystem letztlich zusammenbricht, weil im ungedeckten Papiergeldsystem die Gesamtverschuldung der Volkswirtschaft relativ zum Einkommen im Zeitablauf anwächst und letztlich zu einer nicht mehr tragbaren Schuldenlast führt. Irgendwann brechen die Schuldner unter ihren Verbindlichkeiten zusammen. Die Ertragskraft ihrer Investitionen reicht nicht mehr aus, den Schuldendienst zu leisten. Das ist der Zeitpunkt, an dem das Kreditgeldkartenhaus in sich zusammenfällt.

Die Politik des fortgesetzten Zinssenkens und der Kredit- und Geldmengenausweitung ist – und das zeigt die monetäre Konjunkturtheorie der Österreichischen Schule der Nationalökonomie – eine geradezu fatale Irrlehre. 1922 schrieb Ludwig von Mises dazu: »[D]ie Vermehrung der Menge des Geldes und der Umlaufsmittel wird die Welt nicht reicher machen und das nicht wieder aufbauen, was der Destruktionismus niedergerissen hat. Ausdehnung des Zirkulationskredits führt zwar zunächst zum Aufschwung, zur Konjunktur; doch diese Konjunktur muß notwendigerweise früher oder später zusammenbrechen und in neue Depression einmünden. Durch Kunstgriffe der Bank- und Wahrungspolitik kann man nur vorübergehende Scheinbesserung erzielen, die dann zu umso schwererer Katastrophe führen muß. Denn der Schaden, der durch die Anwendung solcher Mittel dem Volkswohlstand zugefügt wird, ist um so größer, je langer es gelungen ist, die Scheinblüte durch fortschreitende Schaffung zusätzlichen Kredits vorzutäuschen.«[15]

Wann kippt der Boom?

Eine häufig gestellte Frage lautet: Wann genau ist der Zeitpunkt gekommen, in dem der Boom in einen Bust umschlägt? Die ökonomische Theorie kann zwar zweifelsfrei ableiten, dass ein Papiergeldboom in einem Bust enden *muss*. Sie kann aber nichts über den Zeitpunkt aussagen, an dem dies geschehen wird. Sie kann auch nicht das genaue Ereignis bestimmen, das den Boom zusammenbrechen und in den Bust übergehen lässt. Der Übergang vom Boom in den Bust hängt vielmehr von den konkreten Umständen ab.

Ein Boom kann in Gang gehalten werden, solange es der Zentralbank gelingt, durch Herabdrücken des Zinses den Kredit- und Geldfluss aufrechtzuerhalten und die dadurch verursachten Verzerrungen der Produktionsstruktur zu übertünchen. Steigen jedoch die Marktzinsen an (oder, was auf dasselbe hinausläuft, bleiben die Marktzinsen unverändert, während der gesamtwirtschaftliche Urzins absinkt), fliegt die Täuschung auf, verfliegt die Reichtumsillusion. Die Fehler in der Produktions- und Beschäftigungsstruktur kommen zum Vorschein, und der Boom schlägt in einen Bust um. Doch, wie gesagt, das Prognostizieren des genauen Zeitpunktes, wann der Boom in einen Bust umschlägt, überfordert die wirtschaftswissenschaftliche Theorie. Der Volkswirt kann zwar *ökonomische Gesetzmäßigkeiten* aufzeigen, die immer und überall gelten (etwa die, dass eine Geldmengenerhöhung den Geldwert notwendigerweise schmälert). Wie sich aber die konkreten Umstände künftig entwickeln werden (ob es künftig eine Geldmengenausweitung durch die Zentralbank geben wird oder nicht), darüber kann die Wirtschaftstheorie letztlich keine abgesicherte Aussage treffen. Erfolgreiches Prognostizieren ist vielmehr seiner Natur nach eine *unternehmerische Fähigkeit*: eine Fähigkeit, über die nur wenige Menschen verfügen – professionelle Ökonomen, Politiker und Bürokraten zählen meist nicht dazu.

Warum Krisen die Freiheit bedrohen

Der Boom-und-Bust-Zyklus ist keine notwendige Begleiterscheinung der freien Marktwirtschaft. Vielmehr ist er die unausweichliche Folge des staatlichen Eingreifens in das Geldwesen: Boom und Bust sind Resultat des Fiatgeldes, und damit sind sie Folge des *Interventionismus.* Ludwig von Mises versteht unter Interventionismus »ein System des durch Eingriffe der Regierung und anderer gesellschaftlicher Zwangsmächte (z. B. der Gewerkschaften) beschränkten, geregelten und geleiteten Sondereigentums. Die Wirtschaftspolitik, die diesem Ideal zustrebt, nennen wir Interventionismus, das System selbst die Gebundene Wirtschaft.«[16]

Interventionismus bezeichnet ein Wirtschaftssystem, in dem der Staat durch Weisungen, Vorschriften, Regulierung, Gebote und Verbote den Eigentümern vorschreibt, was sie mit ihrem Eigentum tun dürfen und was nicht. Der Interventionismus zwingt die Wirtschaftsakteure, etwas zu tun, was sie aus wohl verstandenem Eigeninteresse heraus nicht tun würden. Mises verstand, dass der Interventionismus nicht funktionieren kann: Der »(...) Eingriff in das Getriebe der auf dem Sondereigentum an den Produktionsmitteln beruhenden Wirtschaftsordnung verfehlt den Zweck, den seine Urheber durch ihn erreichen wollen; er ist – im Sinne seiner Urheber – nicht nur zwecklos, sondern geradezu zweckwidrig, weil er das ›Übel‹, das durch ihn bekämpft werden soll, noch ganz gewaltig vermehrt.«[17]

Doch das Scheitern des Interventionismus bestärkt seine Anhänger aus Politik und Wirtschaft regelmäßig nur noch stärker darin, die durch ihn angerichteten Schäden dem freien Marktsystem, nicht aber dem Interventionismus anzulasten – und dass diese Schäden mit »umfassenderen« und »verbesserten« Interventionen abgestellt werden können. Und weil der Interventionismus viele (heimliche) Anhänger hat – hierzu zählen Regierungspolitiker genauso wie ihre Bürokraten, aber auch Interessengruppen wie Gewerkschaften, Unternehmen und Unternehmensverbände –, kommt eine unheilvolle Interventionsspirale in Gang.

Die Krisen, für die der Interventionismus sorgt, schaffen Härtefälle für viele Menschen: sinkende Einkommen, Arbeitsplatzverlust, wachsendes Unsicherheitsgefühl. Das macht sowohl die schlecht als auch die gut informierten, auf ihren Vorteil bedachten Bevölkerungs- und Interessengruppen empfänglich für die Verheißungen, die die Interventionisten propagieren: dass mit mehr staatlichen Markteingriffen die Notsituation überwunden werden kann. Auch erkennen Einzelne, dass sie sich den Interventionismus nutzbar machen können, um sich Privilegien gegenüber anderen einzuräumen. Der Interventionismus zersetzt so über kurz oder lang die Grundprinzipien der freien Gesellschaftsordnung – wie individuelle Freiheit, freie Märkte, Vertragsfreiheit, Freihandel, uneingeschränkter Respekt vor dem Privateigentum.

Die Gesellschaft gerät mit dem Interventionismus auf eine abschüssige Bahn: Sie rutscht unablässig von der freiheitlichen, marktwirtschaftlichen Gesellschaftsordnung in den Sozialismus ab. Eine *Position in der Mitte* gibt es nicht, wie Mises zeigte: Entweder ist von allen Interventionen, wo und wann auch immer, abzusehen oder, wenn man nicht davon ablässt, es werden zum Vertuschen der Schäden, die der Interventionismus verursacht, immer neue Interventionen erforderlich, und zwar so weit, »(...) bis die gesamte Produktion und Verteilung der Leitung des gesellschaftlichen Zwangsapparates unterstellt wird, also bis zur Vergesellschaftung der Verfügung über die Produktionsmittel, bis zum Sozialismus.«[18]

Das Fiatgeld ist eine Form des staatlichen Interventionismus. Man muss hinzufügen: Es ist eine besonders zerstörerische Form des staatlichen Interventionismus. Es ist nicht etwa natürlich, also aus den freien Transaktionen der Marktakteure entstanden, sondern durch staatlichen Zwang, durch staatliche Gewalt. Und die Krisen, für die das staatliche Fiatgeld nicht zufällig, sondern vielmehr notwendigerweise, systematisch sorgt, provozieren eine Politik, die die Freiheit von Konsumenten und Produzenten immer weiter einschränkt; die das, was von der freien Wirtschafts- und Gesellschaftsordnung (heutzutage) noch übrig ist, die letzten Reste der Freiheiten von Konsumenten und Produzenten, auch noch zerstört.

Expertenfluch

Und so kommt man zur Einsicht: Wohl keine andere Form des staatlichen Interventionismus hat so großen wirtschaftlichen und politischen Schaden angerichtet wie das staatlich beherrschte Fiatgeldsystem. Es stellt sich daher die berechtigte Frage: Warum wird der Kredit- und Geldschöpfung »aus dem Nichts« nicht Einhalt geboten? Ein Grund dürfte sein, dass in der Öffentlichkeit nicht hinreichend bekannt ist, was die eigentliche Ursache der Boom-und-Bust-Zyklen ist. Für dieses zu beklagende Wissensdefizit dürften die Mainstream-Ökonomen eine besondere Rolle spielen, weil ihre Lehre Ursache und Wirkung verwechselt.

Es seien die Zentralbanken, die für »Stabilität« sorgen, so ist zu hören. Die Politik der Zentralbanken unterstütze Wachstum und Beschäftigung, indem sie die Inflation niedrig halte. Die Zentralbanken seien notwendig, um bei Krisen, für die der freie Markt immer wieder sorge, als Krisenbekämpfer bereitzustehen. Kein Wort davon, dass es die Zentralbanken, dass es das Papiergeld*unwesen* ist, die für die Krisen verantwortlich sind! Das erfolgreiche Vernebeln der wahren Ursache der Übelstände gelingt deshalb so gut, weil die Krisen, die aus dem Staatsgeldsystem erwachsen, meist von hoher Komplexität sind.

Das Kredit- und Geldsystem ist mit all seinen Institutionen und Regelwerken so unübersichtlich geworden, dass es, wenn überhaupt, nur noch von *Experten* verstanden wird. Die Volksvertreter in den Parlamenten sind längst nicht oder kaum mehr in der Lage, die wirklichen Quellen für Fehlentwicklungen im Geldsystem zu identifizieren, geschweige denn haben sie einen Anreiz, eine langfristig ausgerichtete Anti-Krisenpolitik zu formulieren und umzusetzen. Sie müssen (und wollen) sich vielmehr auf den Rat und die Umsetzungskraft von sogenannten *Systemexperten* verlassen.

Diese Systemexperten sind Fachleute, die ihre Berufskarrieren darauf ausrichten, Experten des Systems zu sein. Sie erkennen überwiegend vorbehaltlos die Prinzipien an, auf denen das System ruht. Denjenigen von ihnen, die den Prinzipien und Zielen des Staatsgeldsystems kritisch gegenüberstehen, fehlt die Bereitschaft und die Ausdauer, sich mit den Einzelheiten und Gepflogenheiten des Systems vertraut zu machen. Sie wollen auch meist nicht ihre Zeit aufwenden, um den *Systemrepräsentanten* im Rahmen von ausufernden Gremiensitzungen entgegenzutreten, in denen sie doch nur als Sonderlinge gelten – und bei Aussprache ihrer Ansichten mit Karriereeinbußen zu rechnen hätten. *Systemkritiker* werden folglich kein Gewicht haben, wenn es gilt, bei der Ursachendiagnose der Fehlentwicklungen und an der Formulierung von Reformen des Systems mitzuwirken.

Allein schon das wirtschaftliche Eigeninteresse der Experten, die sich dem System verschrieben haben, würde wohl verhindern, dass sich eine Reform durchsetzt, die das System zum Nachteil der bisherigen Systemexperten verändert, insbesondere wenn die Reform droht, zum Verlust ihres Expertenstatus zu führen. Ist das staatliche Fiatgeldsystem erst einmal errichtet, so wird seine weitere Entwicklung so gestaltet, wie es diejenigen, die in seine Dienste getreten sind, für nötig und richtig erachten. Daher dürfen auch politische Beschlüsse (wie zum Beispiel auf den sich häufenden G20-Gipfeltreffen der Staats- und Regierungschefs) nicht überraschen: *Mehr Interventionismus und weniger Wettbewerbswirtschaft, mehr Staatsschulden und noch mehr Kredit- und Geldschöpfung*, um die Überschuldungskrise zu bewältigen und künftige Krisen zu verhindern.

Sprach- und Denkverwirrung

In den letzten Jahren hat sich eine (internationale) Sprachverwirrung ausgebreitet, die es vielen Menschen erschwert, die Geschehnisse in der Kredit- und Geldsphäre sachgerecht zu beurteilen. Der griechische Philosoph *Parmenides* lehrte einst, dass Sprache Denken ist. Demnach steht Sprachverwirrung für verwirrtes Denken – und verwirrtes Denken verführt zu falschem Handeln und ungewünschten Ergebnissen. Eine verbreitete Sprachverwirrung ist der *Euphemismus*. Er ist eine Form jenes »Doublespeak«, den George Orwell (1903–1950) in seinem Roman *1984* beschreibt.

Der Euphemismus ist eine sprachliche Beschönigung, eine bewusste Verzerrung der Wahrheit. Euphemismen werden häufig verwendet, um Handlungen, deren Folgen den Interessen anderer Gruppen zuwiderlaufen, zu legitimieren. Sie stellen *Manipulation der Sprache* und *Manipulation durch Sprache* dar. Es ist ein zentrales Werkzeug von *Public Relations*, deren Erfinder Edward Bernays (1891–1995) diese neue Theorie der Kommunikation zunächst schlichtweg als *Propaganda* bezeichnete: Sie dient den »unsichtbaren« wenigen dazu, die vielen anderen unter Vortäuschung falscher Tatsachen für die eigenen Zwecke einzuspannen.

Seit dem Ausbruch der internationalen Finanzmarktkrise haben Euphemismen in der Politik der »Krisenbekämpfung« Hochkonjunktur – insbesondere in der Geldpolitik und ihrer Kommentierung durch *geldpolitische Experten*. An dieser Stelle seien nur einige Beispiele genannt. (1) Der häufig gebrauchte Begriff »unkonventionelle Geldpolitik« soll die Aktionen der Zentralbanken in gutes Licht tauchen. »Unkonventionell« suggeriert mutiges und kreatives Handeln, »konventionell« steht für überkommenes und althergebrachtes Vorgehen. (2) Eine Geldpolitik als »Quantitative Easing« oder »QE« zu bezeichnen, erschwert es, das Wesen und die Konsequenz einer solchen Politik zu erkennen: dass es sich hier um nichts anderes handelt als ein Ausweiten der Geldmenge, eine erzwungene Umverteilungs- beziehungsweise *Inflationspolitik*. (3) Mit der Verwendung des Begriffes »Liquiditätsschwemme« verhindert man, dass die Zentralbanken als Verursacher der Geldmengenvermehrung und deren Folgen klar in Erscheinung treten. (4) Das Einstufen einer Bank als »systemrelevant« erlaubt es dem Staat, den Eigen- und/oder Fremdkapitalgebern einer Bank Privilegien zu gewähren, die zulasten Dritter gehen (Konkurrenten, Steuerzahler etc.).

Die Sprach- und Denkverwirrung durch *geldpolitische Experten* schwächt die korrigierenden Gegenkräfte einer schädlichen Politik. Die Sprachverwirrung macht es der Öffentlichkeit geradezu unmöglich, die Effekte, die von den geldpolitischen Maßnahmen ausgehen, in ihrer Langfristwirkung zu erfassen. Die vernebelnde Rhetorik verhindert, dass die Öffentlichkeit eine Inflationspolitik überhaupt als solche erkennen kann. Würden die Konsequenzen der Politiken im Vorfeld und in ihrem ganzen Ausmaß erkannt, fänden sie vermutlich keine Unterstützung durch die Bevölkerung. Doch Sprach- und Denkverwirrung arbeiten gegen die Erkenntnisgewinnung, gegen eine klare Sicht der Dinge.

Dauerschuldnerei und Überschuldung

Kredit ist gut und wichtig. Dem Sparer erlaubt er, sein Einkommen wunschgemäß auf künftige Perioden zu verlagern. Dem Investor eröffnet der Kredit die Möglichkeit, Projekte zu finanzieren, die er aus Eigenmitteln nicht bestreiten könnte. Sind die Investitionen erfolgreich, wird der Unternehmer mit Gewinn für seine Mühen und eingegangenen Risiken belohnt. Aus dem Gewinn kann er seine Zins- und Tilgungszahlungen an den Sparer und Investor leisten. Wirtschaftlich erfolgreiche Investitionen erhöhen den Kapitalstock, die Produktion und damit das künftige Güterangebot.

Ein Kredit ist unproblematisch, solange der Kreditnehmer seinen Zins- und Tilgungsleistungen nachkommen kann. Genauer: solange man davon ausgeht, dass der Kreditnehmer seinen Schuldendienst vertragstreu leisten wird. Wenn der Kreditgeber zuversichtlich gestimmt ist bezüglich der Kreditqualität seines Schuldners, wird er bei Fälligkeit des Kredits nicht notwendigerweise auf eine Rückzahlung des Kreditbetrages bestehen, sondern er wird mitunter sogar bereit sein, den fälligen Kredit durch einen neuen Kredit abzulösen.

Wenn der Kreditzins sinkt, steigen der Anreiz und die Möglichkeiten für das Verschulden. Je niedriger der Kreditzins ist, desto weniger muss der Kreditnehmer aus seinem laufenden Einkommen für Zinsleistungen ausgeben. Solange der Zins sinkt und das Vertrauen groß ist, dass der Kreditnehmer seinen Schuldendienst leisten und seine fälligen Kredite durch neue Kredite refinanzieren kann, ist ein Anwachsen der Verschuldung kein Grund zur Besorgnis, weder für Kreditnehmer noch Kreditgeber. Die Aussicht auf eine fortgesetzte *Dauerschuldnerei* kann die Volkswirtschaften geradezu in einen Verschuldungsrausch versetzen.

Sinken die Zinsen, ist es vorteilhaft für Unternehmen, ihren Verschuldungsgrad in die Höhe zu treiben. Auf diese Weise lässt sich nämlich die Eigenkapitalrendite erhöhen. Eine hohe Eigenkapitalrendite lässt wiederum die Aktienkurse ansteigen, vermehrt den Bonus des Managements und verbessert den Zugang des Unternehmens zu neuem Eigenkapital. Ein erfolgreich mit Schulden »gehebeltes« Unternehmen wird Wettbewerbsvorteile erzielen, Marktanteile gewinnen und damit andere Unternehmen in Zugzwang setzen, mit der Verschuldung nachzuziehen. Ansonsten geraten sie ins Hintertreffen.

Auch der Privathaushalt unterliegt großen Anreizen, sich zu verschulden, etwa für Auto- und Immobilienkäufe. Abgesehen von den allgegenwärtigen günstigen Angeboten für Konsumkredite kann er mittels Kredit nicht nur seinen laufenden Konsum erhöhen. Er wird auch im schuldenfinanzierten Vermögenserwerb eine attraktive Strategie erblicken: Der Erwerb von Grund und Boden auf Pump ist in einem inflationären Papiergeldsystem ein guter Weg, um sich gegen Geldwertschwund abzusichern und an der Inflation der Vermögenspreise teilzuhaben. Wer zum Sparen auf herkömmliche Geldanlagen setzt wie Termin- und Spareinlagen, hat das Nachsehen.

Der »Hebeleffekt«

Verschulden kann sich auszahlen. Und zwar dann, wenn die Investitionsrendite höher liegt als der Kreditzins. In diesem Fall lässt sich die Eigenkapitalrendite sogar noch erhöhen, wenn der Investor mehr Fremdkapital verwendet. Die Formel, die diesen »Hebeleffekt« beschreibt, lautet:

$$EKR = GR + (GR - i) \times FK/EK.$$

Hierbei bedeuten: EKR = Eigenkapitalrendite, GR = Gesamtrendite, i = Fremdkapitalkosten, EK = Eigenkapital, FK = Fremdkapital. Die nachstehende Tabelle zeigt, wie die Eigenkapitalrendite steigt, wenn der »Hebel« (Fremdkapital im Verhältnis zum Eigenkapital FK/EK, englisch: »Leverage«) erhöht wird. Solange die Investitionsrendite höher ausfällt als die Kreditkosten, erhöht ein Ausweiten des Hebels die Eigenkapitalrendite.

Beispiel 1: Investitionsrendite übersteigt den Kreditzins, Eigenkapitalrendite bei steigendem Verschuldungsgrad

EK	FK	FK/EK	GR	i	EKR
100	0	0,0	6,0	3,0	6,0
80	20	25,0	6,0	3,0	6,8
60	40	66,7	6,0	3,0	8,0
40	60	150,0	6,0	3,0	10,5
20	80	400,0	6,0	3,0	18,0
10	90	900,0	6,0	3,0	33,0
5	95	1900,0	6,0	3,0	63,0

Der Hebeleffekt wird jedoch zum Problem, wenn der Kreditzins über die Gesamtrendite der Investition steigt. Je höher dann der Hebel gewählt wurde, desto höher fallen auch die Verluste (hier ausgedrückt als negative Eigenkapitalrendite) aus, die der Investor zu tragen hat (siehe nachstehende Tabelle).

Beispiel 2: Verschuldung und Gesamtrendite konstant, Eigenkapitalrendite in Abhängigkeit vom Kreditzins

EK	FK	FK/EK	GR	i	EKR
50	50	100,0	6,0	3,0	9,0
50	50	100,0	6,0	6,0	6,0
50	50	100,0	6,0	9,0	3,0
50	50	100,0	6,0	12,0	0,0
50	50	100,0	6,0	15,0	–3,0
50	50	100,0	6,0	18,0	–6,0
50	50	100,0	6,0	21,0	–9,0

Gerade die Geschäftsbanken setzen darauf, dass sie sich dauerhaft mit Zinsen refinanzieren können, die niedriger sind als ihre Investitionsrendite (in Form von Kreditzinsen, die sie Unternehmen und Privaten in Rechnung stellen). Daher erscheint für sie ein Absenken des Eigenkapitals zugunsten von mehr Fremdkapital attraktiv: Auf diese Weise können sie ihre Eigenkapitalrendite verbessern. Für niedrige Refinanzierungszinsen der

Banken sorgen die Zentralbanken, indem sie ihnen zinsgünstige Kredite bereitstellen – gerade auch dann, wenn private Investoren nicht mehr bereit sind, Banken Geld zu leihen. Die Vorzugskonditionen, die die Banken bei der Zentralbank erhalten, üben folglich einen überaus großen Anreiz auf Banken aus, mit einem vergleichsweise hohen Verschuldungsgrad zu operieren.

In allen Papiergeldsystemen steigt die Verschuldung relativ zur Wirtschaftsleistung (der *Verschuldungsgrad*) im Zeitablauf immer weiter an. Woran liegt das? Eine Erklärung lautet: *Financial deepening*. Damit ist gemeint, dass die Größe des Finanzsektors anwächst, wenn der wirtschaftliche Wohlstand zunimmt. Gemäß dieser Auffassung ginge wirtschaftlicher Fortschritt einher mit einem Anwachsen der Verschuldung, denn es sind ja zum Großteil Schuldforderungen, die sich in den Bilanzen des Banken- und Finanzsektors und der sonstigen Kapitalsammelstellen anhäufen.

Die monetäre Konjunkturtheorie der Österreichischen Schule der Nationalökonomie bietet jedoch eine andere Interpretation für die weltweit anwachsenden Schuldenlasten an. Sie zeigt, dass durch zusätzliche, »aus dem Nichts« geschaffene Bankkredite und der dadurch verbundenen Geldmengenausweitung ein konjunktureller Scheinaufschwung (Boom) in Gang kommt. Er findet jedoch früher oder später sein Ende in einem Abschwung (Bust). Investitionen, die aufgrund des künstlich verminderten Zinses angegangen worden sind, erweisen sich als »Flops«. Unternehmen melden Konkurs an, Investitionsprojekte müssen eingestellt und liquidiert werden.

Doch die Zentralbanken arbeiten bekanntlich gegen die Korrektur, gegen den Bust an, indem sie die Zinsen künstlich absenken. Der künstlich gedrückte Zins erlaubt Investoren ein *Umschulden* ihrer Kredite: Sie können fällige Kredite, die sie zur Finanzierung von eigentlich unrentablen Investitionen aufgenommen haben, durch neue Kredite ersetzen, für die jetzt ein niedriger Zins zu zahlen ist. Investitionen, die nicht den erhofften Ertrag bringen, müssen folglich nicht beendet und liquidiert werden, sie werden vielmehr erhalten.

Zudem ermuntert der künstlich gesenkte Zins Investoren dazu, *neue Kredite* für *neue* Investitionen aufzunehmen – Investitionen, die wiederum nur aufgrund des künstlich gesenkten Zinses angegangen werden und die früher oder später das gleiche Schicksal erleiden wie die vorangegangenen Investitionen. Die Ertragskraft vieler Investitionen, die durch den künstlich gesenkten Zins angestoßen wurden, reicht nicht aus, den Schuldendienst vollumfänglich zu leisten. Die volkswirtschaftliche Verschuldung wächst im Zeitablauf stärker an, als die Einkommen der Schuldner zunehmen. Das Fiatgeldsystem führt die Volkswirtschaften langsam, aber sicher in die Überschuldung.

Besonders auffällig ist das chronische Ansteigen der Staatsschulden. Der Grund dafür liegt auf der Hand: Regierende können sich bequem Wählerstimmen erkaufen, indem sie ein Füllhorn von staatlichen Wohltaten über ihren Wählern ausschütten. Am einfachsten lässt sich das durch Kreditaufnahme finanzieren. Die Regierten lassen sich die auf Pump finanzierten Wählergeschenke nur zu gern gefallen. Sie hegen die Erwartung, dass nicht sie selbst, sondern andere, die künftigen Generationen, für die Bezahlung der offenen Rechnungen herangezogen werden.

In der *Aufbauphase der Schulden* müssen die Regierenden mit den Steuergeldern, die sie ihren Bürgern abknöpfen, nicht nur die Zinsen für neu aufgenommene Staatskredite bezahlen, sondern auch die Zinsen für die Schulden, die ihre Vorgänger aufgehäuft haben. Warum sind Regierende und Regierte dazu bereit? Die Antwort lautet: Sie wissen, dass ihre Kreditwürdigkeit hoch bleibt, wenn sie die Altschulden vertragsgemäß bedienen. Und bleibt der Staatskredit tadellos, kann man auch selbst in den Genuss von kreditfinanzierten Staatsausgaben gelangen. Investoren, die Staatsanleihen kaufen, gehen davon aus, dass sie am Ende der Laufzeit der Anleihen ihr Geld zurückbekommen. Das heißt nicht, dass sie erwarten, der Staat werde bei Fälligkeit den Kredit wirklich zurückzahlen. Für sie ist es vielmehr ausreichend, wenn sie erwarten können, dass sich künftig Investoren finden, die bereit sind, den dann fälligen Staatskredit durch einen neuen Kredit zu ersetzen. Das setzt voraus, dass dieser künftige Investor davon ausgeht, dass sich in noch fernerer Zukunft ein Investor findet, der bereit sein wird, dem Staat Kredit zu gewähren. Und so weiter.

Staatsschulden, Güterpreise und Fiatgeld – eine Interpretation

Abb. 26 zeigt die US-amerikanischen Staatschulden in Prozent des US-Bruttoinlandsproduktes und das Preisniveau von 1790 bis 2022. Im Jahr 1944 waren die US-Güterpreise mehr oder weniger unverändert gegenüber 1800. Zwischenzeitliche Güterpreisanstiege und -rückgänge glichen sich im Durchschnitt aus. Danach begannen sie jedoch (leicht) zu steigen. Der Grund: Die US-Administration begann, die Geldmenge merklich auszuweiten (die nicht vollumfänglich mit Gold gedeckt war). Mit dem Ende des Systems von Bretton Woods zu Beginn der 1970er-Jahre begannen die Güterpreise dann stark zu steigen – und sie strebten seither chronisch in die Höhe. Die Erklärung dafür ist das endgültige Ende der Goldeinlösbarkeit des US-Dollar, das eine fortwährende monetäre Inflation ermöglichte. Die Staatschuldenquote wies von 1790 bis Ende der 1920er-Jahre erhebliche Schwingungen auf. Aber auch sie (und ebenso die Güterpreise) zeigten keinen Aufwärtstrend in dieser Zeit. Dieser setzte mit Beginn der 1930er-Jahre ein (Franklin D. Roosevelts »New Deal«) – wobei die

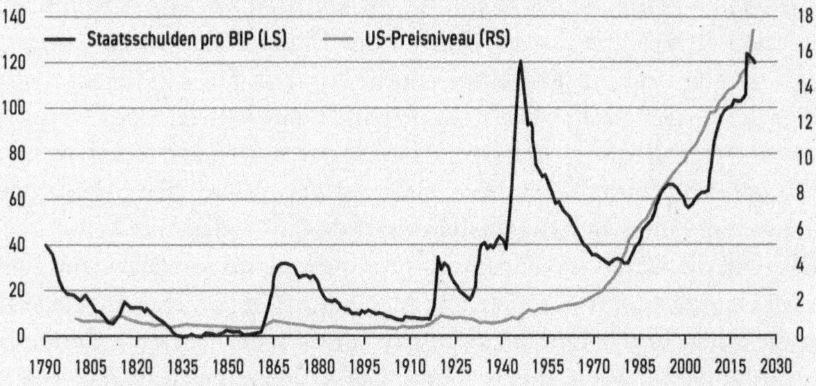

Abb. 26: US-Staatsschulden in Prozent des Bruttoinlandsproduktes in Prozent und Güterpreisniveau (indexiert)

Quelle: Carmen M. Reinhard, Kenneth S. Rogoff, Federal Reserve Bank of Minneapolis; eigene Grafik

Staatsverschuldung eine gewaltige Steigerung im Zuge des Zweiten Weltkriegs erfuhr –, spätestens jedoch wurde der Pfad immer höherer Staatsverschuldung etwa zeitgleich mit dem Ende der Goldeinlösbarkeit des US-Dollar zu Beginn der 1970er-Jahre eingeschlagen.
Eine erhöhte Staatsschuldenquote in der Zeit des mehr oder weniger stabilen Güterpreisniveaus wurde immer wieder abgebaut: durch erhöhtes Wirtschaftswachstum und/oder Rückzahlungen der Schulden. Mit der schrittweisen Loslösung des US-Dollar von seiner Golddeckung, also mit der zunehmenden monetären Inflation, die bereits in den 1950er-Jahren in Gang kam, begannen auch die Güterpreise ihren Aufwärtstrend. Seither zeigt sich, dass (1.) die Staatsschuldenquote in einem chronisch inflationären Umfeld immer weiter anwächst; und dass (2.) das Wirtschaftswachstum und die Güterpreisinflation zusammengenommen nicht ausgereicht haben, das Ansteigen der Staatsschuldenquote aufzuhalten, geschweige denn, sie wieder zu senken. Das US-Dollar-Fiatgeld hat diese – höchst problematische, besorgniserregende Entwicklung – erst möglich gemacht.

Das *Verschuldungsspiel* endet abrupt, wenn der heutige Investor Zweifel daran hat, dass sich künftig noch jemand finden wird, der bereit ist, die fälligen Staatskredite mit neuen Krediten zu refinanzieren. Solche Zweifel vereiteln das Fortführen der Dauerschuldnerei. Wenn die Regierenden und die Regierten erkennen, dass die Kreditgeber nicht mehr bereit sind, dem Staat neue Kredite zu gewähren, oder wenn Regierende und Regierte merken, dass die zu zahlenden Zinskosten zu hoch werden, ändert sich ihre Haltung gegenüber den Altschulden schlagartig. Allen Beteiligten dämmert es dann, dass sie selbst nicht mehr von der Staatsverschuldung profitieren können. Die Schuldwirtschaft ist entweder nicht mehr möglich oder zu teuer. Der Anreiz sinkt, für die Zins- und Tilgungszahlungen, die Wähler früherer Generationen aufgehäuft haben, einzustehen. Der Staatsbankrott ist da.

Zahlungsausfälle können ein ungedecktes Papiergeldregime ins Wanken, können es sogar zu Fall bringen. Stellt zum Beispiel ein Staat die Zins- und Tilgungszahlungen, die er auf seine Schulden zu leisten hat, ein, ist das Vertrauen in das Kredit- und Geldsystem insgesamt beschädigt. Die Zinsen steigen, und mehr und mehr private Schuldner und Banken geraten in Zahlungsschwierigkeiten. Entstehen bei Banken Verluste, etwa weil Unternehmens- und Konsumentenkredite ausfallen, kommt eine Abwärtsspirale in Gang, die das Papiergeldsystem zusammenbrechen lassen kann.

Die Eigenkapitaldecke der Banken ist bekanntlich recht dünn. Darum sind bei einem erlittenen Verlust die Eigenmittel rasch aufgezehrt. Neues Eigenkapital können sich Banken zwar prinzipiell durch eine Kapitalerhöhung beschaffen. Wenn das aber nicht möglich ist, weil zum Beispiel Investoren Zweifel daran haben, dass Aktien von Geschäftsbanken eine gewinnversprechende Anlage sind, können Banken nur vor dem Untergang bewahrt werden, indem der Staat das Geld der Steuerzahler als neues Eigenkapital einzahlt.[19]

Ist ihre Eigenkapitalbasis (zu) gering, werden Banken aufgrund betrieblicher Erwägungen zunächst versuchen, ihre *Risikoaktiva abzubauen.* Verkaufen sie zum Beispiel Wertpapiere aus ihrem Portfolio an Versicherungen, Hedgefonds etc., schrumpft die Geldmenge. Warum ist das so? Wenn Geschäftsbanken an Nichtbanken verkaufen, bezahlen die Käufer dafür mit Sichteinlagen. Letztere werden dann ausgebucht, werden im wahrsten Sinne des Wortes *zerstört.* Die Geldmenge nimmt auch ab, wenn Geschäftsbanken ihre Kreditkunden auffordern, fällig werdende Kredite zurückzuzahlen. Zahlungsausfälle können so letztlich zu einem Schrumpfen der Bankbilanzen und der ausstehenden Geldmenge führen. Auf die Inflation folgt die Deflation.

Schuldenschnitt à la Zypern

Die Insolvenzen der zypriotischen Banken zu Beginn des Jahres 2013 hatten eine Signalwirkung für die Euro-Sparer. Es wurde unmissverständlich klar, dass die Ersparnisse bei Banken nicht sicher sind (und übrigens auch nie waren). Grundsätzlich gilt nämlich folgende *Haftungshierarchie:* Wenn Banken in Schieflage geraten, sind die Verluste zunächst von ihren Eigentümern zu schultern. Reicht das in der Regel nur geringe Eigenkapital zur Verlustdeckung nicht aus, müssen *nachrangige Bankschuldverbindlichkeiten* herabgesetzt werden. Ist aber auch das noch nicht ausreichend, um die Verluste abzudecken, müssen *erstrangige Bankschuldverbindlichkeiten* ausgebucht werden. Und sollte das immer noch nicht zum Auffangen der Verluste genügen, werden die Halter von Bankeinlagen zur Kasse gebeten. Im Falle Zyperns wurden von den Regierungen der Eurogruppe und dem Internationalen Währungsfonds (IWF) beschlossen, eine Zwangsabgabe in Höhe von 47,5 Prozent auf Bankeinlagen in Höhe von über 100 000 Euro zu erheben. »Großsparer« verloren dadurch fast die Hälfte ihrer Bankeinlagen. Indem die »Reichen« zur Verlustdeckung herangezogen werden, sollten »Kleinsparer« und Steuerzahler geschont werden, betonten die Euro-Regierungsvertreter. Doch mit Blick auf die Bankschuldpapiere ist festzustellen, dass sie größtenteils von Versicherungen und Pensionsfonds sowie Versorgungswerken gehalten werden, von Instituten also, die die Lebensersparnisse von Menschen mit geringen und mittleren Einkommen verwalten. Ein Herabsetzen der Bankschulden trifft daher vor allem diejenigen, deren Bankeinlagen weniger als 100 000 Euro betragen. Der Halter einer Riester-Rente etwa wird Verluste erleiden, noch bevor derjenige, der eine Bankeinlage von mehr als 100 000 Euro hält, zur Verlustdeckung herangezogen wird. Doch das Vorgehen in der Zypern-Bankenkrise ist vermutlich zukunftsweisend und sollte von Anlegern ernst genommen werden. Der Euro-Bankenapparat ist mit einer Bilanzsumme von 397 000 Milliarden Euro (Stand: April 2023) riesig und belief sich auf etwa 348 Prozent des Euro-Bruttoinlandsproduktes. Nicht wenige Banken würden beim Platzen des Fiatgeld-Booms vermutlich in Schieflage geraten. Die EU-Kommission hat bereits darauf gedrängt, dass die Behörden das Heft dann in die Hand nehmen: Sie sollen Forderungen der Gläubiger gegenüber notleidenden Banken löschen, verwässern oder in neues Eigenkapital zwangsumwandeln können. Schuldenrestrukturierungen, wie sie im freien Markt üblich sind, ausgehandelt zwischen Bank und Gläubigern, zählen hingegen nicht zum Brüsseler Krisenbekämpfungs-Potpourri. Derartige Eingriffe in die Eigentumsrechte der Privaten könnten Investoren aus Bankpapieren und auch aus dem Euroraum vertreiben. Gerade schlechte Banken würden keine Kreditgeber mehr finden. Sie gerieten unter Druck und würden absehbar noch stärker am Tropf der EZB hängen und die nationalen Steuerzahler belasten. Besonders brisant ist dabei, dass die Überlebensfrage einer Bank nicht mehr der freie Markt, sondern die EZB beantworten wird: Die Mitglieder im EZB-Rat beziehungsweise die Interessengruppen, die auf ihn Einfluss nehmen, werden mit ihrer Politik entscheiden, ob und wann welche Bank aus welchem Land gerettet wird oder nicht, welche Schuldverschreibungen gelöscht werden und welche nicht, welche Bürger gewinnen und welche verlieren. So wird es wohl kommen, wenn der Euro um jeden Preis gehalten werden soll: Aus der EZB wird eine allmächtige Bank. In jedem Falle müssen Sparer, die direkt oder indirekt in Bankpapiere investiert haben, mit Verlusten rechnen. Entweder, weil Bankverbindlichkeiten herabgesetzt werden. Oder weil Bankpapiere mit entwertetem Geld zurückgezahlt werden, wenn im Anwerfen der elektronischen Notenpresse die Politik des kleinsten Übels gesehen wird. In beiden Fällen sind die Ersparnisse perdue.

(Güterpreis-)Deflation

Mit dem Begriff *Deflation* ist üblicherweise ein fortgesetztes Absinken aller Güterpreise im Zeitablauf gemeint. Es kann zur Güterpreisdeflation kommen, wenn (vereinfacht gesprochen) die Geldmengenausweitung hinter dem Zuwachs der Produktionsleistung zurückbleibt. Das war beispielsweise der Fall in der US-Wirtschaft im letzten Viertel des 19. Jahrhunderts. Wenn dabei die Wirtschaft weiter zunimmt, spricht man von »guter Deflation«.[20] Hingegen spricht man von »schlechter Deflation«, wenn der Güterpreisrückgang verbunden ist mit einem Schrumpfen der Wirtschaft, Firmenpleiten und erhöhter Arbeitslosigkeit – so wie es Ende der 1920er-/Anfang der 1930er-Jahre (»Große Depression«) in vielen Volkswirtschaften der Welt zu beobachten war.

In Zeiten des (Pseudo-)Goldstandards war die Güterpreisdeflation allerdings häufig eine Korrektur auf die übermäßige (betrügerische) Ausgabe von Banknoten, die nicht durch Gold gedeckt waren. Sobald der Schwindel aufflog, verlangten die Halter der Banknoten von den Banken die Herausgabe ihres Goldes. Die ersten, die am Bankschalter erschienen, bekamen noch die ihnen zustehende Goldmenge, während diejenigen, die später kamen, leer ausgingen, weil die Bank inzwischen zahlungsunfähig war. Die Banknoten der Pleitebanken wurden wertlos, sie wurden nicht mehr als Zahlungsmittel akzeptiert. Die volkswirtschaftliche Geldmenge nahm folglich ab. Die Güterpreise fielen. Die Güterpreisdeflation kam zum Stillstand, sobald die Geldmenge wieder dem tatsächlich vorhandenen Goldbestand der Banken entsprach.

Der Goldstandard hatte so gesehen ein *festes Niveau*, auf das die von den Banken durch (betrügerisches) Ausgeben von neuen Banknoten aufgeblähte Geldmenge wieder *zurückschrumpfen* konnte: die vorhandene *Goldmenge*. Im heutigen Fiatgeldsystem, in dem Geld per Kredit »aus dem Nichts« geschaffen wird, gibt es einen solchen Ankerpunkt hingegen nicht mehr. Was würde hier passieren, wenn beispielsweise ein Verfall der Vermögenspreise auf breiter Front einsetzt? Die Banken würden Zahlungsausfälle erleiden. Die Verluste zehren die Rücklagen beziehungsweise das Eigenkapital der Banken auf. Reicht dieser Verlustpuffer nicht aus, müssen weitere Verbindlichkeiten der Bank (also die Forderungen, die die Gläubiger gegenüber den Banken haben) herabgesetzt beziehungsweise in Eigenkapital der Bank umgewandelt werden (»Debt for Equity Swap«).

Dadurch kann letztlich natürlich auch die Geldmenge in der Volkswirtschaft abnehmen – und zwar dann, wenn Giroguthaben der Kunden ausgebucht werden. Der Güterpreisverfall wird dadurch zusätzlich befördert. Er findet sein Ende, wenn die Verbindlichkeiten der Banken so weit herabgesetzt sind, bis sie den gesunkenen Marktwerten der Kredite beziehungsweise den verminderten Besicherungswerten, auf die die Banken bei Zahlungsausfällen ihrer Kreditkunden zurückgreifen können, entsprechen. *Dem Fiatgeldsystem würde dadurch sprichwörtlich die Luft ausgehen, es würde regelrecht in sich zusammensacken, wenn auf eine vorangegangene Güterpreisinflation eine voll ausgewachsene Güterpreisdeflation, die mit einer Schrumpfung der Geldmenge verbunden ist, folgt.* Absehbar ist dabei, dass die vorherrschende Produktions- und Beschäftigungsstruktur nicht aufrechterhalten werden kann. Dies mag erklären, warum die Deflation in der Öffentlichkeit zumeist so sehr gefürchtet ist und warum die Gefahr groß ist, dass der Ausweg aus solch einer Problematik in einem fortgesetzten Inflationieren der Geldmenge gesucht wird.

Staatspleite leicht(er) gemacht

Seit dem 1. Januar 2013 sind alle neu emittierten Euro-Staatsanleihen, die eine Laufzeit von mehr als einem Jahr haben, mit einer sogenannten »Collective Action Clause« (CAC) versehen. Diese Klausel erlaubt staatlichen Emittenten, ihre Zins- und Tilgungsverpflichtungen zu verändern oder teilweise oder auch ganz einzustellen, wenn (1) mindestens 75 Prozent der Investoren, die die Anleihen halten, auf einem Gläubigertreffen ihre Zustimmung dazu geben oder (2) nicht weniger als zwei Drittel Prozent der Investoren schriftlich zustimmen. Durch die Einführung der CAC entfällt folglich der bisher langwierige und für den Staatsschuldner meist höchst peinliche Verhandlungsmarathon mit allen seinen Kreditgebern. Die Einführung der CAC hat bedeutsame Folgen für den Euro-Staatsanleihenmarkt. Bekanntlich sind Staaten Dauerschuldner. Bei Fälligkeit ihrer Schulden zahlen sie ihre Verbindlichkeiten nicht wirklich zurück: Sie zahlen die Rechnung mit dem Geld zurück, das sie sich durch Ausgabe neuer Anleihen beschafft haben. Im Zeitablauf werden folglich die Altschulden durch Neuschulden ersetzt, die mit einer CAC ausgestattet sind. Früher oder später werden daher alle europäischen Staatsschulden eine CAC haben. Die Einführung der CAC ist aus zwei Gründen zu begrüßen. Erstens erleichtert die Klausel es, eine staatliche Überschuldungssituation durch Nicht-Rückzahlung (Staatspleite) zu korrigieren – und das wiederum mindert den politischen Anreiz, die elektronische Notenpresse anzuwerfen, um die Staatsschulden mit entwertetem Geld zurückzuzahlen. Die CAC wirkt aber nicht nur einer Inflationspolitik, der volkswirtschaftlich wohl teuersten Politik der Staatsentschuldung, entgegen. Sie sorgt auch dafür, dass der Kreditgeber für eine schlechte Investitionsentscheidung selbst die Konsequenz – sprich den Verlust – zu tragen hat. Der Anreiz, sorgsam zu investieren, nimmt zu. Zweitens trägt die Einführung der CAC dazu bei, den Mythos der »sicheren« Staatsanleihen zu entzaubern. Viele Sparer und Investoren sehen Staatsschuldpapiere als eine risikolose Geldanlage an. Diese Trugvorstellung scheint auf den ersten Blick nachvollziehbar: Solange der Staat nicht zu stark verschuldet ist, kann der Anleger relativ sicher sein, die versprochenen Zins- und Tilgungszahlungen zu erhalten. Doch die Zahlungsmoral des Staates wird nur vorübergehend gut sein. Gerade in

Demokratien steigt die Staatsverschuldung chronisch an, und zwar so weit, bis der Staatsbankrott ins Haus steht und sich zeigt, dass der Halter der Staatsanleihe der Dumme ist. Die Ausstattung der Staatsanleihen mit einer CAC sollte sich tendenziell in steigenden Zinsen niederschlagen, schließlich erhöht sich ganz augenscheinlich das Ausfall- und Verlustrisiko für die Investoren. Das ist positiv zu bewerten: Steigende Anleihezinsen verteuern die Staatsverschuldung – mit der ja ohnehin nur relativ unproduktive Projekte finanziert werden – und machen sie für Regierende und Regierte weniger attraktiv. Steigende Zinsen verteuern aber nicht nur die Neuverschuldung, sondern sie erhöhen auch die Zinskosten auf die zu refinanzierenden Altschulden. Beides belastet den laufenden Haushalt und damit den Steuerzahler, sodass eine Rückführung von Alt- und Neuverschuldung politisch attraktiv(er) wird. Es ist jedoch auch ein Szenario denkbar, in dem die Einführung der CAC in Staatsanleiheverträge nicht produktive, sondern destruktive Kräfte freisetzt. Das ist etwa dann der Fall, wenn den großen Kapitalsammelstellen (wie Versicherungen, Pensionsfonds, Kapitalanlagegesellschaften etc.) gesetzlich vorgeschrieben wird, das Geld ihrer Kunden in Staatsanleihen, die mit CAC ausgestattet sind, anzulegen. Der Staat erzeugt so nicht nur eine künstliche Nachfrage nach seinen eigenen Schuldpapieren. Es wird ihm auch erleichtert, seine Staatsschulden nicht mehr zurückzuzahlen: Die »Fluchtmöglichkeiten« aus den Staatsanleihen sind eingeengt. Für Sparer, die ihr Geld zum Beispiel bei Lebensversicherungen angelegt haben, könnte es daher ein böses Erwachen geben. In Deutschland liegt – und das sollte die Sparer aufschrecken lassen – genau dieser Fall bereits vor. Die gesetzlichen Anlagevorschriften geben den großen Kapitalsammelstellen bereits Anreize, ja zwingen sie ökonomisch gewissermaßen, hauptsächlich in Staatsanleihen zu investieren: Europäische Staatsanleihen gelten aus Sicht des deutschen Gesetzgebers als »sicher« (das gilt übrigens nach wie vor auch zum Beispiel für griechische Staatsanleihen) und müssen daher nicht mit knappem und teurem Eigenkapital unterlegt werden. Mit der Regulierung »Solvency II« hat sich das noch verschärft. Die geschichtliche Erfahrung führt jedem Sparer und Investor unmissverständlich vor Augen, dass letztlich die Begleichung der Staatsverschuldung entweder durch Staatsbankrott oder aber, was im Grunde das Gleiche ist, mittels Geldentwertungspolitik erfolgt. Staatsanleihen sind kein sicheres Sparinstrument; allenfalls vorübergehend scheinen sie es zu sein. Die Einführung der CAC passt sich nahtlos in dieses Bild ein.

Griff zur Notenpresse

Die Aussicht auf eine einsetzende und anhaltende Güterpreisdeflation muss bei Investoren die Furcht vor Zahlungsausfällen auslösen. Sie beginnen, Schuldpapiere am Kapitalmarkt zu verkaufen. Der Verkaufsdruck führt zu steigenden Zinsen. Die Kreditkosten steigen. Für hoch verschuldete Staaten ist das besonders problematisch. Ein immer größerer Anteil der Staatseinnahmen muss für Zinszahlungen ausgegeben werden. Natürlich kann die Regierung versuchen, die Finanzlage zu verbessern, indem sie die Staatsausgaben absenkt. Doch das stößt meist auf erheblichen politischen Widerstand.

Sollen Arbeitslosenunterstützung, Pensionszahlungen oder Ausgaben für staatlich subventionierte Arbeitsplätze gekürzt werden, macht sich sogleich heftiger Gegenwind breit. Die Ansprüche begünstigter Gruppen, verwöhnt von der jahrelang auf Pump finanzierten staatlichen Umverteilungsmaschinerie, können in der Regel aus wahltaktischen Gründen nicht zurückgedrängt werden. Schließlich gelingt es vielen Regierungen nicht einmal in Wachstumsphasen, einen ausgeglichenen Haushalt, geschweige denn Haushaltsüberschüsse zu erwirtschaften.

Eine Regierung könnte versuchen, die Bürger stärker zur Kasse zu bitten, in Form von Steuererhöhungen auf Einkommen und Vermögen, um mit den zusätzlichen Mitteln die anwachsenden laufenden Ausgaben, vor allem aber die steigenden Zinskosten zu bestreiten, die auf die öffentliche Schuld zu leisten sind. Doch in Zeiten zerrütteter Staatsfinanzen sind die Steuerlasten der Bürger meist schon sehr hoch, und das Wahlvolk wird seine Zustimmung zu weiteren Steuer- und Abgabenerhöhungen verweigern.

Um die Staatsfinanzen zu gesunden, kann die Regierung versuchen, das Wirtschaftswachstum zu fördern. Wächst die Wirtschaft, wachsen auch die Steuereinnahmen, und dies trägt tendenziell dazu bei, die Staatsfinanzen zu verbessern. Doch gerade dann, wenn die Staatsfinanzen in schlechtem Zustand sind, ist meist auch der Staatsanteil im Wirtschafts- und Gesellschaftsleben so groß geworden, dass er die wirtschaftlichen Wachstumskräfte schwächt. Ein *Herauswachsen* aus der Finanzmisere ist dann kaum mehr möglich ohne eine umfassende Reform der Wirtschafts- und Gesellschaftsstruktur – gegen die sich politischer Widerstand regen wird.

Der einfachste Weg für Regierende und Regierte scheint daher – und die leidvolle Geschichte des ungedeckten Geldes macht es deutlich – das Anwerfen der (elektronischen) Notenpresse zu sein: Mit neu geschaffenem Geld werden offene Rechnungen beglichen.[21] Die Währungsgeschichte zeigt sehr anschaulich, dass auf eine Zahlungsunfähigkeit des Staates nicht selten der Griff zur Notenpresse folgte. Offensichtlich wurde immer wieder die Geldentwertung dem offenen Staatsbankrott vorgezogen. Die Inflation ermöglicht eine tückische, anonyme Enteignung und Umverteilung auf breiter Front, vor allem in einer Unerbittlichkeit, vor der Parlamentarier zurückschrecken. In Zeiten des beliebig vermehrbaren Fiatgeldes ist diese Entschuldungsstrategie des Staates einfacher denn je.

Weitere Übel des Fiatgeldsystems

Es ist in Kapital 1 dieses Buch bereits zur Sprache gekommen, dass das Fiatgeld nicht auf natürlichem Wege, durch freiwillige Übereinkunft der Marktakteure in die Welt gekommen ist. Es wurde vielmehr durch Zwang und Gewalt eingeführt. Der Ökonom Jörg Guido Hülsmann (* 1966) bringt es auf den Punkt: »Papiergeld ist niemals durch freiwillige Kooperation zustandegekommen. In allen bekannten Fällen wurde es durch Zwang und Nötigung eingeführt, manchmal unter Androhung der Todesstrafe.«[22] Und so kann es nicht verwundern, dass das Fiatgeld nicht nur unter ökonomischen, sondern vor allem auch unter ethischen Defekten leidet.

Fiatgeld ist inflationär

Das Fiatgeld ist inflationär: Es verliert seine Kaufkraft im Zeitablauf, weil es unablässig vermehrt wird. Es lässt sich ökonomisch zweifelsfrei zeigen, dass der Tauschwert einer Geldeinheit abnimmt, wenn die Geldmenge steigt (und zwar im Vergleich zu einer Situation, in der die Geldmenge nicht ausgeweitet worden wäre). Geld ist ein Gut wie jedes andere auch – mit der Besonderheit, dass es das marktfähigste, das liquideste Gut ist. Daher unterliegt seine Wertbestimmung dem *Gesetz des abnehmenden Grenznutzens*: Mit steigendem Geldvorrat nimmt der Nutzen ab, den eine zusätzliche Geldeinheit stiftet. Steigt also die Geldmenge in den Händen der Menschen, sinkt der Grenznutzen des Geldes. Früher oder später wird das (aus Sicht des Geldhalters weniger wertvolle) Geld gegen andere (aus seiner Sicht wertvollere) Güter eingetauscht. Das steigende Angebot von Geld beziehungsweise die steigende Nachfrage nach Gütern treibt die Preise in die Höhe, und die erhöhte Geldmenge zeigt sich in Güterpreisinflation.

Diese Erkenntnis gilt übrigens für jede Geldart, für Sachgeld genauso wie für staatliches Fiatgeld. Allerdings fällt die inflationäre Wirkung des Sachgeldes (zumeist) geringer aus als die des Fiatgeldes. Das Sachgeld lässt sich nicht beliebig (quasi auf Knopfdruck) vermehren. Das Sachgeld – wie zum Beispiel das Goldgeld – kann nur vermehrt werden, indem man auf aufwendige Produktionswege zurückgreift. Sie werden nur beschritten, wenn die Rendite der Geldproduktion mindestens so hoch ist wie die für andere Investitionen. Einem derartigen natürlichen Produktionsprinzip unterliegt Fiatgeld nicht. Es wurde ja gerade deswegen geschaffen, weil es sich quasi kostenlos und nach politischen Beweggründen de facto jederzeit vermehren lässt. Folglich kann es nicht überraschen, dass Fiatgeld sich als (weitaus) inflationärer als das Sachgeld erweist.[23]

Fiatgeld bewirkt eine nicht-marktkonforme Verteilung

Bei einer Geldmengenausweitung steigen die Güterpreise nicht gleichzeitig und mit der gleichen Rate an. Erst steigen die Preise der einen Güter, danach steigen die Preise der anderen Güter, und nicht alle Güterpreise verteuern sich im gleichen Ausmaß. Wenn die Geldmenge erhöht wird, steigen die Preise zuerst in den Industrien und Sektoren, in denen das Geld zuerst verausgabt wird. Nach und nach erreicht das neue Geld die anderen Branchen. Bereits der irische Bankier Richard Cantillon (vermutlich 1680–1734) erkannte diese Wirkung der Geldmengenausweitung: dass ein Ausweiten der Geldmenge verschiedene Menschen in unterschiedlichem Maße betrifft (Cantillon-Effekt).

Die ersten, die die neu geschaffene Geldmenge in die Hände bekommen, haben noch die Möglichkeit, zu unveränderten Preisen zu kaufen. Sie sind die Gewinner der Geldmengenausweitung. Diejenigen, die die neue Geldmenge spät erhalten, können die Güter und Dienstleistungen nur noch zu bereits gestiegenen Preisen kaufen. Sie (und natürlich diejenigen, die nichts von der neu geschaffenen Geldmenge erhalten) sind die Verlierer. Ein Ausweiten der Geldmenge macht folglich die Tauschtransaktionen nicht mehr für alle Beteiligten gleichermaßen vorteilhaft. Vielmehr sorgt es für Gewinner und Verlierer. Das Fiatgeld ist, um eine verbreitete Redewendung zu verwenden, sozial ungerecht.

Fiatgeld erhöht »Moralische Wagnisse«

Zentralbanken verursachen »Moralische Wagnisse« (englisch: »Moral Hazard«). Was darunter zu verstehen ist, mag das folgende Beispiel erläutern. Ein Versicherungsnehmer, der eine Kfz-Schadensversicherung abgeschlossen hat, parkt schwungvoller in eine Parklücke ein als ein Autofahrer ohne eine solche Versicherung. Der Grund: Der Versicherte wird für sein Fehlverhalten entschädigt. Er geht daher bewusst höhere Risiken ein. Moralische Wagnisse bedeuten, dass die Kosten, die aus dem eigenen Handeln resultieren, nicht vollends vom Handelnden selbst getragen, sondern auf Dritte abgewälzt werden. Im freien Markt sind »Moralische Wagnisse« durch Vertrags- und Prämiengestaltung (etwa für Versicherungsleistungen) in den Griff zu bekommen. Anders verhält es sich, wenn »Moralische Wagnisse« durch staatliches Eingreifen in das Marktgeschehen verursacht werden. Das Verantwortlichkeitsbewusstsein für die Konsequenzen des eigenen Handelns schwindet unweigerlich, die Einheit von Risiko und Haftung wird zerschnitten. Die Geschäftsmoral verschlechtert sich, die kooperativen und produktiven Kräfte der freien Marktwirtschaft werden geschädigt.

Die bloße Existenz der Zentralbanken gibt Finanzmarktakteuren Anreize, in einer Weise zu handeln, wie sie unter den Bedingungen des freien Marktes nicht handeln würden. Wenn die Zentralbankentscheider zusichern, sie werden Zahlungsausfälle strauchelnder Schuldner abwenden, werden Investoren bereit sein, in Schuldtitel dieser Kreditnehmer zu investieren. Sie können schließlich darauf setzen, dass die Schuldtitel von der Zentralbank im Notfall mit neu gedrucktem Geld zurückgezahlt werden – auch wenn dies zulasten der Geldhalter geht, deren Kaufkraft geschmälert wird. Ein Beispiel dafür bot EZB-Präsident Draghi. Er verkündete im Juli 2012, die elektronische Notenpresse werde angeworfen, sollte das nötig sein, um den Euroraum zusammenzuhalten.

Aufmerksame Investoren erkannten, dass der EZB-Rat zum Beispiel italienische und spanische Schuldner nicht zahlungsunfähig werden lässt. Sie konnten hohe Gewinne einstreichen: Sie kauften frühzeitig die Schuldpapiere zu tiefen Preisen und konnten sich nachfolgend über hohe Kursgewinne freuen. Diesen Gewinnen standen Verluste von Investoren gegenüber, die die Papiere zu niedrigen Kursen verkauft hatten, weil sie nicht frühzeitig genug darüber informiert waren, dass der EZB-Rat die Wertpapierkurse künstlich anheben würde. (Wenig verwunderlich also, dass professionelle Finanzmarktakteure zu großen Anstrengungen bereit sind, um künftige Entscheidungen der Zentralbankräte frühzeitig herauszufinden.)

Spannt die Zentralbank ein *Sicherheitsnetz* unter Staaten, Banken, ja die gesamte Konjunkturlage, werden Investoren Risiken eingehen, die sie ohne eine solche Versicherung nicht eingehen würden. Unvorsichtiges, skrupelloses Investitionsverhalten wird ermutigt. Das Entstehen von Spekulationsblasen wird begünstigt, die sich nachfolgend in

Krisen entladen. Der Investor kann jedoch recht gelassen bleiben. Die Kurswerte seiner Papiere werden vor dem Verfall bewahrt: Die Zentralbank wird die Geldmenge ausweiten, um eine drohende Rezession abzuwenden. Die Kosten dieser Politik hat nicht der Investor, sondern der Geldhalter zu tragen.

Versichert die Zentralbank den Staat gegen Zahlungsausfall, ist Misswirtschaft programmiert. Der Staat kann Unnötiges und Unsinniges durch immer mehr Kreditaufnahme finanzieren und sich zulasten der Privatwirtschaft ausdehnen. Dank seiner wachsenden Finanzkraft finden sich immer mehr Gesellschaftsmitglieder, die sich nur allzu gern in die staatliche, vermeintlich sichere Abhängigkeit begeben: als seine Angestellten oder aber als Unternehmer, die von Staatsaufträgen profitieren. Die Gesellschaft spaltet sich zusehends in vom Staat Begünstigte und vom Staat Benachteiligte. Die »Moralischen Wagnisse«, für die das Fiatgeld sorgt, sind also gewaltig und überaus weitreichend.

Das »Sicherheitsnetz« der Zentralbanken

Abb. 27 zeigt die »Notkredite« in Milliarden US-Dollar, die die US-Zentralbank (Fed) den US-Banken gewährt hat, sowie die Kreditprämie (also den Aufschlag von risikoreichen Anleihen gegenüber US-Staatsanleihen) von Januar 2007 bis Mai 2023. Gut zu erkennen ist die gewaltige Erschütterung im Zuge der globalen Finanz- und Wirtschaftskrise 2008/2009. Die Fed pumpte neues Geld per Notkredite in den US-Bankensektor (vor allem durch den Aufkauf von Staats- und Hypothekenanleihen), um die um sich greifenden Kreditausfallsorgen – die in Form von stark steigenden Kreditprämien zum Ausdruck kamen – einzudämmen. Die »Systemrettung« gelang, die Kreditmärkte beruhigten sich wieder und die US-Banken zahlten die Notkredite an die Fed zurück. Im Zuge der politisch diktierten Lockdown-Krise 2020/2021 geschah Ähnliches: Der plötzliche wirtschaftliche Stillstand ließ Investoren befürchten, dass viele Schuldner ihren Schuldendienst nicht mehr wie vereinbart leisten könnten. Um die Zahlungsausfallsorgen zurückzudrängen, vergab die Fed erneut Notkredite an die US-Banken und sicherte so deren Liquidität. Das Ausmaß der Kredit- und Kreditprämienausweitung blieb interessanterweise weit hinter dem, was in 2008/2009 beobachtbar war, zurück. Ganz offensichtlich waren die Finanzmärkte in 2020/2021 weitaus zuversichtlicher als noch in 2008/2009, dass die US-Zentralbank das Finanz- und Wirtschaftssystem mit zusätzlichen Krediten und einer Geldmengenausweitung über Wasser halten würde.

Vor diesem Hintergrund sind die Marktbewegungen im März 2023 besonders aufschlussreich. Die Notkredite der Fed schnellten gewaltig in die Höhe, nachdem die Silicon Valley Bank (Kalifornien) und die Signature Bank (New York) die Pleite anmeldeten und von der US-Einlagensicherung FDIC geschlossen wurden. Die Kreditprämien verharrten dennoch auf relativ niedrigen Niveaus. Naheliegende Schlussfolgerung: Die Finanzmärkte hatten mehr denn je darauf gesetzt, dass die Zentralbank letztlich keine Kredit- beziehungsweise Zahlungsausfälle im großen Stil zulassen würde. Das Kalkül der Investoren ging (bisher) auf: Das US-Bankensystem blieb liquide, ein systembedrohender Bankensturm (»Bank Run«) fand nicht statt. Es hatte sich gelohnt für die Investoren, auf die Wirkung des »Sicherheitsnetzes«, das die US-Zentralbank aufgespannt hatte, zu vertrauen.

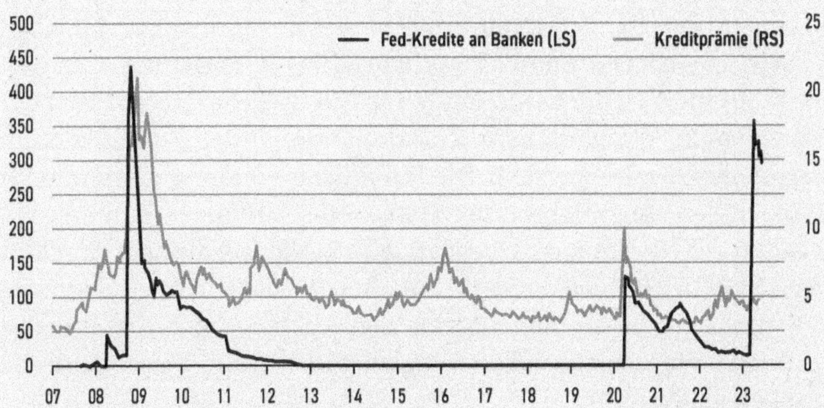

*Abb. 27: »Notkredite« der US-Zentralbank an Banken (Milliarden USD) und Kreditprämie in Prozentpunkten**

Quelle: Federal Reserve Bank of St. Louis, Refinitiv; eigene Darstellung. Aufschlag US High Yields auf US-Staatsanleiherendite.*

Fiatgeld endet in der Zerstörung des Geldwertes

Die Währungsgeschichte zeigt es unumwunden: Ist die Verschuldung erst einmal übermäßig groß geworden – insbesondere die der politisch machtvollen Gruppen, angeführt vom Staat –, wächst der Anreiz, die Kaufkraft des Geldes herabzusetzen, um der erdrückenden Schuldenlast zu entkommen. Wenn Kredite auszufallen drohen, wenn Banken wanken, wenn die Wirtschaft in die Rezession zu verfallen droht, dann erscheint es den Regierenden wie auch den Regierten als das vergleichsweise kleinste Übel, die offenen Rechnungen mit neu geschaffenem Geld zu bezahlen. Und das hat einen Grund. Bei einer Ausweitung der Geldmenge in der Volkswirtschaft zeigen sich zunächst die positiven Effekte (Kreditausfälle werden verhindert, die Konjunktur wird gestützt), und es dauert eine gewisse Zeit, bis die negativen Wirkungen zutage treten (steigende Güterpreise, Verarmung der breiten Bevölkerung).

Fiatgeld zersetzt die freie Wirtschaft und Gesellschaft

Die Krisen, für die das Fiatgeld sorgt, sind aus einem weiteren Grund problematisch. In der Öffentlichkeit werden sie in der Regel als »Versagen der freien Märkte« interpretiert: »Nichts hat die liberalen Wirtschaftsideen und das kapitalistische Wirtschaftssystem ärger kompromittiert als der wiederkehrende Wechsel von fieberhafter Haussespekulation, dramatischem Zusammenbruch der Konjunktur und langanhaltender Depression. Die öffentliche Meinung gewöhnte sich daran, in den ›Auswüchsen der Haussespekulation‹ und in den Widrigkeiten des Niedergangs Übelstände zu erblicken, die dem kapitalistischen System notwendigerweise anhaften. Sozialistische und interventionistische Ideen konnten allgemeinen Anklang finden, weil man in den Krisen eine unabwendbare Begleiterscheinung ›freier‹ Wirtschaft zu sehen glaubte.«[24]

Das wiederum führt dazu, dass der Staat im Nachgang von (letztlich durch ihn selbst verursachte) Krisen in das Marktgeschehen eingreift – durch Vorschriften, Ge- und Verbote, Regulierungen etc. Die freie Marktwirtschaft wird auf diese Weise nach und nach unterwandert. Sie weicht einem Wirtschaftssystem, in dem nicht mehr der freie Markt, sondern der Staat über den Einsatz der Produktionsmittel und die Verteilung der Produktionsergebnisse befindet. Ludwig von Mises erkannte früh, dass das Fiatgeld die freie Marktwirtschaft gefährdet beziehungsweise nicht mit ihr vereinbar ist: »Es wäre ein Irrtum, wollte man annehmen, dass der Bestand der modernen Organisation des Tauschverkehrs für die Zukunft gesichert sei. Sie trägt in ihrem Inneren bereits den Keim der Zerstörung. Die Entwicklung des Umlaufsmittels [*des Fiatgeldes, A. d. V.*] muss notwendigerweise zu ihrem Zusammenbruch führen.«[25] Die wachsende Ablehnung des Systems der freien Märkte in der breiten Bevölkerung, für die die wiederkehrenden Krisen des Fiatgeldes sorgen, lassen den Staat (wie wir ihn heute kennen) immer größer und mächtiger werden.

Fiatgeld und kollektive Korruption

Nach der monetären Konjunkturtheorie der Österreichischen Schule der Nationalökonomie führt ein Ausweiten der ungedeckten Geldmenge durch Bankkreditvergabe zu einem Zyklus von Scheinaufschwung (Boom) und notwendiger Bereinigung durch Rezession (Bust). Obwohl diese monetäre Erklärung von Finanz- und Wirtschaftskrisen seit Langem bekannt ist, wird in der Geldpolitik nach wie vor nach dem Prinzip der Ankurbelung der Wirtschaft durch frisches »billiges Geld« verfahren (man denke hier an die internationale Finanz- und Wirtschaftskrise 2008/2009 und die Lockdown-Krise 2020/2021). Der gleiche »Fehler« wird also wieder und wieder begangen. Für die unablässige Abfolge von Boom-und-Bust-Zyklen machte Ludwig von Mises die breite Öffentlichkeit und die Politiker verantwortlich: Sie fielen falschen ökonomischen Lehren anheim und seien unbelehrbar. Doch ist das eine ausreichende Erklärung dafür, dass ganz offensichtlich identische Pannen immer wieder passieren?

Eine alternative Erklärung ist in der ökonomischen Anreizwirkung zu finden, die das Fiatgeldsystem, wenn es erst einmal in Gang gebracht wurde, unweigerlich mit sich bringt. Das Fiatgeld schafft nämlich handfeste ökonomische Abhängigkeiten. So werden zum Beispiel Unternehmer durch das künstliche Absenken der Zinsen zu Investitionen verleitet, die sich nur dann rechnen, wenn die Kredit- und Geldmengen, bereitgestellt zu immer niedrigeren Zinsen, weiter anschwellen. Um Verlusten zu entgehen, werden sie eine weitere monetäre Expansion befürworten. Vor allem dann, wenn sich eine Rezession abzeichnet. In gleicher Weise befürworten auch Arbeitnehmer, die ihre Arbeitsplätze und ihr Einkommen einem künstlichen Aufschwung verdanken, das Weiterführen der Schuldenwirtschaft.

Weil aber vor allem der Staat dank des ungedeckten Papiergeldes immer weiter anwächst, werden auch immer mehr Menschen direkt oder indirekt abhängig von seiner Finanzkraft: Hierzu zählen Staatsangestellte, Empfänger staatlicher Pensions- und Transferzahlungen oder Unternehmer, die staatliche Aufträge beziehen. Ein ganz besonderes Interesse an einer Weiterführung eines Booms hat natürlich vor allem die Banken- und Finanzwirtschaft. Denn bei einem Ende des Booms wären zum Beispiel die Bilanzvermögen der Banken (in Form von Krediten und Wertpapieren) erheblich wertgemindert und die Untragbarkeit ihrer Verbindlichkeiten (insbesondere aufgrund des Teilreservesystems) käme unübersehbar ans Tageslicht.

Abhängigkeit macht die Mehrheit zu Komplizen

Ein Fiatgeldsystem macht weite Teile der Bevölkerung und des Unternehmenssektors im wahrsten Sinne des Wortes ökonomisch abhängig von seiner Fortführung: Es findet sich mehrheitlich eine Unterstützung für eine Politik, die einen drohenden Bust, der an sich die notwendige Folge eines vorangegangenen Booms ist, mit immer mehr Kredit und Geld zu immer niedrigeren Zinsen zu »bekämpfen« sucht. Die Mehrheit der Fiatgeld-Abhängigen wird dafür durchaus weitreichenden Verletzungen der privaten Eigentumsrechte zustimmen, wie zum Beispiel Handelsverbote, Einschränkungen der Freiheiten bei der Geldanlage, Kapitalverkehrsbeschränkungen etc.

Es ist die »kollektive Korruption«, die für ein fortschreitendes Schwinden der Freiheiten sorgt: Nicht nur einige wenige, sondern eine wachsende Zahl von Gemeinschaftsmitgliedern und ganze gesellschaftliche Gruppen werden nach und nach zu quasi bedingungslosen Befürwortern staatlicher Zwangsmaßnahmen, um das Fiatgeldsystem vor dem Zusammenbruch zu bewahren. In der Konsequenz befördert das Eigennutzkalkül des Individuums also eine politische Haltung, durch die die Gesellschaft zusehends in ein kollektivistisch-sozialistisches Gemeinwesen überführt wird: einen zusehends dominierenden Staat, der immer unverhohlener in das Markgeschehen eingreift und die individuelle Freiheit zurückdrängt oder gar aufhebt.

Die *Theorie der kollektiven Korruption* stellt gewissermaßen einen Gegenentwurf dar zur bekannten *Niedergangstheorie*, wie sie Mancur L. Olson formuliert hat. Olson hatte in seinem Buch *The Rise and Decline of Nations* (1982), in Weiterführung seiner Studie *The Logic of Collective Action* (1965), das Problem der wirtschaftlichen Sklerose erklärt: Die Vorteilssuche *(Rent-Seeking)* und der Lobbyismus kleiner, aber machtvoller Gruppen in parlamentarischen Demokratien bewirken einen allmählichen Niedergang der gesamtwirtschaftlichen Leistungsfähigkeit. Er kann letztlich nur durch eine »Krise« (Rezession-Depression, Revolution oder Krieg) aufgehalten beziehungsweise umgekehrt werden. Während Olson den Zusammenbruch des Fiatgeldsystems wohl dem Agieren von Einzelgruppeninteressen ursächlich zuschreiben würde, identifiziert die Theorie der kollektiven Korruption die Ursache für einen wirtschaftlich-moralischen Niedergang im Verhalten der Mehrzahl der Gesellschaftsmitglieder.

Die Theorie der kollektiven Korruption lässt sich auf die aktuelle Situation im Euro-Währungsraum anwenden. Häufig wird in diesem Zusammenhang diagnostiziert, der Weg in ein immer weiter ausuferndes sozialistisch-zentralistisches Europa werde beschritten, weil das Wohl und Wehe der politischen Führungen und weiter Teile ihrer intellektuellen Unterstützer am Fortbestehen der Euro-Einheitswährung hängt; und so werde dem Ziel des Euro-Erhalts alles bedingungslos untergeordnet. Bürger- und nationale Souveränitätsrechte werden geschleift, eine Schuldenvergemeinschaftung beschlossen und die Zentralbank auf Inflationskurs geschickt, um marode Staaten und Banken über Wasser zu halten.

Diese Deutung lehnt sich an Olsons Theorie an, die diese Entwicklung auf das erfolgreiche politische Wirken mächtiger Einzelgruppeninteressen zurückführt. Anders jedoch die Interpretation auf Basis der Theorie der kollektiven Korruption: Ihr zufolge ist es das Eigeninteresse einer wachsenden Zahl von Nettostaatsprofiteuren, die den Freiheitsraub durch die Politikeliten nicht nur duldet, sondern ihn (still und heimlich) auch unterstützt, weil sie meint, mit einer Fortführung des Fiatgeldsystems besser zu fahren als mit seiner Beendigung. Die Mehrheit, finanziell und wirtschaftlich abhängig geworden vom ungedeckten Staatsgeld, wählt gewissermaßen freiwillig den *Weg in die Knechtschaft*.

Erst Geldentwertung, dann Depression

Wenn weite Teile der Bevölkerung erst einmal ökonomisch vom Fiatgeld abhängig geworden sind – und das trifft vor allem für die westlichen Umverteilungs-Demokratien zu –, dann wird alles versucht, um den Zusammenbruch des Fiatgeld-Booms abzuwenden – selbst wenn das die Kosten der künftigen Krise immer weiter in die Höhe treibt und die Freiheit des Einzelnen immer weiter zerstört. Es herrscht eine Anreizstruktur, die das schlechteste aller Ergebnisse hervorbringt: Die Logik, die der Theorie der kollektiven Korruption innewohnt, spricht dafür, dass der Fiatgeld-Boom nicht nur in Depression endet, sondern dass ihr die Entwertung des Geldes vorausgeht.

Regierende einschließlich der von ihnen begünstigten Gruppen haben ein Interesse an der Weiterführung des Fiatgeldsystems. Gleichzeitig – und das ist ebenfalls in Rechnung zu stellen – ist in der Öffentlichkeit nicht hinreichend bekannt, dass es eben dieses Geldsystem ist, das für die wiederkehrenden und immer schlimmer werdenden Finanz- und Wirtschaftskrisen verantwortlich ist. In der Öffentlichkeit wird vielmehr der Eindruck erzeugt – etwa durch Äußerungen von Regierungsvertretern und staatstreuen Ökonomen –, das System der freien Märkte habe versagt und nur staatliches Eingreifen in das Marktgeschehen könne für Besserung sorgen. Eine verhängnisvolle Fehlinterpretation. Sie redet Politiken das Wort, die die wirtschaftlichen und politischen Missstände nicht lösen, sondern immer weiter vergrößern.

Die kollektive Korruption stellt die Weichen in Richtung hoher Inflation oder sogar Hyperinflation: Vor die Wahl gestellt, Pleiten von Staaten und Banken und damit eine Rezession-Depression hinzunehmen oder aber neues Geld zu drucken, um das drohende Unheil abzuwenden, wird sich, wenn die kollektive Korruption bereits weit fortgeschritten ist, eine Mehrheit finden, die gegen Pleitewellen und für das Geldmengenausweiten plädiert. Nicht zuletzt, weil in der Regel die Geldmengenvermehrung zunächst Linderung der drängenden Probleme bringt (beispielsweise werden Banken- und Staatspleiten abgewendet und die Konjunktur vor dem Einbruch bewahrt), während die Kosten der Geldmengenvermehrung (Güterpreisinflation, Verzerrung der Produktions- und Beschäftigungsverhältnisse, Kapitalverzehr) sich erst zeitverzögert offenbaren. Letztlich aber ist Inflation eine Politik, die nicht dauerhaft durchführbar ist.

»Doch schlussendlich wachen die Massen auf. Sie werden sich plötzlich der Tatsache bewusst, dass die Inflation eine bewusste Politik ist und endlos anhalten wird. Es kommt zu einem Zusammenbruch. Der Crack-up-Boom erscheint. Jeder ist bestrebt, sein Geld gegen ›echte‹ Güter einzutauschen, egal ob er sie braucht oder nicht, egal wie viel Geld er dafür bezahlen muss. Innerhalb kürzester Zeit, innerhalb weniger Wochen oder sogar Tage, werden die Dinge, die als Geld verwendet wurden, nicht mehr als Tauschmittel verwendet. Sie werden zu Altpapier. Niemand will etwas gegen sie eintauschen. Dies geschah mit der *Kontinentalwährung* in Amerika in 1781, mit den französischen *Mandats Territoriaux* in 1796 und mit der *Deutschen Mark* in 1923. Es wird wieder passieren, wenn die gleichen Bedingungen auftreten. Wenn eine Sache als Tauschmittel verwendet werden soll, darf die öffentliche Meinung nicht glauben, dass die Menge dieser Sache über alle Grenzen hinaus zunimmt. Inflation ist eine Politik, die nicht von Dauer sein kann.«[26]

Der Weg in die Unfreiheit

Wie man es auch drehen und wenden mag: Mit dem staatlichen Fiatgeld haben sich die Volkswirtschaften auf einen *unheilvollen Pfad* begeben, einen Pfad, auf dem sie mit immer mehr Kredit und Geld und immer niedrigeren Zinsen der unausweichlichen Bereinigungskrise zu entkommen suchen, die das Ausweiten von Kredit und Geld zu immer niedrigeren Zinsen angeregt hat. Der Versuch, das Staatsgeldsystem aufrechtzuerhalten, wird immer stärkere Verstaatlichungstendenzen nach sich ziehen und die freie Gesellschaftsordnung und damit die Grundlagen für wirtschaftliche und politische Freiheiten zunehmend einengen und letztlich zerstören.

Ist die kollektive Korruption erst einmal fortgeschritten, ist eine hinreichend große Zahl von Gesellschaftsmitgliedern erst einmal wirtschaftlich abhängig geworden von der Fortführung des Fiatgeldsystems, wird sich kaum mehr Widerstand gegen marktfeindliche Politiken regen. Immer weitreichendere Eingriffe in die privaten Eigentumsrechte der Bürger und Unternehmen werden auf den Weg gebracht. Ohne das Ausschalten der Marktwirtschaft – sei es durch Ge- und Verbote, Subventionen oder Beistandsgarantien – lässt sich das Fiatgeldsystem nicht vor dem Zusammenbruch bewahren.

Friedrich August von Hayek hatte die Unausweichlichkeit des Sozialismus erkannt, wenn Regellosigkeit und fallweise Politik um sich greifen. Die Wirkungen des Fiatgeldes fügen sich hier nahtlos ein, wenn Hayek schreibt, dass »der Sozialismus als bewußt anzustrebendes Ziel zwar allgemein aufgegeben worden ist, es aber keineswegs sicher ist, daß wir ihn nicht doch errichten werden, wenn auch unbeabsichtigt. Die Neuerer, die sich auf die Methoden beschränken, die ihnen jeweils für ihre besonderen Zwecke am wirksamsten scheinen, und nicht auf das achten, was zur Erhaltung eines wirksamen Marktmechanismus notwendig ist, werden leicht dazu geführt, immer mehr zentrale Lenkung der wirtschaftlichen Entscheidungen auszuüben (auch wenn Privateigentum dem Namen nach erhalten bleiben mag), bis wir gerade das System der zentralen Planung bekommen, dessen Errichtung heute wenige bewußt wünschen. Außerdem finden viele der alten Sozialisten, daß wir schon so weit auf den Zuteilungsstaat zugetrieben sind, daß es jetzt viel leichter scheint, in dieser Richtung weiter zu gehen, als auf die etwa in Mißkredit geratene Verstaatlichung der Produktionsmittel zu drängen. Sie scheinen erkannt zu haben, daß sie mit einer verstärkten staatlichen Beherrschung der nominell privat gebliebenen Industrie jene Umverteilung der Einkommen, die das eigentliche Ziel der sensationelleren Enteignungspolitik gewesen war, leichter erreichen können.«[27]

Gegen Bargeld und die Tyrannei des digitalen Zentralbankgeldes

Abb. 28 zeigt von 1959 bis Anfang 2023 die US-Dollar-Bargeldbestände in Prozent des Bruttoinlandsproduktes (BIP) sowie die Euro-Bargeldbestände ab Januar 1999. Man erkennt, dass das US-Dollar-Bargeld seit den frühen 1990er-Jahren mehr oder weniger stetig angestiegen ist. Ähnliches gilt für das Euro-Bargeld unmittelbar ab 2002, dem Jahr seiner Einführung. Bargeld wird also nach wie vor kräftig nachgefragt. Die fallenden Zinsen in den letzten Jahrzehnten haben sicherlich dazu beigetragen, diese Bargeldnachfrage zu erhöhen. Zudem fragen Geldhalter Bargeld nach, weil sie einige Transaktionen gern bar begleichen (zum Beispiel Geschenke für die Ehefrau kaufen; steuerfreie Trinkgelder gewähren; den Enkelkindern einen Schein zustecken; die Kollekte in der Kirche zahlen). Auch fragen sie Bargeld nach, weil es Schutz vor Bankenpleiten gewährt.

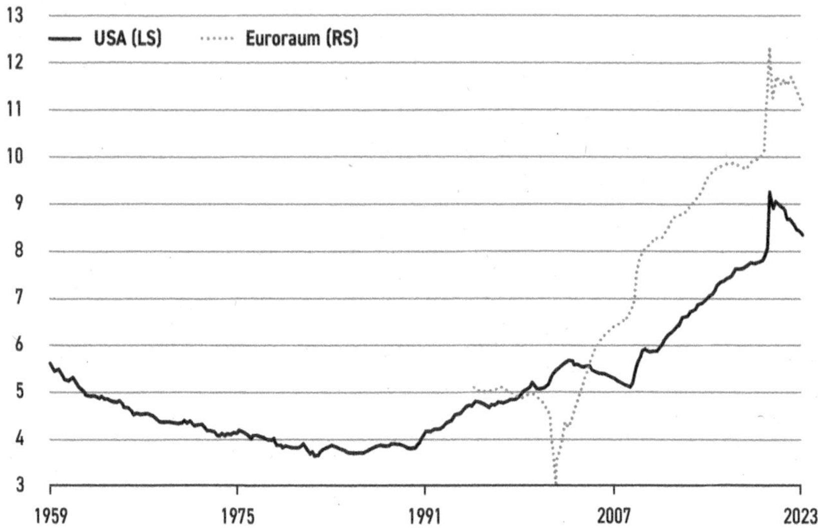

Abb. 28: Bargeldbestände in Prozent des Bruttoinlandsproduktes

Quelle: Refinitiv; eigene Berechnungen. Periode: Q1 1959 bis Q1 2023. Euroraum: Beginn Q1 1999

Umso erstaunlicher ist es, dass das Bargeld in Misskredit gekommen ist, dass es einflussreiche Gegner hat. So ist zu hören und zu lesen: Mit Bargeld werden kriminelle Transaktionen durchgeführt – wie Drogengeschäfte, Geldwäsche und Terrorismusfinanzierung. Oder: Bargeld lockt Verbrecher an. Immer wieder werden Banken überfallen, Bargeldautomaten gesprengt. Oder: Bargeld hilft dabei, Transaktionen durchzuführen, die der Staat nicht besteuern kann. Dem Staat entgehen dadurch Einnahmen. Oder: Die Bargeldverwendung ist unhygienisch, erleichtert es, Viren zu verbreiten, und stellt damit ein Gesundheitsrisiko dar. Oder: Die Bargeldverwendung ist teuer, die Kosten des Zahlungsverkehrs ließen sich senken, wenn nur noch elektronisch bezahlt würde. Auf diese Argumente soll an dieser Stelle nicht weiter eingegangen werden, denn vermutlich erkennt der Leser bereits, wie unausgewogen, ja wie zuweilen an den Haaren herbeigezogen und absurd sie sind. Festzuhalten ist hier: *Es herrscht kein Mangel an fragwürdigen*

Argumenten, mit denen den Menschen ihr Bargeld madig gemacht werden soll.

Ein ganz besonders ausgeklügeltes Argument gegen das Bargeld haben keynesianisch gesinnte Ökonomen vorgebracht. Ihnen zufolge kann *angeblich* der Fall eintreten, dass die Zentralbank den Zins in den Negativbereich absenken muss, um die Wirtschaft aus einer Rezession herauszuführen. Aber das kann nicht gelingen, denn es gibt eine sogenannte Nullzinsuntergrenze. Niemand, der bei Sinnen ist, wird zu einem Negativzins sein Geld verleihen: Ich leihe dir meine 100 Euro nicht für die Dauer eines Jahres, wenn ich dafür einen Zins von, sagen wir, minus 5 Prozent erhalte. Dann gebe ich dir heute 100 Euro und in einem Jahr gibst du mir 95 Euro zurück. Wenn der Marktzins negativ ist, ist es besser für mich, mein Geld in der Kasse zu halten, als es zu verleihen. Was würde also passieren, wenn die Zentralbank einen Negativzins auf Bankguthaben erhebt, damit die Geldhaltung weniger attraktiv wird und die Menschen dazu gedrängt werden, ihr Geld vielleicht doch zu negativen Zinsen zu verleihen?

Die Antwort auf die Frage lautet: Die Bankkunden werden sich ihre Guthaben in Bargeld auszahlen lassen und es unter der Matratze horten. Mit der Flucht ins Bargeld können sie den Verlusten entkommen, die ihnen die Zentralbank mit dem Negativzins aufzuerlegen versucht. Besteht eine solche Fluchtmöglichkeit der Bankkunden aus Bankguthaben heraus und in das Bargeld hinein, lässt sich die Negativzinspolitik nicht durchsetzen. Ökonomen, die meinen, ein negativer Zins sei eine gute Sache, zumindest in bestimmten Phasen, sehen folglich im Bargeld etwas Schlechtes, fordern seine Abschaffung. Doch der Zins – genauer: der Urzins – kann in einem freien Markt weder null noch negativ werden (siehe dazu die nachstehende Box). In einer Geldwirtschaft lässt sich ein Null- oder Negativzins nur durch staatliches Eingreifen und damit nur durch Zwang und Gewalt herbeiführen.

Warum der Urzins nicht null oder negativ sein kann

An dieser Stelle soll die Idee, der gleichgewichtige Marktzins könne negativ sein, als falsch zurückgewiesen werden – also das ausgeklügel(s)te Argument der Keynesianer gegen das Bargeld zu Fall gebracht werden. Der Zins ist eine *Kategorie* (ein nicht wegzudenkender Grundbegriff) des menschlichen Handelns. Er erklärt sich aus der Logik des menschlichen Handelns. – Dass der Mensch handelt, lässt sich nicht widerspruchsfrei verneinen. (Wer sagt »Der Mensch handelt *nicht*«, der handelt – und widerspricht dem Gesagten.) Handeln erfordert den Einsatz von Mitteln. Mittel sind knapp. Zeit ist ein Mittel und damit knapp. Weil Handeln Zeit erfordert (zeitloses Handeln lässt sich nicht widerspruchsfrei denken), bevorzugt der Handelnde eine frühere Erfüllung seiner Ziele gegenüber einer späteren. Folglich wertet er das Gegenwartsgut höher als das Gut in der Zukunft (unter sonst gleichen Umständen). Der Wertabschlag, den das Zukunftsgut gegenüber dem Gegenwartsgut erleidet, ist der *Urzins*. Der Urzins ist immer und überall positiv. Er kann – und zwar aus handlungslogischen Gründen – nicht auf null oder gar unter null fallen. Ein Urzins von null würde bedeuten, dass der Handelnde nur noch spart, nie mehr konsumiert. Und ein negativer Urzins ist für den menschlichen Verstand widersinnig. Weil der Urzins nicht auf oder unter die Nulllinie fallen kann, kann auch in einem freien Markt der Marktzins nicht auf null oder gar unter null absinken. In einem freien Markt, in dem Geld als Tauschmittel verwendet wird, ließe sich ein negativer Marktzins nur durch geistige Umnachtung der Marktakteure erklären; oder durch Lug und Betrug oder durch Zwang und Gewalt herbeiführen (wobei man sich dann aber nicht mehr in einem freien, sondern in einem gehemmten Markt befinden würde). Das Argument, man müsse das Bargeld abschaffen, um der Geldpolitik den nötigen Spielraum für eine Negativzinspolitik zu verschaffen, mag vielleicht auf den ersten Blick plausibel klingen, kann aber einer handlungslogischen Überlegung nicht standhalten; es eignet sich nicht, die Bargeldabschaffung zur Ermöglichung einer Negativzinspolitik zu rationalisieren. Bargeld verdient vielmehr einen besonderen Schutz. Es ist so etwas wie geprägte Freiheit, hat wichtige Eigenschaften wie insbesondere die Anonymität. Bargeld schützt in besonderer Weise vor staatlichen

Übergriffen, beziehungsweise erlaubt es den Bürgern, ihnen auszuweichen. Auf die Dienste des Bargeldes, vor allem seine Schutzfunktion, können und wollen freie Menschen vermutlich nicht verzichten.

Im Zeitalter der Digitalisierung gerät das Bargeld aus einem weiteren Grund unter Druck. Man sagt richtigerweise, dass es nicht digital (relativ eindeutig), sondern analog (eher mehrdeutig) ist, dass es nicht virtuell (durch Computer erzeugt, der Möglichkeit nach vorhanden), sondern real ist (es befindet sich in der physischen Lebenswirklichkeit). Bargeld haftet daher das Etikett »althergebracht« und »nicht mehr zeitgemäß« an. Mit Blick auf »Industrie 4.0« und »Smart Economy« gibt es verstärkten Bedarf nach vollautomatischen, programmierbaren Zahlungsdiensten. Zu nennen sind hier zum Beispiel Anwendungen im Bereich des »Internet of Things« (»IoT«), innovativer Geschäftsmodelle (»Pay-per-Use«) oder Machine-to-Machine-Payments (»M2M«). Programmierbare Zahlungsdienste stellen Effizienzgewinne sowie neue Geschäftsmodelle und Märkte in Aussicht, und es wird daher bereits nach einem passenden digitalen Geld gerufen – obwohl noch gar nicht klar ist, welchen Anteil derartige Zahlungen am gesamten Zahlungsvolumen erreichen werden.

Der größte Funktionsnutzen bei der Abwicklung programmierbarer Zahlungen wird derzeit tokenisiertem Geschäftsbankengeld, mehr aber noch digitalem Zentralbankgeld beigemessen.[28] Der Grund: Der Markt für Geld ist staatlich monopolisiert. Der Staat setzt ein Regelwerk, dem die Konkurrenz zum staatlichen Geld zu gehorchen hat und das bislang erfolgreich Geld-Innovationen fernhält. Die staatlichen Zentralbanken haben es daher recht einfach, die neuen Transaktionserfordernisse *eigenmächtig* dahingehend zu interpretieren, dass vor allem die Ausgabe eines (und zwar ihres eigenen) digitalen Zentralbankgeldes wünschenswert und voranzutreiben sei – übrigens machen sie das, ohne einen parlamentarischen Auftrag dafür zu haben. Derzeit arbeiten bereits Zentralbanken in 114 Ländern (die etwa 95 Prozent der globalen Wirtschaftsleistung repräsentieren) daran, Bürgern und Firmen digitales Zentralbankgeld anzubieten; elf Länder haben bereits digitales Zentralbankgeld emittiert.[29]

Was genau ist digitales Zentralbankgeld? Im Kern handelt es sich um nichts anderes als ein Geld, das von der Zentralbank ausgegeben wird und das Private zusätzlich zu oder anstelle von Bargeld und/oder Geschäftsbankengeld verwenden sollen.[30] Es gibt verschiedene Möglichkeiten, digitales Zentralbankgeld zu gestalten. Beispielsweise kann es in Form von Kontoguthaben (bei der Zentralbank oder bei Finanzintermediären) oder als Token (in »Wallets«, also digitalen Brieftaschen) bereitgestellt werden. Weiterhin kann es mit oder ohne Zins ausgestattet sein; Zahlungen in digitalem Zentralbankgeld können betragsmäßig begrenzt oder unbegrenzt sein; jeder kann Zugang zum digitalen Zentralbankgeld erhalten oder nur Ausgewählte; der Wechselkurs zwischen digitalem Zentralbankgeld und Bargeld und Geschäftsbankengeld kann auf 1:1 oder auch auf einen anderen politisch bestimmten Kurs festgesetzt werden. Bisher bekommen nur Ausgewählte Konten bei der Zentralbank: Geschäftsbanken, staatliche Stellen, manchmal auch Großunternehmen. Mit digitalem Zentralbankgeld kann sich die Zentralbank für das Massengeschäft öffnen.

Das Adjektiv »digital« klingt zunächst vermutlich für viele Ohren positiv, als Synonym für innovativ, zukunftsträchtig, modern. Anders ist die Zustimmung, die von vielen Seiten dem digitalen Zentralbankgeld entgegengebracht wird, wohl nicht zu erklären. Digitales Zentralbankgeld ist jedoch, bei genauer Betrachtung, keine wirkliche »Innovation«. Es unterscheidet sich kategorial von digitalen Kryptoeinheiten (wie Bitcoin und Ethereum oder Stablecoins wie Tether, USD Coin oder Binance USD). Der Bitcoin ist beispielsweise dezentral organisiert und mengenmäßig begrenzt, und zudem ist er dem Zugriff des Staates (weitestgehend) entzogen. Der Bitcoin ist somit ein konzeptioneller Gegenentwurf zum staatlichen Monopolgeld, zu dem auch digitales Zentralbankgeld zu rechnen ist.

Ein Blick auf die Folgen, die mit der Ausgabe von digitalem Zentralbankgeld verbunden sein werden, muss daher auch für Ernüchterung sorgen. Man sollte nicht meinen, digitales Zentralbankgeld sei

»besseres Geld«. Es ist vielmehr Fiatgeld – und weist damit alle ökonomischen und ethischen Defizite auf, die auch das »analoge Fiatgeld« charakterisieren. Digitales Zentralbankgeld ist (1.) inflationär; (2.) es begünstigt wenige auf Kosten vieler (es ist »sozial ungerecht«); (3.) es verursacht Finanz- und Wirtschaftskrisen; (4.) es treibt die Volkswirtschaften in die Überschuldung; und (5.) es erlaubt dem Staat, über alle Maßen anzuwachsen auf Kosten der Freiheit von Bürgern und Unternehmern. Die Probleme, für die das »analoge« Fiatgeld sorgt, werden daher *nicht* durch die Ausgabe von digitalem Zentralbankgeld gelöst – weil digitales Zentralbankgeld Fiatgeld ist. Nicht nur bleiben die Fiatgeldprobleme ungelöst, vielmehr werden dadurch zusätzliche, gewichtige Probleme heraufbeschworen. Bevor aber das aufgezeigt wird, zunächst noch einige Anmerkungen zur Ausgestaltung des digitalen Zentralbankgeldes.

Eine wichtige Frage lautet an dieser Stelle: Wie kommen Sie und ich in den Besitz von digitalem Zentralbankgeld? Die Antwort: auf zwei Wegen. Der *erste Weg*: Sie zahlen Ihr Bargeld bei Ihrer Bank ein. Das so erhaltene Giroguthaben tauschen Sie 1:1 in digitales Zentralbankgeld. Entweder indem Sie es an die Zentralbank oder an einen Finanzintermediär überweisen, die Ihnen digitales Zentralbankgeld gutschreiben, entweder auf dem Konto, das Sie bei der Zentralbank oder beim Finanzintermediär unterhalten, oder indem sie Ihnen das digitale Zentralbankgeld direkt in Ihre »Wallet«, in Ihr digitales Portemonnaie, überweisen. Ganz ähnlich läuft es ab, wenn Sie Ihr Geschäftsbankengeld in digitales Zentralbankgeld eintauschen. Der *zweite Weg*: Die Zentralbank gibt *zusätzliches* digitales Zentralbankgeld aus. Beispielsweise verschuldet sich der Staat bei der Zentralbank und erhält digitales Zentralbankgeld, das er dann auf die Konten beziehungsweise in die Wallets der Geldverwender überweist.

Digitales Zentralbankgeld erleichtert den Notenbanken die Ausgabe von »Helikoptergeld«. Helikoptergeld steht für die Idee, dass die Zentralbank die Geldmenge in der Volkswirtschaft *direkt* ausweitet – sprichwörtlich durch den Abwurf von Banknoten aus Hubschraubern. Nehmen wir an, die Menschen halten Konten bei der Zentralbank. Die Zentralbank kann quasi per Knopfdruck, nach dem Helikopterprinzip, die Konten mit digitalem Zentralbankgeld befüllen. Auf diese Weise lassen sich die Einkommens- und Vermögensverhältnisse in der Gesellschaft geradezu auf den Kopf stellen. Warum? Nun, die Ausgabe von digitalem Zentralbank-Helikoptergeld erfordert die Entscheidung, wer wann wie viel neues Geld auf sein Konto überwiesen bekommt.

Im heute vorherrschenden Geldsystem gibt es (von schmerzlich misslungenen Ausnahmen wie der amerikanischen Subprime Crisis abgesehen[31]) einen Bezug zwischen wirtschaftlicher Leistungsfähigkeit des Kreditnehmers und Geldmengenausweitung: Nur wer ein rentables Investitionsobjekt oder wer Vermögen hat, bekommt Kredit und damit neues Geld. Ein solcher Bezug wird bei der Ausgabe von digitalem Zentralbank-Helikoptergeld aufgehoben. Vielmehr sind es hier (rein) politische, willkürlich bestimmte Kriterien, die die Zuteilung der neu erschaffenen Geldmenge leiten. Beispiel: Die Zentralbank sieht die Notwendigkeit, die Geldmenge um, sagen wir, 10 Prozent auszuweiten. Soll jeder Kontoinhaber 10 Prozent mehr Geld erhalten? Oder sollen die Einkommensschwachen mehr als 10 Prozent bekommen und entsprechend weniger diejenigen mit höherem Einkommen? Man steht hier vor dem *zentralen Problem des Sozialismus*: Wer bekommt was wann und wie viel? Man kann sich das politische Gerangel vorstellen, das entsteht, wenn digitales Zentralbankgeld nach der Helikopter-Methode ausgegeben wird. Jede Regel ist hier willkürlich, einen »neutralen Verteilungsschlüssel« gibt es nicht.

Mit der Ausgabe von Helikoptergeld begibt sich die Volkswirtschaft in den *monetären Zuteilungsstaat*, der die Einkommens- und Vermögensverteilung maßgeblich (mit-)bestimmt. Das ist anfänglich so etwas wie ein Semi-Sozialismus. Aber die Volkswirtschaft droht unter diesen Bedingungen, sich unaufhaltsam nach und nach in ein voll-sozialistisches System zu verwandeln. Vielleicht sagen Sie: »Na, so weit wird es wohl nicht kommen«. Und selbst wenn Sie damit recht hätten, bliebe in jedem Fall jedoch zu befürchten, dass der direkte Zugriff der *Zentralbank auf die Geldmenge*, den das *digitale Zentralbankgeld eröffnet*, die Fehler- und Missbrauchsmöglichkeiten der Geldpolitik gewaltig erhöht.

Beispielsweise könnten die Zentralbankräte in Krisenzeiten kopflos überreagieren, die digitale Zentralbankgeldmenge in kürzester Zeit gewaltig ausdehnen und damit ein großes Inflationsproblem erzeugen. Oder: Der Zentralbankrat nutzt den direkten Zugang zu den Konten der Bürger und Firmen und weitet die Geldmenge stark aus, um ganz *gezielt* eine Inflationspolitik in Gang zu setzen, die die Staatsschulden entwerten soll. Es gibt wohl keine Möglichkeit, wirksame institutionelle Barrieren gegen derartig gesteigerte Fehler- und Missbrauchsmöglichkeiten zu errichten, die mit dem digitalen Zentralbankgeld geschaffen werden.

Führt man sich vor Augen, wie das heutzutage weltweit vorzufindende Fiatgeldsystem funktioniert, wird deutlich, dass die Ausgabe von digitalem Zentralbankgeld weitere, sehr weitreichende Folgen haben wird. Dazu muss man zunächst wissen, dass das heutige Fiatgeldsystem ein *einstufiges Misch-Fiatgeldsystem* ist. Die staatliche Zentralbank hat das Monopol für das Zentralbankgeld: Nur sie kann es (in Form von Banknoten und Zentralbankgeldguthaben) produzieren. Eine Zentralbank kann folglich nicht pleitegehen: Sie kann das Geld, mit dem sie ihre Rechnungen (Zahlungen für Löhne, Pensionen, Immobilienerwerb, Mieten etc.) bezahlt, jederzeit selbst erzeugen. Verfügen die Geschäftsbanken über Zentralbankgeld (sie brauchen es, um Zahlungen im Interbankenmarkt abzuwickeln und Mindestreserven zu erfüllen), können sie (weil sie staatlich dazu lizensiert sind) per Kreditvergabe ihr eigenes Geld, das Geschäftsbankengeld, erzeugen.

Das einstufige Misch-Fiatgeldsystem ist störanfällig. Hat beispielsweise eine Geschäftsbank nicht genügend Zentralbankgeld (und das ist in einem *Teilreservesystem* die Norm), kann sie zahlungsunfähig werden, wenn die Kunden ihre Giroguthaben an eine andere Bank überweisen oder in Bargeld ausgezahlt haben wollen. Die Bankkunden sind also einem *Zahlungsausfallrisiko* ausgesetzt. Mit digitalem Zentralbankgeld ändert sich das. Niemand muss dann mehr befürchten, dass sein Geschäftsbankguthaben verloren gehen könnte: Wenn Banken wanken, dann kann man sein Guthaben per Mausklick in digitales Zentralbankgeld umbuchen. Zwar können Bankkunden sich schon heute ihre Guthaben in Bargeld auszahlen lassen, wenn sie einer Geschäftsbank nicht mehr trauen. Doch das ist beschwerlich und mit Kosten verbunden (man denke an den Besuch der Bankfiliale, Wartezeiten, Aufwand für Transport, Lagerung und Versicherung größerer Bargeldbeträge). Die »Fluchtmöglichkeit« in digitales Zentralbankgeld ist für die Bankkunden recht einfach – und das Bargeld bekommt Konkurrenz, es wird auch als *Vorsichtskassenmedium* weniger attraktiv.

Digitales Zentralbankgeld konkurriert auch deswegen mit Bargeld, weil es ebenso ausfallsicher ist wie Münzen und Banknoten. Das erhöht die Wahrscheinlichkeit, dass es bei *nichtsahnenden* Bürgern und Firmen breite Akzeptanz findet und das Bargeld verdrängt – im Zahlungsverkehr ebenso wie bei der Haltung von *Vorsichtskasse.* Um es an dieser Stelle noch einmal zu wiederholen: Wird das Bargeld verdrängt, aus dem Verkehr gezogen, ist das Geld der Menschen in den Bankbilanzen gefangen und der *finanziellen Repression* durch Negativzinsen schutzlos ausgeliefert. Der Einzelne kann sich zwar von seiner Sichteinlage trennen, indem er beispielsweise damit Aktien kauft. Dann aber hat jemand anderes das Sichtguthaben, und *er* wird durch den Negativzins enteignet.

Weil digitales Zentralbankgeld ausfallsicher ist und Zahlungen via Smartphone oder PC bequem sind, kann die Zentralbank den Geschäftsbanken Marktanteile im Einlagen- und Zahlungsverkehr abjagen. Auch im Kreditgeschäft könnte sie den Geschäftsbanken Konkurrenz machen, indem sie Konsumenten und Unternehmen Darlehen (Überziehungskredite) in digitalem Zentralbankgeld anbietet. Das macht digitales Zentralbankgeld für die Bankkunden natürlich attraktiv. Die Zentralbank zieht immer mehr Zahlungs- und Kredittransaktionen an sich, und das Geschäftsmodell der privaten Banken erodiert. Die Bereitschaft von Investoren nimmt daraufhin ab, Banken Eigenkapital zur Verfügung zu stellen. Für den Staat öffnet sich damit ein Einfallstor: Er kann als Retter kapitalschwacher Banken in Erscheinung treten und sie verstaatlichen. Und damit wäre ein *marxistisches Ziel* erreicht: nämlich das Geld- und Kreditsystem vollends zu verstaatlichen. Ja, Sie haben richtig gelesen!

Im *Kommunistischen Manifest* aus dem Jahre 1848 listen Karl Marx und Friedrich Engels zehn »Maßregeln« auf, die »als Mittel zur Umwälzung der ganzen Produktionsweise unvermeidlich sind«. Maßregel Nummer fünf lautet: »Zentralisation des Kredits in den Händen des Staats durch eine Nationalbank mit Staatskapital und ausschließlichem Monopol.« Die Existenz von Zentralbanken ist in der Tat eine Idee im Sinne der Marxisten. Zwar sind sicherlich nicht alle, die eine staatliche Zentralbank befürworten, Marxisten. Aber sie reden einer »Maßregel« das Wort, die nach marxistischer Auffassung (und auch gemäß heutigen ökonomischen Erkenntnissen) geeignet ist, um die Gesellschaftsverhältnisse umzustürzen, den Kommunismus zu errichten. Sind erst einmal die letzten verbliebenen privatwirtschaftlichen Elemente aus dem Bankensystem gedrängt, werden die Kreditkosten nicht mehr durch das freie Marktgeschehen, sondern nach staatlichen Vorgaben gesetzt. Kapitalfehlallokationen großen oder gar größten Ausmaßes sind die absehbaren Folgen, Wachstum und Beschäftigung werden beeinträchtigt.

Wie steht es um die finanzielle Privatsphäre der Geldverwender, wenn digitales Zentralbankgeld verwendet wird? Die Zentralbanken wollen eine »Balance« herstellen zwischen Wahrung der Privatsphäre der Geldverwender und dem Ziel, kriminelle Transaktionen durch Verhinderung vollständiger Anonymität bei der Geldverwendung zu verunmöglichen. Das heißt nichts anderes als: Eine vollständige Wahrung der Privatsphäre der Geldverwender wie beim Bargeld soll und wird es nicht geben. Hat das digitale Zentralbankgeld erst einmal eine hinreichend große Verbreitung erfahren, kann es für weitere politische Zwecke eingesetzt werden. China mit seinem *Sozialkreditsystem* zeigt, wie das geht. Das Verhalten der Bürger lässt sich in staatlich vorgegebene Bahnen lenken, indem der Zugang zu digitalem Zentralbankgeld an politisches Wohlverhalten geknüpft wird.

Denkbar ist etwa, dass nur regierungstreue Bürger ein Konto für digitales Zentralbankgeld erhalten; und nur jene Unternehmen erhalten es, die ihre Produktion auf CO2-mindernde Technologien umstellen oder bei ihrer Personalpolitik politisch vorgegebene Kriterien anwenden. Gleichsam lässt sich mit digitalem Zentralbankgeld Unliebsames bestrafen. Das Geld der Dissidenten lässt sich *in promptu* einfrieren, ohne dass Zentralbank und Regierung sich mit Geschäftsbanken herumschlagen müssen. Politische Gegner können so von der Regierung nicht nur zum Schweigen gebracht, sondern sprichwörtlich (wenn das Bargeld nicht mehr verfügbar ist) auch dem Hungertod preisgegeben werden.

Es sei an dieser Stelle hervorgehoben, dass auch Vorschläge vorgebracht wurden, durch die die Privatsphäre der Verwender von digitalem Zentralbankgeld erhalten werden soll. Jedoch, kann und sollte man darauf vertrauen? Gewichtige Gründe für Skepsis bleiben. Vor allem weil die Erfahrung zeigt, dass der Staat sein Geldmonopol, wenn es für ihn vorteilhaft ist, für seine Zwecke einspannt, egal welche Spielregeln vorab vereinbart wurden. Warum, so fragt man sich, sollte das anders sein mit digitalem Zentralbankgeld, wenn mit ihm das Ausplündern sogar noch einfacher wird?

Die Öffentlichkeit sollte sich also nicht von den Verheißungen des digitalen Zentralbankgeldes blenden lassen. Es ist – wie konventionelle US-Dollar, Euro & Co auch – Fiatgeld, dem die bekannten ökonomischen und ethischen Defekte anhaften. Digitales Zentralbankgeld wird die wenigen noch verbliebenen marktwirtschaftlichen Elemente des Kredit- und Geldsystems noch weiter zurückdrängen, lahmlegen, abschalten. Es spielt Staaten und den Sonderinteressengruppen, die ihn für ihre Zwecke einzuspannen suchen, in die Hände – zulasten der Freiheiten von Bürgern sowie kleineren und mittleren Unternehmen. Das digitale Zentralbankgeld ist eine Art *Trojanisches Pferd*, das weit gespannte Kontroll- und Überwachungsmöglichkeiten erzeugt, die wiederum kollektivistischer-sozialistischer Eiferei in die Hände spielen – und damit eine Entwicklung begünstigt, die viele Menschen vermutlich heute noch gar nicht erkennen und sich vermutlich auch nicht wünschen –, wie sie etwa in Kapitel 4 unter der Überschrift in Great Reset bereits angesprochen wurden.

Welt-Fiatgeld – eine Dystopie

»There is no global anthem. No global currency. No certificate of global citizenship.‹[32] Übersetzt heißt das: »Es gibt keine globale Hymne, keine globale Währung, keinen Ausweis für eine globale Bürgerschaft.« So sprach US-Präsident Donald J. Trump am 1. Dezember 2016 zu seinen Anhängern im US-Bundesstaat Ohio. Er teilte damit dem herrschenden politischen Zeitgeist eine herbe Abfuhr: dem Bestreben, die Nationalstaatlichkeit zu »überwinden«, beispielsweise durch eine »Politik der offenen Grenzen«, und eine Einheitsweltgemeinschaft zu erzeugen – was auch darauf hinauslaufen würde, eine einheitliche Weltwährung aus der Taufe zu heben.[33] Das »Projekt Weltwährung« ist in der Tat kein willkürlicher Verdacht.[34] Es ist die logische Konsequenz der heute weltweit dominierenden Ideologie: des *demokratischen Sozialismus*.[35]

Fragen wir zunächst: Wie kommt man überhaupt auf die Idee, dass es so etwas wie ein Weltgeld geben könnte? Nun, wenn alle Menschen auf der Welt das gleiche Geld (in ihren Tauschgeschäften und ihrer Wirtschaftsrechnung) verwenden, wird die produktive Kraft des Geldes bestmöglich ausgeschöpft.[36] Zudem lässt sich einsehen, dass die optimale Zahl der Währungen auf der Welt *eins* ist. Nehmen wir an, es gäbe zwei Geldarten, A und B. Wenn Geld A aus Sicht der Geldverwender besser ist als Geld B, wird Geld A gewählt. Und wenn Geld A und Geld B gleich gut sind, ist eine der Geldarten überflüssig. In beiden Fällen setzt sich *ein* Geld durch. Das erklärt übrigens auch, warum in der letzten Hälfte des 19. Jahrhunderts überall auf der Welt ein Geld, und zwar das Goldgeld, verwendet wurde.

Wie jede Form des Sozialismus strebt auch der demokratische Sozialismus nach Gleichheit. Der demokratische Sozialismus sieht dabei vor, den Sozialismus nach und nach über parlamentarische Mehrheiten zu erreichen. Das Eigentum der Produktionsmittel soll zwar formal bestehen bleiben. Aber niemand soll mehr ein 100-prozentiges Anrecht auf die Erträge seines Eigentums haben. Auch jetzt schon ist der Eigentümer verpflichtet, einen Teil seiner Erträge in Form von Steuern an den Staat abzutreten. Dieser Anteil würde steigen, und zudem wird die Verfügungsgewalt des Eigentümers über sein Eigentum durch eine Vielzahl von Ge- und Verboten, Gesetzen, Verordnungen und Regulierungen eingeschränkt.

Wie alle Sozialisten erheben natürlich auch die demokratischen Sozialisten einen Weltgeltungsanspruch. Aus ihrer Sicht reicht es nicht, wenn die von ihnen angestrebte Gleichheit nur in ihrem Land erreicht wird. Sie wollen ihrem Gleichheitsideal überall zum Durchbruch verhelfen. Dabei kann der demokratische Sozialismus keine Konkurrenz dulden. Wenn die demokratischen Sozialisten beispielsweise nur in ihrem Geltungsbereich besteuern, dann drohen Unternehmen und Talente abzuwandern, und zwar in andere Teile der Welt, in denen sie nicht so hoch besteuert werden.

Der demokratische Sozialismus strebt daher nicht nur danach, den (Standort-)Wettbewerb zwischen den Regionen der Welt auszuschalten. Er muss auch einen Weltgeltungsanspruch erheben. Das erklärt sich dadurch, dass im demokratischen Sozialismus Einkommen und Vermögen umverteilt werden sollen und *(müssen)*. Die politisch motivierte Umverteilung von Einkommen und Vermögen funktioniert zwar in Gebieten, in denen die Bevölkerung in Bezug auf Kultur, Werte und Religion relativ homogen ist – also innerhalb von *Nationalstaaten*. Denn in Nationalstaaten wird die Mehrheit die Interessen der Minderheit nicht ganz aus den Augen verlieren; die Besteuerten werden es bis zu einem gewissen Grad auch hinnehmen, dass ihnen genommen und anderen gegeben wird. Zwischen verschiedenen Nationalstaaten umzuverteilen ist jedoch viel schwieriger, wenn nicht gar unmöglich. Die Menschen der Nation A werden sich fragen: Warum sollen wir für die Menschen in Nation B bezahlen? Für die demokratischen Sozialisten ist daher die Existenz von Nationalstaaten ein großes Problem. Und das erklärt auch das Ziel der demokratischen Sozialisten, die Nationalstaaten überwinden zu wollen. Aber wie ist das möglich?

Eine Möglichkeit ist die *Kartellbildung* zwischen Staaten, und das Kartell der Staaten verfolgt sodann eine einheitliche (Umverteilungs-) Politik. Doch ein Kartell ist bekanntlich instabil: Die leistungsfähigen Staaten haben einen Anreiz, aus dem Kartell mit den weniger leistungsfähigen auszusteigen. Stabil wird die Front gegen die Konkurrenz, gegen den Standortwettbewerb zwischen den Weltregionen erst dann, wenn es gelingt, eine Einheitsregierung, am besten eine Weltregierung, einen Weltstaat, zu errichten. Doch dem Weltstaat stehen bislang – wie gesagt – hohe Hürden entgegen, insbesondere in Form der Nationen beziehungsweise der Nationalstaaten.

Ein Weg, die Hürde zu überwinden, besteht darin, die Unterschiede zwischen den Nationen zum Verschwinden zu bringen, und zwar durch politisch gesteuerte Wanderung. Eine politisch motivierte Zuwanderung führt nun aber zu einem ganz besonderen Problem: Und zwar zum Problem, dass *die Demokratie in Gebieten mit inhomogener Bevölkerung nicht funktioniert*. Warum ist das so? Nun, je größer die Rolle des demokratischen Staates im Wirtschafts- und Gesellschaftsleben ist, desto härter fällt auch der Kampf um die Mehrheitsposition aus und desto größer wird auch die politische Ohnmacht derjenigen sein, die in die Minderheitsposition geraten.

In Gebieten, in denen sich die Menschen stark unterscheiden bezüglich Sprache, Bräuche, Tradition, Kultur und Religion, wird die Mehrheit sehr wenig Interesse an den Belangen der Minderheit haben. Das Mehrheitsprinzip schickt hier also die Minderheit in die Unterdrückung. Der Minderheit verbleiben dann zwei Alternativen. Die erste Alternative: Die Minderheit assimiliert sich. Die Zuwanderer nehmen Sprache und Lebensgewohnheiten der Menschen im Zuwanderungsland an. Die Nation bleibt bestehen. Die zweite Alternative: Die Minderheit assimiliert sich *nicht*. Dann aber ist sie eine Minderheit, ausgeschlossen von der politischen Willensbildung, sie gibt ihre Selbstbestimmung auf.

Entweder findet sich die Minderheit damit ab. Oder aber sie geht dagegen vor. Beispielsweise indem sie versucht, im Zuwanderungsland zur Mehrheit zu werden – durch hohe Geburtenzahlen oder weitere Zuwanderung. Können aber die nicht-assimilierten Zuwanderer zur Mehrheit aufsteigen, müssen die Einwohner des Landes, in das eingewandert wird, befürchten, ins Hintertreffen zu geraten.[37] Entweder fügen sie sich ihrem Schicksal, künftig in die Minderheitsposition gedrängt zu werden, oder sie gehen dagegen vor, dass die Zuwanderer zur Mehrheit aufsteigen können – zum Beispiel indem sie eine Assimilation erzwingen oder die Zuwanderung stoppen. Es kommt hier zum Konflikt, und die Nation, der Nationalstaat wird dabei nicht aufgehoben.

Denkbar ist weiterhin, dass ein Gebiet, das bisher eine relative homogene Bevölkerung hatte, durch Zuwanderung de-homogenisiert wird, sich zersiedelt und sich nachfolgend aufspaltet. Auch hier kommt es zum Konflikt, aber ebenfalls nicht zu einer Aufhebung der Nationen. Wir können an dieser Stelle festhalten: *Die Demokratie erweist sich bei einer sprachlich und kulturell nicht-homogenen Zusammensetzung der Bevölkerung nicht als friedensstiftend, sondern vielmehr als konfliktverursachend. Und wenn demokratische Verhältnisse gewahrt bleiben sollen, lässt sich mit politischer Wanderung die Nation, lässt sich der Nationalstaat wohl nicht überwinden.* Dem demokratischen Sozialismus steht jedoch eine weitere Strategie zur Verfügung, um seinen Weltgeltungsanspruch durchzusetzen. Und zwar indem er eine Weltwährung schafft.

In der Tat erscheint es aus Sicht des demokratischen Sozialismus wesentlich aussichtsreicher zu sein, das Schaffen einer Einheitswährung voranzutreiben, deren ökonomische Zwänge die teilnehmenden Nationalstaaten unter eine einheitliche Führung zwingen. Genau das ist den demokratischen Sozialisten in Europa gelungen. Anfang 1999 haben elf Nationen ihre Währungen gegen die Euro-Einheitswährung eingetauscht. Was »im Kleinen« gelungen ist, lässt sich auch »im Großen« praktizieren. So tritt etwa der kanadische Ökonom Robert Mundell (* 1932) für das Schaffen der Weltwährung »INTOR« ein, indem die großen Währungen der Welt – US-Dollar, Euro, Chinesischer Renminbi und Japanischer Yen – gegenüber dem INTOR fixiert und nachfolgend durch eine einheitliche Geldpolitik gesteuert werden.[38] Auch andere Währungen sollen später im INTOR aufgehen können.

Mit dem Aufkommen des digitalen Zentralbankgeldes hat sich der ehemalige Gouverneur der Bank von England, Mark Carney (* 1965), für das Schaffen einer Weltwährung in Form einer »Synthetischen Hegemonialen Währung« (»Synthetic Hegemonic Currency«) ausgesprochen.[39] Nicht zuletzt um zu verhindern, dass künftig private Angebote von Firmen, die Kryptowährungen lancieren oder eigene Stablecoins auf den Markt bringen, wie sie etwa das soziale Netzwerk Facebook mit der Libra bereits geplant hatte, dann das staatliche Geldmonopol erodieren und ein staatliches Weltgeld unerreichbar machen.

Was wäre so schlimm daran, wenn es künftig nur ein Weltgeld gäbe? Ein Geld auf der Welt wäre ökonomisch gesehen zunächst einmal großartig: Wenn alle mit demselben Geld handeln, werden Tauschgeschäfte erleichtert, wird die produktive Kraft des Geldes maximiert. Nun ist aber ganz entscheidend, *wer* das Weltgeld produziert. Wenn es nicht der freie Markt ist, der entscheidet, was das Weltgeld sein soll (also Gold, Silber oder vielleicht eine Kryptoeinheit), sondern die Staaten darüber befinden, dann ist große Gefahr im Verzug. Die Wahl fiele sehr wahrscheinlich auf ein ungedecktes Weltgeld – ein Welt-Fiatgeld –, und das wäre nicht nur mit allen ökonomischen und ethischen Defekten behaftet wie die nationalen Fiatwährungen auch. Die Schäden, die ein Welt-Fiatgeld verursachen würde, wären immens.

Weil beispielsweise die disziplinierende Kraft des Wettbewerbs zwischen unterschiedlichen Währungen entfällt, wäre ein Welt-Fiatgeld vermutlich weitaus inflationärer als die nationalen Fiat-Währungen. Es würde größere Fehlallokationen bewirken und zudem schwere Konflikte zwischen den Nationen provozieren. Regierungen und Sonderinteressengruppen werden versuchen, die Weltzentralbank für ihre Zwecke einzuspannen. Staaten beispielsweise werden darauf drängen, dass die Weltzentralbank den Weltzins auf ein möglichst niedriges Niveau setzt. Das erlaubt es ihnen, sich weiterhin billig zu verschulden, mit kreditfinanzierten Ausgaben Wählerstimmen zu kaufen, um ihre Macht zu erhalten und auszuweiten.

Die politische Macht einer Weltzentralbank, die das Welt-Fiatgeld als Monopolist herausgibt, wäre geradezu furchterregend. Es wäre ein Leichtes für eine Weltzentralbank, das Bargeld abzuschaffen. Dann wäre es nicht nur um die finanzielle Privatsphäre der Menschen geschehen. Die Bürger wären auch der Gefahr der finanziellen Repression durch Negativzinsen schutzlos ausgeliefert.

Ein Fiat-Weltgeld übt zudem großen Druck auf die Nationen aus, ihre Souveränität aufzugeben, ihre legislativen, judikativen und exekutiven Zuständigkeiten an eine supranationale Instanz zu übertragen. Beispielsweise müssten in Krisenphasen, für die das Welt-Fiatgeld sorgen wird, die Nationen auf ihre Selbstbestimmungsrechte verzichten, um von der Weltzentralbank »gerettet« zu werden. Der »Rettung« Griechenlands und anderer Länder in der Eurokrise, die deren nationale Souveränität erheblich einschränkte, mag hier wegweisende Bedeutung zukommen. Es entstünde vermutlich zunächst so etwas wie ein »Welt-Rat«, eine Gemeinschaftsvertretung, aus der dann – in der logischen Konsequenz – eine Weltregierung, ein Weltstaat hervorgeht. Ein bedrohliches Szenario – denn ein Weltstaat, der das Monopol für Recht und Sicherheit beansprucht, führt absehbar in die Tyrannei.

Ist der Weg zum Fiat-Weltgeld und damit letztlich wohlmöglich sogar zum einem Weltstaat, wie er hier skizziert wird, vorgezeichnet? Die Gefahr ist durchaus real. So denken etwa Zentralbanken bereits über eine »grenzüberschreitende Interoperabilität von digitalem Zentralbankgeld«[40] nach: Digitale Zentralbankgelder sollen also über Grenzen hinweg verwendet werden können. Verfügt man über die dafür erforderliche Infrastruktur, ist es nur noch ein vergleichsweise kleiner Schritt, sie unter eine »einheitliche Führung« zu stellen, ein digitales Welteinheitsgeld zu schaffen. Doch zwangsläufig ist der Weg nicht. Es handelt sich vielmehr um eine *bedingte Zukunftsskizze*, ein logisches Ergebnis des bisherigen Entwicklungspfades, sollte dem demokratischen Sozialismus, wie er sich in den vergangenen Jahrzehnten durchgesetzt hat, nicht Einhalt geboten werden – und die Menschen sich nicht begeistern für ein Wirtschafts- und Gesellschaftsmodell, in dem das Eigentum eines jeden an Leib und Gut nicht mehr infrage gestellt und relativiert, sondern unbedingt respektiert wird.

Ein solches Gegenmodell zum demokratischen Sozialismus, das auf Freiheit statt Gleichheit, auf Wettbewerb statt Harmonisierung und auf Vielfalt statt Einheit setzt, ist die »Privatrechtsgesellschaft«. Die Ökonomen Murray N. Rothbard (1926–1995) und Hans Hermann Hoppe (* 1949) haben bereits richtungsweisende Ausarbeitungen zur Privatrechtsgesellschaft in ihren Werken vorgelegt. Erst wenn die Menschen einsehen, dass der Trend zur Zentralisierung von Macht und Kompetenzen, dass die Idee von einer Weltwährung und einem Weltstaat in eine Dystopie mündet, ist auch der Vormarsch des demokratischen Sozialismus, der Frieden und Wohlstand der Menschheit gefährdet, gestoppt.

US-Zentralbank agiert(e) als Zentralbank der Zentralbanken

In der globalen Finanz- und Wirtschaftskrise 2008/2009 hat die US-Zentralbank (Fed) vielen anderen Zentralbanken der Welt US-Dollar bereitgestellt, indem sie ihnen sogenannte »US-Dollar-Liquiditäts-Swaps« gewährt hat. So konnte beispielsweise die Europäische Zentralbank (EZB) den Euro-Banken dringend benötigte US-Dollar-Kredite gewähren, die die Banken ansonsten im Kapitalmarkt nicht mehr beziehungsweise nur zu höchst unvorteilhaften Konditionen erhalten hätten. Auf diesem Wege konnte eine drohende Zahlungsunfähigkeit vieler Kreditinstitute, deren US-Dollar-Verbindlichkeiten fällig wurden, abgewendet werden. Die Fed – die Emittentin der de facto Weltreservewährung – hatte also gewissermaßen eine Geldpolitik für die Welt betrieben, als Zentralbank der Zentralbanken operiert. Die Dramatik der Lage – die sich 2020/2021 im Zuge der politisch diktierten Lockdowns gewissermaßen wiederholte – kann an der Entwicklung der sogenannten »Cross-Currency-Swaps« abgelesen werden.[41] Ein Cross-Currency-Swap liegt vor, wenn zwei Parteien gleichzeitig einen gleichwertigen Geldbetrag in zwei verschiedenen Währungen für einen bestimmten Zeitraum verleihen beziehungsweise leihen. Zum Beispiel besteht seit 2008 eine Finanzierungsprämie in US-Dollar auf dem EUR/USD-Cross-Currency-Swap-Markt. Das bedeutet, dass das Leihen von US-Dollar im Cross-Currency-Swap-Markt teurer ist, als es die »gedeckte Zinsparität« (englisch: »Covered Interest Rate Parity«) impliziert. Wenn die CIP gilt, dann entsprechen die Zinsen der Kassa-/Anleihemärkte den impliziten Zinssätzen der Cross-Currency-Swap-Märkte. Die Abweichung vom CIP im Swap-Markt wird als »Basis« bezeichnet. Das gewaltige Ausweiten der Basis hat also verdeutlicht, wie groß der »Stress« und damit auch das Zahlungsausfallrisiko in den internationalen US-Dollar-Kreditmärkten gewesen ist – und wie die »Liquiditätsspritzen« der Fed, ihre geldpolitische Operation für die Welt, die heikle Situation entschärft haben.

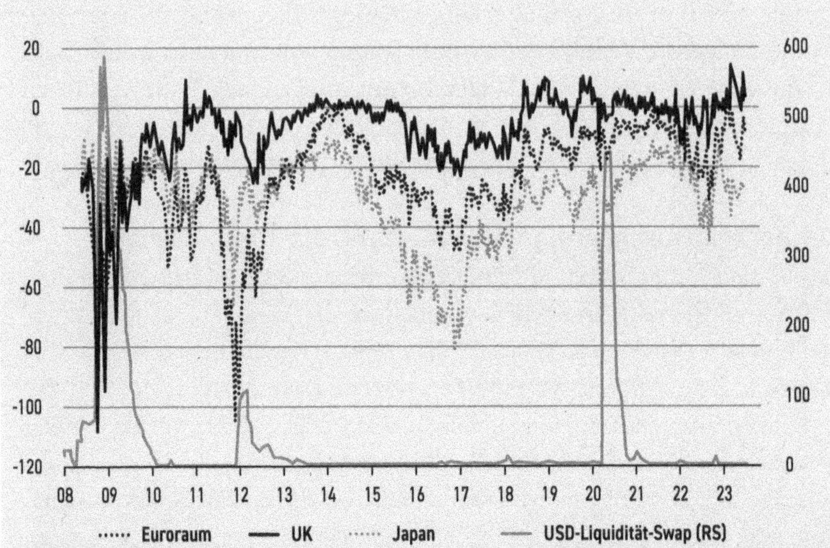

Abb. 29: US-Dollar-Liquiditäts-Swaps (Mrd. US-Dollar) und Cross-Currency-Swaps in Basispunkten

Quelle: Refinitiv; eigene Darstellung

Kapitel 7
Gutes Geld ist möglich

»Sound money and free banking are not impossible; they are merely illegal.«

Hans F. Sennholz (1922–2007)

Am Anfang steht die Aufklärung

Der Königsberger Philosoph der Aufklärung, Immanuel Kant (1724–1804), hat 1784 in einem Zeitungsartikel sehr klar formuliert, was er unter Aufklärung versteht: »Aufklärung ist der Ausgang des Menschen aus seiner selbstverschuldeten Unmündigkeit. Unmündigkeit ist das Unvermögen, sich seines Verstandes ohne Leitung eines anderen zu bedienen. Selbstverschuldet ist diese Unmündigkeit, wenn die Ursache derselben nicht am Mangel des Verstandes, sondern der Entschließung und des Mutes liegt, sich seiner ohne Leitung eines andern zu bedienen. Sapere aude! Habe Mut, dich deines eigenen Verstandes zu bedienen! ist also der Wahlspruch der Aufklärung.«[1]

Kant benennt in diesem Artikel Faulheit und Feigheit explizit als die Gründe dafür, dass Menschen in selbst verschuldeter Unmündigkeit verbleiben: »Faulheit und Feigheit sind die Ursachen, warum ein so großer Teil der Menschen, nachdem sie die Natur längst von fremder Leitung freigesprochen *(naturaliter maiorennes)*, dennoch gerne zeitlebens unmündig bleiben; und warum es anderen so leicht wird, sich zu deren Vormündern aufzuwerfen. Es ist so bequem, unmündig zu sein. Habe ich ein Buch, das für mich Verstand hat, einen Seelsorger, der für mich Gewissen hat, einen Arzt, der für mich die Diät beurteilt usw., so brauche ich mich ja nicht selbst zu bemühen. Ich habe nicht nötig zu denken, wenn ich nur bezahlen kann; andere werden das verdrießliche Geschäft schon für mich übernehmen. Daß der bei weitem größte Teil der Menschen (darunter das ganze schöne Geschlecht) den Schritt zur Mündigkeit, außer dem daß er beschwerlich ist, auch für sehr gefährlich halte: dafür sorgen schon jene Vormünder, die die Oberaufsicht über sie gütigst auf sich genommen haben. Nachdem sie ihr Hausvieh zuerst dumm gemacht haben und sorgfältig verhüteten, daß diese ruhigen Geschöpfe ja keinen Schritt außer dem Gängelwagen, darin sie sie einsperreten, wagen durften, so zeigen sie ihnen nachher die Gefahr, die ihnen drohet, wenn sie es versuchen, allein zu gehen. Nun ist diese Gefahr zwar eben so groß nicht, denn sie würden durch einigemal Fallen wohl endlich gehen lernen; allein ein Beispiel von der Art macht doch schüchtern und schreckt gemeiniglich von allen ferneren Versuchen ab.«[2]

Ohne den Gedanken der Aufklärung, wie ihn Kant ausgebreitet hat, wird es wohl kaum gelingen, zum guten Geld zu gelangen, sich vom Fiatgeldsystem abzukehren. Aufklärung ist dazu unverzichtbar. Die Menschen müssen die ökonomischen und ethischen Defekte, die mit dem Fiatgeld unentrinnbar verbunden sind, in ihrer ganzen Tragweite erkennen und verstehen. Das Trugbild muss fallen, Fiatgeld sei gutes Geld. Man muss die Duldung des Fiatgeldes beenden, aufhören zu meinen, das Fiatgeld sei, gerade weil es nun schon einmal da ist, akzeptables Geld, trotz seiner Schwächen. Für die Unschuldsvermutung darf kein Platz mehr sein: Das Fiatgeld ist kein Geld, das aus wohlmeinender Güte heraus erzeugt und den Menschen vorgesetzt wird. Faulheit und Feigheit, sich des eigenen Denkens zu bedienen, müssen überwunden werden.

Die Aufklärung, die erforderlich ist, um zu gutem Geld (zurück-)zu gelangen, muss folglich mit einer weiterreichenden *Änderung der Denkungsart* einhergehen, und sie wird sich dabei keineswegs auf rein ökonomische Sachverhalte reduzieren können. Diese Einschätzung findet sich schon bei Ludwig von Mises, als er im Januar 1923 (wenige Monate bevor die Hyperinflation in der Weimarer Republik ihren furchtbaren Hochpunkt erreichen sollte) schrieb:

»Man irrt ... sehr, wenn man meint, man könnte wieder zu geordneten Währungsverhältnissen gelangen, ohne daß sich in der Wirtschaftspolitik Wesentliches zu ändern brauchte. Was zunächst und in erster Linie nottut, ist die Abkehr von allen inflationistischen Irrlehren. Doch diese Abkehr kann nicht von Dauer sein, wenn sie nicht durch vollständige Loslösung des Denkens von allen imperialistischen, militaristischen, protektionistischen, etatistischen und sozialistischen Ideen fest begründet wird.«[3]

Die kritische Prüfung und damit verbundenen das Entzaubern vieler (auch lieb gewonnener) Glaubenssätze, Einstellungen und Überzeugungen ist dafür unverzichtbar.[4] Mit an erster Stelle steht dabei die Aufgabe, die Ideen von Herrschaft und Staat (wie wir ihn heute kennen) kritisch zu überdenken. Und dazu lohnt es sich wieder, auf Immanuel Kant zu blicken, der das Ideal der vernünftigen Autonomie ausgesprochen hat.[5] Kant zufolge handelt ein Mensch autonom, wenn er nach selbst gesetzten Regeln und Gesetzen lebt, und er ist vernünftig, wenn er die Regeln und Gesetze, an denen er sein Handeln ausrichtet, nach gut begründeten Überzeugungen und durch eigenes Denken auswählt. Kants Ideal der vernünftigen Autonomie ist eine Absage an obrigkeitshörige Unterwürfigkeit und eine Aufforderung an jeden, mit eigenem Denken sein eigenes Leben zu führen.

Mit dem richtigen Verstandesgebrauch – und hierzu zählt die Anwendung der formalen Regeln der Logik – kann der Mensch zu wahren Aussagen über empirische Gegenstände gelangen, so Kant.[6] Ihm zufolge umfasst die Logik alle formalen Regeln des richtigen Verstandesgebrauchs. Diese formalen Regeln stellen notwendige Bedingungen für wahre Aussagen dar: Eine Aussage, die auch nur einer dieser Regeln widerspricht, kann nicht wahr sein. Und unter Zuhilfenahme der Logik des menschlichen Handelns verfügen wir zudem über die Möglichkeit, die Eigenschaften der »wirklichen Dinge«, unserer Lebensrealität, zu ergründen. Denn das menschliche Handeln ist eines Stammes mit der menschlichen Vernunft: »Dass die Vernunft durch blosses Denken das Wesen des Handelns zu ergründen vermag, ist im Ursprung des Handelns aus der Vernunft gelegen. Die durch widerspruchs- und fehlerfreies Denken gewonnenen Sätze der Praxeologie [gemeint ist hier die Logik des menschlichen Handelns, A. d. V.] sind nicht nur vollkommen sicher und unbestreitbar wie die Sätze der Mathematik; sie beziehen sich mit aller ihrer Sicherheit und Unbestreitbarkeit auf das Handeln, wie es im Leben und in der Wirklichkeit geübt wird. Die Praxeologie vermittelt daher exaktes Wissen von wirklichen Dingen.«[7]

Mit der Logik des menschlichen Handelns können wir einsehen, dass der Staat (wie wir ihn heute kennen) und sein Tun nicht auf Freiwilligkeit, sondern auf Zwang und Gewalt beruhen, was unvereinbar ist mit dem Nicht-Aggressionsaxiom, da es einen (handlungs-)logischen Widerspruch darstellt. Denn eine Regel, ein Handeln, kann nur dann als »begründet« angesehen werden, wenn ihr jede Person (qua Person) im Prinzip zustimmen kann.[8] Wird jedoch in die Autonomie der Person eingegriffen (durch Anwendung oder Androhung von Zwang und Gewalt), entfällt die Möglichkeit, eine Regel oder ein Handeln noch irgendwie als »begründet« nachweisen zu können. Die Aussage »Keine Person hat das Recht, einer anderen Person Gewalt anzutun oder anzudrohen« ist – um mit Kant zu sprechen – eine Bedingung der Möglichkeit für eine wissenschaftliche Begründung der Freiwilligkeit des Zusammenschlusses zu einem Staat, und als solche gilt sie ihrerseits als (gewaltfrei) begründet (und jeder Wissenschaftler unterstellt bereits, bewusst oder unbewusst, ein solches »Gewaltausschlussprinzip« als allgemein anerkennungsfähig).

Und um hier keine Zweifel aufkommen zu lassen: Es ist eine Aggression, wenn der Staat Personen (die sich nicht aggressiv gegenüber dem physischen Eigentum ihrer Mitmenschen verhalten) verbietet: Repräsentanten des Staates zu verunglimpfen; Drogen im freien Markt anzubieten; Steuern zu hinterziehen. Ebenso ist es eine Aggression, wenn der Staat friedvolle Menschen zwingt: Steuern zu entrichten; in die staatliche Rentenkasse einzuzahlen; die (öffentliche oder private) Schule zu besuchen; Wehrdienst zu leisten.

Gedankenbilder wie »Vater Staat«, »beschützende Hand«, »wohlmeinender Diktator« oder die Vorstellung des »wir alle« stehen im Widerspruch zur handlungslogisch ergründbaren Lebensrealität. Sie sind Trugbilder, die sich irrtümlich geformt haben, die man den Menschen beigebracht hat und die ihnen Unterordnung gegenüber dem Staat (und den Sonderinteressengruppen, die sich seiner zu bedienen wünschen) abverlangen.

Auch Nützlichkeitserwägungen entfalten keine Überzeugungskraft – wie etwa die weit verbreitete Auffassung, die allseits gewünschten

Güter Recht und Sicherheit könnten nur vom Staat bereitgestellt werden und aus diesem Grund sei der Staat (wie wir ihn heute kennen) doch zumindest akzeptabel und unverzichtbar. Sie lassen sich ebenfalls handlungslogisch nicht begründen. Hingegen lässt sich handlungslogisch sehr wohl argumentieren, dass die Güter Recht und Sicherheit im freien Markt angeboten und nachgefragt werden können und auch sollten[9] – eine Zwangsmonopolisierung dieser Güter durch den Staat kann ökonomisch-ethisch nicht überzeugen.[10]

Die Aufklärung, für die das handlungslogische Denken und Überdenken sorgt, fördert nicht zuletzt auch die Einsicht zutage, dass das Geld ein Phänomen des freien Marktes ist, dass es keinesfalls nur vom Staat angeboten werden kann. Sie räumt auch mit der Idee auf, es wäre eine gute Sache, dem Staat das Monopol der Geldproduktion zu geben. Nicht nur die währungshistorische Erfahrung legt nahe, dass der Staat ein denkbar schlechter Geldanbieter ist, sondern auch das handlungslogische Denken. In diesem Sinne schrieb Carl Menger noch Ende des 19. Jahrhunderts: »Die Schwankungen im Weltpreise der Edelmetalle scheinen mir gegenwärtig immer noch geringere Gefahren in sich zu schließen als die Regelung des inneren Tauschwertes des Geldes durch Regierungen oder soziale und politische Parteien.«[11]

Eine solche Aufklärungsleistung der Volkswirtschaftslehre ist seitdem verloren gegangen. Ein unglücklicher Zufall? Ein politisch gewolltes Resultat? Der Eindruck ist nicht von der Hand zu weisen, dass sich die moderne Volkswirtschaftslehre in den letzten Jahrzehnten zusehends in den Dienst des Staates gestellt und dabei insbesondere eine wissenschaftliche Erkenntnismethode angenommen hat, die anti-aufklärerische Wirkung entfaltet, die ökonomische Wahrheiten verschleiert oder gar negiert und die Ungeklärtes oder Unwahres als Wissenschaftserkenntnis deklariert. Kein Wunder also, dass die Menschen unter diesen Bedingungen verwirrt sind, falschen Ideen und Politikversprechungen anheimfallen, gerade auch in Fragen des Geldes. Eine »neue Aufklärung« tut daher Not, ja, sie ist sogar ein ganz entscheidender Schritt auf dem Weg zu einer erfolgreichen Geldreform.

Gesetzliches Verbot eines freien Marktes für Geld in Deutschland

Gesetz über die Deutsche Bundesbank

§ 35 Unbefugte Ausgabe und Verwendung von Geldzeichen

(1) Mit Freiheitsstrafe bis zu fünf Jahren oder mit Geldstrafe wird bestraft,

1. wer unbefugt Geldzeichen (Marken, Münzen, Scheine oder andere Urkunden, die geeignet sind, im Zahlungsverkehr an Stelle der gesetzlich zugelassenen Münzen oder Banknoten verwendet zu werden) oder unverzinsliche Inhaberschuldverschreibungen ausgibt, auch wenn ihre Wertbezeichnung nicht auf Euro lautet;

2. wer unbefugt ausgegebene Gegenstände der in Nummer 1 genannten Art zu Zahlungen verwendet.

(2) Der Versuch ist strafbar.

(3) Handelt der Täter in den Fällen des Absatzes 1 Nr. 2 fahrlässig, so ist die Strafe Freiheitsstrafe bis zu sechs Monaten oder Geldstrafe bis zu einhundertachtzig Tagessätzen.

Notwendigkeit für und Anforderung an eine Geldreform

Wie in den voranstehenden Kapiteln deutlich geworden ist, leidet das staatliche Fiatgeld unter ökonomischen und ethischen Defekten. Die wirtschaftlichen und gesellschaftlichen Schäden, die es verursacht, sind gewaltig. Die Etablierung des Fiatgeldes ist nicht nur ein eklatanter Verstoß gegen die (handlungslogisch begründeten) Prinzipien der freien Wirtschafts- und Gesellschaftsordnung. Die Verwendung des Fiatgeldes unterwandert und zerstört sogar nach und nach die freie

Wirtschafts- und Gesellschaftsordnung. Ludwig von Mises formulierte diese ökonomische Erkenntnis wie folgt: »Es wäre ein Irrtum, wollte man annehmen, daß der Bestand der modernen Organisation des Tauschverkehres für die Zukunft gesichert sei. Sie trägt in ihrem Innern bereits den Keim der Zerstörung. Die Entwicklung des Umlaufsmittels (gemeint: *Fiatgeld*, A.d.V.) muß notwendigerweise zu ihrem Zusammenbruche führen.«[12] Sollen also die individuelle Freiheit, das Eigentum und der Wohlstand der Menschen erhalten bleiben, kommt man um eine Beendigung des Fiatgeldes nicht umhin.

Hervorgehoben sei an dieser Stelle das *Wissensproblem*, dem sich die Entscheider in einem staatlichen Geldproduktionsmonopol gegenübersehen: Wie sollen die Repräsentanten einer Behörde, wie es die Zentralbank ist, wissen, wie viel Geld eine Volkswirtschaft braucht und wie hoch der Zins sein muss? Die Antwort ist einfach: Sie wissen es nicht. Sie können es auch gar nicht wissen. Sie können es genauso wenig wissen, wie die Zentralplaner in den sozialistischen Volkswirtschaften wissen konnten, welche Güter die Konsumenten in welcher Menge und Qualität zu welchem Zeitpunkt wünschten. Exakt diesem Wissensproblem stehen die Zentralbankräte überall auf der Welt aktuell gegenüber.

Die Zentralbankentscheider verfügen schlichtweg nicht über das Wissen, das es ihnen erlauben würde, die richtige Geldmenge und den richtigen Zins zu bestimmen. Unzureichendes Wissen erfordert Willkürentscheidungen. In einem Fiatgeldsystem müssen die Zentralbankräte (und ihre Berater) zwangsläufig auf Willkür setzen. Eine willkürlich festgesetzte Geldmenge und ein willkürlich gesetzter Zins ziehen jedoch zwangsläufig Störungen im Wirtschaftsleben nach sich – allen Expertenbekundungen zum Trotz, die meinen, man bräuchte die richtige Geldmenge und den richtigen Zins lediglich annähernd zu kennen, um die richtige Politik zu verfolgen. In der Praxis zeigen sich die unüberwindbaren Wissensdefizite in vielerlei Formen.

So dauert es stets einige Zeit, bis eine Problemlage, auf die die Zentralbank reagieren will, erkannt wird. Ein Konjunkturabschwung zeigt sich häufig erst dann, wenn er schon in vollem Gange ist. Die Wirkungen, die eine Veränderung der Geldmenge oder des Zinses durch die

Zentralbank haben, treten jedoch mit zeitlicher Verzögerung ein. Die Geldpolitik, wenn sie verspätet auf eine Konjunkturabschwächung reagiert, wird daher zur »Unzeit« wirken: Die Verminderung des Zinses, mit denen der Konjunkturabschwung »bekämpft« werden soll, entfaltet ihre Wirkung vielleicht erst dann, wenn sich die Volkswirtschaft schon wieder erholt hat. Eine antizyklisch gedachte Geldpolitik wird so zur prozyklischen Geldpolitik. Sie vermindert nicht etwa die Schwingungen im Wirtschaftsablauf, sie befördert sie.

Die Probleme, die mit mangelndem Wissen im monopolistischen Staatsgeldsystem verbunden sind, ziehen jedoch noch weitere Kreise. Durch ein Währungsmonopol wird der Marktwettbewerb als Entdeckungsverfahren ausgeschaltet. Die ökonomischen Anreize, die Bedürfnisse der Geldnachfrager am besten und preisgünstigsten zu befriedigen, werden verringert beziehungsweise beseitigt. Die Volkswirtschaft vergibt sich die Möglichkeit, im Wettbewerbsprozess bessere Geldarten aufspüren zu können – also Geldarten zu entdecken, die es erlauben, die arbeitsteilige, auf Tausch basierende Volkswirtschaft in bestmöglicher Weise zu fördern. Eine Volkswirtschaft mit einem staatlichen Zwangsgeldmonopol lässt die produktiven Kräfte des Wettbewerbs, die das Wissen zur Weiterentwicklung des Geldwesens mehren können, ungenutzt.

Hat man die Notwendigkeit für eine Geldreform erkannt und akzeptiert, stellt sich die Frage: Welchen Anforderungen muss eine *ökonomisch und ethisch überzeugende Geldreform* genügen? Hülsmann zufolge muss eine liberale Geld- beziehungsweise Währungsreform einige Grundsätze erfüllen.[13] Sie muss (1) auf einer soliden Theorie aufbauen. Sie muss (2) sicherstellen, dass die Geldproduktion im Einklang steht mit dem unbedingten Respekt des Privateigentums; dass (3) die Reform selber das Privateigentum respektiert; dass (4) aufgelaufene Eigentumsverletzungen rückgängig gemacht werden; und dass (5) eine Geldreform sofort und wenn nötig im Alleingang durchführbar ist.

Daraus folgt: (1) Die Lehre der Österreichischen Schule der Nationalökonomie (in ihrer Misesianischen, das heißt handlungslogischen, Ausprägung) kann als erkenntnis- und geldtheoretisches Fundament einer Geldreform dienen. (2) Das Geldproduktionsmonopol der Staaten muss abgeschafft werden, und die Geldwahl und Geldproduktion hat im freien Markt zu erfolgen. (3) Die Geldreform darf nicht zu einer steuerfinanzierten Begünstigung derjenigen führen, die mit ihr beauftragt werden. (4) Entschädigungen für erlittene Eigentumsverletzungen sind – wo immer es möglich ist – von den Begünstigten an die Geschädigten zu leisten. Und (5) es lässt sich kein Grund finden, die Geldreform aufzuschieben, beziehungsweise sie lässt sich auch im Alleingang vollziehen. Diese Anforderungen, die an eine Geldreform zu stellen sind, empfehlen die Übertragung des Geldproblems an den freien Markt.

Ein freier Markt für Geld

In einem freien Markt für Geld steht es den Marktakteuren frei zu wählen, welches Gut sie als Geld verwenden wollen. Niemand macht den Geldnachfragern Vorgaben, was sie als Geld nachfragen müssen. Jedem ist es freigestellt, Angebote bereitzustellen, die sich als Geld etablieren können. Das Zusammenspiel von freiwilligem Angebot von und freiwilliger Nachfrage nach Geld bestimmt, was Geld ist, welche Qualität es hat und in welcher Menge es umläuft. Geld wird durch ein Ausleseverfahren hervorgebracht – wie es üblicherweise bei jedem anderen Gut auch der Fall ist. Nicht der Staat, sondern der freie Markt stellt das Geld bereit.

Doch würde nicht die Freiheit, uneingeschränkt Geld anbieten zu können, zu einer ungehemmten Ausweitung der Geldmenge führen, die die Kaufkraft des Geldes ruiniert? Würden nicht Hunderte oder gar Tausende verschiedene Arten von Geld zirkulieren und das Kalkulieren mit Geld unmöglich machen? Nein, die Bedenken, die in diesen Fragen zum Ausdruck kommen, lassen sich entkräften. Die entscheidende Größe ist die *Geldnachfrage*. Die Geldnachfrager werden nur dasjenige Gut als Geld nachfragen, von dem sie erwarten, dass es *gutes Geld* ist. Aus Sicht der Geldnachfrager wäre gutes Geld vermutlich ein

Geld, das sich vor allem nicht beliebig und unkontrolliert vermehren lässt. Ein Gut, das diese *Mindest*anforderungen nicht erfüllt (wie zum Beispiel bunt bedruckte Papierzettelchen), würde nicht als Geld nachgefragt werden.

In einem freien Marktgeschehen gäbe es schnell, vermutlich sogar ganz schnell, eine *spontane, ungeplante Übereinkunft*, durch die die Menschen entscheiden, was als Geld dienen soll: Ein Marktakteur wird seine Güter nur gegen ein solches Tauschmittel eintauschen, von dem er erwartet, dass es auch von anderen als Tauschmittel angesehen und akzeptiert wird. Die Wahl des Geldes würde im Zuge eines eigennutzorientierten Handelns getroffen – und dabei mit Blick auf die Wünsche der Handelspartner. Ein Auswahlprozess, der problemlos und erfolgreich ablaufen würde, ohne dass dafür eine zentrale Behörde in Aktion treten müsste.

Was würde als Geld gewählt? Das Regressionstheorem besagt, dass in einer Wirtschaft, in der es noch kein Geld gibt (Naturaltauschwirtschaft), ein Gut als Geld gewählt würde, dass einen *intrinsischen Wert* hat: ein Gut, das, bevor es einen monetären Nutzen hat, bereits einen nicht-monetären Nutzen besessen hat. So könnten sich gemäß des Regressionstheorems keine bedruckten, beliebig vermehrbaren und durch nichts gedeckten Papierscheine als Geld – als das *allgemein akzeptierte Tauschmittel* – etablieren. Der Grund: Niemand wüsste zu sagen, was der Tauschwert dieser Papierscheine sein würde.

Würde Herr Meier zum Beispiel mit Tinte bedruckte Papierscheine, die er Meier-Note nennt, als Geld anbieten, wäre ihm wohl kein Markterfolg beschieden. Welche Kaufkraft hätten die Papierscheine? Wie viele Güter könnte man beispielsweise für 100 Meier-Noten kaufen? Niemand wüsste es. Die Meier-Noten hatten ja, bevor Herr Meier sie als Geld angeboten hat, keinen nicht-monetären Tauschwert, von dem sich ein monetärer Tauschwert ableiten ließe. Es würde sich niemand finden, der bereit wäre, seine Güter gegen die Meier-Noten einzutauschen. Kurz: Die Meier-Note hätte keine Aussicht, Geld zu werden.[14] Das Geldangebot in Form von Meier-Noten würde wohl bald der Vergangenheit angehören.

In einem freien Marktgeldsystem lässt sich nicht im Voraus sagen, was sich als Geld etablieren wird. Schließlich ist der marktwirtschaftliche Wettbewerb ein Entdeckungsverfahren, das Produkte in Menge und Qualität hervorbringt, die sich im Voraus nicht prognostizieren lassen. Nach dem Regressionstheorem würde ein Sachgut (oder eine geringe Anzahl von Sachgütern) die Geldfunktion übernehmen. Vermutlich liefe es auf Edelmetalle hinaus, weil sie die physischen Anforderungen, die an gutes Geld gestellt werden, relativ gut erfüllen – eine Einschätzung, die von der Währungshistorie gestützt wird. Edelmetalle haben die physischen Eigenschaften, die Geld haben muss: Sie sind knapp, homogen, haltbar, lagerfähig, nicht verderblich, prägbar und transportabel.

Dass die Geldnachfrager ein Sachgut als Geld wählen würden, ist aus einem weiteren Grund bedeutsam. In einer Marktwirtschaft muss das Produzieren von Geld im Einklang mit dem Prinzip stehen, dem auch die Produktion und das Verwenden aller anderen Sachgüter genügen müssen: Die Eigentumsrechte aller Beteiligten müssen respektiert werden. Es darf zum Beispiel niemanden der Markteintritt verwehrt werden, und es dürfen keine Betrügereien bei der Produktion des Geldes geduldet werden. So etwas wie ein Zwangsmonopol für die Geldproduktion und »Münzverschlechterung« wären schlichtweg unzulässig.

In einem freien Marktgeldsystem wäre nicht auszuschließen, dass ein Gut zum Geld gewählt wird, dessen Menge im Lauf der Zeit zunimmt, dessen Tauschwert daher tendenziell abnimmt. Das wäre aber nur dann möglich, wenn die Geldnachfrager freiwillig bereit sind, ein solches Gut als Geld zu verwenden. Die Geldnachfrager werden jedoch vermutlich nur ein Gut als Geld wählen, bei dem sie davon ausgehen können, dass sein Tauschwert im Zeitablauf nicht allzu starken und plötzlichen Schwankungen unterliegt. Wie dem auch sei: In einem freien Markt bestünde für die Geldnachfrager die Möglichkeit, sich gegen unerwünschte Kaufkraftschwankungen abzusichern. Die Nachfrage nach Versicherungen gegen den Kaufkraftverlust des Geldes würde in einem freien Markt ein entsprechendes Angebot hervorbringen.

Bankfreiheit in der Praxis

»Free Banking« steht für uneingeschränkte Freiheit des Bankgeschäftes, für *Bankfreiheit*.[15] Im Free Banking steht es den Marktakteuren völlig frei, jederzeit und ungehindert in das Einlagen- und Kreditvergabegeschäft ein- und auch wieder auszusteigen. Im Free Banking sind Banken in zwei Geschäftsfeldern aktiv: im Depositengeschäft und im Kreditgeschäft. Banken sind also keine Geldproduzenten, sondern in beiden Geschäftsfeldern handhaben sie nur bereits vorhandenes Geld.

Im Depositengeschäft hinterlegt der Kunde als Deponent sein Geld (zum Beispiel in Form von physischem Gold) bei der Bank, die diese als Depositar verwahrt. Dafür erhält der Kunde einen Lagerschein (zum Beispiel in Form einer Banknote), die den Halter berechtigt, sich jederzeit das deponierte Gold auszahlen zu lassen. Depositenbanken bieten ihren Kunden Dienstleistungen in Form von Aufbewahrung, Sicherung und Zahlungsabwicklungen an. Dafür zahlt der Kunde der Depositenbank eine Gebühr. Als »Verwahrstelle« ist die Depositenbank nicht befugt, die Deposite ohne Einwilligung ihrer Kunden zu verleihen.

Im Kreditgeschäft, das rechtlich strikt getrennt ist vom Einlagengeschäft, agieren Banken als Vermittler zwischen Sparer und Kreditnehmer. Wie funktioniert das? Nehmen wir an, die Kreditbank hat einen Kunden, der einen Kredit nachfragt. Damit die Kreditbank den Kredit vergeben kann, muss sie sich das benötigte Geld beschaffen. Das wird sie durch Kreditaufnahme bewerkstelligen. Dazu bietet sie verzinsliche Schuldverschreibungen im Markt an. Es werden sich Sparer finden, die bereit sind, für einen vorab vereinbarten Zeitraum auf die jederzeitige Verfügungsgewalt über ihr Geld zu verzichten, weil sie dafür einen Zins erhalten. Der Gewinn der Kreditbank ist die Differenz zwischen dem Zins, den sie im Kreditvergabegeschäft erhält, und dem Zins, den sie selbst für aufgenommene Kredite zu zahlen hat (von anderen Kosten sei hier abgesehen).

Einige Beispiele sollen illustrieren, wie das Einlage- und Kreditgeschäft im System des Free Banking mit freiem Marktgeld funktioniert.

A lagert sein Geld (Gold) in Höhe von 100 Feinunzen bei der Geldlagerstätte ein (Abb. 30). Für die Goldeinlagerung erhält der Goldeigentümer einen Geldlagerhaus-Schein vom Geldlagerhaus. Dieser Geldlagerhaus-Schein berechtigt den Halter zum jederzeitigen Umtausch in 100 Feinunzen Gold beim Geldlagerhaus. In der Bilanz von A vollzieht sich durch die Einlage ein Aktivtausch: Der Goldbestand sinkt, der Bestand an Geldlagerhaus-Scheinen steigt in gleicher Höhe. Das Goldlagerhaus ist eine Verwahrstätte. Es weist den Goldbestand daher nicht als Aktivposten in seiner Bilanz aus, schließlich hat es keine Verfügungsrechte über das Gold.

Aktiva	Bilanz von *A*		Passiva
Gold	100		
	-100		
Geld-Lagerhaltungsschein	+100		
	Σ 100		Σ 100

Geld-Lagerhaus	
Bestand: Gold	*+100*
(Geld-Lagerungsschein	*+100)*

Abb. 30: Einlagengeschäft

Die Einlagerung des Goldes beim Geldlagerhaus und die damit verbundene Herausgabe des Goldlagerung-Scheins erhöht die Geldmenge in der Volkswirtschaft nicht. Der Geldhaus-Lagerschein, den A vom Geldlagerhaus erhält, ist nur ein Nachweis, dass er eine entsprechende Goldmenge beim Geldlagerhaus gelagert hat. Der Geldlagerhaus-Schein ist ein Geldersatz oder ein Geldsubstitut (beziehungsweise, da er zu 100 Prozent mit Gold gedeckt ist, ein Geldzertifikat).

Abb. 31 zeigt die Folgen, wenn nun der Geldlagerhaus-Schein zu Zahlungszwecken verwendet wird. Kauft beispielsweise A von B Güter zum Preis von 100 Feingoldunzen, kommt es in den Bilanzen der Handelnden jeweils zu einem Aktivtausch: A tauscht den Geldlagerhaus-Schein gegen Güter, bei B ist es umgekehrt. Die Lagerhaltung des

Goldes beim Goldlagerhaus bleibt davon unberührt. Dieses Ergebnis gilt natürlich nicht nur für den baren, sondern auch für den bargeldlosen Zahlungsverkehr zwischen A und B.

Aktiva	Bilanz von A	Passiva
Geld-Lagerhaltungsschein	100	
	-100	
Güter	+100	
	Σ 100	Σ 100

Aktiva	Bilanz von B	Passiva
Güter	100	
	-100	
Geld-Lagerhaltungsschein	+100	
	Σ 100	Σ 100

Geld-Lagerhaus	
Bestand: Gold	+100
(Geld-Lagerungsschein	*+100)*

Abb. 31: Tausch von Gütern gegen Geldlagerhaus-Schein

Wie stellt sich die indirekte Kreditvergabe im System Free Banking und des freien Marktgeldes dar? Im Free Banking käme es – eigentumsrechtlich bedingt – zu einer Trennung zwischen dem Einlagen- und dem Kreditvergabegeschäft. Wenn eine Kreditbank Kredite vergeben will, muss sie sich das dazu erforderliche Geld (Gold oder Geldlagerhaus-Schein) vom Geldhalter (hier A) per Kreditaufnahme beschaffen. Dazu kann sie A eine Anleihe im Tausch gegen den Geldlagerhaus-Schein anbieten. Durch die Kreditvergabe der Bank an Herrn B wird der Geldlagerhaus-Schein dem Kreditnehmer zur Verfügung gestellt (Abb. 32). Der Kreditbetrag steigt, die Geldmenge bleibt unverändert.

Aktiva	Bilanz von A		Passiva
Geld-Lagerhaltungsschein	100		
	-100		
Forderung an Bank	+100		
	Σ 100		Σ 100

Aktiva	Bilanz von B		Passiva
Geld-Lagerhaltungsschein	+100	Verbindlichkeit ggü. Bank	+100
	Σ 100		Σ 100

Aktiva	Bilanz der Bank		Passiva
Geld-Lagerhaltungsschein	+100	Verbindlichkeit ggü. A	+100
	-100		
Forderung ggü. B	+100		
	Σ 100		Σ 100

Geld-Lagerhaus	
Bestand: Gold	+100
(Geld-Lagerungsschein	*+100)*

Abb. 32: Indirekte Kreditvergabe

Abschließend soll die Kreditvergabe in einem Teilreservesystem illustriert werden (Abb. 33). Teilreserve bedeutet, dass die Kreditbank (beziehungsweise das Goldlagerhaus) nur einen Teil der jederzeit fälligen Zahlungsverpflichtungen in Gold vorhält. In der Praxis führt das Teilreservesystem zu einer Verschmelzung von Einlage- und Kreditgeschäft. Es sei angenommen, dass Herr A eine Einlage in Höhe von 100 Goldunzen beim Geldlagerhaus eingelagert hat. Das Geldlagerhaus, weil es nun das Einlage- mit dem Kreditgeschäft verbindet, weist den Goldbestand als Aktivposten in seiner Bilanz aus.

Aktiva	Bilanz von *A*		Passiva
Gold	100		
	-100		
Geld-Lagerhaltungsschein	+100		
	Σ 100		Σ 100

Aktiva	Bilanz von *B*		Passiva
Geld-Lagerhaltungsschein	+80	Verbindlichkeit ggü. Bank	+80
	Σ 100		Σ 100

Aktiva	Balance sheet of *Bank*		Passiva
Gold (von A)	+100	Geld-Lagerhaltungsschein	+100
Kreditforderung ggü. B	+80	Geld-Lagerhaltungsschein	+80
	Σ 180		Σ 180

Abb. 33: Kreditvergabe im Teilreservesystem

Nun vergibt das Geldlagerhaus einen Kredit in Höhe von 80 Goldunzen an B und emittiert dabei gleichzeitig neue Geldlagerhaus-Scheine (Geldsubstitute). Durch die Kreditvergabe steigt also nicht nur die Kredit-, sondern auch die Geldmenge um 80 Geldeinheiten. Die umlaufenden Geldlagerhaus-Scheine sind nun nicht mehr vollständig gedeckt durch die Goldmenge. Dies hat eine Reihe von ökonomischen Folgewirkungen. An dieser Stelle sei nur eine erwähnt: Die Bank, die mit einer Teilreserve operiert, kann, wenn es erforderlich wird, ihren jederzeitigen Zahlungsverpflichtungen nicht mehr vollständig nachkommen.

Fristentransformation

Ein Einwand gegen das System des Free Banking ist, dass die Kreditgewährung der Banken durch Zuhilfenahme der *Fristentransformation* nicht mehr möglich wäre. Dies mache die Vergabe von langfristigen Krediten unmöglich und Banken könnten nicht profitabel arbeiten. Doch auch diese Bedenken können entschärft werden. Die Fristentransformation bedeutet, dass eine Kreditbank zum Beispiel einen Kredit mit einer Laufzeit von zehn Jahren vergibt, wobei sie diesen Kredit mit einem Kredit finanziert, dessen Laufzeit weniger als zehn

Jahre beträgt (zum Beispiel fünf Jahre). Eine Fristentransformation verschafft der Bank Gewinne, wenn der kurzfristige Zins, zu dem sie sich Geld leiht, geringer ist als der längerfristige Zins, zu dem sie das Geld verleiht. Eine Fristentransformation ist nicht nur in einem ungedeckten Papiergeldsystem möglich, sondern auch im Free Banking – und es wäre auch statthaft. Der Investor, der eine Anleihe einer Kreditbank kauft, die Fristentransformation betreibt, wird um das damit erhöhte Verlustrisiko wissen und es sich mit einem entsprechenden Zins bezahlen lassen. Was passiert, wenn eine Bank eine Fristentransformation betreibt und der Kredit, den sie zur Finanzierung des Kredits aufgenommen hat, fällig wird? Unter normalen Umständen wird die Bank eine Anschlussfinanzierung vornehmen können. Sie wird eine neue Anleihe emittieren, mit deren Einnahmen die fällig werdende Anleihe zurückgezahlt wird. Sollte ihr jedoch die Anschlussfinanzierung nicht gelingen, weil zum Beispiel eine Wirtschaftskrise die Investoren davon abschreckt, neue Bankanleihen zu kaufen, wird die Bank insolvent: Sie kann ihren Auszahlungsverpflichtungen nicht mehr nachkommen. Im schlimmsten Fall bekommt der Investor der Bankanleihe sein Geld nicht mehr zurück. Das ist für ihn zwar schmerzlich, aber in einem freien Marktgeschehen ist es eine notwendige Konsequenz, wenn schlechte Investitionsentscheidungen getroffen wurden. Das Verlustrisiko, das auch die Eigner der Banken tragen, erhöht den Anreiz, vorsichtig und verantwortungsvoll zu wirtschaften und allzu riskante Geschäfte zu vermeiden. Wenn Banknoten und Sichtguthaben zu 100 Prozent gedeckt sind – mit Gold, Silber oder was auch immer als Geld verwendet wird –, würde der Kollaps einer einzelnen Bank, die missgewirtschaftet hat, die Volkswirtschaft insgesamt *nicht* in eine Krise stürzen können. Selbst bei einem Sturm auf die Schalterkasse einer Bank (»Bank Run«) könnten die anderen Banken ihren Auszahlungen vollumfänglich nachkommen. Im Free Banking mit einer 100-Prozent-Deckung des Geldes gibt es zwar ein Kreditausfallrisiko, aber kein Risiko, dass der Bankenapparat insgesamt zahlungsunfähig wird – was aufgrund der Teilreserve in der Vergangenheit immer wieder vorgekommen ist und mitunter schwere wirtschaftliche Krisen nach sich gezogen hat.

Zur Idee der Parallelwährung

Die wachsenden Probleme im Euroraum haben einer Idee Vorschub geleistet, die unter dem Namen *Parallelwährung* oder *Nebenwährung* firmiert.[16] Mit dem Vorschlag, eine Parallelwährung neben dem Euro einzuführen, verbindet sich eine Reihe von unterschiedlichen Zielen und Umsetzungsvorschlägen. Ein häufig genanntes Ziel ist, wettbewerbsschwachen Ländern eine Auszeit aus der Euro-Währungsunion zu gewähren: Die vorübergehende Einführung einer eigenen nationalen Währung, die neben dem Euro oder ausschließlich verwendet wird, soll das Durchführen von Strukturreformen erleichtern. Nach erfolgter Anpassung können die betroffenen Länder sich wieder in den Euroraum eingliedern. Die Parallelwährung soll hier dem langfristigen Zusammenhalt der Euro-Währungsgemeinschaft dienen. Andere Vorschläge zielen darauf ab, die Parallelwährung nicht nur vorübergehend, sondern dauerhaft einzurichten.

Doch die Idee der Parallelwährung ist ökonomisch fragwürdig. Mehr als ein Geld zu verwenden, ist suboptimal. Die produktive Wirkung des Geldes wird bestmöglich ausgeschöpft, wenn alle Marktteilnehmer das gleiche Geld verwenden, wenn sie es für ihre Tauschzwecke, vor allem auch für ihre Wirtschaftsrechnung einsetzen. Das wird nicht erreicht, wenn die Marktakteure mehr als ein Geld verwenden.

Zunächst scheint die Idee der Parallelwährung grundsätzlich vereinbar zu sein mit dem Konzept eines freien Marktes für Geld beziehungsweise eines Währungswettbewerbs: Neben der einen staatlichen Fiatwährung gäbe es im Währungsraum zumindest eine alternative Währung, und die Marktteilnehmer könnten zwischen beiden Währungen frei wählen. Der dadurch entstehende Wettbewerb sollte beide Währungsanbieter dazu anhalten, die Kaufkraft des von ihnen ausgegebenen Geldes zu erhalten. Doch die alles entscheidende Frage bei der Idee der Parallelwährung lautet: *Wer soll die Parallelwährung produzieren?*

Wenn eine nationale Zentralbank der Anbieter der Parallelwährung ist, dann entsteht möglicherweise zwar ein Wettbewerb zwischen der bereits bestehenden staatlichen Fiatwährung und der neu angebotenen

Parallelwährung. Das wiederum gibt den Geldnachfragern eine Wahlmöglichkeit, und das mag tendenziell besser sein, als wenn es nur *eine* staatliche Währung gibt. Aber eine überzeugende und zufriedenstellende Lösung der Papiergeldproblematik ist das natürlich nicht. Nicht so sehr, weil sich die Angebotsmonopolisten absprechen und gegen die Interessen der Geldverwender handeln könnten. Das Problem ist vielmehr: Wenn die Parallelwährung nicht einlösbares Papiergeld ist, das durch Kreditvergabe geschaffen wird, dann würden der Parallelwährung alle Missstände anhaften, die das staatliche Papiergeld heute schon mitbringt.

Der einzig folgerichtige Weg, um mit der Idee einer Parallelwährung zu *gutem Geld* zu gelangen, ist folglich die Privatisierung der Geldproduktion: Sie muss vollständig und unbeschränkt dem freien Markt überlassen werden. Das Geld muss durch das Zusammenspiel von freiem Angebot von und der freien Nachfrage nach Geld entstehen, die Geldproduktion dem Zugriff des Staates entzogen sein. Nur dann kann eine Parallelwährung *gutes Geld* sein.

Der Gold-Euro – ein Vorschlag für Edelmetall-Fans und Euro-Skeptiker

Die Eurokrise schwelt. Ein Scheitern des Euro ist möglich, manche halten das sogar für wahrscheinlich. Um Bürger und Firmen gegen die Entwertung des Euro zu schützen, schlug der Autor 2016 gemeinsam mit den Fachkollegen Thomas Mayer und Ulrich van Suntum vor, die Bundesrepublik Deutschland solle einen »Gold-Euro« ausgeben.[17] Der Gold-Euro soll eine inflationsgesicherte und gegen Negativzinsen immunisierte Wertaufbewahrung ermöglichen, und zwar durch Rückgriff auf das bewährte Wertaufbewahrungsmittel Gold. Damit würden die Sparer zwar den Schwankungen des Goldpreises in Euro unterliegen, hätten jedoch in langfristiger Sicht einen verlässlichen Schutz gegen einen inflationären Euro. Im Grundsatz könnte der Gold-Euro auch die beiden anderen Geldfunktionen erfüllen, das heißt sowohl als Recheneinheit als auch als Zahlungsmittel dienen, wenn hohe Schwankungen der Euro-Inflation diese Funktionen der Gemeinschaftswährung einschränken. Im Münzgesetz vom 16. Dezember 1999 wird »das Bundesministerium der Finanzen ... ermächtigt, durch Rechtsverordnung ohne Zustimmung des Bundesrates zu versagen oder unter Bedingungen zuzulassen, dass Medaillen und Münzstücke, bei denen die Gefahr einer Verwechslung mit deutschen Euro-Gedenkmünzen besteht, hergestellt, verkauft, eingeführt oder zum Verkauf oder anderen kommerziellen Zwecken verbreitet werden«. Das Finanzministerium könnte daher die Ausgabe einer realen oder virtuell in Gold denominierten Münze (Gold-Euro) per Verordnung zulassen. Eine offizielle Zulassung wäre nicht nötig, wenn die Münze keinen Bezug zum Euro hätte. Dieser wäre aber beim Gold-Euro durchaus gewünscht. Außerdem würde das Vertrauen in eine ordentliche Ausgabe gestärkt. Ein realer Gold-Euro könnte 1 Gramm physisches Gold enthalten, ein virtueller Gold-Euro dementsprechend einen Anspruch auf 1 Gramm Gold. Die realen Gold-Euro-Münzen würden von denjenigen Münzstätten der Länder ausgeprägt, die sich dazu bereit erklären und die der Bund beauftragt. Das Verfahren bei der Ausprägung würde entsprechend § 6 des Münzgesetzes der Aufsicht des Bundesministeriums der Finanzen unterliegen. Die Münzen könnten verschieden denominiert werden, zum Beispiel in 1, 5, 10 Gold-Euros (entspricht etwa 38 €, 190 €, 380 €) oder 10, 50 Goldcents (entspricht etwa 3,8 €, 19 €). Die Ausgabe virtueller Gold-Euros, die durch Hinterlegung der entsprechenden Goldmenge voll gedeckt sein müssen, könnte durch zugelassene oder beaufsichtigte Finanzinstitute erfolgen. Die realen Münzen würden von den Münzstätten zum Goldwert zuzüglich der Herstellungskosten abgegeben. Ihr Wechselkurs zum Euro würde im Sekundärhandel durch den Preis am Goldmarkt sowie Zu- oder Abschläge für die physische Verfügbarkeit der Münzen bestimmt. Daraus könnten aber auch virtuelle Münzen entstehen, das heißt: ein Buchgeld, welches in Gold-Euro-Einheiten definiert und durch Anteilsscheine an einem Goldfonds gedeckt ist. Letztere würden von den Emittenten zum Briefkurs abgegeben, der sich aus Goldpreis und Handelsspanne zusammensetzt. Die Emittenten würden sich verpflichten, einen Geldkurs zu stellen, sodass die Geld-Brief-Spanne zum Beispiel 1 Prozent nicht übersteigt. Die Wertaufbewahrung würde durch das Halten von realen und virtuellen Goldmünzen einfacher und sicherer. Auch Anleger ohne Wertpapierdepot könnten durch den Erwerb von Goldmünzen Ersparnisse in Gold bilden. Nimmt die Nachfrage nach virtuellen Gold-Euros zu, können Depotbanken standardisierte und billige Produkte zur Verwahrung der virtuellen Gold-Euros, etwa in Form von Schließfächern, anbieten. Schließlich könnte sich der virtuelle Gold-Euro (wie Bitcoin) mittels der Blockchain-Technologie kosteneffizient zu einem Mittel für bargeldlose Zahlungen entwickeln. Anfänglich würde der Gold-Euro vermutlich vor allem zur Aufbewahrung größerer Geldvermögensbestände genutzt werden, möglicherweise auch für größere geschäftliche Transaktionen. Da sein Wert mit dem in Euro ausgedrückten Goldpreis täglich schwankt, würden alltägliche Zahlungen vermutlich weiterhin in normalen Euro erfolgen. Dies könnte sich jedoch ändern, sollte die Inflationsrate deutlich ansteigen und instabil werden oder der Euroraum gar auseinanderbrechen. In diesem Fall würde sich der Gold-Euro auch als Recheneinheit und Zahlungsmittel durchsetzen, ebenso wie dies bei der historischen Goldmark in Deutschland der Fall war. Preise und Löhne würden dann in Gold-Euro und nicht mehr in Euro festgelegt werden. Hinzu käme die Möglichkeit, mehrere private Währungen auf dieser Basis und damit entsprechenden Wettbewerb der Emittenten zuzulassen. Wettbewerb im Währungsbereich würde den Marktteilnehmern die größtmögliche Freiheit geben, das aus ihrer Sicht attraktivste und sicherste Geld mit den geringsten Haltungskosten nachzufragen. Nicht zuletzt würden auch die politischen Missbrauchsmöglichkeiten des monopolisierten Euro-Geldwesens eine wirksame Begrenzung erfahren. Das allein wäre schon ein großer volkswirtschaftlicher Gewinn.

Zukunft des Goldgeldes

Der Blick in die Währungsgeschichte zeigt, dass die Menschen, wann immer sie die Freiheit hatten, ihr Geld selbst wählen zu können, sich für Edelmetalle, allen voran Gold und Silber (und manchmal auch Kupfer) entschieden haben. Insbesondere das Gold hatte bei der Geldwahl stets die Nase vorn. Das ist nicht verwunderlich. Denn damit ein Gegenstand als Geld dienen kann, muss es einige physische Eigenschaften aufweisen. So muss es beispielsweise knapp sein, homogen (Teile von gleicher Art und Güte), teilbar, prägbar, transportabel, haltbar (es darf nicht verderben), allgemein wertgeschätzt sein, und es muss auch einen relativ hohen Tauschwert pro (Gewichts-)Einheit aufweisen. Im Wettbewerb der Güter um die Geldfunktion haben Edelmetalle, insbesondere aber das Gold, diesen Anforderungen aus Sicht der Geldverwender am besten erfüllt.

Was das Gold besonders auszeichnet, ist seine relative Knappheit. Seit Anfang des 20. Jahrhunderts bis 2022 hat die jährliche Goldproduktion zwar mitunter stark geschwankt. Jedoch fanden die Schwankungen um einen recht stabilen, nach unten weisenden Trendverlauf statt. Im Jahr 2022 lag die jährliche Trendrate für die weltweite Goldförderung bei nur etwa 1,7 Prozent. Zum Vergleich: Von 1960 bis Anfang 2023 wuchs die US-Dollar-Geldmenge M2 um durchschnittlich 7,1 Prozent pro Jahr.

In diesem Zusammenhang ist hervorzuheben, dass Nachfrage nach Gold sowohl monetärer als auch nicht-monetärer Natur ist. Zur Ersteren zählt die Nachfrage nach Goldmünzen und -barren, aber auch ein Teil der Schmucknachfrage, die sich beispielsweise durch Sparzwecke erklärt. Zur Zweiten ist zum Beispiel die Goldnachfrage für industrielle Verwendungen (Industrieproduktion) zu rechnen, einschließlich der Schmucknachfrage für repräsentative Zwecke (reiner Luxus). Aus diesem Grund ist es wahrscheinlich, dass der Markt- beziehungsweise Tauschwert von Gold niemals auf null fallen wird. Selbst wenn also Gold nicht mehr für monetäre Zwecke nachgefragt würde, gäbe es immer noch eine Nachfrage für nicht-monetäre Zwecke. Das Gold ist so gesehen versichert gegen einen Totalverlust (wie er in der Währungsgeschichte schon so manche ungedeckte Währung ereilt hat).

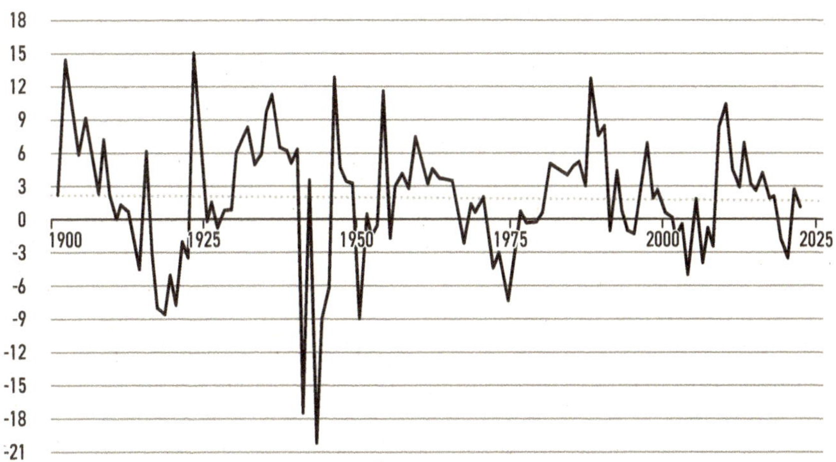

Abb. 34: Zuwachs der weltweiten Goldförderung in Prozent

Quelle: U.S. Bureau of Mines (USBM), U.S. Geological Survey (USGS). Gestrichelte Linie: geschätzter Trendverlauf

In einem freien Markt übt das Goldangebot tendenziell einen glättenden Effekt auf die in Gold ausgewiesenen Güterpreise aus. Warum? Wenn die Nachfrage nach Gold(-geld) steigt, dann werden vermehrt Güter gegen Gold angeboten, und die Güterpreise fallen (gemessen in Goldeinheiten, die Kaufkraft des Goldes steigt also).[18] Das wiederum erhöht die ökonomischen Anreize, die Goldförderungen in den Minen zu auszuweiten. Goldminenbetreiber fragen dazu vermehrt Inputgüter (Arbeitskraft, Maschinen, Chemikalien etc.) nach, und das erhöht tendenziell die Preise dieser Güter, vermindert die Rentabilität der Goldförderung und bremst sie. Das vermehrte Angebot von Goldgeld erweist sich nachfolgend ebenfalls als preistreibend für die am Markt gehandelten Güter und Dienste. Der Marktpreis des Goldes erfährt folglich einen Abwärtsdruck – das heißt, die Güterpreise, in Goldeinheiten gemessen, steigen wieder an (die Kaufkraft des Goldes nimmt wieder ab). Man erkennt: Der Marktmechanismus, unter dem die Goldförderungen beziehungsweise die Bemessung des Goldgeldangebots stehen, tendiert dazu, die Güterpreisschwankungen (im Zeitablauf) auszugleichen.

In gleicher Weise lässt sich abschätzen, was geschieht, wenn die Menschen weniger Gold als bisher zu halten wünschen. Sie bieten Gold gegen Güter an, und die Güterpreise (gemessen in Goldeinheiten) steigen. Die Kaufkraft des Goldes nimmt ab. Die Kosten der Goldminenförderung steigen an und senken die Rentabilität, neues Gold zu fördern. Die Goldminenbetreiber schränken daraufhin ihre Förderung ein. Die damit verbundene tendenzielle Verknappung des Goldangebots wirkt dem Preisverfall des Goldes (also seiner abnehmenden Kaufkraft vis-a-vis den anderen Gütern entgegen). Also auch in diesem Fall sorgt der Markt über die Angebots- und Nachfragekräfte tendenziell für eine Glättung der Güterpreise im Zeitablauf.

Selbstverständlich ist nicht auszuschließen, dass neue Goldvorkommen gefunden und erschlossen werden – und letztlich die verfügbare Goldgeldmenge (merklich) ansteigen lassen. Wäre das ein Problem für die Halter und Verwender von Goldgeld? Wohl kaum. Im freien Markt würden Versicherungslösungen für derartige Fälle angeboten (wie beispielsweise Güterpreis-Inflationsswaps). Oder aber die Marktakteure würden, wenn sie es denn wünschen, Preisgleitklauseln in ihren Verträgen vereinbaren.

Der nicht selten zu hörende Hinweis, der Goldstandard hätte in der Vergangenheit nicht funktioniert und immer wieder zu großen Krisen geführt, kann schwerlich überzeugen. Denn einen »echten« Goldstandard hat es in der jüngeren Vergangenheit nicht gegeben. Was es gegeben hat, waren Pseudo-Goldstandards (wie etwa der Gold-Devisen-Standard und das System von Bretton Woods). Ein echter Goldstandard bedeutet, dass physisches Gold das Grundgeld der Menschen darstellt und dass Banknoten und Giroguthaben bei Banken (also alle Geldsubstitute) zu 100 Prozent in physischem Gold gedeckt sind (und damit Geldzertifikate repräsentieren); die Geldzertifikate müssen jederzeit auf Wunsch der Kunden in physisches Gold vollumfänglich eintauschbar sein. Genau das war aber in der Zeit des »klassischen Goldstandards« nicht der Fall.

Die Staaten erlaubten den Geschäftsbanken, mit einer Teilreserve zu operieren, also neues Fiatgeld per Kreditvergabe auszugeben. Genau das war letztlich immer wieder die Ursache für Störungen in der Wirtschaft und den Finanzmärkten – die dann jedoch dem Goldstandard angelastet wurden, obwohl es die eklatanten Verstöße gegen die Grundregeln eines echten Goldstandards waren, die die Probleme (Boom und Bust, Bank Runs, Rezessionen und Depressionen) verursacht hatten. Beispielhaft sei an dieser Stelle die »Große Depression« genannt. Ihr Entstehen und ihr Ausmaß werden in der Literatur nicht selten dem Goldstandard angekreidet. Hingegen zeigt Murray N. Rothbard in *America's Great Depression* (1963), dass staatliche Interventionen, vor allem Verstöße gegen die Grundregeln des echten Goldstandards, als ursächlich für die Wirtschaftskatastrophe zu identifizieren sind.[19]

Kurzum, die Währungsgeschichte bietet im Grund kein verlässliches Anschauungsmaterial darüber, wie ein echter Goldstandard tatsächlich funktionieren würde. Das erschwert es einerseits, die Menschen von der Funktionsfähigkeit und den Vorteilen des Goldgeldes zu überzeugen; Menschen sind bekanntlich empfänglich(er) für die Umsetzung eines Vorschlages, wenn sie handfeste Hinweise haben, dass diese Idee schon einmal erfolgreich in die Tat umgesetzt wurde. Andererseits bietet die ökonomische Theorie eine solide Grundlage, um die Möglichkeiten, die das Goldgeld bietet, im Vorhinein hinreichend verlässlich abschätzen zu können – wenn die Menschen in einem freien Markt die Freiheit haben, das Geld nach ihren Bedürfnissen auszuwählen.

Nicht zu befürworten ist allerdings die Rückkehr zu einem Goldstandard, in dem die Zentralbank goldgedecktes Geld ausgibt und die Geschäftsbanken nur Kredite vergeben können, die sie mit goldgedecktem Geld finanzieren. Denn in einem Punkt ist die Währungsgeschichte unmissverständlich: Ein Goldstandard unter der Führung der Zentralbanken war das Einfallstor, das Goldgeld früher oder später durch ungedecktes Geld, durch Fiatgeld, zu ersetzen. Ein *guter Goldstandard* kann nur das Ergebnis eines freien Marktes für Geld sein.

Die Menschen wählen aus freien Stücken und unter vielen Kandidaten Gold als das von ihnen bevorzugte Geld. Gold läuft dann um in Form von Münzen. Banknoten und Giroguthaben sind zu 100 Prozent mit Gold gedeckt und können jederzeit zum Nennwert in physisches Gold eingetauscht werden. Es herrscht Bankfreiheit (»Free Banking«), das Einlage- und Kreditgeschäft der Banken ist folglich strikt voneinander getrennt. Es gibt keine Zentralbank und damit auch keine Zinspolitik. Der Zins bildet sich frei, ohne staatliches Dazutun, auf dem Kreditmarkt.

Eine häufig gestellt Frage lautet: Ist denn überhaupt genug Gold vorhanden, damit Gold als Geld dienen kann? Die Antwort lautet Ja. Wie in Kapitel 1 bereits verdeutlicht wurde, reicht jede gerade verfügbare Geldmenge aus, um alle gewünschten Umsätze zu finanzieren. Ist die Goldmenge groß (gering), werden die Preise der gehandelten Güter hoch (niedrig) ausfallen. Und so etwas wie »Geldknappheit« (also eine »Goldknappheit«) kann es in einem freien Markt nicht geben. In dem Fall, in dem beispielsweise die Goldnachfrage das Goldangebot übersteigt, steigt der Goldpreis, und damit sinken die Güterpreise, in Goldeinheiten gerechnet. Die Kaufkraft des Goldes steigt also an – und das bremst die Goldnachfrage wieder ab. Im neuen Marktgleichgewicht sind die Güterpreise (gemessen in Gold) niedriger als zuvor, die Goldmenge bleibt unverändert.

Würde ein Goldgeldsystem nicht zu Güterpreisdeflation – also im Trend sinkenden Güterpreisen – führen? Das ist möglich. Es stellt aber kein Problem dar. Die Kaufkraft des Goldgeldes, das Konsumenten und Firmen besitzen, steigt im Zeitablauf. Man kann daher die Geldhaltung reduzieren und mit der »Überschusskasse« zusätzliche Güter nachfragen. Die Unternehmen stehen bei fallenden Güterpreisen vor keiner grundsätzlich anderen Herausforderung als bei steigenden Güterpreisen: Ihr Gewinn entspricht der Spanne zwischen Umsatz und Kosten. Steigen die Preise, müssen die Unternehmen darauf achten, dass ihre Kosten nicht stärker steigen als die Umsätze; und fallen die Preise, müssen sie zusehen, dass ihre Kosten stärker sinken als die Umsätze.

Bricht die Güternachfrage nicht ein, wenn die Güterpreise fallen? Nein. Um das zu erklären, nehmen wir an, ein Auto kostet heute 50 000 Euro, in einem Jahr nur noch 40 000 Euro. Diejenigen, die ein Auto unbedingt jetzt und sofort brauchen (weil zum Beispiel ihr altes nicht mehr fährt), werden es schon heute kaufen. Ob jetzt gekauft oder mit dem Kauf noch gewartet wird, hängt von der *Zeitpräferenz* ab. Natürlich ist der (Grenz-)Nutzen kleiner, ein Auto für 50 000 Euro zu kaufen *(U1)*, als für 40 000 Euro *(U2)*. Um zu entscheiden, ob er heute oder erst in einem Jahr kaufen soll, wird jedoch der Handelnde den (Grenz-)Nutzen des Kaufs *heute* dem (Grenz-)Nutzen des Kaufs *in einem Jahr* gegenüberstellen, und zwar abdiskontiert mit seiner persönlichen Zeitpräferenzrate *r* (oder: Urzins). Wenn gilt $U1 > U2 / (1 + r)$, dann kauft er heute; und gilt $U1 < U2 / (1 + r)$, wartet er ab mit dem Kauf. Man sollte also nicht glauben, bei fallenden Güterpreisen käme die Volkswirtschaft zum Erliegen, weil niemand mehr kauft! Das wird nicht geschehen – schon allein deswegen nicht, weil es nicht aufschiebbare Bedürfnisse gibt, und auch weil die Zeitpräferenz(-rate) stets und überall positiv ist, weil Zeitpräferenz und Urzins niemals auf null fallen, geschweige denn negativ werden können.

Was bedeutet es für den Kreditmarkt, wenn die Preise fallen? Es gibt auch bei fallenden Güterpreisen einen Kreditmarkt. Nur wäre er viel kleiner als im heutigen Fiatgeldsystem: Die Fremdfinanzierung verteuert sich für den Kreditnehmer – im Vergleich zur Kreditfinanzierung im Fiatgeldsystem. Gleichzeitig gewinnt die externe Finanzierung von Unternehmen über Ausgabe neuer Aktien (bei Aktiengesellschaften) oder Gesellschafteranteile (bei Personengesellschaften) an Bedeutung. Für die Altersvorsorge würde nicht mehr vorwiegend in Schuldpapieren gespart, sondern vor allem in Form von Goldgeld (das ja im Zeitablauf an Kaufkraft gewinnt) und in Form von Unternehmensbeteiligungen.

In den letzten Jahren hat eine Reihe von Anbietern Schritte in Richtung eines *digitalen Goldgeldes* unternommen, die – aus heutiger Sicht – durchaus zu einem digitalen Goldgeldzahlungssystem werden könnten.

Die Australische Münzanstalt (»Perth Mint«) – eine staatliche Institution – gab im Jahr 2018 den Perth Mint GoldPass (»Goldpass«) heraus. Dabei handelte es sich um ein digitales (Gold-)Zertifikat, das zu 100 Prozent mit physischem, bei der Perth Mint gehaltenem Gold gedeckt war. GoldPass ermöglichte es, physisches Gold von der Perth Mint zu kaufen, es dort zu lagern und es auch jederzeit wieder an die Perth Mint verkaufen zu können. Zudem wurde im September 2020 der Perth Mint Gold Token (PMGT) von der Digitalisierungsfirma InfiniGold herausgegeben (basierend auf der Ethereum Blockchain als ERC20-Token).[20] Der PMGT war zu 100 Prozent mit GoldPass gedeckt, der direkt von der Perth Mint herausgegeben wurde und der über eine App der Perth Mint verfügbar war. Der PMGT konnte gehandelt werden gegen alle bedeutenden Fiatwährungen. Doch zu Beginn 2023 verkündete die Perth Mint, die Ausgabe von GoldPass ab dem 31. Mai 2023 einzustellen.[21] Man kann nur spekulieren: Entweder war GoldPass kein betriebswirtschaftlicher Erfolg beschienen. Oder aber Zentralbanken, Regulierungsbehörden und andere Interessengruppen, die das Fiatgeldsystem stützen, erkannten, welches (Disruptions-)Potenzial in GoldPass, verbunden mit einem handelbaren Token, für das Fiatgeldsystem steckte – und sorgten dafür, dass es vom Markt genommen wurde.[22]

Die Britische Münzanstalt (»Royal Mint«) verkündete im Jahr 2016, einen digitalen Token mit dem Namen RMG (für »Royal Mint Gold«) herauszugeben. Jeder RMG entsprach einer bestimmten Feingoldmenge, die in den Tresoren der Royal Mint lagerte. Doch die geplante Zusammenarbeit mit der CME Group (der weltweit führende Marktplatz für Derivative) und ihrer Blockchain-basierten Handelsplattform kam im Jahr 2017 nicht zustande. Die Royal Mint fasste daraufhin die Möglichkeit ins Auge, den RMG auf einer (unregulierten) Crypto-Plattform handelbar zu machen. 2018 intervenierte die britische Regierung. Das Konzept verschwand in der Schublade.

Als handelbare Token sind der RMG und der PMGT Geldsubstitute – beziehungsweise, weil sie zu 100 Prozent goldgedeckt sind: Geldzertifikate –, die als Geld in Konkurrenz zu den etablierten staatlichen Fiatgeldern treten können. Aus geldtheoretischer Sicht erscheinen

RMG und PMGT durchaus als Prototypen eines erfolgsversprechenden, dezentral organisierten Geld- und Zahlungssystems, das auf Gold (grundsätzlich denkbar ist natürlich auch Silber) als Grundgeld setzt. Die Tokenisierung des Goldes ist dabei quasi die »Schlüsseltechnik«. Mit diesem Token lässt sich der *digitale Einlagerungsschein* (wie beispielsweise in Form des RMG und PMGT), den der Goldhalter bei Einlagerung von der Goldverwahrstelle erhält, handelbar machen.

Ein ganz wichtiger Aspekt an dieser Stelle darf nicht unerwähnt bleiben: die Preisauszeichnung der Güter, die mit Goldgeld zu bezahlen sind.[23] Wenn Gold als Geld gewählt wird, dann bedarf es einer genauen Spezifizierung der Recheneinheit. Die Preise der Güter wären in Gewichtseinheiten auszuweisen, entsprechend den gängigen Maßen wie in Feinunze (31,103... Gramm) oder in Gramm. Die Bezeichnung für Gold könnte AUG sein (AU für das chemische Element Gold und G für Gramm), entsprechend für Silber AGG. Im Mai 2023 hätte der Gegenwert von 1 AUG etwa 74 Euro betragen, der von 1 AGG 0,88 Euro. Zudem müsste sich im Markt ein Standard herausbilden für das Format des Edelmetalls, der einem AUG beziehungsweise AGG entspricht. Denkbar wäre, dass die Wahl auf die weit verbreiteten Ein-Unzen-Münzen (31,103... Gramm) fällt. Weiterhin ist hier zu beachten, dass die Formkosten und damit das Agio bei kleinerer Stückelung höher ausfallen als bei größerer Stückelung. Würde sich der Kunde bei der Einlagerungsstätte beispielsweise seine AUG in 1-Kilo-Barren Gold auszahlen lassen, so müsste die Einlagerungsstätte ihm das im Vergleich zu einer 1-Unzen-Goldmünze geringere Agio des Barrens gutschreiben.

Bitcoin & Co: Ergänzung oder Alternative?

Die internationale Finanz- und Wirtschaftskrise 2008/2009 und ihre Folgen können als ein Startschuss interpretiert werden, der eine »Suche nach besserem Geld« ausgelöst hat. Prominenteste Entwicklung ist dabei die Crypto-Einheit Bitcoin, die auf der »Distributed Ledger Technology« (DLT) aufbaut, also einer verteilten Datenbank, die den

Teilnehmern eines Netzwerks gemeinsame Schreib-, Lese- und Speicherberechtigung erlaubt. Die ursprüngliche Blockchain für Bitcoin wurde mit der Idee geschaffen, eine neue, eine virtuelle Währung zu ermöglichen. Die Kerneigenschaften des Bitcoins sind: eine intermediationsfreie direkte Übertragung von Person an Person; ein offener Zugang für alle Teilnehmer, ohne dass diese sich mit Klarnamen identifizieren; eine vollständige Transparenz über alle Transaktionen für alle Teilnehmer; das Proof-of-Work als Konsensverfahren; die Geltung der jeweils längsten Blockchain, unabhängig von der Entstehungszeit der Blöcke und Beschränkung der Übertragung auf Bitcoin.[24]

Anders als bei zentral verwalteten Datenbanken hat das DL-Netzwerk keine zentrale Instanz, die das Kontenbuch verwaltet. Die am weitesten verbreiteten DLT-Anwendungen basieren auf der »Blockchain«-Technologie. Sie eignet sich besonders gut zur Abbildung (»Archivierung«) der Historie aller durchgeführten Transaktionen. Das verteilte Kontenbuch besteht in diesem Fall aus einer Kette von chronologisch aneinandergesetzten Blöcken (»Blocks«), die jeweils eine oder mehrere Transaktionen dokumentieren. Die Dateninformationen, die ein Block enthält, werden in einer »Blockchain« nicht direkt als solche gespeichert, sondern über kryptografische Verfahren auf »Hash-Werte« reduziert. Jeder neue Block enthält den Hash-Wert des vorausgegangenen Blocks. Dadurch entstehen die Ketten (»Chain«) der Blöcke, die es erlauben, die Transaktionen eindeutig zurückzuverfolgen. Das Kontenbuch wird aktualisiert, indem ein neuer Transaktionsblock generiert und an die vorhandene Kette von Transaktionsblöcken angehängt wird. Die Übertragung von Bitcoin oder anderen Werteinheiten, wie sie über öffentliche DLT-Plattformen (Public Ledger) stattfindet, erfolgt anonym, die Teilnehmer sind nicht erkennbar. Durch die DLT wird aber, es sei wiederholt, jedem Teilnehmer grundsätzlich die Möglichkeit zugestanden, Einblick in die Transaktionshistorie zu erhalten. Die Vertraulichkeit von Finanztransaktionen ist folglich ohne Verschlüsselung (»Kryptographie«) nicht einzuhalten. Bitcoin werden durch Einsatz von Computer-Rechenleistung erzeugt beziehungsweise »geschürft«. Beim Bitcoin-Mining wird Rechenleistung zur Transaktionsverarbeitung, Absicherung und Synchronisierung aller Nutzer im Bitcoin-Netzwerk zur Verfügung gestellt. Das »Schürfen« (englisch: »Mining«) erfolgt in einer Art dezentralem Bitcoin-Rechenzentrum, das rund um die ganze Welt verteilt ist. Ist ein Block von Transaktionen generiert, nehmen die Miner die Informationen und wenden darauf eine mathematische Formel an, die die Transaktion in eine Aneinanderreihung von Buchstaben und Zahlen umwandelt. Dies wird »Hashen« genannt. Der Hash wird im Block am Ende der Blockchain aufbewahrt. Jeder Hash eines Blocks benutzt den Hash des vorherigen Blocks. So wird bestätigt, dass der jetzige Block und der davor gültig sind. Wollte jemand eine Transaktion manipulieren, müsste er den Hash verändern. Wenn jemand aber die Echtheit des Blocks mit der Hashing-Funktion überprüft, würde er erkennen, dass der Hash nicht mit dem in der Blockchain übereinstimmt, und der Block würde als Fälschung enttarnt. Hat jemand erfolgreich einen Hash erzeugt, erhält er dafür neue Bitcoins (im Juni 2023 waren es 6,25 Bitcoins). Das Bitcoin-Protokoll macht das »Hashen« für die Miner durch die Einführung eines »Arbeitsnachweises« absichtlich schwierig – und die Schwierigkeit steigt mit der Zeit an: Es wird immer zeitintensiver und teurer (Stromkosten, Computertechnik), einen Hash zu erzeugen. Die maximale Menge der »schürfbaren« Bitcoins beträgt 21 Millionen. 1 Bitcoin entspricht Einhundertmillionen »satoshis« beziehungsweise 1 satoshi = 0,00000001 Bitcoin.

Besondere Aufmerksamkeit hat der Bitcoin sicherlich auch aufgrund seiner außergewöhnlichen Preisentwicklung erzielt (Abb. 35). So lag der Bitcoin-Preis Anfang 2012 bei 5,0 US-Dollar. In der Spitze stieg er auf 67 559 US-Dollar am 8. November 2021. Mitte Juni 2023 betrug er 29 700 US-Dollar. Das Versprechen, mit dem Bitcoin sei eine neue Währung entstanden, verbunden mit dem fulminanten Preisanstieg, hat natürlich das Interesse breiter Kreise von Anlegern und Investoren befeuert. Zudem wurden weitere Währungskandidaten entwickelt, insbesondere in Form von Stablecoins. Dabei handelt es sich um Krypto-Einheiten, deren Preise (durch aktive oder automatisierte Prozesse) an nationale Währungen, Währungskörbe oder andere Vermögenswerte gebunden werden. Beispiele sind Tether (USDT) und USD Coin (USDD).

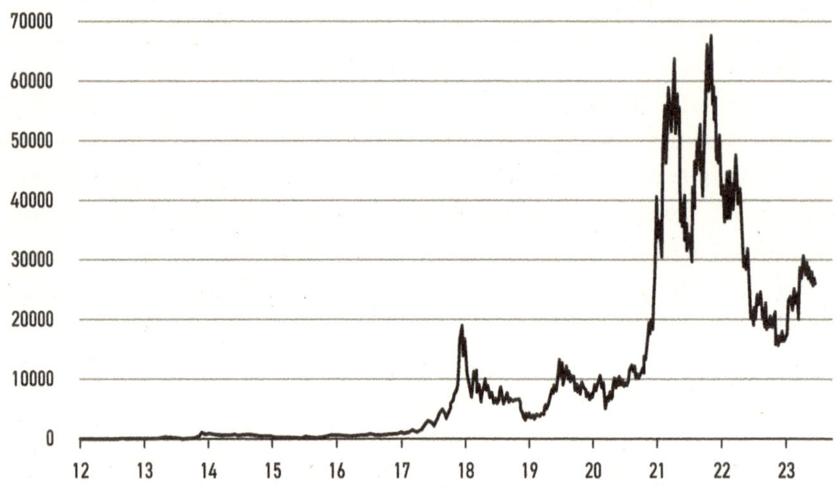

Abb. 35: Preis eines Bitcoin in US-Dollar

Quelle: Refinitiv; eigene Darstellung

Während der Marktwert der Stablecoins mit den ihnen zugrunde liegenden Fiat-Währungen oder Vermögenspositionen steht und fällt, ist der Bitcoin »eigenständig«: Sein Marktwert wird durch die subjektive Einschätzung der Marktakteure mit Blick auf seine ihm zugesprochenen Eigenschaften bestimmt (natürlich unter Berücksichtigung der subjektiven Bewertung der alternativen Güter durch den Handelnden).[25] Zweifelsohne dient er bereits in einigen Volkswirtschaften (meist solchen, in denen die offizielle Währung besonders zerrüttet ist, wie zum Beispiel Argentinien, Venezuela) als weithin verwendetes Tauschmittel. Vielerorts ist der Bitcoin aber noch kein weit verbreitetes Objekt des (indirekten) Tauschens. Die entscheidende Frage lautet: *Hat der Bitcoin das Zeug, zum Geld, zum allgemein akzeptierten Zahlungsmittel aufzusteigen?* Um der Antwort auf diese Frage näher zu kommen, sollen vier Aspekte betrachtet werden: (1.) Intermediationsfähigkeit des Geldes, (2.) Mengenrestriktion des Geldes, (3.) Sicherheit bei Zahlungen, (4.) Möglichkeit der Geldwerdung.

Ad (1.): Intermediationsfähigkeit des Geldes

Die Bitcoin-Welt ist durch das Protokoll (»White Paper«) als »Peer-to-Peer« konzipiert. Das heißt, Bitcoins lassen sich versenden und empfangen, ohne dass dafür ein Zwischenhändler (»Intermediär«) erforderlich wäre. Das bietet Schutz vor Missbrauch, vor allem auch vor staatlichen Zugriffen. Allerdings zeigt sich, dass auch die Bitcoin-Nachfrager sehr wohl Intermediationsdienste wünschen. So werden viele Bitcoins bei Krypto-Börsenplätzen (und nicht in der »Personal Wallet«) gehalten, also deren Verwahr- und Sicherungsdienste in Anspruch genommen. Anders gesagt: Peer-to-Peer allein reicht offensichtlich aus Sicht der Bitcoin-Nachfrager nicht aus, sondern sie wollen eine Tauscheinheit, ein Geld, das auch auf Wunsch »intermediationsfähig« ist.

In einer modernen Volkswirtschaft muss das Geld intermediationsfähig sein – schon weil es sonst keinen effizient funktionierenden Kreditmarkt geben kann. Es haben sich zwar Märkte herausgebildet, in denen Kryptoeinheiten als Sicherheit für Kredite in anderen Kryptoeinheiten sowie auch in offiziellen Währungen dienen. Erforderlich ist aber eine sehr hohe Besicherung, die viele Transaktionen unwirtschaftlich macht. Ein Kreditmarkt ausschließlich in Kryptoeinheiten, der keine Voll- oder gar Überbesicherung erfordert, ist ohne »Klarnamen« der Marktparteien schwer vorstellbar. Ein leistungsfähiger Kreditmarkt bedarf daher der Dienste der Kreditvermittler. Sie sind in der Lage, Kreditrisiken besser einzuschätzen als das breite Publikum, haben Erfahrung, wie Kreditrisiken zu besichern sind und wie man angemessene Kreditzinsen berechnen kann.

Wenn nun aber Intermediationsdienste nachgefragt werden – ob im Einlagen- oder Kreditmarktgeschäft –, dann werden die Marktteilnehmer um die Offenlegung ihrer Identität wohl nicht umhinkommen. Eine (vollständige) Anonymität der Handelnden ist nicht mehr möglich, und ein großer Vorteil des Bitcoins, den Blicken und Übergriffen des Staates entzogen zu sein, ist nicht mehr gegeben. In einem Geldwesen mit Intermediation würde der Bitcoin, der den Geldverwendern derzeit Anonymität in Aussicht stellt, in dieser Hinsicht Konkurrenz bekommen, beispielsweise von einem digitalisierten Gold- oder Silbergeld.

Zwar verstößt es gegen die »Philosophie« des Bitcoins, den Geldverkehr und die Geldhaltung unter Hinzunahme von Intermediären (Bitcoin-Lagerstätten) zu organisieren, aber technisch-praktisch gesehen wäre das durchaus möglich – wie die Angebote der Krypto-Börsen ja deutlich zeigen. Allerdings ist der Bitcoin dann – wie die offiziellen Währungen – der staatlichen Regulierung ausgesetzt, weil die Bitcoin-Handelsplattformen reguliert werden (können). Der Vorteil der Anonymität der am Geldverkehr Teilnehmenden ginge verloren, und die relative Wettbewerbsfähigkeit von konkurrierenden Geldkandidaten – wie zum Beispiel Gold und Silber – würde sich gegenüber dem Bitcoin verbessern.

Ad (2.): Mengenrestriktion des Geldes

Ist es ein Vorteil des Bitcoins, dass er mengenmäßig begrenzt ist, und zwar auf maximal 21 Millionen Stück?[26] Zunächst einmal bedeutet das, dass der Bitcoin nicht inflationiert, seine Kaufkraft (künstlich) herabgesetzt werden kann. Das ist aus Sicht der Geldverwender sicherlich ein Pluspunkt. Volkswirtschaftlich gesehen ist eine begrenzte beziehungsweise konstante (oder auch schrumpfende) Geldmenge kein Problem. Die Volkswirtschaft kann auch wachsen, wenn die Geldmenge begrenzt oder konstant ist oder gar auch im Zeitablauf abnimmt. In einem Bitcoin-Geldregime käme es folglich bei zunehmender Güterproduktion zu einem Rückgang der Güterpreise auf breiter Front (also Güterpreisdeflation). Aber die Volkswirtschaft kann sehr wohl auch gedeihen, wenn die Güterpreise im Zeitablauf abnehmen.[27]

Allerdings ist zu beachten, dass es in einem Bitcoin-Geldregime nicht nur zu Güterpreisdeflation, sondern mitunter auch zu vergleichsweise hoher Güterpreisschwankung käme. Warum? Nun, Bitcoin hat nur eine Funktion, die Tauschmittelfunktion. Kommt es zu einer Situation, in der die Marktakteure weniger Geld und mehr Güter zu halten wünschen, kann die »Überschusskasse« nur abgebaut werden, indem andere Güter nachgefragt werden – und deren Preise (in Bitcoin gerechnet) ansteigen. Entsprechend gilt: Eine als zu gering empfundene Geldmenge wird zu einem steigenden Angebot von Gütern gegen Bitcoin führen – und die Preise (in Bitcoin gerechnet) absenken. Und würde die Nachfrage nach Bitcoin auf null fallen, könnte der Bitcoin wertlos werden. Anders verhält es sich beim Edelmetallgeld.

Die Nachfrage nach Edelmetallen speist sich aus monetärer und nicht-monetärer Nachfrage. Tendenziell wird die Gold- und Silbernachfrage daher *preiselastischer* ausfallen als die des Bitcoins. Das lässt vermuten, dass die Güterpreisschwankungen in einem Edelmetallgeld-Regime weniger stark ausgeprägt sein werden als in einem Bitcoin-Geldregime. Zudem unterliegen Gold und Silber keinem Totalverlustrisiko: Selbst wenn diese Edelmetalle nicht für monetäre Zwecke nachgefragt würden, dann wäre immer noch mit einer positiven Nachfrage nach diesen Edelmetallen aufgrund nicht-monetärer Zwecke zu rechnen.

Ob die Menschen eine konstante Geldmenge mit stark schwankenden Güterpreisen und starker Güterpreisdeflation oder eine variierbare Geldmenge mit abgemilderten Güterpreisschwankungen und gemäßigter Güterpreisdeflation vorziehen, kann vermutlich überzeugend nur im freien Markt, nicht »von oben« oder in abstrakter Diskussion entschieden werden.

Ad (3.): Zahlungen: »Durchsatz«, Sicherheit, Kosten

Das weltweite Bitcoin-Netzwerk wickelt in der Spitze etwa 350 000 Transaktionen pro Tag ab und ist damit derzeit weitgehend ausgelastet. Das ist jedoch ein relativ geringer »Durchsatz«. Zum Vergleich: In Deutschland gab es 2017 im Durchschnitt arbeitstäglich mehr als 75 Millionen Transaktionen. Um das »Engpass-Problem« zu lösen, ist 2015 das »Lightning-Network« entwickelt worden. Es erlaubt, Zahlungskanäle zwischen den Bitcoin-Benutzern zu eröffnen und Bitcoin zu überweisen, wobei nur der finale Zahlungssaldo auf der Blockchain gespeichert wird. Das erhöht den Durchsatz erheblich und entlastet die Blockchain. Allerdings ist auch hier letztlich die Inanspruchnahme von knapper Blockchain-Kapazität erforderlich. Das Lightning-Netzwerk kann also den begrenzten Durchsatz auf der Blockchain relativieren, aber nicht aus der Welt schaffen.

Zudem ist nicht geklärt, ob das Lightning-Network so sicher ist, wie es sich die mit Bitcoin Zahlenden wünschen. So gibt es offensichtlich eine Reihe von »Verwundbarkeiten«.[28] Da ist beispielsweise das »Griefing«: Die im Lightning-Network deponierten Bitcoin könnten »eingefroren« werden, indem der Zahlungskanal mit Mikrozahlungen »überschwemmt« wird. Über »Flood and Loot« können Bitcoin gestohlen werden. Und da ist das »Time-Dilation Eclipse«: Auch hier könnte durch Kontrolle von vielen »Nodes« Bitcoins gestohlen werden. Wie gesagt, ob diese Sicherheitsgefahren relevant werden und gegebenenfalls geheilt werden können, ist noch nicht abschließend beantwortet.

Weiterhin ist in diesem Zusammenhang anzumerken, dass Bitcoin-Transaktionen unumkehrbar sind. Das heißt, fehlerhaft gesendete Beträge können nicht storniert oder rückgängig gemacht werden. In einem solchen Fall muss der, der die Bitcoins versendet hat, sich mit dem Empfänger in Verbindung setzen und um die Rückübersendung des Betrages bitten. Ist der Eigentümer der Empfängeradresse unbekannt, lassen sich keine Maßnahmen ergreifen, um den Betrag wiederzuerlangen.

Die Gebühren für Bitcoin-Transaktionen (die richtigerweise in Satoshis ausgewiesen werden sollten) haben in der Vergangenheit mitunter stark geschwankt – in Abhängigkeit von der Abwicklungsgeschwindigkeit, die wiederum vom Auslastungsgrad des Bitcoin-Networks abhängt. Beispielsweise kostete eine Transaktion im Bitcoin-Network Mitte Juni 2023 2,90 US-Dollar, Mitte April 2021 kostete sie fast 63 US-Dollar.[29]

Die Transaktionskosten im »Lightning Network« bestehen aus (a) einer Basisgebühr (»Base Fee«) und (b) einer Liquiditäts-Gebühr (»Liquidity Provider Fee«). Die »Base Fee« ist der Preis (in Satoshis), die eine einzelne Person für eine Durchleitung von Zahlungen durch seine Nodes fordert. Die Liquiditäts-Gebühr hängt davon ab, wie viele Bitcoins durch die Nodes, die ein Teilnehmer im Bitcoin-Network hat, abgewickelt werden. Wenn zum Beispiel die Gebühr 0,01 Satoshis beträgt für jeden Satoshi, der durchgeleitet wird, muss jemand, der 1000 Satoshis überweist, 10 Satoshis zahlen. Oder: Die Basisgebühr beträgt 2000 Satoshis, die Liquiditäts-Gebühr beträgt 1 Prozent pro Satoshi, der abgewickelt wird. Wenn 10 000 Satoshis überwiesen werden, dann betragen die Kosten 2100 Satoshis (also 2000 + [10 000 x 0,01|). Beim einem Bitcoin-Preis von, sagen wir, 25 000 US-Dollar pro Stück wäre der Preis eines Satoshis 0,00025 US-Dollar. Im angeführten Beispiel betrügen die Kosten einer Bitcoin-Transaktion demnach 0,525 US-Dollar.

Ad (4.): Möglichkeit der Geldwerdung

Carl Menger hat eine Theorie der Geldentstehung vorgelegt, nach der Geld spontan im freien Markt, aus den Interessen der Tauschpartner heraus, entsteht, und zwar aus einer Ware. Diese Theorie hat Ludwig von Mises mit seinem Regressionstheorem abschließend begründet. Erfüllt der Bitcoin, eine Kryptoeinheit, die Anforderungen, die Mengers Geldentstehungstheorie aufstellt? Diese Frage ist in der Literatur eingehend diskutiert worden.[30] Eine Argumentation, die die Verträglichkeit mit dem Regressionstheorem feststellt, lautet, dass der Bitcoin, bevor er als Tauschmittel gewählt wurde, bereits einen nicht-monetären Marktwert gehabt hat: und zwar durch die untrennbare Verbindung zwischen (physischem) Zahlungsnetzwerk und Rechnungseinheit.[31]

Mit Blick auf diese Argumentation ist allerdings zu beachten, dass das Regressionstheorem für eine *apriorische Erkenntnis* steht. Sie entspringt unmittelbar der Logik des menschlichen Handelns. Und als solche lässt sie sich nicht durch Erfahrung (Beobachtung) begründen oder verwerfen. Was man in diesem Zusammenhang sagen kann: Wenn ein Gut als Geld verwendet wird, ist das ein untrügliches Zeichen dafür, dass das Regressionstheorem Gültigkeit hat. Das Aufbieten von empirischen Beobachtungen (wie zum Beispiel »Der Bitcoin wird aus diesem oder jenem Grund als Tauschmittel verwendet« oder »Der Bitcoin wird nur von einer kleinen Zahl von Menschen, nicht aber mehrheitlich verwendet«) kann den apriorischen Gehalt des Regressionstheorems weder stützen noch widerlegen.

Damit ein Gut als Geld freiwillig von den Marktakteuren ausgewählt wird, muss es nicht nur im Einklang mit dem Regressionstheorem stehen, es muss vor allem auch die (physischen) Eigenschaften haben, die die Geldverwender an (gutes) Geld stellen.[32] Letzteres ist zweifelsohne eine subjektive Beurteilung der Marktakteure. Eine solche Beurteilung ist aber nicht (völlig) losgelöst von Erfahrungswerten: Die Menschen machen schließlich die Erfahrung im Tagesgeschäft, was sich als Tauschmittel eignet und was nicht; was ihre Handelspartner als Tauschmittel bevorzugen und was sie nicht oder nur unter Vorbehalt akzeptieren. Die Möglichkeit der Geldwerdung eines Gutes hängt also entscheidend davon ab, ob sich das Gut in der Praxis als Tauschmittel tatsächlich bewährt.

Ein Gut wird nicht in einem Paukenschlag, sondern erst durch seine zunehmende Verwendung als Tauschmittel akzeptabel und entwickelt sich auf diese Weise nach und nach zum Geld, zum allgemein akzeptierten Tauschmittel. Blickt man auf den Stand der Dinge, wie sie sich heute zeigen, muss man konzedieren, dass sich die heutigen Volkswirtschaften in einem Entwicklungsstadium befinden, in dem es bereits Geld gibt. Die Menschen haben sich an US-Dollar, Euro & Co gewöhnt. Die Namen dieser Währungen haben sich in ihren Köpfen festgesetzt, eingebrannt, die Menschen betreiben mit ihnen ihre Wirtschaftsrechnung. So gesehen ist es durchaus aufwendig, aber nicht unmöglich, dass sich etwas anderes, etwas Neues – wie Crypto-Einheiten – gegenüber US-Dollar, Euro & Co durchsetzt. Wie das geschehen kann, wird im folgenden Kapitel 8 besprochen.

Kapitel 8
Zurück zu gutem Geld

»Der Vorschlag, der Regierung das Geldmonopol zu entziehen, erfolgte in erster Linie, weil Regierungen diese Macht im Laufe der Geschichte ständig und unvermeidlich grob missbraucht und dadurch den automatisch arbeitenden marktwirtschaftlichen Steuerungsmechanismus, nämlich das Preissystem, schwerwiegend gestört haben.«

Friedrich August von Hayek (1899–1992)

Krisenszenarien im Fiatgeldsystem

Nach der monetären Konjunkturtheorie der Österreichischen Schule der Nationalökonomie muss der mit Ausgabe von Fiatgeld in Gang gesetzte Aufschwung (»Boom«) früher oder später in sich zusammenbrechen beziehungsweise in einen Abschwung (»Bust«) münden. Ludwig von Mises hat diese Einsicht eindrücklich formuliert: »Wahrscheinlich hätte der Aufschwung noch für einige Zeit verlängert werden können, wenn die Banken ihre Kreditausweitungspolitik fortgesetzt hätten. Doch endlos hätte man den Aufschwung der Konjunktur durch Festhalten an der Kreditausweitung nicht verlängern können. Früher oder später muss es zum Zusammenbruch des durch die Kreditausweitung ausgelösten Aufschwungs kommen, und der Anpassungsprozess, den man Niedergang der Konjunktur nennt, wird umso schmerzlicher sein und umso mehr Zeit beanspruchen, je länger die Kreditausweitung fortgesetzt worden war und je grösser der Umfang der durch sie bewirkten Kapitalfehlleitung gewesen ist.«[1]

Fritz Machlup (1902–1983) formulierte in den frühen 1930er-Jahren die Dramatik, die mit einer durch Fiatgeld verursachten Krise verbunden ist, nicht minder eindrücklich: »Die Prosperität kann eine Zeitlang andauern. Sie dauert so lange, als es möglich ist, die Schaffung zusätzlicher Kaufkraft immer weiter fortzusetzen. Eines Tages muß es sich dann zeigen, daß es mit der Ausdehnung des Notenbankkredits nicht mehr weiter gehen kann, sei es dadurch, daß die Bevölkerung das sich entwertende Geld ablehnt, sei es, daß das Bewußtsein von der übermäßigen Inanspruchnahme von Kredit dem allzu großen Optimismus ein Ende setzt. Was dann nachfolgt, wissen alle. Es ist die Krise mit ihrer Katastrophenstimmung, mit den Verlusten, Schleuderverkäufen, Konkursen und dem Offenbarwerden einer furchtbaren Verarmung.«[2]

Die von Mises und Machlup – auf Basis theoretischer Überlegungen – prognostizierte Krise als Ergebnis eines Fiatgeldsystems würde gerade in der heutigen Zeit zweifelsohne gewaltige volkswirtschaftliche Anpassungskosten nach sich ziehen. Denn Mises und Machlup haben hier nicht die konjunkturellen Schwingungen vor Augen, also das gewohnte Auf und Ab des Wirtschaftsverlaufs. Sie sprechen vielmehr von einem »Crash«, der die Produktions- und Beschäftigungsstruktur, die sich im Fiatgeldsystem herausgebildet hat, sprichwörtlich aus den Angeln hebt. Aus gutem Grund. Denn überlegen wir nur einmal, was geschieht, wenn der Boom, für den das Fiatgeldsystem gesorgt hat, tatsächlich in einen Bust umschlägt – und die Bereinigungsrezession ungehindert von staatlichen Eingriffen ihr Werk verrichtet.

Wenn plötzlich die Geschäftsbanken bei der Kreditvergabe auf die Bremse treten, dann versiegt der Zustrom von neuem Kredit und neuem Fiatgeld in die Volkswirtschaften, und der zuvor künstlich abgesenkte Marktzins beginnt zu steigen. Die Güternachfrage geht zurück, die Firmen bemerken, dass ihre Investitionen, die sie in Zeiten der künstlich gesenkten Zinsen in die Wege geleitet haben, sich nicht rechnen. Als Reaktion auf schwindende Umsätze und schrumpfende Gewinne senken sie ihre Kosten. Arbeitskräfte werden freigesetzt. Im Unternehmenssektor kommt es zu Pleiten, Banken verbuchen Verluste in ihren Kreditportfolios. Steigende Arbeitslosigkeit führt auch im Konsum- und Hypothekarkreditmarkt zu Zahlungsausfällen. Die Geschäftsbanken werden noch zurückhaltender bei der Neukreditvergabe, sie sind nicht mehr willens, alle fälligen Kredite zu verlängern. Es kommt zu einer »Kreditklemme«, die immer mehr verschuldete Konsumenten und Firmen in die Zahlungsunfähigkeit treibt. Die Zinsen in den Kreditmärkten steigen weiter an, weil Kreditgeber nur noch bereit sind, zu erhöhten Kreditzinsen Geld zu verleihen.

Die steigenden Zinsen – getrieben durch wachsende Kreditausfallsorgen der Investoren – führen zu einem Verfall der Vermögenspreise, allen voran der Preise für Grundstücke, Immobilien und Unternehmensanteile. Der Grund ist vereinfacht gesagt: Der Marktwert der Vermögensgüter ist das Ergebnis der künftig erwarteten Gewinne, abgezinst auf die Gegenwart. Und steigen der Zins und damit der Abzinsungsfaktor, sinkt der Barwert des Vermögensgutes und damit sein Marktpreis. Da Vermögensbestände wie vor allem Grundstücke und Immobilien als Sicherheiten für Bankkredite dienen, entsteht das Problem der Nachbesicherung: In vielen Kreditverträgen ist vereinbart, dass, wenn die Marktwerte der Kreditsicherheiten absinken, der Kreditnehmer zur Bereitstellung zusätzlicher Sicherheiten verpflichtet ist. Kann er das nicht leisten, kündigt die Bank den Kredit. Kann der Kreditnehmer seine Restschuld nicht begleichen, greift die Bank auf die Kreditsicherheiten zurück und bietet sie im Markt zum Verkauf an (»Zwangsversteigerung«).

Steigt das Angebot von Grundstücken und Immobilien, verfallen bei unveränderter Nachfrage deren Preise. Die Banken erleiden dadurch zusätzliche Verluste in ihrem Kreditportfolio. Reichen die Rücklagen der Banken nicht aus, die Verluste zu kompensieren, schrumpft ihr Eigenkapital. Wenn sie sich kein neues Eigenkapital beschaffen können – weil Investoren Investitionen in Bankaktien scheuen –, dann sind die Geldhäuser gezwungen, ihre Bilanzrisiken zu reduzieren. Sprich: ihr Kreditportfolio zurückzufahren, also keine neuen Kredite mehr zu vergeben und/oder fällige Kredite zur Zurückzahlung zu stellen. Befürchten Investoren und Bankkunden, dass die Geldhäuser zahlungsunfähig werden (könnten), werden sie ihnen nur noch Geld zu erhöhten Zinsen leihen. Oder aber es setzt ein »Bankensturm« (»Bank Run«) ein, der die Geldhäuser endgültig zu Fall bringt.

Das Ergebnis wäre eine Rezession-Depression: Die Wirtschaftsleistung geht zurück, Massenarbeitslosigkeit stellt sich ein. Der Staat kann seine Rechnungen nicht mehr bezahlen. Denn die Steuereinnahmen schwinden, die Geschäftsbanken sind nicht mehr willens oder in der Lage, dem Staat neue Kredite zu geben. Das Fiatgeldsystem – sich selbst überlassen – kollabiert und mit ihm werden die Firmen und Arbeitsplätze zerstört, die im Zuge des Fiatgeldbooms entstanden sind. Sparer verlieren ihre Ersparnisse: Bankguthaben, Staatsanleihen, aber auch so manche Unternehmensaktie und -anleihe werden wertlos. Schließen Banken ihre Schalter, gehen die bei ihnen gehaltenen Geldguthaben sprichwörtlich unter. Die Geldmenge in der Volkswirtschaft schrumpft, es kommt zur Güterpreisdeflation.

Wo endet die Abwärtsspirale in einem Fiatgeldsystem, wenn sie erst einmal in Gang gekommen ist, die Wirtschaftsleistung kollabiert, die Zinsen und die Kreditausfälle steigen und die Güterpreise auf breiter Front verfallen? Das hängt entscheidend von den Marktwerten der Sicherheiten ab, die in den Kreditverträgen vereinbart wurden. An sie müssen die Ansprüche der Fremd- und Eigenkapitalgeber der Banken im Falle eines Kreditausfalls angepasst werden. Beispielsweise könnten Kundenguthaben bei Banken zum Totalverlust werden, wenn die Banken nur Staatsanleihen im Portfolio ausweisen und der Staat einen Zahlungsausfall erklärt. Falls die Aktiva der Banken nach Verlustabzug noch positiv sind, müssen die Ansprüche der Fremd- und Eigenkapitalgeber entsprechend reduziert werden (»Bail-in«). Üblicherweise tragen die Verluste zunächst die Eigenkapitalgeber. Übersteigen die Verluste jedoch das Eigenkapital, werden die Ansprüche der Anleihegläubiger gekürzt, und reicht auch das noch nicht aus, werden die Guthaben der Kunden herabgesetzt.

Bankenbilanz in einer Rezession-Depression

Nachstehend die stilisierte Bilanz des Bankensektors. Er weist Kredite an Konsumenten und Produzenten in Höhe von 100 auf der Aktivseite aus. Auf der Passivseite stehen (annahmegemäß) das Eigenkapital in Höhe von 8, Kundenguthaben von 42 und Anleihen von 50. Nehmen wir nun an, die Kredite fallen zu, sagen wir, 70 Prozent aus.

Aktiva	Bankensektor		Passiva
Kredite	100	Eigenkapital	8
		Guthaben	42
		Anleihen	50
	100		*100*

Die Kredite auf der Aktivseite werden daraufhin auf 30 abgeschrieben. Der Verlust in Höhe von 70 löscht zunächst das Eigenkapital von 8 aus. Der verbleibende Verlust in Höhe von 62 macht eine Löschung der Anleiheverbindlichkeiten von 50 notwendig. Es bleibt ein Verlust von 12, und er verringert die Bankguthaben in eben diesem Betrag. Die Kundenguthaben schrumpfen also von 42 auf 30.

Aktiva	Bankensektor		Passiva
Kredite	30	Eigenkapital	2,4
		Guthaben	27,6
		Anleihen	0
	30		*30*

Da der Bankensektor jedoch neues Eigenkapital benötigt, werden sodann Bankguthaben in Höhe von 2,4 in Eigenkapital umgewandelt (»Debt-For-Equity-Swap«), um die (vorgeschriebene) Eigenkapitalquote von 8 Prozent wiederherzustellen. Die Geldmenge, die anfänglich 42 betrug, fällt auf 27,6, und die Halter der Bankguthaben sind zudem jetzt (entgegen ihrer ursprünglichen Absicht) Aktionäre der Banken geworden. Dieses einfache Beispiel lässt bereits erahnen, wie gewaltig der Verlust des »nominalen Fiatgeld-Vermögens« ausfallen kann, rutscht das Fiatgeldsystem in eine Rezession-Depression.

Doch das Fiatgeldsystem zeichnet sich in der Regel dadurch aus, dass der Staat (wie wir ihn heute kennen) in das System der freien Märkte (oder in das Wenige, was davon noch übrig ist) eingreift. Gerade angesichts herannahender Krisen, wenn also der Fiatgeldboom in einen -bust umzuschlagen droht, stehen der Staat und seine Zentralbank nicht untätig an der Außenlinie. Sie initiieren vielmehr »Rettungsmaßnahmen«: Zinssenkungen, Kredit- und Geldmengenvermehrung, mit dem Ziel den Bust in einen neuen Boom umzulenken. Vor allem gilt es dabei, Zahlungsausfälle auf breiter Front abzuwehren. Denn um sich greifende Zweifel an der Kreditfähigkeit der Schuldner sind für den Fortbestand des Fiatgeldsystems höchst bedrohlich. Vor allem gilt es, die Zahlungsunfähigkeit von Banken und Staaten zu verhindern. Das ist besonders deutlich geworden in der internationalen Finanz- und Wirtschaftskrise 2008/2009 und der politisch diktierten Lockdown-Krise 2020/2021.

Die Zentralbanken reduzieren die Kreditkosten und versorgen den Bankenapparat mit der benötigten Zentralbankgeldmenge. Mit ihrer (offenen oder verdeckten) Zusicherung, sie werden, wenn nötig, das Kreditsystem vor der Zahlungsunfähigkeit bewahren, spannen die Zentralbanken quasi ein »Sicherheitsnetz« unter die Konjunkturen und Finanzmärkte. Essenz dieser Politik ist, dass die Zentralbanken aktiv in die Kreditmärkte eingreifen, indem sie Anleihen gegen Ausgabe von neuem Geld erwerben. Dadurch bestimmen sie nicht mehr nur die Kurzfristzinsen, sondern nunmehr auch die Langfristzinsen. Der volkswirtschaftlichen Produktions- und Beschäftigungsstruktur, die sich im Fiatgeldboom aufgebaut hat, wird eine Anpassung erspart, aufgelaufene Fehlentwicklungen (Überkonsumption und Kapitalfehllenkungen) werden nicht korrigiert, sondern wachsen weiter an.

Eine Geldpolitik, die drohende Zahlungsausfälle mit immer mehr neu geschaffenem Fiatgeld abwendet, wird früher oder später in einer Inflation beziehungsweise Hochinflation enden. Eine solche Entwicklung ist dann besonders wahrscheinlich, wenn die Zentralbank den Wünschen der Staaten (und der Sonderinteressengruppen, die den Staat für ihre Zwecke einzuspannen wünschen) folgt und sie ihr eigentliches Ziel, die Güterpreisinflation niedrig zu halten, hintanstellt. Das sind die Bedingungen, unter denen das Vertrauen in die Kaufkraft des Geldes schwindet: Die Zentralbank, weil sie Schuldner flüssig halten sowie Produktion und Beschäftigung vor der Kontraktion bewahren will, muss für eine immer höhere Überraschungsinflation (durch eine Ausweitung der Geldmenge) sorgen. Dann fehlt nicht mehr viel, und der abschüssige Pfad in die Hyperinflation wird beschritten.

Gerade die steigende Güterpreisinflation, die die Bevölkerung sofort und unmittelbar als schädlich erkennt, lässt die Regierenden nicht tatenlos bleiben. Sie schreiten vielmehr auf dem Weg, der mit der Errichtung des Fiatgeldsystems eingeschlagen wurde, weiter voran. Wie im Zuge der »Kollektiven Korruption« erläutert, nimmt unter dieser Bedingung das Interesse der Konsumenten, Firmen und Staatsangestellten zu, das Fiatgeldsystem zu erhalten – sprichwörtlich um jeden Preis. Eine breite Zustimmung formiert sich in der Bevölkerung, das Spiel der freien Märkte zurückzudrängen beziehungsweise auszuschalten, wann immer das als politisch opportun erachtet wird. Es kommt das in Gang, was Ludwig von Mises in seiner »Kritik des Interventionismus« (1929) herausgearbeitet hat.

Um die Störungen abzustellen, die das Fiatgeldsystem in Wirtschaft und Gesellschaft verursacht, nehmen der Staat und seine Zentralbank weitere Markteingriffe vor – in Form von mehr regulatorischen Vorschriften, Verboten (für zum Beispiel »Short Selling«), aber vor allem auch von Preiskontrollen (Höchstpreise für knappe Güter und Mindestpreise für wenig oder nicht nachgefragte Güter). Doch entweder wird dadurch das Ziel, die Krise zu beenden, verfehlt oder aber, wenn das Ziel doch erreicht wird, dann nur unter Inkaufnahme unerwünschter Nebenwirkungen beziehungsweise neuerlicher Krisen. Ein staatlicher Eingriff folgt auf dem anderen. Die Interventionsspirale beginnt sich schneller und schneller zu drehen. Gebietet man ihr keinen Halt, rutschen Wirtschaft und Gesellschaft in eine Befehls- und Lenkungswirtschaft ab; man kann sie auch Kommandowirtschaft oder Semi-Sozialismus nennen.

In einer Befehls- und Lenkungswirtschaft bestimmt der Staat maßgeblich: etwa durch Kapitallenkung, Vorgabe von Produktions- und Absatzpreisen sowie Rationierung; wer darf was in welcher Menge konsumieren; und wer darf oder muss was und unter welchen Bedingungen produzieren. Das Eigentum an den Produktionsmitteln – die zentrale Eigenschaft eines freien, kapitalistischen Wirtschaftssystems – ist damit de facto aufgehoben. Formal bleibt der Unternehmer zwar Eigentümer seines Eigentums, de facto jedoch wird er zu einem Befehlsempfänger staatlicher Vorgaben und Weisungen gemacht. Von da ist es dann nur noch ein kleiner Schritt zum Sozialismus, der sich dadurch auszeichnet, dass die Produktionsmittel verstaatlich werden, womit die Eigentümer der Produktionsmittel nicht nur de facto, sondern auch materiell enteignet sind.

Das Fiatgeldsystem, hält man unbeirrt an ihm fest, erweist sich also als unvereinbar mit einer freien Wirtschafts- und Gesellschaftsordnung. Es setzt die Volkswirtschaften sprichwörtlich auf die schiefe Bahn, treibt sie einer Lenkungs- und Befehlswirtschaft entgegen, die die Freiheit der Menschen immer weiter zerstört und die auch den materiellen Wohlstand der Menschen herabsetzt; und im Extremfall landet die Volkswirtschaft im Sozialismus, der bekanntlich undurchführbar ist, der in Verelendung, Chaos und Gewalt endet. So gesehen ist nicht verwunderlich, dass das Fiatgeldsystem Zustimmung vor allem bei denjenigen findet, die das freie Marktsystem, den Kapitalismus, abschaffen und durch ein staatlich gelenktes Wirtschafts- und Gesellschaftsmodell zu ersetzen wünschen. Die voranstehend skizzierten ökonomischen Zukunftsszenarien sollten jedoch Grund genug sein für alle die, die die freie Wirtschaft und Gesellschaft bewahren oder wiederherstellen wollen, eine Abkehr vom Fiatgeldsystem einzufordern und einen freien Markt für Geld zu eröffnen.

Den Übergang meistern

Die Abkehr vom Fiatgeldsystem ist – und das dürfte bereits deutlich geworden sein – keine leichte Aufgabe. Zum einen ist die Einsicht in die überaus weitreichenden negativen Folgen des Fiatgeldsystems vermutlich in der Öffentlichkeit noch immer nicht weit genug verbreitet. Zum anderen kommt erschwerend hinzu, dass das bereits seit Jahrzehnten praktizierte Fiatgeldsystem einen großen Teil der Bevölkerungen sprichwörtlich von sich abhängig gemacht hat. Gerade vor dem Hintergrund der vermutlich gewaltigen und unmittelbar spürbar werdenden Anpassungskosten, die eine Abkehr vom Fiatgeldsystem nach sich ziehen würde, sind die Vorschläge, das Fiatgeldsystem zu beenden, bisher nicht auf fruchtbaren Boden gefallen.

Das aber hat eine ganze Reihe von Ökonomen, die allesamt der Österreichischen Schule der Nationalökonomie zuzurechnen sind, nicht davon abgehalten, Vorschläge für eine Geldreform beziehungsweise für den Übergang vom staatlichen Fiatgeldsystem auf einen freien Markt zu erarbeiten. Einige dieser Vorschläge werden nachfolgend vorgestellt und illustriert. Es wird dabei deutlich werden, dass sie, trotz Unterschieden im Detail, alle in wichtigen *Kernaspekten* übereinstimmen: das staatliche Geldproduktionsmonopol wird beendet; Zentralbanken stellen ihre Tätigkeiten ein; es gibt keinen staatlichen Eingriff in die Zinsmärkte mehr; man gesteht den Menschen die Freiheit bei der Geldwahl zu; staatliche Regulierungen im Bankgeschäft sind aufzuheben; die Bankfreiheit (»Free Banking«) wird eingeführt; rechtliche und steuerliche Privilegien des staatlichen Geldes enden.

Natürlich lässt sich ein ökonomisch und ethisch akzeptables Geldsystem rein gedanklich entwerfen, quasi auf dem Reißbrett skizzieren. Aber die große Herausforderung in unserer Zeit besteht vor allem darin, den Übergang zu meistern: vom Fiatgeld loszukommen und den Weg zum guten Geld zu ermöglichen. Dazu gehört, darüber nachzudenken, ob und wie die Kaufkraft der ausstehenden Fiatgeldmengen erhalten bleiben, ihr Totalverlust verhindert werden kann beziehungsweise ob und wie es gelingen könnte, das Fiatgeld in einen freien Markt für Geld zu entlassen. Auf diese Fragen ist bereits eine Reihe von Antworten vorgelegt worden. Sie sollen nun näher betrachtet werden.

Ludwig von Mises: Rückkehr zum Goldstandard

Bereits im Jahre 1952 – zu einer Zeit, in der der US-Dollar zumindest noch formalgesetzlich im Gold verankert war – verfasste Ludwig von Mises einen Vorschlag, durch den der Fiat-US-Dollar wieder fest und verlässlich an das Gold gebunden werden sollte.[3] Mises' Reformvorschlag wurde erstmalig als vierter Teil der Neuauflage seines Buches

The Theory of Money and Credit im Jahre 1953 veröffentlicht und sieht im Kern die Re-Etablierung eines Goldgeldes mit 100 Prozent Golddeckung für die *zusätzlich geschaffenen Sichteinlagen* der Banken vor. Für Mises war die Wahl des Goldes als Grundgeld quasi selbstverständlich: Die US-amerikanischen Gesetze definierten schließlich den Greenback, den Dollar, in Feingewicht Gold.

Als Mises sein Reformkonzept erarbeitete, entsprach 1 US-Dollar noch 1/35 Feinunze Gold. Da zu Beginn der 1950er-Jahre des vergangenen Jahrhunderts jedoch die US-Dollar-Geldmenge bereits stark vermehrt worden war im Vergleich zur offiziellen Goldreserve, die die US-Zentralbank vorhielt, musste eine neue Parität zwischen US-Dollar und dem Gold gefunden werden. Mises sprach sich nicht für die Rückkehr der Parität von 35 US-Dollar pro Feinunze aus, sondern er empfahl, die neue Parität durch das freie Spiel von Angebot und Nachfrage im Goldmarkt festlegen zu lassen. Dazu forderte Mises die Freigabe des Goldpreises, das heißt also das Beenden jedweder staatlicher Eingriffe im Goldmarkt. Der Goldpreis soll sich frei im Markt bilden, und wenn er sich eine gewisse Zeit auf ein neues Preisniveau eingependelt hat (»Parität«), und dort verbleibt, ist der US-Dollar zu eben dieser neuen, vom Markt gewählten Parität zu fixieren: Zu dieser neuen Parität ist der US-Dollar in die entsprechende Menge Feingold bei der US-Zentralbank eintauschbar.

Übrigens schlägt Mises die Errichtung einer »Conversion Agency« vor.[4] Ihre Aufgabe bestünde darin, das Gold der US-Zentralbank gegen Entgegennahme von US-Dollar zur offiziellen Parität zu verkaufen, aber auch Gold gegen Ausgabe von US-Dollar-Banknoten zur Parität zu kaufen. Mises spricht sich dabei ausdrücklich gegen die Einbeziehung der US-Zentralbank bei diesen Vorgängen aus: »It is essential for the reform suggested that the Federal Reserve System should be kept out of its way. Whatever one may think about the merits or demerits of the Federal Reserve legislation of 1913, the fact remains that the system has been abused by the most reckless inflationary policy. No institution and no man connected in any way with the blunders and sins of the past decades must be permitted to influence future monetary conditions.«[5]

Mises' Vorschlag zielt darauf ab, dass die US-Zentralbank mit der Vermehrung der US-Dollar-Geldmenge aufhört, und zwar mit sofortiger Wirkung. Jede weitere Inflationierung wird dadurch verhindert. Zirkulationskredite, Teilreservehaltung, ja, das gesamte Zentralbankwesens samt Kredit- und Geldmengenvermehrung und Zinspolitik werden nachfolgend beendet. Die US-Dollar-Geldmenge kann folglich fortan nur noch steigen, wenn die Goldmenge in der Verfügung der Banken steigt. Mises spricht sich weiterhin ausdrücklich für ein Goldgeldsystem aus, in dem auch kleine Goldmünzen im Tagesgeschäft von den Menschen verwendet werden.[6] Gerade im täglichen Gebrauch des Münzgoldes sah Mises einen wichtigen Faktor, damit die Menschen den Verlockungen des ungedeckten, inflationären Fiatgeldes widerstehen und ihre monetäre Souveränität behaupten können.

Friedrich August von Hayek: Entnationalisierung des Geldes

In seinem Buch *Denationalisation of Money* (1976) fordert Friedrich August von Hayek, Wirtschaftsnobelpreisträger des Jahres 1974, die Geldproduktion zu privatisieren.[7] Der Grund für seinen Vorschlag ist, dass der Staat die Hoheit über das Gold missbraucht. So schreibt Hayek: »Die Geschichte staatlichen Umgangs mit Geld ist, mit Ausnahme einiger kurzer glücklicher Perioden, eine Geschichte von unablässigem Lug und Trug. In dieser Hinsicht haben sich Regierungen als weit unmoralischer erwiesen, als es je eine privatrechtliche Körperschaft hätte sein können, die im Wettbewerb mit anderen eigene Arten von Geld auf den Markt bringt.« Hayek erblickt im freien Währungswettbewerb, im Marktprozess, die Lösung, um zu gutem Geld zu gelangen.

Konkret gesprochen besteht Hayeks Idee darin, dass ein jeder die Freiheit haben soll, Güter anzubieten, die sich als Geld etablieren können. Gleichzeitig steht es jedem frei, das Gut als Geld nachzufragen, das er für seine Zwecke am geeignetsten hält. Zwar scheint Hayeks Vorschlag aus Sicht der Österreichischen Schule der Nationalökonomie zunächst folgerichtig und höchst willkommen zu sein: Schließlich fordert er ja, das Geld wieder zu einem Marktphänomen zu machen. Wenn man jedoch Hayeks Vorschlag genauer durchdenkt, dann offenbaren sich einige inhaltliche umsetzungstechnische Schwachstellen – die der Akzeptanz seiner Idee eines freien Marktgeldes in der Wissenschaft und in der Öffentlichkeit vermutlich mehr geschadet als genützt haben. An dieser Stelle sind drei Kritiken vorzubringen.[8]

(1) Hayek hat formuliert, dass ein jeder Geld anbieten könnte, indem er beispielsweise mit »10 Hayeks« oder »10 Müllers« bedruckte Scheine auf den Markt bringt in der Hoffnung, dass sie sich als Geld etablieren. Doch das ist handlungslogisch gesehen irrtümlich. Mises' Regressionstheorem lehrt schließlich, dass Geld nur aus einem (Sach-) Gut entstehen kann, das, bevor es als Geld Verwendung findet, bereits einen Marktwert gehabt haben muss allein aufgrund seiner nicht-monetären Nutzung. Das bedeutet, dass sich Papier- oder Baumwollzettel mit der Aufschrift 10 Hayeks oder 10 Müllers nicht als Geld durchsetzen können: Niemand wüsste, was ihr Tauschwert wäre, und niemand (der bei Sinnen ist) würde sie als Geld akzeptieren. Geld lässt sich nicht »mal eben so« beziehungsweise *ex machina* einführen.

(2) Hayek unterscheidet in seinem Vorschlag nicht sachgerecht zwischen Grundgeld und Geldsubstituten. In einem freien Markt für Geld wird sich (vermutlich relativ schnell) ein Grundgeld herausbilden. Beispielsweise Gold. Wenn Bankfreiheit herrscht, dann werden sogleich unterschiedliche Anbieter auftreten und im Markt für Geldsubstitute, nicht aber im Markt für Grundgeld miteinander konkurrieren. Sie werden Verwahr-, Sicherheits- und Zahlungsdienste für das Grundgeld anbieten. Der Wettbewerb wird also im Bereich der Geldsubstitute, nicht im Bereich des Grundgeldes stattfinden.

(3) Hayek zufolge kann das neue Geld auf zwei Wegen vermehrt werden. Zum einen durch Kreditgewährung. Ist das aber der Fall, treten – und das ist leicht einzusehen – die gleichen Probleme wie im heutigen Fiatgeldsystem auf: Güterpreisinflation, Wirtschaftsstörungen, Boom und Bust. Die Ausgabe von neuem Geld per Kreditvergabe bietet also keine Lösung der Probleme, die es zu lösen gilt. Zum anderen kann laut diesem Vorschlag von Hayek die Geldmenge ausgeweitet

werden, indem die Geldanbieter mit ihrem neu geschaffenen Geld Güter kaufen. Doch niemand, der bei Verstand ist, wird aus dem Nichts geschaffene »10 Hayeks« oder »10 Meiers« als Geld akzeptieren – diese Erkenntnis folgt unmittelbar aus dem bereits angesprochenen Regressionstheorem.

Hayek hat vermutlich mit seiner Erklärung, wie eine Privatisierung des Geldes, wie der Währungswettbewerb funktionieren würde, erhebliche Verwirrung gestiftet. Daher sei hier noch einmal darauf hingewiesen, dass in einem Währungswettbewerb die (Depositen-)Banken lediglich die Funktion von Lagerhäusern ausüben. Sie produzieren selbst kein Grundgeld. Die von ihnen ausgegebenen Lagerhaus-Scheine (Geldsubstitute beziehungsweise Geldzertifikate) wären – nachdem ein Sachgut als Grundgeld gewählt wurde – jederzeit von seinen Besitzern beim Lagerhaus zum Nennwert in das Grundgeld eintauschbar. Der Währungswettbewerb könnte zwar eine Vielzahl von Lagerhaus-Scheinen hervorbringen (ausgegeben von Bank A, B und C und so weiter). Sie alle aber würden das Grundgeld repräsentieren, das die Kunden bei ihrer Bank hinterlegt haben.

Exkurs: US-Bundesstaaten machen es vor – Gold und Silber als konkurrierende Zahlungsmittel zum US-Dollar

Viele US-Bundesstaaten haben in den letzten Jahren die Umsatz- und Kapitalertragssteuer auf Edelmetalle abgeschafft und sie steuerlich dem US-Dollar gleichgestellt. Damit sind insbesondere Gold und Silber zu echten Konkurrenten für den Greenback geworden. Hinter den Gesetzesänderungen verbirgt sich ein politisches Anliegen: die Monopolstellung der US-Zentralbank beziehungsweise des US-Dollar aufzuheben. Beispielsweise hat es im US-Bundesstaat Wyoming im März 2018 eine bedeutende Gesetzesänderung gegeben: die Verabschiedung des »Wyoming Legal Tender Act« (»House Bill 103«). Danach sind Gold- und Silbermünzen, die von der US-Regierung oder von einer Regierung im Ausland begeben wurden, als *gesetzliches Zahlungsmittel* anerkannt. Es gibt allerdings *keinen* Annahmezwang für Gold und Silber, wie es beim gesetzlichen Zahlungsmittel (»Legal Tender«) in Form des US-Dollar der Fall ist.[9] Nicht weniger bedeutsam ist die steuerliche Gleichstellung von Gold und Silber gegenüber dem US-Dollar: Beide Edelmetalle unterliegen nicht mehr der Umsatzsteuer, und Gewinne oder Verluste aus Transaktionen, die mit Gold und Silber abgewickelt werden, sind nicht mehr der Kapitalertragssteuer unterworfen. Die neue Gesetzgebung hat damit Gold und Silber in Wyoming zu echten alternativen Zahlungsmitteln gegenüber dem US-Dollar gemacht.

Gesetzliches Zahlungsmittel (»Legal Tender«) – was ist damit gemeint?

Als gesetzliches Zahlungsmittel (im Englischen: »Legal Tender« genannt) bezeichnet man das Zahlungsmittel, das niemand zur Erfüllung einer Geldforderung ablehnen kann, ohne rechtliche Nachteile zu erleiden: Eingegangene Schuldverhältnisse erlöschen durch die Zahlung in Form des gesetzlichen Zahlungsmittels (schuldbefreiende Wirkung). Definition und Ausprägung der gesetzlichen Zahlungsmittel sind von Land zu Land unterschiedlich. Beispielsweise ist im Euroraum das *Euro-Bargeld* – Banknoten und Münzen – das gesetzliche Zahlungsmittel. In Deutschland sind auf Euro lautende Banknoten das *unbeschränkte* gesetzliche Zahlungsmittel. Euro-Münzen sind *beschränkte* gesetzliche Zahlungsmittel, da niemand verpflichtet ist, mehr als 50 Münzen oder Münzen im Wert von über 200 Euro anzunehmen. Die Euro-Giroguthaben, die bei Geschäftsbanken oder der Europäischen Zentralbank (EZB) gehalten werden, sind *kein* gesetzliches Zahlungsmittel. Der Status des gesetzlichen Zahlungsmittels privilegiert folglich die offiziellen Währungen gegenüber alternativen Tausch- beziehungsweise Zahlungsmitteln.

Woher stammen die Zahlkraftgesetze? In früheren Zeiten wurden Kreditverträge abgeschlossen, in denen nicht selten salopp die zu begleichende Schuld in »Geld« ausgewiesen wurde, ohne dass genau gesagt wurde, was unter Geld zu verstehen sei.[10] Die Staaten erließen daraufhin sogenannte Zahlkraftgesetze (»Legal Tender Laws«), die (im Grunde willkürlich) festlegten, was als Geld zu akzeptieren sei. Weil die Staaten damit etwas als Geld spezifizierten, das zuweilen nicht den Vorstellungen der

Marktparteien entsprach, stellten sich Probleme ein – vor allem in der Zeit des Bimetallismus (in denen Gold und Silber als Geld Verwendung fanden). Nehmen wir an, ein Kreditvertrag wurde abgeschlossen zu einer Zeit, in der 1 Feinunze Gold 16 Feinunzen Silber entsprach, und dass der Staat bestimmt hatte, dass das Austauschverhältnis zwischen Silber und Gold 16 : 1 ist, dass also als Geld 1 Feinunze Gold gleichbedeutend ist mit 16 Feinunzen Silber. Nehmen wir nun an, der Marktpreis zwischen Silber und Gold hat sich am Rückzahlungszeitpunkt des Kredits geändert, er ist auf 15 : 1 gefallen. Silber hat folglich aufgewertet gegenüber Gold. Gold ist nun zum staatlich bestimmten Austauschverhältnis von 16 : 1 *überbewertet*, Silber *unterbewertet*. Folglich werden die Schuldner ihre Schuld im vom Staat unterbewerten Gold begleichen. In diesem Fall profitiert der Schuldner – dank des staatlichen oktroyierten Austauschverhältnisses zwischen Silber und Gold – auf Kosten des Gläubigers.

Aber nicht nur in Wyoming hat es Gesetzesänderungen gegeben, die die Verwendung von Edelmetallen zu Geldzwecken begünstigen, sondern auch in einer Reihe anderer US-Bundesstaaten. Bereits im März 2017 wurde in Arizona die Gesetzgebung geändert (»HB 2014«): Auch Arizona hat Edelmetalle – und zwar soweit sie von der US-Verfassung oder dem US-Kongress autorisiert sind, also von der US-Münze (»US-Mint«) ausgegeben werden – als *gesetzliche Zahlungsmittel* neben dem US-Dollar anerkannt.[11] Zudem sind die Edelmetalle Gold, Silber, Platin und Palladium von der Mehrwertsteuer ausgenommen. Und sie unterliegen auch nicht mehr der Kapitalertragssteuer. Es macht steuerlich für die Vertragsparteien folglich keinen Unterschied mehr, ob sie Transaktionen in US-Dollar oder in Gold-, Silber-, Platin- oder Palladiummünzen abwickeln. Die Annahme von Edelmetallen für schuldbefreiende Zahlungen in Arizona ist, wie in Wyoming auch, freiwillig.

Im US-Bundestaat Utah wurden bereits im März 2011 Gold und Silber als gesetzliche Zahlungsmittel akzeptiert (»Legal Tender Act of 2011«) und zwar in Form von Gold- und Silbermünzen, die von der US-Münze begeben werden. Auch hier gilt: Gold- und Silbermünzen sind von der Umsatz- und Kapitalertragssteuer ausgenommen, und es wird niemand verpflichtet, Gold- und Silbermünzen als schuldbefreiendes Zahlungsmittel zu akzeptieren.

Im größten US-Bundesstaat Texas wurden im Jahr 2013 Edelmetalle von der Umsatzsteuer befreit (der Bundesstaat Texas erhebt keine eigene Einkommenssteuer, sodass es auch keine Kapitalertragssteuer auf Edelmetalle gibt). Zudem wurde am 6. Juni 2018 der »Texas Bullion Depository« eröffnet. Dabei handelt es sich um eine vom Staat Texas geführte Lagerstätte für Edelmetalle. US-Bürger können dort ein Konto eröffnen und ihr Edelmetall persönlich einliefern oder es per Post zusenden.[12] Das Texas Bullion Depository hat durchaus das Potenzial, späterfolgend als »Bank« zu agieren – und zwar indem es die Edelmetalle ihrer Kunden nicht nur einlagert und bewacht, sondern die Edelmetalle auch für Zahlungszwecke nutzbar macht.

Die aufgeführten Beispiele zeigen, dass etwas in Bewegung gekommen zu sein scheint in Amerika, dass es hier nicht nur Worte, sondern auch handfeste Taten gibt, um Edelmetalle, insbesondere Gold und Silber, als Alternative zum US-Dollar zu etablieren beziehungsweise deren Renaissance als Zahlungs- und Wertaufbewahrungsmittel zu befördern. Die US-Bundesstaaten gehen dabei allerdings unterschiedliche Wege: über die Abschaffung der Umsatz- und Kapitalgewinnsteuer auf Edelmetalltransaktionen bis hin zur Anerkennung der Edelmetalle als gesetzliches Zahlungsmittel – wobei sie, im Gegensatz zum US-Dollar, bisher durchweg auf freiwilliger Basis, nicht per Zwang akzeptiert werden sollen.

Das Bestreben, die Besteuerung von Edelmetallen auch auf US-Bundesebene zu beenden, hat auch Washington, D. C., erreicht: Am 7. September 2018 legte der US-Kongressabgeordnete Alex Mooney (ein Republikaner aus West Virginia) einen Gesetzesentwurf mit dem Titel »Monetary Metals Tax Neutrality Act« vor, durch den alle Bundessteuern auf Edelmetalle abgeschafft werden sollen; Umsatz- und Kapitalertragssteuer sollen für sie nicht mehr relevant sein. Bislang ordnet die US-Steuerbehörde (»Internal Revenue Service«, kurz IRS) Edelmetalle als »Sammlerstücke« (als »Collectibles«) ein und unterwirft sie (genauso wie zum Beispiel Kunst und Baseball-Karten) einer Kapitalgewinnsteuer von 28 Prozent. Der »Monetary Metals Tax Neutrality Act« sieht zudem vor, nicht nur Edelmetalle, die von der US-Münze ausgegeben werden, sondern (»refined«) Gold- und Silbermünzen, Gold- und Silberbarren und Gold- und Silber-»Ingots« von jedweder Besteuerung auszunehmen. Bestrebungen, Gold und Silber zum gesetzlichen Zahlungsmittel zu machen, sieht der Gesetzesvorschlag allerdings nicht vor.

Was steckt hinter dem Bestreben in den US-Bundesstaaten, Edelmetalle, vor allem Gold und Silber, als Zahlungsmittel »marktfähiger« zu machen beziehungsweise wiederzubeleben? Zwei Faktoren sind hervorzuheben. Erstens: Die Edelmetalle Gold und Silber repräsentieren den »ursprünglichen« US-Dollar: Im Münzgesetz von 1792 (»Coinage Act«) wurde der US-Dollar in Gold- und Silber-Feingewicht definiert (im Münzgesetz von 1873 wurde der US-Dollar dann nur noch in Gold definiert, das Silber demonetisiert). Und bis Anfang der 1970er-Jahre bestand (zumindest formal) noch eine Golddeckung des Greenback, die die US-Administration unter Präsident Richard Nixon (1913–1994) per Handstreich aufhob. So gesehen gibt es also eine ganz »natürliche«, traditionelle Verbindung zwischen dem US-Dollar und Gold und Silber.

Zweitens: Die Geldpolitik, mit der die US-Zentralbank (Fed) auf die Finanz- und Wirtschaftskrise 2008/2009 reagiert (und vor allem auch ihre schützende Hand über das »Washington-Establishment« sowie »Wall Street« gehalten) hat, führte zu großer Kritik in der Bevölkerung. Vielen Amerikanern hat das die Augen geöffnet. Sie haben erfahren, dass etwas nicht stimmt: mit welcher Beliebigkeit die US-Dollar-Geldmenge von der Fed in kurzer Zeit drastisch erhöht werden kann, und dass das nicht nur eine preistreibende Wirkung, sondern vor allem auch eine Umverteilung »von unten nach oben« nach sich zieht.

In Amerika ist die Kritik am Zentralbanksystem schon seit geraumer Zeit im Gange, ist weitaus kraftvoller und viel inhaltsstärker als zum Beispiel in Europa. Der ehemalige Kongressabgeordnete Dr. Ron Paul hat sich hier besonders verdient gemacht.[13] Seit vielen Jahren klärt er unermüdlich die US-Öffentlichkeit über die Probleme auf, die die

US-Zentralbank verursacht. Dazu zählen: Inflation – und die damit verbundene Entwertung der Ersparnisse –, Verteilungsungerechtigkeit, Spekulationsblasen, Wirtschaftsstörungen (Kapitalfehlallokationen), Konjunkturschwankungen (Boom und Bust) und die wachsende Verschuldung von privaten Haushalten, Unternehmen und staatlichen Stellen. Ein Ziel der Zentralbankkritiker ist es, Gold und Silber als Geld wieder zu (re-)etablieren.

Das Ende der steuerlichen Benachteiligung:

Wie voranstehend ausgeführt, haben die Gesetzesänderungen in vielen US-Bundesstaaten dazu geführt, die steuerliche Benachteiligung der Edelmetalle, die sozusagen »natürliches Geld« darstellen, gegenüber dem US-Dollar zu beenden – und zwar durch die Aufhebung der Umsatz- und der Kapitalertragssteuer auf die Edelmetalle. Das ist in der Tat ein überaus wichtiger Schritt, um die Verwendung von Edelmetallen als Zahlungsmittel und Wertaufbewahrungsmittel zu ermutigen.

Umsätze, die mit dem offiziellen Geld – in den USA ist es der US-Dollar, im Euroraum der Euro, in Japan ist es der Yen – abgewickelt werden, werden nicht besteuert. Wenn zum Beispiel Herr A mit 100 Euro einen Pullover in einem Modehaus kauft, fällt für ihn – den Käufer – keine Besteuerung an (das gilt natürlich nicht für den Verkäufer, der Umsatz- und Gewinnsteuern abzuführen hat). Wird eine Mehrwertsteuer erhoben, wird beim Kauf von Edelmetallen (das heißt beim Tausch von offiziellem Geld gegen Edelmetalle) Mehrwertsteuer fällig, und sie muss vom Edelmetallkäufer gezahlt werden.[14] Das verteuert die Kosten für alle, die Edelmetalle erwerben wollen. Mit anderen Worten: Die Verwendung von Edelmetallen als Tauschmittel gegenüber anderen offiziellen Währungen wird entmutigt. Zudem ist der Effekt der Kapitalgewinnsteuer zu beachten.

Nehmen wir an, Herr A kauft *heute* eine Goldmünze für 1200 US-Dollar. In den kommenden Jahren steigt die Inflation stark an, sodass sich nach fünf Jahren alle Preise verdoppelt haben, einschließlich des Preises der Goldmünze. Herr A kann dann die Goldmünze für 2400 US-Dollar verkaufen. Wird eine Kapitalertragssteuer auf Edelmetalle erhoben, muss er einen Gewinn von 1200 US-Dollar (Verkaufspreis von 2400 US-Dollar minus Einkaufspreis von 1200 US-Dollar) versteuern. Bei einem Steuersatz von, sagen wir, 28 Prozent beläuft sich die Steuerlast auf 336 US-Dollar. Der Verkaufsgewinn von Herrn A schrumpft damit auf 864 US-Dollar. Doch Vorsicht: Nominal betrachtet ergibt sich zwar immer noch ein Gewinn, nicht aber, wenn man die Inflation berücksichtigt!

	[1] Nominal	[2] Preisniveau	[3] Real
Kaufpreis in US-Dollar	1200	1	1200
Verkaufspreis in US-Dollar	2400	2	1200
Gewinn in US-Dollar	1200	2	0
Steuersatz in Prozent	28	...	28
Steuer in US-Dollar	336	2	168
Gewinn nach Steuer in US-Dollar	864	2	-168

Quelle: Eigene Berechnungen

Weil die Inflation alle Preise verdoppelt hat, stellt der Anstieg des Verkaufspreises der Goldmünze auf 2400 US-Dollar *keinen echten* Gewinn- beziehungsweise Kaufkraftzuwachs, sondern nur einen *inflationären Scheingewinn* dar; in realer Rechnung ist Herr A nicht reicher geworden. Aber er muss jetzt Kapitalertragssteuer zahlen auf den inflationären Scheingewinn von 1200 US-Dollar. Bei einem Steuersatz von, sagen wir, 28 Prozent sind das nominal 336 US-Dollar, in inflationsbereinigter Rechnung sind es 168 US-Dollar. Die Besteuerung des inflationären Scheingewinns führt folglich dazu, dass der Goldverkäufer einen *realen Verlust* von 168 US-Dollar erleidet! Unter diesen steuerlichen Bedingungen können Gold und Silber nicht als Inflationsschutz dienen. Aber diese steuerliche Diskriminierung ist ja nun in einigen US-Bundesstaaten abgeschafft worden.

Wenn es keine Besteuerung der Edelmetalle gibt, können Edelmetalle ein effektiver Inflationsschutz sein. Das soll das nachstehende Beispiel erläutern. Nehmen wir an, ein Laptop kostet 1000 Euro. Sollte sich der Preis der Laptops verdoppeln, fällt die Kaufkraft Ihrer 1000 Euro um die Hälfte. Nehmen wir weiterhin an, der Goldpreis beträgt 1000 Euro pro Feinunze und dass der Goldpreis im Gleichschritt mit der Inflation steigt. Gold erhält dann seine Kaufkraft – es bewahrt den Goldbesitzer vor Kaufkraftverlusten, wie ihn unweigerlich die Halter von Euro-Geld erleiden.

Beispiel 2: Kaufkraft des ungedeckten Geldes und des Goldgeldes

[1] Preis eines Laptops in Euro	[2] Kaufkraft von 1000 Euro(*)	[3] Goldpreis pro Feinunze in Euro(**)	[4] Kaufkraft einer Feinunze Gold
1000	1,00	1000	1
1200	0,83	1200	1
1440	0,69	1440	1
1728	0,58	1728	1
2074	0,48	2074	1
2488	0,40	2488	1
2986	0,33	2986	1

Quelle: Eigene Berechnungen. (*) Anzahl der Laptops, die man mit 1000 Euro kaufen kann (also Spalte [2] dividiert durch Spalte [1]). (**)Annahme: Goldpreis steigt mit der Inflation an.

Was bedeutet es für Händler und Geschäftsleute, wenn sich neben dem US-Dollar auch Gold und Silber als Zahlungsmittel etablieren sollten? Sie haben die Wahl: Sie können die Preise ihrer Güter in US-Dollar auszeichnen, in Gold und Silber – und zwar in einer Gewichtseinheit wie Gramm oder Unzen – oder auch in US-Dollar, Gold und Silber (oder auch nur in einem Edelmetall). Steigt die Inflation, müssen die Händler natürlich ihre US-Dollar-Preise anpassen, also die Anzahl der US-Dollar erhöhen, die für die Güter zu zahlen sind. Erfolgt die Preisauszeichnung der Güter hingegen in Gold und Silber (kostet zum Beispiel ein Kleid 1 Feinunze Gold), gibt es einen Vorteil: Bei Inflation der US-Dollar-Geldmenge ist keine Preisanpassung bei Gold nötig. Der reale Tauschwert von Gold bleibt, wie das obige Beispiel illustrieren soll, von der US-Dollar-Preisinflation unberührt – vorausgesetzt der Preis von Gold, in US-Dollar gerechnet, hält mit der Inflation der US-Dollar-Preisinflation Schritt, womit man zumindest langfristig durchaus rechnen kann.

Murray N. Rothbard: Golddeckung des US-Dollar

Murray N. Rothbard stellte in seinem Buch *The Mystery of Banking* (1983) eine Reform vor, um den US-Dollar wieder im Gold zu verankern und den Weg zurück zum freien Marktgeld zu ebnen.[15] Sein Vorschlag, der auf Mises' Reformansatz aufbaut, ist eine auf Praxiserfordernisse zugeschnittene Mehrstufen-Strategie. Die US-Dollar-Geldmenge (beziehungsweise die Giroguthaben, die Kunden bei den Geschäftsbanken halten, etwa in Form der Geldmenge M2) wären zunächst, so Rothbard, in einem festen Umtauschverhältnis an die Goldbestände zu binden, die im Keller der Zentralbank lagern. Das Umtauschverhältnis errechnet sich dabei wie folgt: ausstehende US-Dollar-Geldmenge dividiert durch den Goldbestand der US-Zentralbank.

Die vorhandene Geldmenge ist mit einem solchermaßen bestimmten Umtauschverhältnis vollständig (zu 100 Prozent) mit Gold gedeckt. Gleichzeitig erhalten die Geldhalter das Recht, ihre Guthaben jederzeit in eine entsprechende Menge Feingold bei der US-Zentralbank umzutauschen. Weiterhin ist die amerikanische Münze (»US Mint«) zu privatisieren, Schmelzen und Prägen wird von privaten Firmen angeboten. Das Bankensystem wird privatisiert, die Bankfreiheit (»Free Banking«) wird eingeführt. Die Zentralbank verliert ihr Geldproduktionsmonopol, sie wird geschlossen und abgewickelt. Geldmenge und Zins werden fortan im freien Markt bestimmt.

Rothbards Vorschlag für eine 100-prozentige Golddeckung für alle Bankguthaben mit den offiziellen Goldreserven der Zentralbank stellt sicher, dass die bestehende Fiatgeldmenge erhalten bleibt und nicht durch Bankenpleiten (teilweise) verloren gehen kann. Eine monetär verursachte Güterpreisdeflation, die unweigerlich für eine Verschärfung der wirtschaftlichen Anpassung sorgen würde, wird verhindert. Wie Mises spricht sich auch Rothbard für eine Rückkehr zum Goldgeld aus – ein Goldgeld, das keinerlei staatlicher Einflussnahme mehr unterliegt –, nicht zuletzt weil er im Goldgeld eine natürliche, in der Menschheitsgeschichte erprobte Geldart erblickt.

Welche Konsequenzen hätte Rothbards Geldreformvorschlag mit Blick auf die heutige Datenlage? Die Goldreserven der US-Zentralbank belaufen sich offiziellen Angaben zufolge auf 261,5 Millionen Feinunzen (eine Feinunze entspricht 31,10347 Gramm).[16] Die amerikanische Zahlungsmittelmenge in Form von Bargeld (Noten und Münzen) und Sichtguthaben der Privaten bei Geschäftsbanken betrug im April 2023 7199 Mrd. US-Dollar. Würde man sie mit dem Gold der US-Zentralbank decken, ergäbe sich ein Umtauschverhältnis von 2753 US-Dollar pro Feinunze Gold. Hingegen wäre ein Umtauschverhältnis von 80 472 US-Dollar pro Feinunze Gold erforderlich, wenn die US-Geldmenge M2 zu 100 Prozent mit dem Gold der US-Zentralbank gedeckt werden sollte.

Würde Rothbards Ansatz im Euroraum angewandt, so ergäben sich folgende Umtauschverhältnisse: Eine 100-prozentige Deckung der Euro-Geldmenge M1 mit dem Goldbestand des Eurosystem vom April 2023 in Höhe von 346,36 Millionen Feinunzen hätte einen Goldpreis von etwa 31 504 Euro pro Feinunze bedeutet, eine 100-prozentige Deckung von M3 46 287 Euro pro Feinunze.

Der Grund für den im Gegensatz zum herrschenden Marktpreis des Goldes (er betrug im Juni 2023 etwa 1930 US-Dollar [1773 Euro]) pro Feinunze hohen Umtauschwert ist, dass die Zentralbanken in den letzten Jahrzehnten die Papiergeldmengen stark ausgeweitet haben, während die von ihnen gehaltenen Goldbestände entweder unverändert geblieben sind (wie in den Vereinigten Staaten von Amerika) oder aber reduziert wurden (wie im Euroraum, denn hier haben einige Zentralbanken Teile ihrer Goldbestände verkauft). Man kann also sagen: Die Golddeckung der offiziellen Fiatwährungen hat in den letzten Jahrzehnten (stark) abgenommen.

George Reisman: Sanfte Rückkehr zum Goldgeld

George Reisman empfiehlt in seinem Buch *Capitalism* (1998), einen 100-Prozent-Goldstandard zu etablieren. Er will damit, erstens, einen Ausstieg aus dem inflationären Fiatgeldsystem ermöglichen und zweitens erreichen, dass durch einen solchen Ausstieg eine gesamtwirtschaftliche Depression, ein Kollaps des Finanzsektors, vermieden wird. Dazu schlägt Reisman vor, die Wiederverankerung des Fiatgeldes im Gold in einer Weise zu vollziehen, dass das nominale Volkseinkommen (die produzierte Gütermenge multipliziert mit den herrschenden Preisen) erhalten bleibt. Dazu will Reisman die goldbasierte Geldmenge unter Berücksichtigung der Umlaufgeschwindigkeit des Geldes bestimmen. Wie das geschehen kann, soll ein Beispiel verdeutlichen.

Nehmen wir an, das nominale Bruttoinlandsprodukt (BIP) beträgt 26,5 Billionen US-Dollar, die Geldmenge M2 21 Billionen US-Dollar. Die Umlaufgeschwindigkeit der Geldmenge M2 beträgt folglich 1,26. (Das heißt, die Geldmenge M2 wird im Durchschnitt 1,26 Mal im Jahr für Umsätze verwendet, um das BIP zu finanzieren.) Bei einem Goldvorrat der US-Zentralbank von 261,5 Millionen Feinunzen ergibt sich ein Goldpreis, der eine 100-Prozent Deckung der US-Dollargeldmenge M2 sicherstellt, von etwa 80 472 USD/oz.

Reisman nimmt nun an, dass bei einer Wiederverankerung des US-Dollar im Gold die Umlaufgeschwindigkeit abnimmt (dass also fortan mehr Geld gehalten wird als vorher). Nehmen wir an, es ist bei solch einer Umstellung mit einer Halbierung der bisher beobachtbaren Umlaufgeschwindigkeit zu rechnen. Um in einem solchen Fall zu verhindern, dass die Umstellung zu einer Verknappung des monetären Angebots führt, ist eine Geldmengenerhöhung erforderlich, also ein höherer Goldpreis nötig, damit das nominale BIP aufrecht erhalten werden kann – in unserem Beispiel müsste der Preis für den bestehenden Goldvorrat also auf knapp 160 944 USD/oz festgelegt werden.

Was ist von Reismans Vorschlag zu halten? Reisman ist bestrebt, die wirtschaftlichen und politisch-sozialen Negativeffekte einer Umstellung auf gutes Geld zu verringern. Ein durchaus verständliches Ziel, das vor allem auch öffentliche Unterstützung finden und damit eine Geldreform erleichtern kann. Allerdings lassen sich mit Blick auf Reismans Vorschlag insbesondere zwei Kritikpunkte anführen. Erstens: Über die Höhe der Umlaufgeschwindigkeit, die sich nach erfolgter Umstellung einstellen wird, besteht Unsicherheit. Wird sie im Vorfeld der Umstellung zu hoch oder zu niedrig eingeschätzt, folgt ein deflationärer beziehungsweise inflationärer Effekt. Zweitens: Berücksichtigt werden muss bei einer solchen Umstellung (und das gilt gleichermaßen für die Vorschläge von Mises und Rothbard), dass eine Rezession im Zuge der Geldreform unvermeidbar ist. Denn der bislang künstlich gedrückte Marktzins kehrt wieder auf sein natürliches Niveau zurück, weil die Vermehrung der Kredit- und Fiatgeldmenge endet. Aus Boom wird unweigerlich Bust. Reismans Idee, in die Praxis umgesetzt, könnte immerhin jedoch eine vergleichsweise *sanfte* Rückkehr zum Goldstandard ermöglichen.

Jesus Huerta de Soto: Schrittweise zum freien Marktgeld

In seinem Buch *Money, Bank Credit and Economic Cycles* (2020) schlägt der spanische Ökonom Jesús Huerta de Soto (* 1956) einen fünf Phasen umfassenden Reformweg vor, der den Weg vom monopolisierten staatlichen Fiatgeld zum freien Währungswettbewerb und Free Banking weisen soll.[17] Huerta de Soto setzt dabei auf die fortgesetzte Kooperationsfähigkeit und -bereitschaft des Staates, um das staatliche Fiatgeldmonopol im Zuge einer zeitlich gestreckten Strategie zu beenden. Während also Mises' und Rothbards Reformvorschläge auf ein unmittelbares Ende des staatlichen Fiatgeldes hinauslaufen, setzt Huerta de

Soto – wohl auch mit Blick auf politische Machbarkeitserwägungen – auf einen graduellen, mehr oder weniger zeitintensiven Übergang.

Sein Vorschlag hat jedoch ebenfalls zum Ziel, das staatliche Fiatgeld zu 100 Prozent mit Gold zu decken beziehungsweise aus der offiziellen Währung einen Anspruch auf physisches Gold gegenüber der Zentralbank zu machen. Das staatliche Fiatgeld wird dadurch privatisiert, es wird vor einem möglichen (Total-)Ausfall bewahrt. Danach kann der freie Währungswettbewerb einsetzen. Gold würde nachfolgend entweder über den Wettbewerb der Geldarten bestätigt, oder aber es können andere Geldarten hervortreten, die das Goldgeld ersetzen oder ergänzen. Wahlfreiheit der Währung, Free Banking, Abschaffung der Zentralbank sowie eine 100 Prozent Reserveplicht im Lagergeschäft (der Banken) sind die Grundpfeiler der Geldreform, die Huerta de Soto vorschlägt.

Politische Initialzündung: Kehrt Amerika zum Goldstandard zurück?

Herbst 2022: Hohe Energiepreise, anziehende Mieten und teure Nahrungsmittel – die Preisinflation bedroht den Lebensstandard vieler Amerikaner.[18] Im September lagen die Verbraucherpreise um 8,2 Prozent höher als im Vorjahr. Weil die Löhne nur um rund fünf Prozent zulegen, schmilzt die Kaufkraft der Bürger dahin. Der Unmut der Wähler über die Regierung und die Notenbank wächst. Und er ruft die Opposition auf den Plan. Anfang Oktober bringt der republikanische Kongressabgeordnete Alex Mooney aus West Virginia einen Gesetzesvorschlag ins Parlament ein, der eine radikale Neuordnung des US-amerikanischen Geldwesens vorsieht.[19] Mooney will den US-Dollar durch physisches Gold decken, das sich im Besitz des US-Schatzamtes befindet. Der Vorschlag ist die jüngste von mehreren Initiativen, die dem Edelmetall eine wachsende Bedeutung im Geldwesen zuweisen. In den vergangenen Jahren hat eine ganze Reihe von US-Bundesstaaten Edelmetalle als Zahlungsmittel attraktiver gemacht durch die

Abschaffung der Mehrwert- und Kapitalertragssteuer auf Gold und Silber, aber auch auf Platin und Palladium. Mooney begründet seine Initiative mit dem massiven Kaufkraftverlust des Greenback. Seit dem Jahr 2000 hat dieser 30 Prozent seiner Kaufkraft verloren, seit der Gründung der Notenbank Fed im Jahr 1913 waren es sogar rund 97 Prozent. Die von der Fed angestrebte Inflationsrate von 2 Prozent habe zu einer schleichenden Entwertung des Geldes geführt, kritisiert Mooney. Binnen 35 Jahren halbiere sie die Kaufkraft des Dollars. Dadurch verteile sie Vermögen um, begünstige Schuldner gegenüber Gläubigern, Besitzer von hochrentablen Finanzaktiva gegenüber Geldhaltern. Zudem habe die Geldentwertung die industrielle Basis Amerikas ausgehöhlt.

Mooney fordert daher, den US-Dollar zu einem festen Wechselkurs, der sich aus dem aktuellen Marktpreis für Feingold ableitet, an das Edelmetall zu binden. Die Fed soll verpflichtet werden, Banknoten zum festgelegten Preis in physisches Gold einzulösen – die Idee, das ungedeckte Papiergeld auf Basis eines am Markt gebildeten Goldpreises wieder im Edelmetall zu verankern, hatte Ludwig von Mises bereits in den frühen 1950er-Jahren entwickelt. Damit sich ein freier Marktpreis für Gold bilden kann, ist es erforderlich, neben dem Umfang der verfügbaren Goldbestände auch deren Qualität mit Blick auf den Goldgehalt zu kennen. Das US-Finanzministerium soll Mooneys Vorschlag zufolge deshalb alle Goldbestände des Staates offenlegen und über alle Käufe, Verkäufe, Swaps, Verleih-Geschäfte sowie andere Goldtransaktionen, die seit der Suspendierung der Einlösbarkeit des US-Dollars in Gold am 15. August 1971 erfolgt sind, informieren. Die Gesetzesinitiative sieht vor, nur die US-Banknoten, also die Dollar-Geldscheine, durch Gold zu decken. Sie machen jedoch nur einen kleinen Teil der US-Dollar-Geldmenge aus. Zu dieser zählt neben dem Bargeld auch das Buchgeld, das sich in Form von Sicht-, Spar- und Termineinlagen auf den Konten der Bürger bei den Banken befindet. Diese Einlagen können grundsätzlich in Banknoten eingelöst werden. Daher wäre es möglich, neben den Banknoten auch das Dollar-Buchgeld mit Gold zu unterlegen.

Welche Folgen aber hätte eine Deckung des Dollars durch Gold für die Volkswirtschaft? Der Bestand an US-Bargeld belief sich im Juni 2023 auf 2333,6 Milliarden US-Dollar. Die physischen Goldbestände des US-Schatzamtes beziehungsweise der Fed umfassen offiziellen Angaben zufolge 261,5 Millionen Feinunzen. Rein rechnerisch ergäbe sich daraus ein Marktpreis für Gold von etwa 8923 US-Dollar pro Feinunze. Gegenüber dem aktuellen Goldpreis von ungefähr 1930 US-Dollar entspräche das einem Anstieg von rund 462 Prozent. Deckte man die gesamte US-Geldmenge M2, also Bargeld und Buchgeld, durch Gold, ergäbe sich rechnerisch ein Preis von fast 84 500 US-Dollar pro Feinunze – ein Anstieg von 4278 Prozent gegenüber dem aktuellen Goldpreis. Eine derartige Aufwertung des Goldes hätte weitreichende Folgen.

So käme es zu einer gewaltigen Umverteilung von Einkommen und Vermögen. Denn das in Dollar gerechnete Gold seiner Besitzer gewänne drastisch an Wert. Verwenden die Goldbesitzer ihre gestiegene Kaufkraft dazu, Güter zu kaufen (Konsumgüter, aber auch Aktien und Häuser), dürften deren Preise kräftig zulegen. Der anfängliche Kaufkraftgewinn, den die Goldbesitzer durch die Anbindung an den gestiegenen Goldpreis erzielen, schmilzt dadurch allerdings wieder ab. Der preistreibende Effekt der Wiederverankerung des US-Dollars im Gold fiele noch höher aus, sollten die US-Banken bereit sein, zusätzliches Gold etwa aus dem Ausland gegen Ausgabe von neuen US-Dollar zu akzeptieren. Die Folge: Die höheren Preise für Güter ließen den realen Wert der Schulden sinken, Schuldner würden entlastet, Gläubiger hätten das Nachsehen.

An den Devisenmärkten würde der US-Dollar vermutlich kräftig gegenüber all jenen Währungen aufwerten, die nicht oder nur in einem geringeren Maße als der Greenback durch Gold gedeckt sind. Die Kaufkraft der US-Amerikaner im Ausland nähme zu, Importe verbilligten sich. Dagegen büßte die US-Exportwirtschaft an preislicher Wettbewerbsfähigkeit auf den Absatzmärkten außerhalb des Dollar-Raums ein.

Die Anbindung des Dollars an Gold hätte mithin drastische Auswirkungen auf das inneramerikanische und weltwirtschaftliche Gefüge. Ist die Gesetzesinitiative von Mooney deshalb unvernünftig, die fixe Idee eines ökonomischen Hasardeurs? Mitnichten. Denn den kurzfristigen Kosten und Anpassungsschmerzen eines geldpolitischen Regimewechsels gilt es dessen langfristigen Nutzen gegenüberzustellen. Dieser bestünde darin, dass die Kaufkraft des Geldes jene Stabilität zurückgewönne, die ihr im ungedeckten Papiergeldsystem verloren gegangen ist. Halten die politischen Entscheidungsträger an der Golddeckung fest, können sie die Geldmenge nicht mehr willkürlich vermehren oder verringern. Die chronische Inflation, die das Fiatgeld kennzeichnet, gehörte der Vergangenheit an. Auch gäbe es keine monetär verursachten Boom-und-Bust-Zyklen mehr. Darüber hinaus bestünde die Chance auf eine friedlichere Welt, weil die staatliche Kriegsfinanzierung wegen der begrenzten Goldbestände im wahrsten Sinne des Wortes unbezahlbar würde.

Dennoch kann die Gesetzesinitiative von Mooney nicht vollständig überzeugen. Ihr fehlt ein entscheidender, finaler Schritt auf dem Weg zu einem guten Geld: die Wahlfreiheit beim Geld. Erst wenn die Menschen frei entscheiden können, welches Geld sie verwenden wollen, kann der Wettbewerb seine disziplinierende Funktion auf die Geldanbieter ausüben, seien diese staatliche Zentralbanken oder private Unternehmen. Daher sollte jeder die Freiheit haben, seinen Mitmenschen ein Gut anzubieten, das diese als Geld zu verwenden wünschen. Bei einer freien Geldwahl dürfte das Gold zwar sehr gute Chancen haben, allgemein akzeptiert zu werden. Doch sollte es den Menschen möglich sein, auch ein anderes Geld zu verwenden, beispielsweise Kryptoeinheiten.

Entscheidend ist, dass der Staat (wie wir ihn heute kennen) seinen monopolartigen Einfluss auf das Geld verliert; dass er nicht bestimmt, welche geprägten Goldmünzen und -barren als Basis für die Ausgabe von US-Dollar dienen und welche nicht; dass er selbst nicht im Münzprägegeschäft tätig ist beziehungsweise es nicht monopolisiert; und vor allem, dass es keine staatliche Zentralbank mehr gibt, die in die Kredit- und Geldmärkte eingreift und die Marktzinsen beeinflusst.

Im Kongress und bei machtvollen Interessengruppen aus dem Finanzsektor wird Mooneys Vorschlag vermutlich auf heftigen Widerstand stoßen. Bedeutet er doch, in die Praxis umgesetzt, dass Macht und Besitzstände ins Wanken geraten, weil ihnen ihre finanzielle Grundlage entzogen wird: die nahezu unerschöpfliche Vermehrung des Fiatgeldes. Doch gerade hierin liegt vermutlich der gesellschaftlich größte Wert dieses Vorschlags. Indem er das Geld aus seiner Umklammerung durch die politische Macht und Willkür befreit, beseitigt er ungerechtfertigte Privilegien – und macht die Welt so zumindest etwas gerechter, vor allem auch weniger konfliktträchtig und kriegerisch.

Ein Reformvorschlag, um die Härten des Übergangs abzumildern

Man kann darüber nachdenken, die Härten, die mit einem abrupten Ende des Fiatgeldsystems unweigerlich verbunden wären, abzumildern, um damit den Übergang zu einem freien Markt für Geld vielleicht etwas weniger turbulent werden zu lassen. Obwohl solch ein Vorhaben das wohlmeinende Staatsgebaren voraussetzt (und damit in sich wohl widersprüchlich und gewissermaßen etwas illusorisch ist) und zudem auch noch planwirtschaftlich beseelt ist, soll dennoch ein gesteuerter Übergang an dieser Stelle durchdacht (wenngleich auch nicht notwendigerweise empfohlen) werden.

Nehmen wir an, in einem Fiatgeldsystem sieht die Bilanzstruktur des Bankenapparates aus, wie in Bilanz 1 dargestellt (die Zahlen in Milliarden Euro entsprechen ungefähr den Verhältnissen im Euroraum im April 2023): Es handelt sich um ein Universalbanksystem, in dem also das Depositen- und das Kreditgeschäft miteinander »vermischt« sind. Auf der Aktivseite der Bilanzen steht das Vermögen, auf der Passivseite die Verbindlichkeiten.

Bilanz 1

Aktiva	Universalbanken		Passiva
Kredite	30 000	Sichteinlagen	10 000
Andere	10 000	Termineinlagen	6000
		Anleihen	21 300
		Eigenkapital	2700
	40 000		40 000

Nun soll dieses Fiatgeld-Universalbanksystem in ein System des »Free Banking« mit freier Währungswahl überführt werden. In einem *ersten Schritt* kauft dazu die Zentralbank den Banken Kredite in Höhe von 10 000 Euro ab und gibt ihnen dafür neue Banknoten in betragsgleicher Höhe. Der Grund: Die Banken sollen in die Lage versetzt werden, ihren jederzeit fälligen Zahlungsverpflichtungen (in Bargeld) – das sind die Sichteinlagen in Höhe von 10 000 Euro – jederzeit nachkommen zu können. In den Bankbilanzen kommt es nun zu einem Aktivtausch. Das Ergebnis ist in Bilanz 2 dargestellt.

Bilanz 2

Aktiva	Universalbanken		Passiva
Kredite	20 000	Sichteinlagen	10 000
Bargeld	10 000	Termineinlagen	6000
Andere	10 000	Anleihen	21 300
		Eigenkapital	2700
	40 000		*40 000*

Die Banknoten sind wiederum eintauschbar in das Gold, das die Zentralbank in ihrem Bestand hat. Der Umtauschkurs wäre wie folgt festzulegen: Betrag der Banknoten (die dem Betrag der Sichtguthaben entsprechen) dividiert durch das Zentralbankgold. Im Tagesgeschäft sind damit Banknoten (fast) so gut wie Gold.

In einem *zweiten Schritt* wird der Bankenapparat in einen Depositen- und einen Kreditbanken-Sektor aufgespalten. Die Depositenbanken sind ausschließlich im Einlagen- und Zahlungsverkehrsgeschäft tätig. Sie weisen die Kundenverbindlichkeiten in Form von jederzeit abrufbaren Sichteinlagen in Höhe von 11 000 Euro aus (Bilanz 3). Die Sichtverbindlichkeiten sind folglich durch Bargeldbestände zu 100 Prozent gedeckt. Die Banken können den Auszahlungswünschen ihrer Kunden jederzeit und vollumfänglich nachkommen. Die Kreditbanken übernehmen die restlichen Bilanzpositionen in Form von Krediten und Verbindlichkeiten, wie in Bilanz 4 gezeigt.

Bilanz 3

Aktiva	**Universalbanken**		**Passiva**
Bargeld	10 000	Sichteinlagen	10 000
Anderes	500	Eigenkapital	500
	10 500		10 500

Bilanz 4

Aktiva	**Universalbanken**		**Passiva**
Kredite	20 000	Termineinlagen	6000
Andere	9500	Anleihen	21 300
		Eigenkapital	2200
	29 500		29 500

In einem *dritten Schritt* hört die Zentralbank mit ihrer Tätigkeit auf. Sie fungiert fortan nur noch als Verwahrstelle für das Gold, in das die ausstehenden, nicht mehr vermehrbaren Banknoten auf Wunsch ihrer Besitzer einlösbar sind. Keine weiteren Banknoten werden mehr emittiert. Das staatliche Eigentum an der Zentralbank wird privatisiert. Beispielsweise indem die Zentralbank in eine Aktiengesellschaft umfirmiert wird und die Anteilsscheine an die Bevölkerung übertragen werden (Verteilungsschlüssel könnten hier entweder der anteilige

Besitz an Sichteinlagen im Verhältnis zu den gesamten Sichteinlagen sein oder der Anteil, den der Steuerzahler am Steueraufkommen hat).

Die Aufspaltung des Bankensystems, die die Geldschaffung durch Bankenkreditvergabe aus dem Nichts beendet, hat sehr wahrscheinlich weitreichende Folgen. Denn hört die bisher chronische Kredit- und Geldmengenvermehrung auf, kommt es zur Bereinigung der aufgelaufenen Fehlentwicklungen. Ein Produktions- und Beschäftigungseinbruch wäre wahrscheinlich. Nicht alle Kreditnehmer werden in der Lage sein, ihre Verbindlichkeiten zurückzuzahlen. Da die Depositenbanken aber jederzeit und uneingeschränkt zahlungsfähig sind, kann die Geldmenge selbst bei Pleiten von Kreditnehmern und Kreditbanken nicht mehr schrumpfen. Die Anpassungsrezession würde nicht noch zusätzlich verstärkt durch die Folgen, die ein Schrumpfen der Geldmenge nach sich ziehen würde.

Fallen Bankkredite aus, so wird das Eigenkapital der Kreditbanken geschmälert. Übersteigen die Bankverluste ihr Eigenkapital, müssen die Kundenverbindlichkeiten herabgesetzt werden. Im Extremfall ginge das in Fiatgeld ausgewiesene »Scheinvermögen« in den Bilanzen der Banken in Form von Bankschuldverschreibungen und Termineinlagen verloren, und auch Staatsanleihen und Unternehmensanleihen, die die Schuldner nicht mehr bedienen können, blieben möglicherweise nicht verschont.

Im Zuge der Aufspaltung des Bankensektors und der Beendigung des Fiatgeldwesens wären alle rechtlichen Beschränkungen abzuschaffen, die bislang einem freien Markt für Geld im Wege stehen. Das gewählte Grundgeld kann (weiterhin) Gold sein, oder die Menschen entscheiden sich für ein anderes Geldgut. Die »Zahlkraftgesetze«, die das staatliche Fiatgeld bisher privilegieren, aber auch Steuern auf Güter, die Geldfunktion erlangen können wie Edelmetalle oder andere Tauschmittel, beispielsweise Bitcoin, werden aufgehoben.

Depositenbanken können ihre Dienstleistungen für Verwahrung, Sicherung und Zahlungen gegen Gebühren anbieten. Kreditbanken, um die Kundennachfrage nach Kredit zu bedienen, finanzieren sich durch Ausgabe von verzinslichen Schuldpapieren. Sie erzielen ihren

Gewinn aus der Differenz zwischen dem Zins, den sie ihren Kreditkunden in Rechnung stellen, und den Gebühren, die sie ihren Kreditgebern in Rechnung stellen. Handels- und Derivategeschäfte zu betreiben, steht den Kreditbanken weiterhin offen.

Lehrstück aus der Geldgeschichte: Die Renaissance der »Mark Banco«

Die Geldgeschichte hält ein besonders interessantes Kapitel bereit, das als Vorbild für einen Weg zurück zu gutem Geld weist und das anknüpft an die Idee eines freien Marktes für Geld. In einem freien Markt für Geld steht bekanntlich den Menschen die Möglichkeit offen, das Geld auszuwählen und zu verwenden, von dem sie meinen, es dient ihren Zwecken am besten; und Anbieter sind frei darin, ihren Kunden ein Gut anzubieten, von dem sie meinen, es werde sich als Geld durchsetzen. Das geldgeschichtliche Kapitel, um das es an dieser Stelle gehen soll, ist die Rechnungseinheit »Mark Banco«, die die Hamburger Bank zu Beginn des 17. Jahrhunderts ausgegeben hat und die fast 250 Jahre als verlässliches Geld diente. Ihre Geburtsstunde fiel in eine Zeit des schlechten Geldes.

Zu Beginn des 17. Jahrhunderts gab es eine große Münzverschlechterung. Es war die Zeit der »Wipper und Klipper«, die 1620 und 1622, also während des Dreißigjährigen Krieges (1618–1648), ihren Hochpunkt fand. Das Wippen bezog sich auf die Bewegung der Münzwaage-Balken, und das »Kippen« auf das Aussortieren der schwereren (also guten) Münzen. Auch damals gab es natürlich die Verlockung für die Münzherausgeber, den Metallgehalt der Münze zu verringern, während der aufgeprägte Nominalwert unverändert blieb. Nach der Reichsmünzordnung von 1559 war der Silbertaler die allgemeine Währungsmünze (Raugewicht 29,23 Gramm, 889/1000 Teile Silber). Doch war es den Landesherren gestattet, eigene, nur im eigenen Territorium gültige Münzen zu prägen, die eine geringere Legierung hatten. Es handelte sich um Scheidemünzen (der aufgeprägte Nennwert der

Münze war höher als ihr Metallwert) – im Gegensatz zu Kurantmünzen, deren Metallwert mindestens ihrem Münznominal entspricht. Betroffen von der Geldverschlechterung waren vor allem die kleineren Münzsorten (Pfennig, Kreuzer, Groschen). Sie wurden vorzugsweise stark vermehrt.

Sogleich stellte sich das Greshamsche Gesetz ein. Es besagt, dass das vom Staat überbewertete Geld das vom Staat unterbewertete Geld verdrängt. Man tauschte die minderwertigen Münzen in die schwere(-re)n Münzen ein. Die guten Münzen wurden entweder gehortet, oder man ließ sie einschmelzen und aus ihnen mehr Münzen mit einem entsprechend geringeren Metallgewicht erzeugen. Für Tauschzwecke liefen also die Münzen mit weniger Metallgewicht um. Das Ganze hatte eine Entwertung der Kaufkraft der Münzen zur Folge, war Güterpreisinflation, wie man heute sagen würde. Denn es handelte sich um nichts anderes als um eine Ausweitung der Geldmenge: Aus einem gegebenen Silberbestand wurden mehr und mehr Münzen mit unverändertem Nominalwert ausgeprägt. Die Geldentwertung wurde zusehends zu einem Problem für die Bevölkerung, insbesondere beim nationalen wie internationalen Handel.

Die Niederländer reagierten auf dieses Problem, indem sie 1609 die *Amsterdamsche Wisselbank* gründeten, die erste im öffentlichen Besitz befindliche Bank, die ihren Kunden Edelmetallkonten anbot und die den Ausgleich zwischen Forderungen und Verbindlichkeiten zwischen den Kunden bargeldlos vornahm. Auf diesen Vorstoß reagierten die Freie und Hansestadt Hamburg und ihre Kaufmannschaft mit der Gründung der Hamburger Bank im Jahr 1619.[20] Die Stadt übernahm die Haftung für mögliche Verluste aus Diebstahl und Feuer. Das »Banco Mandat« vom 20. Februar 1619 gab der Hamburger Bank vor, Edelmetalle entgegenzunehmen und den Kunden ihren Wert auf Konten gutzuschreiben und auf Wunsch wieder auszuhändigen. Die Hamburger Bank war damit, wie auch die Amsterdamsche Wisselbank, eine Depositen-Giro-Bank. Sie nahm am 20. März 1619 ihre Tätigkeit auf. Durch ein weiteres Mandat vom 20. November des gleichen Jahres wurde übrigens auch das »Lehn-Banco« geschaffen. Es befugte die

Hamburger Bank, Kredite zu vergeben, die mit Gold und Silber besichert waren. Eine Entscheidung, die sich als nicht ganz so vorteilhaft für die Bank erweisen sollte.

Der große Wurf war nun, dass die Hamburger Bank eine eigene Rechnungseinheit, die »Mark Banco« schuf. Hinterlegten Kunden einen vollwertigen Silberreichstaler, wurden ihnen 3 Mark Banco gutgeschrieben. Im Jahr 1622 entsprach demnach 1 Mark Banco einem Silbergewicht von 8,66 Gramm. Die Mark Banco wurde nicht ausgeprägt, sondern war ausschließlich als Buchgeld verfügbar, sie wurde für den bargeldlosen Zahlungsverkehr verwendet (die Hamburger Kaufleute lehnten Banknoten als unseriös ab). Die Hamburger Commerz-Deputation (Vorläufer der modernen Handelskammer) gab regelmäßig Kurszettel heraus, auf denen Warenpreise, die Wechselkurse gegenüber anderen Geldsorten und auch Versicherungsprämien in Mark Banco ausgewiesen wurden. Eine ganz bedeutsame Sache: Denn es zeigt, dass die Mark Banco auch tatsächlich zur Bepreisung der Güter Verwendung fand – und damit die Geldfunktion(en) vollumfänglich erfüllte. Die Mark Banco erwies sich als solide und verlässlich in den Wirren des 17. Jahrhunderts.

Dann, nach dem Siebenjährigen Krieg (1756–1763) wurde ein Problem immer offenkundiger: Der Münzfuß des Reichssilbertalers hatte sich im Laufe der Zeit immer weiter verschlechtert, während die Mark Banco weiterhin in den alten, vollwertigen Silbertalern, die in Hamburg auch noch ausgeprägt wurden, definiert war. Die Entnahme der schweren Silbertaler durch die Kunden und die (Neu-)Einlagerung verschlechterter Münzen beschädigte natürlich auch den Wert der Mark Banco. Es war der Architekt Ernst Georg Sonnin (1713–1794), Erbauer der Hamburger Michaelis-Kirche, bekannt als »Michel«, der eine großartige Idee vorbrachte. Er sagte, so Adolf Soetbeer (1814–1892): »Ei, Ei! was doch die Chinesen für kluge Leute sind! Die kehren sich an kein Gepräge, sondern nehmen alles Silber nach Gewicht und Gehalt. Wenn wir das doch auch thäten, so brauchten wir uns nicht die Köpfe darüber zu zerbrechen, sondern wir rechneten alsdann am einfachsten und gewissesten.«[21] Sonnin sprach sich in diesem Sinne dafür aus, die Wertbestimmung der Mark Banco vom Nominalwert der Münzen zu lösen und sie fortan in Gewicht ungemünzten Feinsilbers zu definieren.

Im Jahr 1770 wurde der Vorschlag im Zuge einer Bankreform in die Tat umgesetzt. Die Silbertaler, die bei der Hamburger Bank eingelagert waren, wurden in Barren eingeschmolzen. Ab 1790 wurden keine Münzen mehr, sondern nur noch Silberbarren als einlagerungsfähig akzeptiert. Damit hatte die Hamburger Bank einen reinen Feinsilberstandard geschaffen. Der deutsche Ökonom Ernst Levy von Halle (1868–1909) schrieb im Jahr 1891: »Durch die Fundirung auf feines Silber hat die Bank gegen Ende vorigen Jahrhunderts sich in der ganzen Welt den Ruf außerordentlicher und unwandelbarer Sicherheit erworben, und ihre Valuta ist namentlich in der Zeit von 1797–1819 resp. 1821 – der englischen Bankrestriktionsperiode, d. h. der Zeit, in welcher die Bank von England ihre Noteneinlösungen suspendiert hatte – der Maßstab und Standard aller Währungen, Wechsel- und Edelmetallpreise gewesen.«[22]

Das Ende der Hamburger Bank und ihrer Mark Banco kam mit dem Übergang zum Goldgeld. Nach der Gründung des Deutschen Reiches war es das Ziel, ein einheitliches Währungsgebiet in Deutschland zu schaffen. Durch das Reichsmünzgesetz vom 4. Dezember 1871 wurde mit der Reichsgoldmünze der Goldgehalt der neuen gemeinsamen Währung »Mark« festgelegt und dieser durch das Münzgesetz vom 9. Juli 1873 auf alle Landeswährungen angewendet. Die Mark wurde zum 1. Januar 1876 im gesamten Reichsgebiet eingeführt. Das Silber wurde demonetisiert, nicht nur im Deutschen Reich, sondern etwa zur gleichen Zeit auch in vielen anderen Ländern. Beispielsweise sorgte das US-amerikanische Münzgesetz im Jahr 1873 dafür, dass der US-Dollar nur noch in physischem Feingold definiert war, nicht mehr in Feinsilber.

Die Hamburger Bank schloss am 31. Dezember 1875 ihre Geschäfte. Die Preußische Bank übernahm das Grundstück der Hamburger Bank zum Zwecke der Errichtung einer Reichsbankhauptstelle. Die Mark-Banco-Guthaben wurden auf die Reichsbankhauptstelle übertragen – und die Kunden konnten sich ihre Guthaben in Feinsilber(-barren) auszahlen lassen oder weiter halten, nunmehr aber bewertet in Goldmark. Die politisch herbeigeführte De-Monetisierung des Silbers hatte weitreichende Folgen. 1871 lag der Silberpreis pro Feinunze noch bei 1,328 US-Dollar (bei einem Wechselkurs von 4,20 Goldmark pro US-Dollar wären das also 5,578 Mark pro Feinunze gewesen), 1873 (dem Jahr des »Crime of 1873«, als der US-Kongress das Silber demonetarisierte) bei 1,298 und 1876 bei 1,164 (siehe Abb. 1); bis 1915 fiel der Silberpreis auf 0,519 US-Dollar – ein Preisverlust von 61 Prozent gegenüber dem Jahr 1871.

Abb. 36: Silberpreis in US-Dollar pro Feinunze, 1833–1933

Quelle: Federal Reserve Bank of St. Louis; Grafik Degussa

Es kam zur »Panik von 1873«, die die Vereinigten Staaten wie auch viele europäische Volkswirtschaften in eine schwere und tiefe Rezession schickte. Die Gründe dafür werden von Wirtschaftshistorikern unterschiedlich benannt. Aber es steht außer Frage, dass die politisch herbeigeführte Demonetisierung des Silbers einen gewaltigen Einfluss hatte: Es führte zu einer Herabsetzung der Kaufkraft bei denjenigen, die Silber hielten, und die Silbergeldmenge konnte fortan nicht mehr ausgeweitet werden. Dass eine solche Entwicklung zu Börsen- und Finanzmarktpanik führte und die Konjunkturen einbrechen ließ, ist wenig verwunderlich. Wohlgemerkt: Ungemünztes Silber verlor in dieser Zeit an Kaufkraft. Die Kaufkraft des gemünzten Silbers hingegen blieb erhalten – es handelte sich bei ihnen dann ja um Scheidemünzen, deren Nominalwerte (zusehends) ihren Silberwert überstiegen.

Die Mark Banco hat also fast 250 Jahre als verlässliches Geld gedient, vor allem durch die spätere Entscheidung der Hamburger Kaufmannschaft, sie nur noch in ungemünztem Silber zu definieren. Diese Idee empfiehlt sich auch heute, angesichts der gewaltigen monetären Probleme. Man bräuchte nur ein Institut zu gründen (etwa eine »Neue Hamburger Bank«), das Kunden Edelmetallkonten anbietet, die in der Rechnungseinheit »AGG« (AG für Silber, G für Gramm), Silbermark oder eben »Mark Banco« ausgewiesen werden. Kunden können US-Dollar, Euro & Co zum herrschenden Wechselkurs gegen »Mark Banco« eintauschen, und sie können natürlich wieder auf Wunsch in die offiziellen Währungen zurückwechseln. Für das Institut gilt die Verpflichtung, die Guthaben in Mark Banco jederzeit zu 100 Prozent mit Silber gedeckt zu halten. Den Eigentümern der Guthaben in Mark Banco steht es offen, sich ihre Einlagen in physischem Metall auszahlen zu lassen.

Für Kunden ist es dann möglich, mit den Mark-Banco-Guthaben Überweisungen durchzuführen, wenn der Geschäftspartner ebenfalls über ein Edelmetall-Girokonto verfügt – entweder bei der gleichen Bank oder bei einer anderen Bank (wobei hier das Edelmetall physisch bewegt werden müsste, eine Aufgabe, die jedoch problemlos von einer Clearing-Stelle beziehungsweise einer Korrespondenzbank übernommen werden kann). Auf dieser Basis kann auch eine Kreditbank entstehen (»Lehnbank«). Sie finanziert sich durch Ausgabe von Aktien und Schuldverschreibungen, die Interessenten mit ihren Mark Banco erwerben. Damit übertragen sie ihre Edelmetallguthaben auf Zeit an die Kreditbank, die diese dann an Kreditsuchende weiterreicht. Die Menschen hätten auf diese Weise ein funktionierendes, krisenfestes Geld- und Zahlungssystem, auf das sie ausweichen können, wenn sie ein Schwinden der Kaufkraft der offiziellen Währungen befürchten.

Das Unvermeidliche: Kosten der Abkehr vom Fiatgeld

Würde sich unter den heute vorherrschenden Bedingungen ein freier Markt für Geld Bahn brechen, stellt sich angesichts der historischen Episode der Hamburger Mark Banco sogleich die Frage: *Was würde mit den bestehenden Fiatgeldarten geschehen?* Mit Blick auf die Hayeksche Idee des Währungswettbewerbs könnte man zunächst annehmen, neue Geldarten, von den Marktakteuren frei gewählt, treten in Konkurrenz zum bereits vorhandenen staatlichen Fiatgeld. Auf diese Weise wird der staatliche Fiatgeld-Emittent diszipliniert: Er kann nunmehr sein Fiatgeld nicht mehr ungestraft vermehren, also inflationieren, weil die Geldnachfrager ansonsten sprichwörtlich abwandern, ihre Geschäfte mit den konkurrierenden Geldarten durchführen, und das Fiatgeld büßt dann seine Marktfähigkeit ein. Das Fiatgeld wird also auf diese Weise weniger inflationär, und auch seine sonstigen negativen Konsequenzen werden zurückgedrängt. Doch ist das eine plausible Einschätzung?

Zweifel sind anzumelden. Denn der Staat (wie wir ihn heute kennen) wird sehr wahrscheinlich nahezu alle Hebel in Bewegung setzen, um einen Hayekschen Währungswettbewerb zu verhindern, ihn im Keim zu ersticken. Man darf getrost davon ausgehen, dass der Staat schlichtweg kein Interesse daran hat, sich die Vorteile, die man als Geldmonopolist nun einmal hat, aus der Hand nehmen zu lassen. Und aus einem weiteren Grund ist ein Nebeneinander von staatlichem Fiatgeld und frei gewählten Geldarten unwahrscheinlich, ökonomisch gesehen auch suboptimal: Wie bereits in Kapitel 6 deutlich wurde, ist die optimale Anzahl der Geldarten (in einer Volkswirtschaft, in der Weltwirtschaft) *eins*: Wenn alle Menschen mit dem gleichen Geld ihre Wirtschaftsrechnung durchführen, ihre Transaktionen abwickeln, dann ist schließlich die produktive Kraft des Geldes optimiert.

Ein Währungswettbewerb, ein freier Markt für Geld, läuft folglich auf Verdrängung und Konzentration hinaus: Das aus Sicht der Marktakteure beste Geld verdrängt früher oder später das als weniger vorteilhaft angesehene Geld. Die Menschen konzentrieren sich bei ihren Handelsgeschäften und ihrer Wirtschaftsrechnung zusehends auf die Verwendung des aus ihrer Sicht besten Geldes, sie entscheiden sich freiwillig für ein *Grundgeld* (das sie unter den Bedingungen eines freien Marktes für Geld natürlich auf eigenen Wunsch auch wieder gegen ein anderes Geld austauschen können). Und weil sehr wahrscheinlich ist, dass das staatliche Fiatgeld in einer solchen Konkurrenzsituation das Nachsehen haben wird, erscheint der Hayeksche Währungswettbewerb – etwa in der Form, dass staatliches Fiatgeld dauerhaft Seite an Seite mit einem frei gewählten Marktgeld koexistiert – kein plausibles Szenario zu sein. Es stellt sich daher die Frage, ob und wie im Zuge einer Geldreform das bestehende staatliche Fiatgeld vor einem Totalverlust bewahrt werden soll beziehungsweise kann.

Der Versuch, diese Frage zu beantworten, führt zunächst zu den in diesem Kapitel vorgestellten Vorschlägen einer Wiederanbindung an die physischen Goldreserven der Zentralbank, wie es insbesondere Ludwig von Mises und ihm nachfolgend Murray N. Rothbard aufgezeigt haben. Die Rückkehr zur Einlösbarkeit des Fiatgeldes in physisches Gold – verbunden mit der Abschaffung der Zentralbanken – sorgt dafür, dass das Fiatgeld nicht zum Totalverlust wird und seine Geldfunktion unter Umständen sogar behalten kann. Allerdings ist dabei zu beachten, dass in vielen Währungsräumen die Fiatgeldbestände in den letzten Jahrzehnen sehr stark vermehrt wurden, relativ zu den Goldreserven der Zentralbanken. Bei einer Wiederanbindung an das Gold käme es folglich zu einem Umtauschverhältnis, das mitunter ganz erheblich über den heute vorherrschenden Marktpreisen des Goldes liegen würde. Die Kaufkraft der Geld- beziehungsweise Goldbesitzer würde entsprechend zunächst stark ansteigen. Verwenden die Geld- beziehungsweise Goldbesitzer nachfolgend ihre erhöhte Kaufkraft, um andere Güter nachzufragen, wird es zu einem Ansteigen der Güterpreise kommen und somit die Kaufkraft des nunmehr goldgedeckten Fiatgeldes wieder abgebaut.

Die Wiederverankerung des Fiatgeldes im Gold wäre folglich mit einer (erheblichen) Abwertung seiner Kaufkraft verbunden. Dieser Entwertungseffekt würde natürlich zusätzlich erhöht, wenn die Goldbestände, die die Menschen besitzen und die bisher nicht als Geld Verwendung fanden, nun auch zu Geldzwecken eingesetzt würden. Das kann beispielsweise dadurch geschehen, dass bisher ungemünztes Gold zu den Prägestätten (die sich in einem freien Markt herausbilden) gebracht und dort als Münze ausgeprägt werden. Es käme dadurch zu einer (zusätzlichen) Erhöhung der Geldmenge – und würde erhebliche Umverteilungswirkungen von Einkommen und Vermögen nach sich ziehen.

Zudem wird es keine Geldmengenvermehrung durch Bankkreditvergabe mehr geben: Ohne die Möglichkeit, Unterstützung vonseiten der Zentralbanken zu erlangen, verringert sich der Anreiz und die Möglichkeit der Geschäftsbanken, mit einer Teilreserve zu operieren; beziehungsweise Kunden werden wohlmöglich einen großen Bogen um diejenigen Banken machen, die mit einer Teilreserve operieren, wenn sie auf anderes Geld ausweichen können. Die im Fiatgeldregime herbeigeführte künstliche Absenkung des Zinses findet ein Ende, und der Zins bildet sich entsprechend der Zeitpräferenz der Marktakteure.

Die Produktions- und Beschäftigungsstruktur, die sich im Fiatgeldregime aufgebaut hat, wird keinen Bestand mehr haben können. Es käme zu einer (weitreichenden) Neubewertung der Produktionsfaktoren Arbeit, Boden, Kapital. Die ausstehenden Schulden (in realer Rechnung) werden aufgrund des Güterpreisanstiegs – verursacht durch die Wiederanbindung der Fiatgeldmenge an die physische Goldmenge der Zentralbank – vermutlich stark herabgesetzt. Eine Anpassungskrise, die das Ende des Fiatgeldbooms erzwingt, würde neben Firmenpleiten vermutlich auch zu weiteren Zahlungsausfällen bei Unternehmenskrediten und -anleihen führen. Nicht zuletzt ließen sich sehr wahrscheinlich die Staatsschulden in einem freien Markt für Geld nicht mehr finanzieren, und so käme es auch hier absehbar zu Zahlungsausfällen.

Der Weg zurück zu gutem Geld, zu einem freien Markt für Geld, ist sehr wohl möglich, und er ist auch unvermeidbar, soll das Gemeinwesen nicht in Unfreiheit, Verarmung, Tyrannei enden. Der Weg ist allerdings mit erheblichen wirtschaftlichen, sozialen und politischen Kosten verbunden. Damit er erfolgreich beschritten werden kann, müssen in letzter Konsequenz die Volkswirtschaften – genauer: die Menschen – die Bereitschaft haben, bestehende Widerstände und Hürden auch tatsächlich überwinden zu wollen. Dazu ist vor allem erforderlich, dass die Menschen sich abkehren von ihren geistigen Haltungen, die den Auf- und Ausbau des Fiatgeldregimes überhaupt erst möglich gemacht haben. Dass sie vielmehr, um in den Worten des Königsberger Philosophen Immanuel Kant zu sprechen, sich des eigenen Denkens bedienen: Die eigene Unmündigkeit, soweit sie selbst verschuldet ist, gilt es zu überwinden, den Mut aufzubringen und die Faulheit abzulegen, sich des eigenen Verstandes zu bedienen.

Zu dieser Aufklärung bedarf es der Freiheit. So schrieb Kant: »Der *öffentliche* Gebrauch seiner Vernunft muß jederzeit frei sein, und der allein kann Aufklärung unter Menschen zustande bringen.«[23] In dieser Forderung – Freiheit des Diskurses und des eigenen Nachdenkens – liegt auch der Schlüssel zu einer Welt mit besserem Geld: zur Entzauberung falscher ökonomischer Lehren, falscher politischer Heilsversprechen, hinter denen sich nichts anderes verbirgt als ein Herrschaftsanspruch – das Bestreben der einen, die anderen zu beherrschen und auszuplündern. Die herrschende »Denkungsart«[24] der Zeit – laut der der Staat (wie wir ihn heute kennen) gut sei, und dass er das Geldmonopol zurecht innehabe; dass Fiatgeld, nicht aber Warengeld akzeptabel ist; dass die Geldmenge wachsen muss, damit die Volkswirtschaft reicher werden kann; und so weiter – all das gilt es zu überwinden, wenn die Menschen zu gutem Geld gelangen beziehungsweise zurückkehren wollen. In diesem Sinne schrieb der deutsche Ökonom Hans F. Sennholz (1922–2007): »To reverse the trend and reduce the role of government in our lives, and thus alleviate the government deficit and inflation pressures, is a giant educational task. The social and economic ideas that gave birth to the transfer system must be discredited and preplaced with the old values of individual independence and self-reliance. The social philosophy of individual freedom and unhampered private property must again be our guiding light.«[25]

Kapitel 9
Zum Abschluss

»Es ist niemals zu spät, vernünftig und weise zu werden;
es ist aber jederzeit schwerer, wenn die Einsicht spät kommt,
sie in Gang zu bringen.«

Immanuel Kant (1724–1804)

Blickt man auf die geldtheoretischen Erkenntnisse, die in den Kapiteln dieses Buches ausgebreitet worden sind, kommt man unweigerlich zur Schlussfolgerung, dass Johann Wolfgang von Goethe in seinem Faust die zerstörerischen Wirkungen des ungedeckten Geldes – also des Geldes, das vermeintlich mit ungehobenen Schätzen unterlegt ist – sehr treffend und weitsichtig erfasst hat: dass es sich bei der Ausgabe von ungedecktem Geld um ein großes und übles Täuschungswerk handelt. Im *Faust. Der Tragödie zweiter Teil* gelingt es mit der Geldmengenvermehrung (dem, so Goethes Wortschöpfung, »Papiergespenst der Gulden«) zwar anfänglich, die Geldnot des Kaisers zu lindern und die Illusion von Reichtum für jedermann zu erzeugen. Jedoch führt der von Mephistopheles mutwillig angezettelte Betrug in die Krise, sogar zu einem Krieg und schließlich zum Zusammenbruch des Kaiserreiches. Die wirtschaftlichen und gesellschaftlichen Folgen des heutigen Fiatgeldes sind allerdings weitaus dramatischer, sie reichen viel weiter als Goethes geschilderte Konsequenzen des – natürlich ebenfalls trügerischen, scheinhaften, aber doch eben kurzlebigen – mephistophelischen Papiergeld-Gespenstes.

Das heutige Fiatgeld ist nicht nur ins Leben gerufen worden, um eine momentane, vorübergehende monetäre Unpässlichkeit der Staaten (und der Sonderinteressengruppen, die sie für ihre Zwecke einspannen) zu überbrücken. Es soll vielmehr dauerhaft Bestand haben, den Menschen ein ständiger Begleiter sein, ihnen als die moderne, wünschenswerte und einzig mögliche Art des Geldes gelten. Eine geradezu beklemmende Einsicht, denn das Fiatgeld ist alles andere als harmlos und unbedenklich. Es ist nicht das Ergebnis einer Entscheidung, die die Menschen freiwillig und einhellig getroffen hätten. Vielmehr war es der Staat (wie wir ihn heute kennen), der das Fiatgeld geschaffen hat. Er hat dazu im wahrsten Sinne des Wortes mit Zwang und Gewalt das Edelmetallgeld, für das sich die Menschen seit jeher und immer wieder freiwillig entschieden hatten, mutwillig aus dem Verkehr gezogen. Der Geburtsakt des heutigen Fiatgeldes steht für die wohl größte monetäre Enteignung der Neuzeit, die ihren Kulminationspunkt in der Aufkündigung des Versprechens durch die US-Administration im Jahre 1971 hatte, den US-Dollar jederzeit in physisches Gold einlösen zu können.

Mit der Ausgabe von Fiatgeld, mit seiner Verwendung als Tauschmittel sind weitreichende wirtschaftliche, sozial-gesellschaftliche und auch ethische Probleme verbunden. Das Fiatgeld ist inflationär und »sozial ungerecht«. Es verliert seine Kaufkraft im Zeitablauf, und es begünstigt dabei einige wenige auf Kosten vieler. Das »aus dem Nichts« geschaffene Fiatgeld sorgt für Wirtschaftsstörungen: Fehlinvestitionen, Spekulationswellen und Boom-und-Bust-Zyklen. Vor allem aber führt es die Volkswirtschaften auch in die Überschuldung, die wiederum eine immer weitergehende Zerrüttung der Kaufkraft des Fiatgeldes und den Verlust der Freiheit von Konsumenten und Produzenten bewirkt. Früher oder später fällt der durch Fiatgeld angestoßene Aufschwung in sich zusammen. Und sobald sich die drohende Rezession-Depression am Horizont zeigt, versuchen Regierende und Regierte der unvermeidlichen Korrektur durch die Ausgabe von noch mehr Kredit und Geld, bereitgestellt zu noch tieferen Zinsen, zu entkommen. Am Ende steht der Zusammenbruch des Kredit- und Geldsystems – und mit ihr kommt es zur wirtschaftlichen, finanziellen und humanitären Katastrophe.

Dennoch hat das Fiatgeld viele Befürworter. Denn es erlaubt die Umverteilung von Einkommen und Vermögen in ganz großem Stil, und zwar indem die Zentralbank dafür sorgt, dass Kredit- und Geldmengen immer weiter anwachsen, begleitet von immer niedrigeren Zinsen. Mit Fiatgeld können die Regierenden vergleichsweise einfach Mehrheiten für sich einnehmen: und zwar indem sie das mit Fiatgeld (kredit-)finanzierte Füllhorn über ihren Wählern ausschütten. Die Wähler lassen sich das mitunter gern gefallen: Sie genießen die Wohltaten und hoffen darauf, dass nicht sie, sondern erst künftige Steuerzahler für die Rechnung aufkommen müssen. Der Staatsapparat dehnt sich im Fiatgeldsystem ohne größeren Widerstand immer weiter aus zulasten der Privatwirtschaft. Eine wachsende Zahl von Menschen wird abhängig von der Finanzkraft des Staates: Immer mehr Menschen werden abhängig vom Tropf der staatlichen Umverteilungs- und Transfermaschinerie. Zu denken ist zum Beispiel an Staatsangestellte, Bezieher staatlicher Renten- und Förderzahlungen, aber auch an Unternehmen, die öffentliche Aufträge erhalten, und Sparer, die ihre Lebenseinkünfte in Fiatgeld-denominierte Staats-, Banken- und Unternehmensanleihen (gutgläubigerweise oder mit wohlüberlegtem Kalkül) anlegen.

Sie alle werden nicht nur zu Befürwortern eines finanzstarken Staates, sie haben auch ein vitales Interesse daran, dass die Banken- und Finanzindustrie, der sie ihre Lebensersparnisse anvertraut haben, nicht zahlungsunfähig wird. Denn dann würde sich das ungedeckte Finanzvermögen der Sparer sprichwörtlich in Luft auflösen. Wenn die Bevölkerung in einer Krise vor der Wahl steht, Staaten und Banken pleitegehen zu lassen oder aber die Fiatgeldmenge weiter zu erhöhen, dann würde sie sich in der Not der Stunde sehr wahrscheinlich für Zweiteres und gegen Ersteres entscheiden. Das Fiatgeld erzeugt also eine politische und ökonomische Anreizstruktur, die die Weichen auf hohe Inflation oder gar Hyperinflation stellt, Entwicklungen, die allergrößte – vielleicht sogar: fatale – Schäden für die Volkswirtschaften nach sich ziehen.

Doch nicht nur das. Das Fiatgeld befördert auch die Abkehr von der freien Marktwirtschaft (beziehungsweise von dem wenigen, was davon heute noch übrig ist). Es ist eine Kreatur des staatlichen Interventionismus – und von ihm wissen wir, dass er, wenn man ihn nicht beendet, die freie Marktwirtschaft nach und nach zerstört, sie dem Sozialismus entgegentreibt. Der Grund: Die Krisen, für die das Fiatgeld sorgt, werden – regelmäßig und fälschlicherweise – dem freien Markt angelastet. Eine solche Missdeutung der tatsächlichen Krisenursache – die regelmäßig aus dem Lager der Hauptstrom-Ökonomen propagiert wird –, befördert im Ergebnis antimarktwirtschaftliche Politik. Es wird als gut und richtig angesehen, dass der Staat immer stärker und weitreichender in das Wirtschafts- und Gesellschaftssystem eingreift: durch konjunkturstützende Ausgabenprogramme, Bankenrettungen, Unternehmenssubventionen, Regularien, Ge- und Verbote, Steuern und Abgaben, Kapitalverkehrs- und Preiskontrollen.

Wirtschaft und Gesellschaft werden auf diese Weise (schrittweise, nach und nach, für viele Menschen vermutlich nur schwer erkennbar) in eine Lenkungs- und Befehlswirtschaft umgeformt. In einer Lenkungs- und Befehlswirtschaft bestimmen der Staat beziehungsweise die Interessengruppen, die ihn für ihre Zwecke einspannen können, letztlich, wer was konsumieren darf und wer was unter welchen Bedingungen produzieren kann. Zwar bleiben hier die Produktionsmittel formal im Eigentum der Unternehmer, aber de facto sind die Unternehmer nur noch Befehlsempfänger staatlicher Anordnungen und Weisungen. Die freie Marktwirtschaft (beziehungsweise das wenige, was von ihr noch übrig ist) wäre damit sprichwörtlich am Ende. Von da ist es nur noch ein kleiner Schritt in den ungeschminkten Sozialismus, also die Verstaatlichung der Produktionsmittel – etwa indem der Staat im Zuge der Krisenrettung bankrotte Firmen und Banken übernimmt. So gesehen erweist sich das Fiatgeldsystem als ein unerbittlicher Wegbereiter in die wirtschaftliche und gesellschaftliche Unfreiheit.

In einem Fiatgeldregime ist es vergleichsweise einfach, politische Programme umzusetzen und die mit ihnen verbundenen volkswirtschaftlichen Kosten vor den Augen der Öffentlichkeit weitestgehend zu verbergen. Man denke nur einmal an die mit neu erzeugtem Fiatgeld finanzierte Kriegsführung. Zunächst stellt sich dabei in der Regel ein Aufschwung ein, der Produktions- und Beschäftigungsgewinne bringt (»Kriegskonjunktur«). Die dadurch verursachte Geldentwertung und die Fehlentwicklung und Zerstörung von Kapital und die damit verbundene Verarmung der breiten Bevölkerung zeigen sich jedoch erst viel später – und genau das erlaubt es der Regierung, Krieg mit großem

Aufwand zu führen und die Kriegsdauer in die Länge zu ziehen; man übertreibt daher nicht, wenn man sagt: Das Fiatgeld ist das Geld des Krieges, das Waren- beziehungsweise Edelmetallgeld ist das Geld des Friedens.

Die Täuschungswirkung des Fiatgeldes wird aber nicht nur bei der Kriegsfinanzierung bemüht. Sie kommt auch zum Einsatz bei der Umsetzung von großspurigen Umgestaltungsplänen. Man nehme etwa das Beispiel des Great Reset, insbesondere die von ihm propagierte überstürzte Abkehr von fossilen Brennstoffen. Die dabei entstehenden volkswirtschaftlichen Kosten werden (scheinbar) von den Staaten durch Ausgabe neuer Schulden übernommen, finanziert mit neu erzeugtem Fiatgeld. Der Bevölkerung wird es so erschwert, das wahre Ausmaß der Kosten zu erkennen, und ihr Widerstand gegenüber der Regierungspolitik fällt entsprechend gering(er) aus. So werden Entscheidungen möglich, die bei klarer Darstellung ihrer Kosten und Konsequenzen in der Öffentlichkeit vermutlich keine Zustimmung finden würden. Ein Ergebnis also, das mit dem modernen Verständnis von der Souveränität des Wahlvolkes kaum oder gar nicht vereinbar ist.

Zudem kann man die berechtigte Sorge äußern, dass aus dem heutigen, weitestgehend nationalstaatlich organisierten Fiatgeldsystem letztlich ein einheitliches Welt-Fiatgeldsystem erwächst, gesteuert und kontrolliert von einer Weltzentralbank. Es ist nicht zu bestreiten, dass ein einheitliches Weltgeld die produktive Kraft der Geldverwendung bestmöglich ausschöpft. Und wenn das einheitliche Weltgeld in einem freien Markt von den Menschen ausgewählt werden kann, dann lassen sich auch keinerlei ökonomische oder ethische Bedenken anmelden. Wenn es aber die Staaten sind, die das Geldmonopol halten, wird es bedrohlich. Entweder wird der größte und mächtigste von ihnen versuchen, die anderen (mit aggressiven) Mitteln zu unterwerfen und ihnen sein Fiatgeld zu verordnen. Oder aber die Staaten, wenn sie ideologisch gleichgesinnt sind, werden miteinander kooperieren, ein Staatenkartell bilden und sich auf ein einheitliches Weltfiatgeld einigen. Die Wahl der Staaten fiele absehbar auf ein Fiatgeld. Und die Probleme, die mit einem Welt-Fiatgeld verbunden sind, wären immens, erdrückend. Sie würden die ökonomischen und ethischen Defekte, die bekanntermaßen mit den nationalen Fiatwährungen verbunden sind, sprichwörtlich potenzieren.

Dass das Szenario einer Welt-Fiatwährung beileibe nicht an den Haaren herbeigezogen ist, zeigen nicht zuletzt die Vorstöße global einflussreicher geldpolitischer Institutionen. So schlug beispielsweise die Bank für International Settlement (BIS) im Juni 2023 eine Blaupause (»Blueprint«) für die Schaffung einer neuen Finanzmarkt-Infrastruktur vor – in Form eines einheitlichen Kontenbuches (»Unified Ledger«) –, das die digitalen Zentralbankgeldarten, tokenisierte Bankdepositen und andere tokenisierte Forderungen gegenüber finanziellen und realen Vermögensbeständen an zentraler Stelle integriert und einsehbar macht.[1] Oder man denke an den Vorschlag der Bank von England aus dem Jahr 2019, demzufolge der US-Dollar als weltweite Reservewährung durch eine »Synthetic Hegemonic Currency« (SHC) abgelöst werden könne, die wiederum auf einem Netzwerk nationaler digitaler Zentralbankgelder aufzubauen sei.[2] Es fällt nicht schwer zu erkennen – und ökonomisch gesehen, ist es alles andere als verwunderlich –, dass es sich hierbei um politisch motivierte Vorschläge handelt, um das heutige weltweite multipolare Geldsystem zu vereinheitlichen, es einer zentralen Kontrollinstanz zu unterwerfen. Also letztlich die Möglichkeit zu schaffen, die Weichen in Richtung einer Welteinheitswährung zu stellen.

Überaus kritisch ist in diesem Zusammenhang das Vorhaben vieler Zentralbanken zu sehen, digitales Zentralbankgeld (»Central Bank Digital Currency« [CBDC]) anzubieten. Digitales Zentralbankgeld ist nichts anderes als Fiatgeld, qualitativ um keinen Deut besser als das Fiatgeld, das die Zentralbanken und Geschäftsbanken schon heute aus dem Nichts erzeugen. Ob digitales Zentralbankgeld aus Sicht der Geldverwender einen Mehrwert gegenüber dem vorhandenen Fiatgeld hat, ist noch ungeklärt. Fest steht jedoch schon jetzt, dass mit der Ausgabe von digitalem Zentralbankgeld gewaltige Missbrauchsspielräume verbunden sind. Man denke nur einmal an die weitreichenden Kontroll-, Überwachungs- und Unterdrückungsmöglichkeiten, die sich mit programmierbarem digitalen Zentralbankgeld den Staaten (und den Sonderinteressengruppen, die sie für ihre Zwecke einzuspannen trachten) eröffnen. Ein Weltfiatgeld in Form eines digitalen Zentralbank-Fiatgeldes, das programmierbar und verbunden ist mit digitaler ID und digitalem Impfpass, könnte nur allzu leicht ein sprichwörtliches *digitales Weltgefängnis* aus der Taufe heben, ein Überwachungssystem entstehen lassen, gegenüber dem George Orwells Dystopie *1984* verblassen würde.

Die (Fort-)Entwicklung des staatlichen Fiatgeldes findet nicht etwa im luftleeren Raum statt, sie ist vielmehr vor dem Hintergrund der fortschreitenden Abkehr von der freien Wirtschaft und Gesellschaft zu sehen, die sich in der westlichen Welt schon seit vielen Dekaden unübersehbar vollzieht. Das staatliche Fiatgeld erweist sich dabei als eine Art Katalyst. Man denke an dieser Stelle nur einmal an den Great Reset, die mittlerweile weit verbreitete und in weiten Teilen akzeptierte Idee, Weltwirtschaft und -gemeinschaft neu auszurichten, neu zu starten. Die Befürworter des Great Reset sind der Auffassung, die Menschen auf dem Globus dürften ihre Geschicke nicht im System der freien Märkte selbst gestalten, sondern sie müssten gelenkt und gesteuert werden von einer Koalition von Regierungen, Großunternehmen und Sonderinteressengruppen, von so etwas wie einer »erleuchteten Elite« also. Denn nur so, mit einem solcherart neuen global koordinierten Politikansatz, könnten die drängenden Probleme der Welt – Ressourcenschutz, Klimawandel, Viruskrankheiten, Finanz- und Wirtschaftskrisen – wirksam bewältigt werden.

»Geschieht etwas, von dem man sagen könnte: ›Sieh, das ist neu!‹ – Es ist längst zuvor auch geschehen in den Zeiten, die vor uns gewesen sind« (Koh 1,10). Diesen biblischen Worten wird vorbehaltlos zustimmen, wer in den letzten Jahren die Diskussion um den Great Reset, diese die herrschenden Wirtschafts- und Gesellschaftsverhältnisse umzustürzen trachtende Idee, verfolgt hat. Der Great Reset ist nicht »neu«, er trägt vielmehr untrüglich die Handschrift kollektivistisch-sozialistischen und (neo-)marxistischen Denkens – wie es schon einmal die Welt heimgesucht hat. Auch der Great Reset verspricht wieder einmal eine bessere, diesmal eine gerechtere, eine »grüne(re)« Welt – und wer wollte solch ein wohlklingendes Heilsversprechen ablehnen? Im Zentrum des Great-Reset-Versprechens steht, das Weltklima zu »retten«. Und dazu muss der Einsatz von fossilen Brennstoffen so schnell wie irgend möglich beendet werden.

Unabhängig davon, ob die Zielsetzung des Great Reset wissenschaftlich begründet, realistisch und machbar ist, ob sie alternativlos und notwendig ist – ihre Umsetzung kann derzeit wohl kaum auf die Freiwilligkeit der Menschen auf dem Planeten zählen. Zu gewaltig wäre die Herabsetzung ihres Lebensstandards, viele Menschen wären in ihrer Existenz bedroht, würden nicht überleben. So gesehen kam der Ausbruch des Corona-Virus zu Beginn des Jahres 2020 den Befürwortern des Great Reset vermutlich wie gerufen. Plötzlich war eine bis dato kaum vorstellbare Einschränkung der Freiheiten der Menschen durch die Staatsmacht (und der ihn für seine Zwecke einsetzenden Sonderinteressengruppen) möglich. Diese Einschränkung traf bei nicht wenigen Menschen sogar auf Zustimmung, obwohl unübersehbar dadurch in vielen westlichen Ländern verfassungsmäßig festgeschriebene Freiheitsrechte – wie beispielsweise das Vertrags-, Berufs-, Versammlungs-, Bewegungsfreiheits- und Religionsrecht – quasi per Handstreich über Nacht aufgehoben wurden.

Insbesondere das »Lockdown-Diktat« der Staaten stach dabei hervor: Auf ihre Anweisung stellten Firmen ihre Tätigkeit ein, gingen Kunden nicht mehr in die Geschäfte, blieben Arbeitnehmer zu Hause und Kirchen geschlossen. Das wirtschaftliche und gesellschaftliche Leben kam zum Stillstand, wurde durch die Lockdowns suspendiert. Möglich wurden diese brachialen Eingriffe wohl nur dadurch, dass die Staaten die Einkommens- und Umsatzverluste, die viele Menschen erlitten, mit neu geschaffenem Fiatgeld bezahlten. Das Ausweiten der Fiatgeldmenge täuschte die Menschen über die wahren, die immensen Kosten der Lockdowns hinweg, lähmte den Widerstand gegen die Freiheitseinschränkungen. Es erzeugte zudem auch noch eine zunehmende Bedürftigkeit der Menschen, die ihre Abhängigkeit vom Staat und seinem Fiatgeld vergrößerte. Ein eindrückliches Beispiel also, wie das

Fiatgeld dem Staat verhilft, sich auf Kosten der individuellen Freiheiten der Menschen auszudehnen.

Wenn Freiheit und Wohlstand der Menschen die gesellschaftlich angestrebten Ziele sind, dann kommt man nicht umhin, die Monopolstellung der staatlichen Geldproduktion, das Fiatgeldsystem, abzuschaffen und durch ein Geld, für das sich die Menschen freiwillig in einem freien Markt entscheiden können, zu ersetzen. Ökonomen der Österreichischen Schule der Nationalökonomie haben bereits vor geraumer Zeit Vorschläge erarbeitet, wie das Fiatgeldsystem beendet und durch ein freies Marktgeldsystem ersetzt werden kann. Beispielsweise empfehlen Ludwig von Mises und sein Schüler Murray N. Rothbard, die ausstehende Fiatgeldmenge durch das Gold, das noch in den Kellern der Zentralbanken lagert, zu decken. Dadurch soll verhindert werden, dass das Fiatgeld zum Totalverlust wird. Nach einem solchen »Stabilisierungsschritt« können die Menschen am Goldgeld festhalten, oder aber sie haben die Möglichkeit, sich für ein anderes Geld im freien Markt zu entscheiden.

Friedrich August von Hayek empfiehlt einen Währungswettbewerb, in dem jeder die Freiheit hat, seinen Mitmenschen ein Gut anzubieten, das ihrer Meinung nach freiwillig als Geld nachgefragt wird; und gleichzeitig soll es den Geldnachfragern freistehen, das Gut beziehungsweise Geld nachzufragen, das aus ihrer Sicht ihren Zwecken am besten dient. Während Mises und Rothbard in ihren Vorschlägen auf eine Beendigung der staatlichen Einflussnahme im Geldwesen abzielen, sieht Hayeks Vorschlag vor, dass private Geldanbieter in den Wettbewerb mit staatlichen Fiatgeldanbietern treten. Die dadurch entstehende Konkurrenz zwinge, so Hayek, den staatlichen Fiatgeldemittenten, sich mit der inflationären Ausgabe seines Geldes zurückzuhalten, damit sein Geld wettbewerbsfähig bleibt – andernfalls schiede das staatliche Fiatgeld aus dem Markt.

Doch wird der Staat (wie wir ihn heute kennen), der das Monopol der Gelderzeugung innehat, sich freiwillig Konkurrenz in der Geldfrage machen lassen? Nun, der Staat (wie wir ihn heute kennen) hat zumindest bisher (nahezu) alles getan, um seine Geldmonopolstellung zu bewahren und auszubauen: beispielsweise Kapitalertrags- und Mehrwertsteuer auf Edelmetalle erheben, um diesen Gütern ihre Wettbewerbsfähigkeit im Vergleich zur Verwendung des offiziellen Fiatgeldes zu nehmen; oder die eigene Währung privilegieren, indem es mit dem Status eines gesetzlichen Zahlungsmittels versehen wird. Vor allem aber hat der Staat mit den Hauptstrom-Ökonomen eine überaus wirkungskräftige Gruppierung hinter sich versammelt, die den Staat und seine Institutionen, insbesondere auch seine Zentralbank mit ihrem Geldmonopol, der Öffentlichkeit als das *non plus ultra*, als unverzichtbar anpreist. Mit großem Erfolg: Für viele Menschen ist das staatliche Fiatgeld der »Normalfall«, nur wenige sind mit der Idee eines freien Marktes für Geld vertraut, und wohl noch weniger Menschen halten es aktuell für eine wünschenswerte und praktikable Lösung für das Geldproblem.

Welcher Weg aber führt weg vom Fiatgeld und hin zu gutem Geld, zu einem freien Markt für Geld? Man kann die Hoffnung haben, dass es nur eine Frage der Zeit ist, bis sich technologisch innovative und überlegene Lösungen des Geldproblems herausbilden und durchsetzen – etwa im Bereich der Kryptoeinheiten –, und deren Akzeptanz und Verbreitung von den Staaten dann nicht mehr wirksam aufgehalten und zurückgedrängt werden können; dass das staatliche Fiatgeld aus dem Markt unaufhaltsam verdrängt wird. Man kann in diesem Zusammenhang an die Diffusionstheorie denken, wie sie Everett M. Rogers (1931–2004) aufgestellt hat und nach der sich eine Innovation nach und nach durchsetzt, irgendwann eine kritische Masse erreicht, schließlich zum Marktstandard wird. Warum also nicht ganz einfach eine fortschrittsoptimistische Haltung annehmen, die Hände in den Schoß legen, sich in Geduld üben und darauf vertrauen, dass die Innovationskraft der Menschen das Geldproblem letztlich in zufriedenstellender Weise lösen wird?

Will man diesen Prozess – die Rückkehr zu gutem Geld – bestmöglich befördern, wird man jedoch nicht umhinkommen, auch die vorherrschenden geistigen Haltungen und Einstellungen der Menschen, die das inflationäre Fiatgeld überhaupt erst möglich machen, zu überwinden. Diese Einschätzung äußerte bereits Ludwig von Mises im Jahr 1923, als er schrieb:

»Man irrt daher sehr, wenn man meint, man könnte wieder zu geordneten Währungsverhältnissen gelangen, ohne dass sich in der Wirtschaftspolitik Wesentliches zu ändern brauchte. Was zunächst und in erster Linie nottut, ist die Abkehr von allen inflationistischen Irrlehren. Doch diese Abkehr kann nicht von Dauer sein, wenn sie nicht durch vollständige Loslösung des Denkens von allen imperialistischen, militaristischen, protektionistischen, etatistischen und sozialistischen Ideen fest begründet wird.«[3]

Das Wissen um die richtige geldtheoretische Lehre, die richtige Ökonomik reicht sehr wahrscheinlich allein nicht aus, damit die Gemeinschaft der Menschen zurück zu gutem Geld finden kann. Vielmehr müssen die (handlungslogischen) Erkenntnisse der Ökonomik für die Menschen auch annehmbar sein. Und dazu ist es erforderlich, dass sich die heute vorherrschenden Haltungen, die Gesinnungen der Menschen zu sich und ihren Mitmenschen verändern, dass insbesondere aus feindlich gesinnten Haltungen (»Ruf nach dem Staat«) friedvoll gesinnte werden (»Akzeptanz der Freiwilligkeit als Grundlage für zwischenmenschliche Kooperation«). Es bedarf also so etwas wie einer neuerlichen Aufklärung, dessen Ideal der Königsberger Philosoph Immanuel Kant (1724–1804) wie folgt formulierte:

»Aufklärung ist der Ausgang des Menschen aus seiner selbst verschuldeten Unmündigkeit. Unmündigkeit ist das Unvermögen, sich seines Verstandes ohne Leitung eines anderen zu bedienen. Selbstverschuldet ist diese Unmündigkeit, wenn die Ursache derselben nicht am Mangel des Verstandes, sondern der Entschließung und des Mutes liegt, sich seiner ohne Leitung eines anderen zu bedienen. Sapere aude! Habe Mut dich deines eigenen Verstandes zu bedienen! ist also der Wahlspruch der Aufklärung.«[4]

Mit diesen Worten fordert Kant uns auf, nicht auf das eigene Denken zu verzichten, sondern vielmehr den Mut zum eigenen Denken zu haben, dass man nicht faul und feige sein soll, selbst zu denken. Kant spricht dem Menschen, der mit Verstand und Vernunft ausgestattet ist, eine *vernünftige Autonomie* zu.[5] Ihm zufolge ist eine Person *autonom*, wenn sie nach selbst gesetzten Regeln und Gesetzen handelt, ihr Leben führt; und sie ist *vernünftig*, wenn sie sich die selbst gesetzten Regeln und Gesetze mit solide unterlegten Gründen und Überzeugungen, zu denen sie durch eigenes Nachdenken gelangt ist, zu eigen gemacht hat. Kants Aufklärung ist eine Absage an eine unreflektierte Übernahme von Mehrheitsmeinungen, an »Expertenhörigkeit«, an selbst verschuldete gedankliche Irrlichterei – und vor allem ist sie auch eine Absage an die Akzeptanz des Herrschaftsgedankens: der Idee, es sei gut und richtig, wenn die einen die anderen beherrschen.

Die Aufklärung, die Kant rationalisiert und befürwortet hat, findet in der *Logik des menschlichen Handelns* eine Entsprechung. Die Logik des menschlichen Handelns öffnet dem, der sich mit ihr beschäftigt, sie studiert, sprichwörtlich die Tür, um zu verstehen, dass im Bereich des menschlichen Handelns Gesetzmäßigkeiten walten, an die der Handelnde sein Handeln anzupassen hat, will er erfolgreich sein und seine Ziele erreichen. Die Logik des menschlichen Handelns tritt dabei nicht wertend und fordernd an ihren Erkenntnisgegenstand heran, sondern sie deckt die Gesetzmäßigkeiten auf, denen das Handeln des Menschen auf dieser Welt denknotwendig unterliegt. Die Logik des menschlichen Handelns hilft uns zu verstehen, wie wir uns zu orientieren haben: dass wir Mittel einsetzen müssen, um unsere Ziele zu erreichen, und dass es auch Ziele gibt, die sich (selbst wenn sie uns noch so wünschenswert erscheinen) mit den uns zur Verfügung stehenden Mitteln nicht erreichen lassen.

Die Logik des menschlichen Handelns lässt uns zweifelsfrei erkennen, dass das Geld ein Phänomen des freien Marktes ist, spontan aus den Eigeninteressen der Marktakteure entstanden. Vorzugsweise haben die Menschen, wenn sie die Freiheit bei der Geldwahl hatten, sich für Edelmetalle – insbesondere für Gold und Silber, manchmal auch für Kupfer – entschieden. Das heute verwendete staatliche Fiatgeld ist sprichwörtlich »unnatürlich«, es wurde durch Zwang und Gewalt in die Welt gebracht, und so ist es auch alles andere als verwunderlich, dass das Fiatgeld unter schweren ökonomischen und ethischen Defekten leidet, große volkswirtschaftliche Schäden verursacht und sogar das Potenzial hat, die zivilisierte Gesellschaft zu zerstören. Es gibt überzeugende Gründe, für ein Ende des staatlichen Fiatgeldes zu plädieren, die Wege zu ebnen, die das Entstehen eines freien Marktes für Geld ermöglichen. Nicht zuletzt zählt dazu auch der Verweis auf die Lehre über das ungedeckte Geld, die Goethes Faust in vollendeter künstlerischer Schaffenskraft formuliert.

In seinem Faust zeigt Goethe unmissverständlich das Übel des ungedeckten Geldes (des »Papiergespenst der Gulden«), des »aus dem Nichts« herbeigezauberten Geldes, des Fiatgeldes, auf. Wahrlich, es ist ein teuflisches Geld, das Mephistopheles dem Kaiser da verabreicht, es steht für das Fiktive, das nur Scheinbare, und Mephistopheles' Motive, Fiatgeld auszugeben, sind Täuschung, Betrug und Zerstörung. Er will den Menschen in das Nichts führen. Aber eben nicht nur Goethes Meisterwerk der deutschsprachigen Literatur öffnet uns die Augen über die wahre Natur des Fiatgeldes und seine Folgen. Auch die (handlungslogisch begründete) Ökonomik befördert das über das Fiatgeld zutage, was von seinen Befürwortern nur allzu gern verschwiegen und Verwendern nicht bewusst ist, von ihnen häufig auch nicht gehört werden will; die vielen inakzeptablen, dunklen Seiten.

Die ökonomisch und ethisch überzeugende Lösung des Geldproblems ist jedoch seit Langem bekannt: Sie besteht in einem freien Markt für Geld, in dem die Menschen die Freiheit haben, das Geld zu verwenden, das ihren Zwecken am besten dient; und in dem Anbietern es freisteht, ein Gut anzubieten, von dem sie meinen, es werde von anderen als Geld nachgefragt. In einem freien Markt für Geld setzt sich gutes Geld, das beste Geld durch – schließlich wird niemand freiwillig schlechtes Geld nachfragen. Die Menschen haben es selbst in der Hand, sich vom Fiatgeld abzuwenden und zu einem ökonomisch und ethisch akzeptablen Geldwesen, einem freien Markt für Geld, zu gelangen. Dazu müssen sie sich – und das ist eine notwendige Bedingung – ihres Verstandes bedienen, den Mut haben und Faulheit und Feigheit überwinden und selbst denken.

Anmerkungen

Einleitung

1 Vgl. Hermes (2004), *Lektürehilfen Johann Wolfgang von Goethe: Faust I/II*, S. 165.

2 Heine (1987), *Der Doktor Faust*, S. 63.

3 Siehe Prollius, Polleit (2014), *Geldreform. Vom schlechten Staatsgeld zu gutem Marktgeld.*

4 Siehe hierzu Rothbard (2011), *Economic Controversies, Section One: Method*, S. 1–136; Hoppe (1995), *Economic Science and the Austrian Method*; Polleit (2020), *A Critique of Economic Knowledge.*

Kapitel 1
Was man über das Geld wissen muss

1 Siehe Borchert (2003), *Geld und Kredit*, S. 27–29; auch Laughlin (1903), *The Principles of Money*, S. 1–23.

2 Siehe Knies (1873), *Geld und Credit*, S. 20 ff.

3 Siehe Mises (1912), *Theorie des Geldes und der Umlaufsmittel*

4 Das Beispiel wurde entnommen aus Borchert (2003), *Geld und Kredit*, S. 28–29.

5 Mises (1912), *Theorie des Geldes und der Umlaufsmittel*, S. 162.

6 Siehe Lachmann (1976), *From Mises to Shackle: An Essay on Austrian Economics and the Kaleidic Society*; für eine Kritik hierzu siehe Hoppe (1997), *On Certainty and Uncertainty, Or: How Rational Can Our Expectations Be?*

7 Siehe Rothbard (2009), *Man, Economy, and State*, S. 7.

8 Siehe Mises (1912), *Theorie des Geldes und der Umlaufsmittel*, S. 94–95.

9 Siehe Mises (1940), *Nationalökonomie*, S. 75–76, auch S. 84–95.

10 Mises (1912), *Theorie des Geldes und der Umlaufsmittel*, S. 151–152.

11 Die Standardabweichung der quartalsweisen Veränderung der Geldmenge M3 in der Schweiz betrug in der Zeit Q2 1985 bis Q1 2023 1,2 Prozent, in der gleichen Zeit in Großbritannien 3,0.

12 Siehe Malkin (2006), *Krueger's Men.*

13 Siehe hierzu Friedman, M. (1992), *Geld regiert die Welt. Neue Provokationen vom Vordenker der modernen Wirtschaftspolitik,* Econ Verlag, Düsseldorf et al., S. 63–75.

14 Siehe Rothbard (2009), *Man, Economy, and State,* S. 898–900.

15 Siehe zum Beispiel Mises (1940), *Nationalökonomie,* S. 195–198.

16 Siehe Menger (1871), *Grundsätze der Volkswirthschaftslehre.*

17 Menger (1871), *Grundsätze der Volkswirthschaftslehre,* S. 259.

18 Siehe Knapp (1921), *Staatliche Theorie des Geldes.*

19 Siehe hierzu Mises (1912), *Theorie des Geldes und der Umlaufsmittel,* S. 107 ff.

20 Nicht einmal der Name Carl Menger taucht in Knapps Buch auf.

21 Knies (1873), *Geld und Credit,* S. 107–108.

22 Für eine Kritik siehe Murphy (2011), *David Graeber's response to My Article.*

23 Hayek (2001), *Der Feldzug gegen die keynesianische Inflation* (1978), S. 152.

24 Hayek (2001), *Der Feldzug gegen die keynesianische Inflation* (1978), S. 158.

Kapitel 2
Die Kaufkraft des Geldes und das Übel der Inflation

1 Siehe Rothbard (2008), *The Mystery of Banking,* S. 15 ff.

2 Siehe Fisher (1913), *The Purchasing Power of Money.*

3 Siehe Fisher (1925), *Our Unstable Dollar and the So-Called Business Cycle.*

4 Siehe Mises (1940), *Nationalökonomie,* S. 213.

5 Mises (1940), *Nationalökonomie,* S. 430.

6 Mises (1940), *Nationalökonomie,* S. 430–431.

7 Siehe Rothbard (2008), *The Mystery of Banking,* S. 29 ff.

8 Eine einflussreiche Arbeit stammt von Cagan (1956), *The Monetary Dynamics of Hyperinflation.*

9 Siehe Borchert (2003), *Geld und Kredit,* S. 203 ff.

10 Ein Beispiel für die Behandlung dieser Fragestellung findet sich bei Fitzgerald (1999), *Money Growth and Inflation: How Long is the Long-Run?*

11 Mises (1923), *Die geldtheoretische Seite des Stabilisierungsproblems,* S. 32.

12 Siehe Cantillon (2010), *An Essay on Economic Theory*. Siehe hierzu auch Rothbard (1995), *Richard Cantillon: The Founding Father of Modern Economics.*

13 Siehe hierzu Rothbard (1995), *John Law: Proto-Keynesian.*

14 Keynes (1920), *The Economic Consequences Of The Peace*, S. 236, eigene Übersetzung.

Kapitel 3 Die jüngste Geldgeschichte – und was wir von ihr lernen können

1 Siehe Flandreau, M. (1996), *The French Crime of 1873: An Essay on the Emergence of the International Gold Standard, 1870-1880*, S. 862.

2 Siehe Irwin, D. A. (2010), *Did France Cause The Great Depression?*

3 Hoover (1952), *The Memoirs of Herbert Hoover; The Great Depression, 1929 – 1941*, The MacMillan Company, New York, S. 398; zitiert nach *The Morgenthau Diaries, V – The Paradox of Poverty and Plenty*, Collier's, 25. Oktober, 1947.

4 Friedman (1992), *Geld regiert die Welt*, S. 253.

5 Siehe hierzu Polleit (2023), *The BRICS Currency Projects Picks Up Speed.*

Kapitel 4 Das Interesse des Staates am Geld

1 Rothbard (1982), *The Ethics of Liberty*, S.

2 Dieses Bild habe ich Hans-Hermann Hoppe entliehen, der es in *Der Wettbewerb der Gauner* (2012) verwendet.

3 Siehe Buchanan, Tullock (1962), *The Calculus of Consent: Logical Foundations of Constitutional Democracy.*

4 Oppenheimer (1929), *Der Staat*, S. 19.

5 Oppenheimer (1929), *Der Staat*, S. 15. Oppenheimer verwendet in diesem Zitat die Worte »auf seinen ersten Daseinsstufen« und könnte damit ansinnen, der moderne, demokratisch verfasste Staat mit seinen Wahlen, Parlamenten und Politikern wäre grundsätzlich anders als der Staat in seinen ersten Daseinsstufen. Doch das ist nicht so. Auch im modernen Staat gilt natürlich (wenn es auch nicht immer so klar erkennbar ist), dass

die einen (Regierenden) Zwang und Gewalt über die anderen (Regierten) ausüben – auch wenn Regierende im Zeitablauf durchaus zu Regierten und Regierte zu Regierenden werden können. Siehe hierzu auch Rothbard (2009), *Man, Economy, and State*, S. 1279 ff.

6 Siehe hierzu die Ausführungen in der vorangehenden Fußnote.

7 Siehe hierzu Rothbard (2005), *What Has Government Done To Our Money?*

8 Siehe Erlei, Leschke, Sauerland (1999), *Neue Institutionenökonomik*, S. 308 ff.

9 Siehe Schuler, K. (1992), *The World History of Free Banking*, in: *The Experience of Free Banking*, Hrsg. Kevin Dowd, Routledge, London.

10 Siehe hierzu Sechrest (1993), *Free Banking: Theory, History, and a Laissez-Faire Model*, S. 79 ff. und S. 95 ff.

11 Siehe Rothbard (1983), *Mystery of Banking*, S. 177 ff.

12 Schacht (1966), *Magie des Geldes*, S. 88.

13 Siehe Mises (1919), *Nation, Staat und Wirtschaft*.

14 Die friedenstiftende Rolle des Liberalismus betonte Mises (1927) auch ausdrücklich in seinem Buch *Liberalismus*, S.20–24.

15 Oppenheimer schreibt: Der Staat »... ist seiner Entstehung nach ganz und seinem Wesen nach ... fast ganz ...eine gesellschaftliche Einrichtung, die von einer siegreichen Menschengruppe einer besiegten Menschengruppe aufgezwungen wurde mit dem einzigen Zwecke, die Herrschaft der ersten über die letzte zu regeln und gegen innere Aufstände und äußere Angriffe zu sichern. Und die Herrschaft hatte keinerlei andere Endabsicht als die ökonomische Ausbeutung der Besiegten durch die Sieger.«

16 Dass es nicht zu einem direkten Krieg zwischen den Großmächten USA und Sowjetunion gekommen ist, lag vermutlich an der gegenseitigen militärischen (nuklearen) Abschreckungswirkung, über die beide Mächte verfüg(t)en. Aber das sollte nicht den Blick verstellen, dass insbesondere große Staaten nicht nur nach innen, sondern vor allem auch nach außen grundsätzlich aggressiv sind.

17 Clausewitz (1883), *Vom Kriege*, S. 16.

18 Kant (1919), *Zum ewigen Frieden*, S. 12.

19 Mises (1919), *Nation, Staat und Wirtschaft*, S. 144.

20 Eine umfassende Kritik der MMT findet sich zum Beispiel bei Mueller (2019), *The Magic Money Tree: The Case Against Modern Monetary Theory (MMT).*

21 Um einen Überblick über Moslers Theoriearbeit (zur MMT) zu erhalten, scheint mir der Verweis auf seine Website sinnvoll zu sein: www.moslereconomics.com.

22 Siehe Kelton (2020), *The Deficit Myth: Modern Monetary Theory and the Birth of the People's Economy.*

23 Mises (1976), *Kritik des Interventionismus*, S. 81.

24 Siehe Reiman (1939), *The Vampire Economy.*

25 Schwab, Malleret (2020), *COVID-19: The Great Reset*, S. 57.

26 Der Begriff geht allerdings ursprünglich wohl zurück auf Florida (2010), *The Great Reset: How New Ways of Living And Working Drive Post-Crash Prosperity.*

27 Siehe Schwab, Malleret (2022), *The Great Narrative.*

28 Siehe im folgenden Rectenwald (2023), *the Great Reset and the Struggle For Liberty.*

Kapitel 5
Was man über den Zins wissen muss

1 Aristoteles (1879), *Politik*, S. 131.

2 So Issing (1993), *Der Zins und sein moralischer Schatten – Zur Rolle des Zinses in der modernen Wirtschaft.*

3 Feder (1919), *Manifest zur Brechung der Zinsknechtschaft*, S. 6.

4 Siehe hierzu zum Beispiel Herbener (2011), *The Pure Time-Preference Theory of Interest.*

5 Böhm-Bawerk (1921), *Kapital und Kapitalzins*, S. 2.

6 Siehe hierzu Rothbard, M. N. (2006), *Economic Thought Before Adam Smith. An Austrian Perspective on the History of Economic Thought, Vol. I*, Chapter 14, The Brilliance of Turgot, S. 395–401.

7 Siehe Böhm-Bawerk (1959a), *Capital and Interest*; ders. (1959b), *Further Essays on Capital and Interest*; ders

Böhm-Bawerk (1959c), *History and Critique of Interest Theories*; ders. (1959), *Positive Theory of Interest.*

8 Fetter, F. A. (1915), *Economic Principles*; ders. (1904), *Principles of Economics*; ders. (1977), *Interest Theories, Old and New.*

9 Siehe Mises (1940), *Nationalökonomie*, insb.474–532.

10 Siehe Rothbard (2009), *Man, Economy, and State*, insb. S. 367–451.

11 Siehe Herbener (2011), *The Pure Time-Preference Theory of Interest*, insb. S. 7–58.

12 Mises (1940), *Nationalökonomie*, S. 474.

13 Mises (1940), *Nationalökonomie*, S. 476.

14 Siehe hierzu Polleit (2022), *Der Antikapitalist*, S. 167 ff.

15 Dies lässt sich mit der logischen Schlussfigur des Modus Tollens (oder: Modus Tollendo Tollens) erklären: Eine akzeptierte bedingte Aussage sei »Wenn p dann q«. Angenommen, wir beobachten (oder sagen) »nicht-q», dann schließen wird auf die Negation des Antecedenz, also auf »nicht-p«. Nehmen wir an, p steht für die Aussage »Der Mensch handelt« und q für die Aussage »Der Urzins ist immer und überall positiv«. Wenn wir sagen »nicht-q« (also »Der Urzins ist nicht immer und überall positiv«), dann muss »nicht-p« gelten (das heißt »Der Mensch kann nicht handeln«). »Nicht-p« ist hier jedoch handlungslogisch (praxeologisch) falsch: Man kann den Satz »Der Mensch handelt« nicht widerspruchsfrei verneinen: Wer sagt »Der Mensch handelt nicht«, der handelt und widerspricht damit dem Gesagten. Über den Tollendo Tollens siehe Cohen, *Nagel* (2002), S. 101–105.

16 Siehe hierzu Rothbard (2009), *Man, Economy, and State*, S. 406–410.

17 Für Friedrich Nietzsche waren diese Worte positiv besetzt, in dem hier behandelten Zusammenhang sind sie hingegen problematisierend gemeint.

18 Siehe hierzu Polleit (2023), *A Brief Note On Bank Circulation Credit And Time Preference*, S. 227 ff.

19 Siehe Hülsmann (2013), *Krise der Inflationskultur*, S. 241 ff.

20 Es handelt sich hierbei um einige Mutmaßungen, die sich aus dem a priori einer (künstlichen) Erhöhung der Zeitpräferenz der Handelnden ergeben.

Kapitel 6
Warum Fiatgeld schlechtes Geld ist

1 Siehe hierzu Poser (2001), *Wissenschaftstheorie*, S. 108–112.

2 Man kann zudem zeigen, dass das Induktionsproblem auch logisch begründet werden kann, siehe Poser (2011), *Wissenschaftstheorie*, S. 110–112.

3 Es sei angemerkt, dass dieses Problem in den Naturwissenschaften zwar ebenfalls relevant, allerdings weniger virulent ist. In der Natur gibt es offensichtlich Regelmäßigkeiten beziehungsweise Gesetzmäßigkeiten, die sich mit Erfahrungen (Experimenten) aufspüren lassen. Gleichwohl gilt auch hier: Eine abschließende Gewissheit, ob die Theorie/Hypothese wahr ist, kann die Erfahrung auch hier nicht liefern.

4 Siehe Jevons (1888), *Elementary of Logic*, S. 117–125.

5 Siehe hierzu Polleit (2022), *Wie wichtig ist die Unabhängigkeit der Wissenschaft, Herr Polleit?*

6 Siehe zum Beispiel Polleit (2020), *A Critique of Economic Knowledge*; ders. (2017), *Über die Logik des Handelns.*

7 Siehe hierzu auch die Kritik in Polleit (2023), *Der Weg zur Wahrheit*, S. X.

8 In volkswirtschaftlichen Lehrbüchern wird meist von »Geldschöpfung« gesprochen – als ob es sich um einen göttlichen Akt handle. Um die betrügerische Natur der Geldschaffung aus dem Nichts zum Ausdruck zu bringen, verwenden wir das Wort »Gelderzeugung«.

9 Siehe Bank für Internationalen Zahlungsausgleich (2010), Basel III: Ein globaler Regulierungsrahmen für widerstandsfähigere Banken und Bankensysteme, Basler Ausschuss für Bankenaufsicht, Dezember.

10 Siehe Hoppe, Hülsmann, Block (1998), *Against Fiduciary Media.*

11 Siehe hierzu Huerta de Soto (2020), *Money, Bank Credit, And Economic Cycles*, Chapter 1, S. 1 bis 36.

12 Eine Einführung findet sich bei Haberler (1996), Money and the Business Cycle, S. 37 ff.; Mises (1996), *The »Austrian« Theory of The Trade Cycle*, S. 26 ff.; Rothbard (1996), *Economic Depressions: Their Cause and Cure*, S. 65 ff.; Salerno (2012), *A Reformulation of AustrianBusiness Cycle Theory in Light of the Financial Crisis*, S. 3 ff.

13 Rothbard sprach in diesem Zusammenhang von »Cluster of Errors«. Siehe Rothbard (2000), *America's Great Depression*, S. 8.

14 Mises (1940), *Nationalökonomie* S. 524.

15 Mises (), *Die Gemeinwirtschaft*

16 Mises (), *Interventionismus*

17 Mises (1927), *Liberalismus*, S. 69.

18 Mises (2013), *Kritik des Interventionismus*, S. 70

19 Alternativ beschafft sich der Staat durch Ausgabe neuer Anleihen, die von der Zentralbank gekauft werden, neues Geld, das er dann in die Banken als Eigenkapital einzahlt.

20 Siehe hierzu Bordo, Lane, Redish (2004), *Gold versus bad deflation: Lessons from the gold standard era.*

21 Siehe Hayek (1996), *Can We Still Avoid Inflation?*, S. 93 ff.

22 Hülsmann (2007), *Die Ethik der Geldproduktion*, S. X.

23 In diesem Sinne sieht Menger, Schriften über Geldtheorie und Währungspolitik, Edelmetalle als unpolitisches Geld an (S. 86–87): »Die Schwankungen im Weltpreise der Edelmetalle scheinen mir gegenwärtig immer noch geringere Gefahren in sich zu schliessen als die Regelung des inneren Tauschwertes des Geldes durch Regierungen oder soziale und politische Parteien.«

24 Mises (1940), *Nationalökonomie*, S. 404.

25 Mises (1912), *Theorie des Geldes und der Umlaufsmittel*, S. 472.

26 Mises (1998), *Human Action*, S. 428; eigene Übersetzung.

27 Hayek (1960), *Die Verfassung der Freiheit*, S. 327.

28 Zum digitalen Zentralbankgeld siehe Bank für Internationalen Zahlungsausgleich (2020), *Central bank digital currencies: foundational principles and core features.*

29 Siehe Atlantic Council, Central Bank Digital Currency Tracker.

30 Digitales Zentralbankgeld soll es für gewerbliche Zwecke (»Wholesale«) geben, das vorrangig für Zahlungen zwischen Kreditinstituten und Finanzmarktinfrastrukturen ausgelegt ist. Zudem ist ein digitales Zentralbankgeld vorgesehen, mit dem Privaten (»Retail«) ihre Zahlungen ausführen (Konsumenten, Unternehmen).

31 Die US-Immobilienkrise wurde ja gerade auch dadurch in Gang gesetzt, dass der US-Staat mehr Eigenheimbesitzer haben wollte, insbesondere

unter den Minorities (»American dream«), und darum die Banken anwies, Hypotheken ohne Einkommensnachweise oder Anzahlungen zu gewähren. Da war ein Kredit also nicht mehr abhängig von Vermögen oder wirtschaftlicher Leistungsfähigkeit.

32 Zitiert nach Powell (2016), *Trump Rails Against Globalism In First Post-Election Rally.*

33 Eine Alternative dazu ist, dass der stärkste Staat die schwächeren unterwirft. Hierzu Hoppe (2006), *Banking, Nation States, and International Politics: A Sociological Reconstruction of the Present Economic Order*, S 77.

34 Siehe Polleit (2018), *Mit Geld zur Weltherrschaft.*

35 Siehe hierzu die Ausführungen bei Hoppe (2010), *A Theory of Capitalism and Socialism*, S. 31 ff. und 51 ff.

36 Dieser Gedanke entstammt Hoppe, H. H. (2006), *How is Fiat Money Possible?*, S. 175–178.

37 Diese Einsicht stammt von Mises (1919), *Nation, Staat und Wirtschaft*, S. 31 ff.

38 »INT« steht hier für »international« und »OR« für französisch Gold. Siehe Mundell (1999), *The International Monetary System and the Case for a World Currency.*

39 Siehe Carney (2019), *The Growing Challenges for Monetary Policy in the current International Monetary and Financial System.*

40 Siehe Deutsche Bundesbank (2022), *Grenzüberschreitende Interoperabilität von digitalem Zentralbankgeld.*

41 Siehe Borio, McCauley, McGuire, Sushko (2016), *Covered interest parity lost: understanding the cross-currency basis*, S. 45 ff.

Kapitel 7
Gutes Geld ist möglich

1 Kant (1784), *Was ist Aufklärung?*

2 Ebenda.

3 Mises (1923), *Die geldtheoretische Seite des Stabilisierungsproblems*, S. 37.

4 Für diese wichtige Einsicht ist der Autor Herrn Dr. Andreas Tiedtke zu besonderem Dank verpflichtet. Siehe hierzu Tiedtke (2021), *Der Kompass zum lebendigen Leben*, insb. Kapitel IV, S. 99 ff.

5 Siehe Tetens (2006), *Kants »Kritik der reinen Vernunft«*, S. 18.

6 Siehe Tetens (2006), S. 196–197.

7 Mises (1940), *Nationalökonomie*, S. 20.

8 Siehe Hoppe (1987), *Eigentum, Anarchie und Staat*, S. 13.

9 Siehe zum Beispiel de Molinari (2009), *The Production of Security*.

10 Siehe Rothbard (2006), *For A New Liberty*, S. 267 ff.; Hoppe (2009), *The Private Production of Defense*.

11 Menger (1936), *Schriften über Geldtheorie und Währungspolitik*, S. 86–87

12 Mises (1912), *Theorie des Geldes und der Umlaufsmittel*, S. 472.

13 Hülsmann (2013), *Grundsätze einer liberalen Währungsreform*.

14 Wie ist diese Aussage mit Goethes Faust, in dem der Kaiser auf Anraten von Mephistopheles ungedecktes Papiergeld ausgibt, vereinbar? Im Kaiserreich verwenden die Menschen bereits, also bevor Mephisto in Aktion tritt, Goldgeld. Daher kann der Kaiser auch ungedecktes Papiergeld ausgeben mit dem Versprechen, es sei durch »ungehobene Goldschätze« gedeckt. Das ungedeckte Geld ist hier ein »betrügerisches Geldsubstitut«, das keine Golddeckung hat. Wäre zuvor kein Edelmetallgeld verwendet worden, hätte der Kaiser auch kein ungedecktes Papiergeld »ex machina« einführen können.

15 Siehe hierzu zum Beispiel Sechrest, L. J. (1993), *Free Banking: Theory, History, and a Laissez-Faire Model*.

16 Siehe hierzu Mayer, D. (2013), *Parallelwährungen als Weg aus der Euro-Krise*, in: *Orientierungen zur Wirtschafts- und Gesellschaftspolitik*, S. 37 ff.; auch Bundesverband mittelständische Wirtschaft (2012), *Die Parallelwährung: Optionen, Chancen, Risiken*.

17 Siehe Mayer, Polleit, van Suntum (2016), *Der »Gold-Euro« – eine Versicherung gegen den Euro-Crash*.

18 Siehe hierzu Kemmerer (1944), *Gold and the Gold Standard*, S. 145.

19 Siehe Rothbard (1963), *America's Great Depression*.

20 Siehe Perth Mint (2020), https://www.perthmint.com/news/media-announcements/investor/independent-reserve-adds-perth-mint-gold-token-pmgt-as-the-rush-on-precious-metals-continues/.

21 Siehe Perth Mint (2023), https://www.perthmint.com/invest/goldpass/.

22 So wurde den Medien zufolge offiziell von US-amerikanischer Seite beklagt, die Perth Mint habe sich US-steuerrechtlichen Verstößen schuldig gemacht, weil sie die bei ihr gehaltenen Depositen von US-Kunden nicht gemeldet hätte. Siehe hierzu Carmody, Bourke (2023) Perth Mint warned of potential US commodities law breaches, but did not publicly reveal scale of issue.

23 Siehe Berking (2011), *Der Gold-als-Recheneinheit-Standard*, insb. S. 78.

24 Siehe Deutsche Bundesbank (2017), *Distributed-Ledger-Technologien im Zahlungsverkehr und in der Wertpapierabwicklung: Potenziale und Risiken*, S. 41.

25 Es sei hier angemerkt, dass die Bewertung eines Gutes einer trilateralen Beziehung entstammt: Die subjektive Bewertung durch den Handelnden und zwar mit Blick auf das in Frage stehende Gut sowie auch auf das Gut, mit dem es verglichen wird (die beste Alternative). Siehe hierzu Mises (1912), Theorie des Geldes und der Umlaufsmittel, S. 15: »Jedes ökonomische Handeln setzt Vergleichung der Wertbedeutungen voraus; aber die Notwendigkeit sowohl, als auch die Möglichkeit einer derartigen Vergleichung ist erst dadurch gegeben, daß das wirtschaftende Subjekt zwischen mehreren Gütern zu wählen hat.«

26 Man muss davon ausgehen, dass »einige« Bitcoins bereits verloren gegangen sind (weil beispielsweise einige Besitzer ihren Private Key unwiederbringlich verloren haben).

27 Siehe hierzu Polleit (2020), *Mit Geld zur Weltherrschaft*, S. 188–190.

28 Siehe hierzu Colin Harper, 4 Bitcoin Lightning Network Vulnerabilities … , Oktober 2020, www.coindesk.com/bitcoin-lightning-network-vulnerabilities-not-exploited-yet

29 Beim US-amerikanischen Zahlungsdienstleister PayPal waren (im Juni 2023) Zahlungen im Heimatmarkt von PayPal-Konten oder Bankkonten sowie von Amexs Send™ -Konten gebührenfrei. Für Zahlungen von der Kreditkarte wurden 2,90 Prozent plus eine »Fixed Fee« (in Abhängigkeit der Währung) fällig. Für internationale Zahlungen auf den drei genannten Wegen betrugen die Gebühren jeweils 5 Prozent des Betrages, bei einer Mindestgebühr von 0,99 US-Dollar und einer Maximalgebühr von 4,99 US-Dollar. Siehe https://www.paypal.com/us/webapps/mpp/paypal-fees, eingesehen am 13. Juni 2021.

30 Siehe zum Beispiel Graf (2013), *Bitcoins, the Regression Theorem and That Curious but Unthreatening Empirical World*; auch Davidson, Block (2015), *Bitcoin, the Regression Theorem, and the Emergence of a New Medium of Exchange.*

31 Siehe Phaneuf III (2021), *Mises's Regression Theorem, Bitcoin, and Subjective Value Theory.*

32 Es gibt viele Güter, die aufgrund ihrer nicht-monetären Eigenschaften einen Marktwert besitzen – wie beispielsweise Bleistifte, Turnschuhe und Autoreifen. Aber keines dieser Güter würde vermutlich zum Geld aufsteigen, wenn es in Konkurrenz stünde mit, sagen wir, Edelmetallen, die die (physischen) Anforderungen an ein allgemein akzeptiertes Tauschmittels vergleichsweise besser erfüllen.

Kapitel 8
Zurück zu gutem Geld

1 Mises (1940), *Nationalökonomie*, S. 524.

2 Machlup (1934), *Führer durch die Krisenpolitik*, S. 6.

3 Siehe Mises (1953), *The Theory of Credit and Money*, Chapter III, The Return To Sound Money, S. 435–455. Auch Hülsmann (2008), *Mises on Monetary Reform: the Private Alternative*, S. 208–218.

4 Siehe Mises (1953), *The Theory of Credit and Money*, S. 449–450.

5 Siehe Mises (1953), *The Theory of Credit and Money*, S. 450.

6 Siehe Mises (1953), *The Theory of Credit and Money*, S. 445.

7 Siehe Hayek (1976), *Denationalisation of Money*.

8 Siehe hierzu Polleit (20XX), *Hayek's 'Denationalisation of Money' – a Praxeological Reassessment*, S. 69–84.

9 Vermutlich will der Bundesstaat Wyoming aus praktischen Erwägungen (derzeit noch) nicht, dass die Steuern in physischem Gold und Silber bezahlt werden.

10 Siehe hierzu Rothard (2009), *Man, Economy, and State*, S. 1083; Farrer (1898), *Studies in Currency*, S. 39 – 48.

11 Genau genommen steht es im Gesetzestext wie folgt: Die Gewinne, die durch einen Tausch von einem gesetzlichen Zahlungsmittel (»Legal Tender«) in ein anderes gesetzliches Zahlungsmittel entstehen, sind von der

Besteuerung ausgenommen. Zum gesetzlichen Zahlungsmittel wird »Specie« gezählt, das heißt Münzen mit Edelmetallgehalt. Dazu gehören neben Gold- und Silbermünzen auch Platinmünzen (American Eagle Platinum Coin) und Palladium-Münzen (American Eagle Palladium Bullion Coins). Wichtig ist hier, dass die Edelmetallmünzen eine Mengenangabe aufgeprägt haben (Unzen, ½ Unze oder 1/10 Unze) und keinen US-Dollar-Betrag. Ansonsten würden sie bei (hoher) Inflation aus dem Verkehr verschwinden: Entweder würden sie gehortet (dem »Greshamschen Gesetz« folgend), oder sie würden nachgefragt, um dann eingeschmolzen zu werden.

12 Die Kosten einer Einlagerung betragen derzeit zum Beispiel 0,5 Prozent für Edelmetallwerte bis zu 2.499.999,99 US-Dollar. Eine Edelmetalldeposite in Höhe von 100.000 US-Dollar kostet also 500 US-Dollar pro Jahr.

13 Siehe Paul, R. (2009), *End the Fed.*

14 In Deutschland beträgt seit 2014 die Mehrwertsteuer auf Silber 19 Prozent. Wurde Silber aus dem Ausland eingeführt, war jedoch nur eine Einfuhrumsatzsteuer von 7 Prozent zu zahlen. Verkaufte ein Händler das eingeführte Silber weiter, muss er nicht 19 Prozent Mehrwertsteuer auf den Nettoverkaufspreis aufschlagen, sondern nur auf die Differenz, die sich aus Einkaufspreis und Bruttoverkaufspreis bei 19 Prozent Mehrwertsteuer ergab – das war die Differenzbesteuerung, die jedoch Ende 2022 beendet wurde. Gold ist von der Mehrwertsteuer ausgenommen. Das gilt auch für Goldbarren, soweit sie bestimmte Anforderungen erfüllen (sie müssen zum Beispiel einen Goldgehalt von nicht weniger als 900/1000 aufweisen).Werden Gold und Silber nach Ablauf der Haltefrist von einem Jahr verkauft, ist ein Gewinn aus einem Verkauf steuerfrei.

15 Siehe Rothbard (2008), *The Mystery of Banking*, S. 261 ff.

16 Die Banken des US-Federal Reserve Systems hielten am 28 Februar 2021 (»Status Report of U.S. Government Gold Reserve«) knapp 13,5 Millionen Feinunzen Gold, das US-Schatzamt gut 248,0 Millionen Feinunzen, also insgesamt 261,5 Millionen Feinunzen.

17 Siehe Huerta de Soto (2020), *Money, Bank Credit, And Economic Cycles*, S. 736 ff., insb. S. 793.

18 Siehe Polleit (2022), *Kehrt Amerika zum Goldstandard zurück?*

19 Siehe H.R.2435 – Gold Standard Restoration Act (https://www.congress.gov/bill/118th-congress/house-bill/2435/text).

20 Siehe Berking (2013), *Was uns die Geschichte der Mark Banco lehrt.*

21 Zitiert nach Soetbeer (1866), *Die Hamburger Bank*, S. 44.

22 Halle (1891), *Die Hamburger Giro-Bank und ihr Ausgang*, S. 8.

23 Kant (1784), *Was ist Aufklärung?*, S. 484–485.

24 Kant (1784), *Was ist Aufklärung?*, S. 484.

25 Sennholz (1979), *Age of Inflation*, S. 171.

Kapitel 9
Zum Abschluss

1 Siehe Bank for International Settlement (2023), *Annual Report, III. Blueprint for the future monetary system: improving the old, enabling the new*, S. 85–118, hier insb. S. 109.

2 Carney (2019), *The Growing Challenges for Monetary Policy in the current International Monetary and Financial System*, S. 15: »[I]t is an open question whether such a new Synthetic Hegemonic Currency (SHC) would be best provided by the public sector, perhaps through a network of central bank digital currencies.«

3 Mises (1923), *Die geldtheoretische Seite des Stabilisierungsproblems*, S. 37.

4 Kant (1874), *Was ist Aufklärung?*, S. 481.

5 Siehe Tetens (2006), *Kants »Kritik der reinen Vernunft«*, S. 18.